불안은 날마다 나를 찾아온다

불안은
날마다
나를
찾아온다

앤드리아 피터슨 지음
박다솜 옮김

사람의집

일러두기
모든 각주는 옮긴이의 주이다.

사람의집은 열린책들의 브랜드입니다.
시대의 가치는 변해도 사람의 가치는 변하지 않습니다.
사람의집은 우리가 집중해야 할 사람의 가치를 담습니다.

부모님께

차례

이 책은 논픽션이다. 케이트, 스콧, 브래드, 앨리스, 마이클은 가명이지만, 이 책에 등장하는 다른 모든 인물은 실명이다. 나는 사건들을 최대한 정확히 기술하려고 했으나 기억은 왜곡될 가능성이 있고, 나와 이 책에 등장하는 사람들의 회상은 길게는 수십 년 전으로 거슬러 올라가는 것이다. 가능한 경우 의료 기록과 그 자리에 있었던 사람들과의 인터뷰를 통해 사실을 확인했다.

프롤로그

공포가 나를 덮친다.

1989년 12월 5일 이른 아침. 적어도 우리 대학생들에겐 이른 시각이다. 삐걱거리는 A자 구조 건물들과 열띤 정치, 남학생 사교 클럽 스웨트 셔츠와 1달러짜리 맥주 피처로 상징되는 앤아버 소재 미시간 대학교 2학년에 재학 중인 내게도 그렇다.

나는 1940년대에 지어진 강의동 지하에서 벽에 붙은 기다란 점 행렬 인쇄지를 살피며 다음 학기 수강 정원이 남은 강의를 확인하고 있다. 경제학 개론, 불교 입문, 제인 오스틴 세미나. 머리에 까치집을 지은 청바지 차림의 학생들이 내 옆에서 졸음이 가시지 않은 얼굴로 공책에 무언가를 끼적이고 있다.

기분이 괜찮다. 밤늦게까지 공부한 탓에 정신이 약간 멍하다. 침낭 같은 코트 차림으로 칼바람에 맞서야 할 겨울을 앞두고 중서부 사람들이 늦가을마다 느끼는 두려움에 젖어 있기도 하다. 하지만 나는 괜찮다.

그런데 별안간, 나는 괜찮지 않다.

공포가 척추 끝에서부터 위를 향해 스멀스멀 올라온다. 배 속이 뒤집어지고 온몸에서 땀이 배어난다. 심장 박동 수가 치솟는다. 귀와 배와 눈이 불규칙하게 쿵쿵 울린다. 호흡이 얕고 가빠진다. 흐릿한 회색 얼룩이 시야를 잠식한다. 눈앞의 문자들이 왜곡되고 단어들은 물에 젖은 것처럼 휘어진다.

경고도 전구 증상도 없다. 시작은 자동차 사고만큼이나 갑작스러웠다. 내 몸이나 머리의 무언가가 돌이킬 수 없이 심각하게 잘못된 게 분명하다. 평소 학교생활과 남자와 걱정 목록 사이를 빙빙 돌던 내면의 시끄러운 독백이 하나의 반복되는 구절로 수렴된다. 〈나는 죽어 가고 있어. 죽어 가고 있어. 죽어 가고 있어.〉

나는 건물을 나서, 다른 두 여학생과 함께 쓰는 기숙사 방의 내 침대로 가까스로 기어든다. 2층 침대의 1층, 콘크리트 블록 벽에 등을 대고 누워서 무릎을 가슴 앞으로 꼭 끌어안고 몸을 옹송그린다. 호흡은 여전히 가쁘고 맥박도 여전히 빠르고 몸의 뜨거운 공포는 가시지 않았다. 놀랍게도 나는, 아직 살아 있는 듯하다. 그러나 안도감은 금세 자취를 감춘다. 〈내가 죽어 가고 있는 게 아니라면 미쳐 가는 게 분명해.〉

우리 할머니처럼.

가톨릭교도들에게 살해당할까 봐 칼을 쥐고 산 그 여인처럼. 정신 병원에서 3년을 보내고, 전기 충격 치료를 받고, 우리 아버지가 아홉 살일 적 세 남매가 잠들어 있는 집을 불태우려 했던 그 여인처럼. 내가 두 살일 적 할아버지 품에서 죽은 그 여인처럼. 할머니는 심장 마비를 일으켰을 때도 두려움에 사로잡힌 나머지 구급대원과 함께 병원에 가길 거부했다.

내가 우리 할머니처럼 미쳐 가는 걸까.

나는 가만히 눕는다. 모든 움직임을 멈추면, 아주 작은 미동조차 없애고 몸을 밀랍처럼 굳히면 고통도 멈출지 모른다. 몸 안은 쉼 없이 요란하게 움직인다. 모든 것이 과열되어 있다. 혈관 속 피가 더 빨리 흐르고 뇌의 시냅스는 초광속 비행 속도로 발화하거나, 혹은 불발하고 있는 것 같다. 간, 창자, 비장까지 모든 기관의 광폭하고 시끄러운 존재감을 느낄 수 있다. 몸속의 세포들이 진동하며 서투르게 서로 충돌하는 느낌이다. 조금이라도 움직였다간 몸이 산산조각 나서 연어 빛깔로 칠해진 여학생 사교 클럽 기숙사에 온통 피와 뼈를 흩뿌릴 것이다. 그것만큼은 확신할 수 있다.

그날 오후 남자 친구가 차로 90분 거리인 부모님 집에 나를 데려다준다. 이후 다섯 달 동안 나는 창문이 많은 베이지색 주택의 거실 소파에서 거의 움직이지 않는다. 낮에는 시시때때로 목을 손가락으로 꾹 누르고 맥박을 찾아 심장 박동 수를 세면서 내가 살아 있다는 걸 확인하고 스스로 안심시킨다. 가만히 앉아서 미쳐 날뛰는 몸속 분자들을 가라앉히려 애쓴다. 밤에는 생생하고 폭력이 난무하는 꿈을 꾼다. 기이한 새로운 증상이 생긴다. 얼굴과 발이 간지럽고 가슴이 아프며 끊임없이 현기증이 난다. 다른 사람의 안경을 쓴 것처럼 세상이 납작하고 흐릿하게 보인다. 내 사고는 심장 마비와 뇌졸중과 정신 이상을 향해 위태롭게 내달린다.

의사의 진료를 받는다. 그는 내가 고작 몇 주 만에 사교 클럽 소속 철없는 여학생에서 겁에 질린 은둔 생활자로 변신한 경위를 듣는다. 그는 나를 진찰하고 채혈과 심전도 검사를 하고 심장 초음파를 지시해서 내 심방과 심실을 검사한다. 그리고 진단을 내린다. 승모판 탈출증. 두근거림을 유발할 수 있으나 대체로 양성인 심장 이상. 의사는 베타 차단제를 처방하며 그것이 심장 두근거림을 멈춰 줄 거라고 말한다.

허나 그렇지 않다.

나는 이 의사를 시작으로 다음 한 해 동안 열 명이 넘는 의사를 더 만나게 된다. 그 과정에서 몇 번의 심전도 검사와 셀 수도 없는 피 검사와 한 번의 심장 초음파, CAT 스캔, 뇌 MRI, 뇌의 전기적 활동을 확인하기 위한 EEG 검사를 받는다. 응급실도 여러 번 들락거렸지만 뾰족한 진단 결과를 받지는 못한다. 이 의학적 여정을 위해 부모님은 수천 달러를 지출하게 된다. 의사들은 다발 경화증, 뇌종양, 엡스타인바 바이러스, 만성 피로 증후군을 의심한다. 나는 내가 멀쩡하다는 말을 듣는다. 어떤 의사는 나를 환자로 받길 거부한다. 그사이 나는 수업 대부분에 결석하고 방을 거의 떠나지 않는다. 옥상 주차장 난간 너머를 바라보다 뛰어내릴 생각을 한다. 정신과 응급실에 갔다가 집으로 돌려보내진다. 여섯 차례의 심리 치료 세션에서 혹시 아버지에게 분노를 품고 있느냐는 질문을 받는다. 식음을 거의 전폐한다.

그러나 대체 뭐가 잘못된 건지 아무도 모른다.

다음 학년 초로 시간을 빨리 돌려 보자. 나는 캠퍼스 보건 센터 정신과 진료실에 앉아서 의사에게 무엇이든 조치를 해주기 전까지는 나가지 않을 거라고, 아니, 나갈 수 없다고 말하고 있다. 의사는 항우울제인 프로작을 처방해 주거나, 미시간 대학 병원의 불안 장애 프로그램으로 의뢰해 줄 수 있다고 말한다.

〈불안 장애〉. 처음으로 누군가 그 단어를 내게 말해 준 순간이었다.

1
예상되는 고통
불안을 정의하다

진단의 성서로 여겨지는 『정신 질환의 진단 및 통계 편람』 제5판에는 열한 가지 불안 장애가 올라 있다. 그중 나는 네 개에 해당하는 증상을 보유했다. 하루 수차례 공황 발작, 즉 갑작스럽고 심한 맹목적 공포, 격한 호흡, 흉부 통증을 겪었다(공황 장애). 발작에 시달리지 않는 나머지 시간에는 곧 닥칠 재난을 초조하게 예기하며 끊임없이 걱정했다(범불안 장애). 내게 공포를 자아내는 특정한 대상의 목록은 점차 길어졌다. 치과 의사, 비행, 고속 도로 운전, 약물 투약, 흙을 만지는 것, 새 치약 튜브를 사용하는 것, 봉투를 핥는 것(특정 공포증). 갈 수 없는 장소가 차츰 늘어나면서 내 세상은 그만큼 좁아졌다. 영화관과 경기장에 갈 수 없었고 줄을 서서 기다릴 수 없었다. 공황 발작이 찾아올지도 몰랐고, 일단 발작을 일으키면 그 자리에서 벗어나기 어려울까 봐 두려웠던 것이다(광장 공포증).

나는 불안 장애의 사촌 격인 장애 증상도 몇 가지 보유했다.

비틀린 완벽주의로 인해 아무리 사소한 결정일지라도 거대한 걸림돌처럼 느꼈다. 〈올바른〉 원피스와 〈올바른〉 물잔을 고르지 못하면 재난이 닥칠 거라는 예감이 들었다(강박 신경증). 기묘한 감각이나 찌르는 듯한 신체적 고통을 느낄 때마다 나는 심하게 괴로워했다. 두통은 대동맥 질환의 증상이 분명했고 멍은 백혈병의 징조겠거니 생각했다(건강 염려증이라고도 한다).

13세 이상 미국인 세 명 중 한 명이 살면서 적어도 한 가지 이상의 불안 장애를 겪는다.[1] 이미 놀라운 수치지만, 여성만 놓고 보면 비율은 약 40퍼센트로 더 높아진다. 한 해 미국 성인 약 4000만 명이 불안 장애를 겪는다.[2] 이 수치에선 제외되어 있지만 불안으로 인해 심신이 약화될 지경은 아니더라도 걱정을 달고 사느라 마음의 평화를 잃고 인생을 충분히 즐기지 못하는 사람들, 불면증 환자들도 수백만 명에 달한다.

적당한 불안은 긍정적이다. 불안은 시험공부를 하고 발표를 준비하고 은퇴 후를 위해 저축하는 동기가 된다. 건강 검진을 받거나 연료 상태를 확인하는 계기가 되기도 한다. 그러나 지나친 불안은 사람을 무력하게 만들며 큰 비용이 든다. 이에 관한 가장 최신 연구는 1999년에 이루어졌는데, 불안 장애로 미국인들이 지출한 돈은 1년에 630억 달러였으며 그중 절반 이상이 진찰비와 병원비로 지출되었다.[3] 나머지를 차지하는 건 정신과 치료, 처방약, 손실된 근무 생산성의 가치였다. 통제 불가능한 불안이 심장병의 위험을 높이고 면역 체계를 약화시키는 등 신체에 큰 피해를 준다는 증거도 점차 늘어나고 있다. 아이러니하게도 건강 염려증은 실제로 건강을 악화시킨다.

전쟁과 테러가 만연하고, 해수면이 상승 중이며, 경제적으로 불안한 우리 시대를 시인 W. H. 오든의 표현을 빌려 〈불안의 시대〉라고 명명하고자 하는 유혹에 빠지기 쉽다. 그러나 역사적으로 문화 평론가들은 언제나 자기 시대를 지금만큼 염려스럽게 관망했다. 1880년대에는 전신과 증기 기관과 심지어 여성의 지적 활동이 국가적 불안의 원인으로 비난받았고 1950년대에는 원자 폭탄으로 화살이 돌아왔다. 우리 세상은 언제나 공포에 먹일 여물을 충분히 제공하는 듯하다.

당혹스러운 사실은 젊은이들, 특히 대학생들 사이에서 불안 장애의 — 그리고 우울증의 — 비율이 증가하는 추세라는 것이다. 2016년 봄 미국 대학 보건 협회에서 실시한 조사에 따르면 이전 해 불안 장애 진단을 받거나 치료를 받은 학생은 전체의 17퍼센트, 우울증 진단을 받거나 치료를 받은 학생은 거의 14퍼센트였다.[4] 2008년 가을 조사에서는 둘 다 대략 10퍼센트에 그쳤다.[5] 부모와 전문가들은 이 결과에 당혹했다. 이런 변화는 불안 장애와 우울증의 발병률이 실제로 증가한 까닭도 있겠으나, 점점 더 많은 사람들이 도움을 구하고, 설문 조사에 응답할 때 한결 편안하게 자신의 문제를 인정하기 때문일지도 모른다.

신문 헤드라인으로 다뤄지고 많은 연구 비용을 지원받는 건 우울증이지만 더 널리 퍼진 건 불안 장애다.[6] 불안 장애와 기분 장애 둘 다에 병력이 있는 사람들의 경우, 대개 불안 장애가 먼저 발병한다.[7] 불안 장애는 어린 나이에 나타나기도 한다. 기분 장애의 평균 발병 연령은 26세임에 반해 불안 장애의 평균 발병 연령은 15세다. 불안 장애는 그 자체로도 상당히 비참한 질환이지만 우울증, 약물 사용, 심지어 자살에 이르기까지 다수의 다른 문제를 낳을 수 있는 입구 질병이라는 점이 점점 주목받고 있다.

불안은 실제로 치명적일 수 있다. 자살 충동과 가장 강력한 연관을 보이는 정신 질환은 우울증이지만 우울증 환자의 자살 충동이 실제 자살행위로 이어지는 사례는 많지 않다.[8] 최근 연구에서 밝혀진 바에 의하면 불안 장애와 충동 조절 장애, 중독 같은 다른 질환이 실질적 자살 시도로 이어질 가능성이 더 높다.

대부분의 경우 불안은 치명적인 결과를 낳지 않는다. 그러나 인생을 탈선시킬 수 있다. 어린 나이에 불안 장애가 발병한 사람의 대학 진학률은 보통보다 낮다.[9] 불안 장애에 시달리는 사람은 수입이 낮고, 결혼할 가능성도 낮으며, 결혼을 하더라도 이혼하기 쉽다. 불안 장애가 있는 여성은 건강하지 못한 연인 관계를 맺고 가정 폭력에 희생당할 위험이 더 크다.

하지만 그건 내 얘기가 아니다. 지금 나를 만나는 사람들은 아마 내가 불안 장애가 있다는 사실을 눈치 채지 못할 것이다 (지인들에게 이 주제로 책을 쓰고 있다고 이야기하자, 그들은 거의 일관되게 답했다. 〈당신이 불안 장애가 있다고는 상상조차 못 했어요〉). 나는 『월 스트리트 저널』에 기사를 쓰는 기자로서 내가 좋아하는 일을 하고 있다. 결혼 생활은 행복하며 사랑스러운 일곱 살 난 딸이 있다. 나는 친구가 많고, 자주 웃고, 파티에 참석하고, 파이를 굽는다. 내가 느끼는 괴로움은 남들에겐 보통 보이지 않는다.

나는 썩 유리한 처지였다. 사랑이 넘치는 가정에서 자랐고, 안전한 동네에서 컸으며, 좋은 학교를 다녔다. 거의 항상 건강 보험에 가입되어 있었고 약물을 비롯해 여러 치료 비용을 지불할 능력이 있었다. 이런 특권들은 내가 산산조각 나는 걸 막아 주진 못했지만, 조각난 나를 다시 기워 붙이는 데에는 핵심적 역할을 했다.

그런데도 나는 악전고투를 벌여 왔다. 힘든 해에는 약물을 복용하고 여러 새로운 치료를 전전한다. 한결 수월한 해에도 반드시 성실하게 생활해야 한다. 여덟 시간 수면을 지킨다. 요가를 한다. 절대 과음하지 않는다. 책임져야 할 일은 적당한 선으로 줄인다. 이렇게 노력해도 나는 여전히 불안에서 비롯된 불면에 시달린다. 잘못된 선택을 할까 봐 두려워서 일을 자꾸 미룬다. 팔의 간지럼증과 흉부의 통증처럼 설명 불가능한 기묘한 신체적 증상에 시달린다. 고속 도로에서 운전을 하는 것도 내겐 불가능하다. 불안은 내가 일하고, 사랑하고, 자녀를 양육하는 방식에 영향을 미친다.

도대체 불안이란 무엇일까?

『정신 질환의 진단 및 통계 편람』에서는 불안을 〈미래에 닥칠 위험의 예측〉이라고 정의한다. 19세기 덴마크 철학자 쇠렌

키르케고르는 불안을 〈자유의 어지러움〉[10]이라고 불렀다. 그러나 내가 들은 가장 설득력 있는 정의는 미국 국립 정신 보건원 소속 신경학자 크리스천 그릴런의 정의다. 그는 내게 말했다. 「불안은 고통의 예기입니다. 신체적 고통일 수도, 감정적 고통일 수도 있지요.」

불안은 공포와 유관하면서도 구분된다. 공포는 구체적이고 즉각적인 반면 불안은 그릴런이 말하듯 〈지속된 불확실성〉이다. 모호한 미래에 대한 만성적 불편함, 일어날 수도 일어나지 않을 수도 있는 일에 대한 정신을 갉아먹는 염려다.

불안은 보편적이지만 불안에 대해 이야기하기 위해 우리가 사용하는 언어는 문화에 따라 다르고 증상도 그러하다.[11] 〈불안anxiety〉이라는 단어는 〈질식시키거나 목을 조른다〉라는 뜻의 라틴어 앙게레angere에서 유래했다. 캄보디아에서는 키얄 khyâl(바람) 발작이 오면 목이 아프고 어지럽고 귀가 울린다. 베트남에서는 쭝져trúng gió(바람과 관련된) 발작이 오면 두통이 엄습한다. 그리고 라틴 아메리카에서는 아타케스 데 네르비오스ataques de nervios(신경 발작) 증상은 통제 불가능한 상태에서 비명을 지르고 우는 것이다.

이처럼 불안에 대한 문화적 인식이 상이하기 때문에 세계 각국에서 불안 장애가 발병하는 정도를 정확히 비교하는 것은 어렵다. 실제로 연구 결과에 따르면 일본에서는 한 해에 불안 장애를 앓는 사람이 고작 4퍼센트고 스페인에서는 6.6퍼센트, 프랑스에서는 그 두 배인 13.7퍼센트를 기록했다.[12] 그러나 이런 통계들은 연구자들이 〈걱정〉이라는 단어를 어떻게 정의하느냐부터 누가 조사에 응하느냐까지 온갖 요소의 영향을 받는다 (극도로 불안한 사람들은 낯선 사람이 캐묻는 질문에 대답할 가능성이 낮다고 주장할 수도 있겠다).

불안은 또한 연속체로 존재한다. 건강한 정신과 질환이 있는 정신 사이에는 명료한 경계가 없으며 그 사이의 선은 문화에 따라 다른 위치에 그려진다. 미국 정신 보건 유행병 분야를 선도하는 하버드 의대의 의학자 론 케슬러에게 지금처럼 많은 사람들이 불안 장애를 갖게 된 이유를 묻자 〈우리가 그것을 장애라고 결정지었기 때문〉이라는 대답이 돌아왔다. 우리가 일상적 불안이 장애의 증상일 가능성에 신경을 곤두세우게 된 건 사실이지만, 공식적인 정신 질환 진단을 받으려면 〈임상적으로 심각한 고통을 받거나 기능상 장애〉를 겪어야 한다. 증상이 어떠하든 그 증상에 어떤 이름을 붙이든, 불안이 당신이 원하는 대로 인생을 살고 즐기는 걸 방해한다면, 불안은 문제다.

나는 25년 이상 심각한 불안과 싸워 왔다. 돌이켜보면 대학 캠퍼스에 머물고 있던 12월부터 내 질병이 걷잡을 수 없이 심해진 건 맞지만, 문제 자체는 그 전부터 똬리를 틀고 있었다. 그때 나는 몇 달째 기묘한 〈주문〉에 걸려 있었다. 1학년을 마치고 집에 돌아온 여름이 발단이었다. 그 여름 나는 낮에 단강(鍛鋼) 제조 회사에서 접수원으로 일했다. 남자들은 전부 〈아무개 씨〉라고 불리고 여자들은 이름으로 불리는 종류의 회사였다.

밤에는 이스트 랜싱의 아일랜드 술집에서 웨이트리스로 일하면서 가짜 신분증을 검사했고, 여자를 밝히는 미시간 주립 대학교 남자들의 수작을 물리쳤고, 파인트 잔에 밀러 라이트 맥주를 따를 때 완벽한 거품을 만드는 방법을 익혔다. 낮과 밤 사이 일하지 않는 시간에는 스텝 에어로빅스 수업을 들었다.

어느 날 밤 나는 고등학생 시절부터 사귄, 미시간 주립 대학교 학생이자 크리스토퍼 리브와 도플갱어 격으로 빼닮은 남자 친구 스콧의 아파트에 있었다. 그날 밤의 목표는 스콧의 말을 빌리자면 〈나를 취하게 만드는 것〉이었다. 이전에도 대마초 근처에 한두 번 얼쩡거린 적은 있었지만, 나는 매번 내키지 않는 태도로 일관했다(연기를 흡입하지 않으려고 신중하게 노력했다). 솔직히 말해 나는 겁을 먹고 있었다. 대마초라면 어렸을 때부터 익숙한 것이었다. 부모님과 친구들의 부모님이 파티를 열면 가구 세척제 플레지로 윤을 낸 커피 테이블 위에서 물파이프가 푸른빛으로 반짝이곤 했다. 대마초를 한 사람들은 어김없이 멍청하고 철없이 굴었다. 그러나 대마광 스콧에게서 한 달 내내 그 효과에 대한 찬양을 들은 뒤 나는 결국 그에게 넘어가고 말았다.

우리는 대마초를 한 대 피우면서 느낌이 오길 기다렸다.

아무 일도 일어나지 않았다.

「한 모금 더 빨아 봐.」 스콧이 말했다.

나는 그의 말을 따랐다. 스콧도 한 모금을 더 빨더니, 나를 붙잡고 입을 맞추어 연기를 내 입 안으로 불어 넣었다.

몇 분이 더 흘렀다.

그리고 효과가 나타났다.

심장이 빨리 뛰었다. 입 안이 바싹 말랐다. 호흡이 가빠졌다. 평행 감각과 시야가 일그러졌다. 롤러코스터가 급강하하기 직전의 감각이었다. 나는 스콧의 침대에 누워서 심호흡을 하고 진정하려 노력했다. 『이상한 나라의 앨리스』에서처럼 다리가 쭉쭉 늘어나는 기분이었다. 맹세컨대 아래를 내려다보니 내 두 발이 방 반대쪽까지 늘어나 있었다.

주의를 전환하고 또 어떤 식으로든 현실감을 느끼고 싶어서 나는 스콧에게 다가갔다. 우리는 섹스를 시작했다. 그러나 나는 그를 거의 느낄 수 없었다. 몸이 무감각하게 죽어 있었다. 나는 공황에 빠졌다.

「숨을 못 쉬겠어.」 나는 몸을 일으켜 똑바로 고쳐 앉으며 외쳤다.

「그럴 리 없어. 긴장을 풀어 봐.」 스콧이 내 손을 잡으며 말했다.

「못 하겠어. 심장이 빨리 뛰어. 너무 빨리. 대마에 뭔가 들어 있었나 봐. 뭔가를 탄 게 틀림없어.」

나는 방 안을 이리저리 돌아다니면서 공기를 들이마셨다. 「아니면 알레르기 반응일지도 몰라. 뭔가 단단히 잘못됐어. 병원에 가야겠어.」 나는 샌들을 신고 티셔츠와 스콧의 사각 팬티를 꿰입었다. 스콧도 황급히 옷을 입었다. 나는 이미 문고리를 돌리고 있었다. 스콧이 자동차 열쇠를 들고 내 뒤를 따랐다.

응급실의 밝은 전등과 광택이 도는 리놀륨이 깔린 바닥, 행정적 질문들 앞에서 나는 금세 제정신으로 돌아왔다. 약을 하다가 응급실을 찾은 대학생은 나 혼자가 아니었다. 술에 취한 학생 하나가 대기실 바닥에 토했다. 쉼 없이 흐느끼는 학생도 있었다. 진료실에서 보조원이 내 몸에 심장 모니터를 부착했다. 몇 시간 뒤 나는 돌아가도 된다는 안내를 받았다. 의사가 갈겨쓴 퇴원 시 주의 사항에는 이렇게 적혀 있었다. 〈THC를 피할 것.〉 테트라하이드로칸나비놀, 줄여서 THC란 대마에 들어 있는 활성 성분이다.

지시를 따르는 건 쉬웠다. 그 하룻밤의 경험이 학창 시절에 들은 방과 후 마약 교육을 전부 합친 것보다 더 효과적이었다. 그러나 가쁜 호흡과 빠른 심장 박동 수, 점점 심해지는 공포의 주문은 대략 한 달을 주기로 다시 나를 찾아왔다. 주문은 뾰족한 이유도 없이 급작스레 나를 덮쳤다. 한번은 베니건스에서 치즈 스틱 튀김을 먹던 중 주문에 걸렸다. 한번은 여성학 수업 도중이었다. 나는 화장실이 급한 척 강의실을 빠져나가서 남은 수업 시간 내내 여자 화장실 칸 안에 쪼그려 앉아 있었다. 발작은 20~30분 뒤면 가라앉았지만 그 후 몇 시간 동안 다리가 후들거렸다.

발작이 일어나지 않는 동안은 발작에 대해 많이 생각하지 않았던 것으로 기억한다. 나는 내가 겪은 일들을 스콧에게만 털어놓았고 그에 대해 더는 생각하지 않았다. 발작이 갑자기 시작된 만큼이나 갑자기 사라지기를 바랐다.

『정신 질환의 진단 및 통계 편람』에 따르면 공황 발작은 〈급작스럽게 밀려들어 몇 분 안에 절정에 도달하는 강렬한 공포 혹은 강렬한 불편함〉이며 그 뒤에는 보통 가라앉는다. 그러나 부모님 집 소파에서 보낸 그 12월은 마치 공황 발작이 한 달 동안 이어지는 것 같았다. 내가 느낀 공포는 기복이 있긴 했지만 결코 완전히 사라지지는 않았다. 나는 금세 파자마 차림에 기름 낀 머리를 한 폐인이 되었다. 나는 소파 위에서 거의 움직이지 않았다. 한 손으로는 전속력으로 뛰는 맥박을 재고, 다른 손으로는 텔레비전 리모컨을 쥐고 MTV 뮤직비디오와 「사랑의 유람선」 재방송을 번갈아 틀었다. 뭔가를 읽는 건 불가능했다. 사실 텔레비전도 제대로 볼 수 없었다. 텔레비전에서 흘러나오는 소음은 단지 내 공포의 사운드 트랙일 뿐이었다.

부모님은 당황했고, 겁을 먹었다. 열네 살 난 여동생 다나가 이따금 내 옆에 잠깐씩 앉아 있었지만 그 애도 보통은 나를 피해 다녔다. 최근 동생이 내게 털어놓았다. 「그때 무슨 일이 벌어지고 있는지 아무도 내게 설명해 주지 않았어. 그냥 언니가 아프고, 나을 때까지 학교를 쉬고 있다는 것만 알았어. 다들 발꿈치를 들고 조심스럽게 걸어 다녔지. 엄마 아빠가 언니를 엄청나게 걱정하고 있어서, 나는 부모님 속을 썩이지 않으려고 했어.」

기말고사를 고작 몇 주 앞둔 시점이었지만 학교로 돌아갈 수 없었다. 나는 수강하던 강의에서 불완전 이수 학점을 받았고, 바라건대 몸이 회복되었을 겨울 방학 이후에 시험을 치르기로 계획했다.

아버지는 내가 기운 넘치는 젊은이에서 무기력한 멍청이로 변해 가는 모습을 보고 경악했다. 아버지는 최근 그때를 회상하며 말했다. 「우리도 아주 무서웠다. 갑자기 네가 침대에서 몸을 웅크리고 나올 생각을 안 했잖니.」

부모님은 나를 의사에게 데리고 갔다. 나는 심장에 이상이 있을까 봐 걱정하고 있었다. 「너는 심장이 터져 버릴 거라고 생각했지.」 아버지가 회상한다. 나는 이상한 신경 증상도 보이기 시작했다. 하루는 용기를 내서 어머니와 함께 쇼핑몰에 나갔는데, 오렌지 줄리어스 주스 가게를 지나던 중 갑자기 주변 시야가 사라졌다. 현기증도 일었다. 바닥이 일어나고 벽이 기묘한 각도로 기울어졌다. 그러나 내가 받은 진단은 심장 판막이 펄럭거리는 승모판 탈출증이 유일했다.

밤을 보내기가 점점 어려워졌다. 몸은 기진맥진한데 잠들기는 힘들었다. 가까스로 잠이 들면 무시무시한 악몽을 꾸었고 꿈은 날이 갈수록 피투성이가 되었다. 미지의 가해자에게 쫓겼다. 머리에 총을 맞았다. 전동 드릴로 내 얼굴이 갈가리 찢기는 꿈도 꾸었다. 꿈속의 폭력은 타란티노 영화에서처럼 생생했으나 영화와 같은 유머와 매력은 부재했다. 나는 눈물범벅이 되어 몸서리를 치며 잠에서 깨곤 했다.

규칙이 무너지기 시작했다. 남자 친구와 밤을 보내러 왔다. 우리는 고등학생 시절부터 쓰던 침대에 누워, 머리를 뒤로 빗어 넘긴 모리시의 실물에 가까운 대형 포스터가 우리를 내려다보는 아래에서 함께 잤다. 성적인 일은 전연 일어나지 않았다. 스콧은 야간 구명보트와 같았다. 나는 건강한 스무 살의 신체에서 뿜어져 나오는 온기가 어떻게든 나를 치유해 주기를 바라며 그의 팔에 매달리곤 했다.

내가 의사에게서 확답을 듣지 못한 채 2주를 앓으며 보내자 부모님은 인내심을 잃기 시작했다. 크리스마스가 코앞이었고 우리 가족은 할머니와 고모와 삼촌과 한 무리의 사촌들이 사는 일리노이주 남부의 소도시로 운전해 갈 계획이었다. 나는 소파에서 일어나는 건 상상도 할 수 없었다. 집에 머물게 해달라고 애걸했지만 부모님은 거절했다. 나는 집을 떠나지 않겠다고, 날 두고 가라고 말했다.

나는 싸움에서 이기지 못했다. 일곱 시간 동안 파란색 포드 선더버드 뒷자리에 실려 산업과 고갈된 유전, 패스트푸드 체인점과 넓고 별이 가득한 밤하늘의 도시 일리노이 세일럼으로 향했다. 그 여행에 대해선 기억나는 게 별로 없다. 할머니의 장기인 호두 반쪽을 올린 백설탕 과자를 먹었던가? 사촌들과 소소한 수다를 떨었던가? 내가 얼마나 겁에 질리고 엉망진창인지 사람들이 눈치챘던가? 공포는 세세한 기억을 지워 버린다.

맥박을 자주 재면서 심장 박동 수가 분당 두 자리 수의 영역으로 내려오길 염원했던 건 기억한다. 현기증 때문에 똑바로 앉아 있기 어려웠던 것과 피로감이 차츰 더 심해졌던 것도. 나는 벽과 차 문에 몸을 기대 앉곤 했다. 조부모님 집에서도 나는 소파에 자리를 잡고, 시간 대부분을 할머니가 코바늘로 뜬 주황색과 갈색이 섞인 아프간 담요를 뒤집어쓴 채 몸을 떨면서 보냈다. 말은 거의 하지 않았고, 수많은 친척에게 파리하게 웃어 보였다.

미시간의 집으로 돌아오자 겨울 방학이 끝을 향하고 있었다. 곧 신학기 시작이었다. 부모님과의 말다툼이 점차 격해졌다. 학교에 돌아간다는 건 불가능하게 여겨졌다. 나는 너무 약해져 있었고, 정확히 어디가 아픈지도 아직 알아내지 못했다. 몸이 나을 때까지 우스꽝스러운 베이지색 줄무늬 소파에 머무르고만 싶었다(베이지에 그렇게 많은 색조가 있는 줄 누가 알았겠는가).

「학교로 돌아가야 해.」 부모님은 이미 의견 일치를 보고 있었다.

「널 사랑해서 하는 말이다.」 아버지가 말했다.

나는 부모님에게 분노했다. 버림받고 내팽개쳐진 기분이었다.

「네가 침실에 더 처박혀 있다간 영영 학교에 돌아가지 못할까 봐 걱정이었어.」 최근 어머니가 회상했다.

「일단 그 소파에서 내려오게 하고 싶었다. 네가 다시 정상이 되길 바랐어. 죽이 되든 밥이 되든 해보자는 생각이었던 것 같다.」 아버지가 말했다.

나는 몇 년 동안 부모님을 용서하지 못했다. 불안 장애에 대해 많은 걸 알게 된 지금은, 부모님이 올바른 선택을 했다는 걸 안다. 내가 그때 소파에 머물렀다면 아마 평생 거기서 일어나지 못했을 것이다. 불안을 일으키는 경험을 마냥 기피하는 것은 불안을 심화시킬 따름이다.

학교로 돌아오자 기숙사 방을 옮겨야 했다. 이전엔 여학생 둘과 방을 함께 썼는데 이제 네 명이 공유하는 〈쿼드〉라는 방을 사용하게 되었다. 2층 침대 두 개, 옷장 네 개, 책상 네 개, 스웨트 셔츠가 뒤죽박죽 쑤셔 박힌 우유 상자들, 그리고 열아홉 살 난 여자 네 명이 일으킬 수 있는 모든 드라마가 그곳에 있었다.

사생활이 보장되지 않는 상황에서 몸이 고장 나는 것은 끔찍이도 괴로운 일인데, 나는 거의 늘 혼자가 아니었다. 흰 기둥이 세워진 위풍당당한 여학생 사교 클럽 기숙사에는 우리 넷뿐 아니라 다른 젊은 여학생 백 명이 함께 거주했다. 우리는 양념을 거의 쓰지 않는 성질 고약한 남자 요리사의 음식을 함께 먹었다. 매주 모임을 열어 어떤 남학생 사교 클럽과 함께 파티할지 토론하고, 남자 친구가 속한 사교 클럽 이름의 그리스 문자로 만들어진 펜던트 목걸이를 받은 여학생들을 축하했다. 펜던트 목걸이를 주는 것은 〈진지하게 교제한다〉라는 의미로서, 약혼을 앞두고 밟는 마지막 걸음이었다. 열렬한 축하를 보내야 마땅했으나 나는 그런 감정을 연기하기가 어려웠다.

샤워를 할 때조차 혼자가 아니었다. 기숙사의 욕실은 공용이었고, 흰색 도자기 타일 벽의 샤워실에는 샤워 헤드 세 개가 붙어 있었다. 나는 두려움으로 인해 식욕이 떨어져서 한 달 동안

7킬로그램이 빠졌다. 내가 모르는 알레르기나 식중독에 걸릴까 봐 음식 자체를 두려워하게 되었다. 샤워를 하면서 나는 같은 클럽 여학생들의 생동감 있는 곡선과 뼈만 남은 내 알몸을 비교하며 너무나 약하고 수치스러운 기분이 들었다. 나는 가급적이면 아주 이른 새벽이나 오후 3시와 5시 사이처럼 붐비지 않는 시간에 샤워실을 이용하려고 애썼다.

두려움을 숨기고 〈정상〉으로 보이려 노력하다 보니 곧 진이 빠졌다. 나는 변명거리를 지어냈다. 룸메이트와 다른 사람들에게 소위 〈키스병〉이라고 하는 대학 생활의 정수, 전염성 단핵구증에 걸렸다가 회복 중이라고 둘러댄 것이다. 파티에 참석하지 않고 침대에서 오랜 시간을 보내고 주말마다 부모님 집으로 도망칠 핑계였다. 나는 적당히 연기를 했다.

그 학기에 찍은 사진에서 나는 겁에 질려 쭈뼛거리는 사람으로 보이지 않는다. 사실, 어색하게 층을 낸 앞머리를 제외하면 놀랄 만큼 멀쩡해 보인다. 당시 유행이었던 품이 넉넉한 남성용 스웨트 셔츠가 비쩍 마른 몸을 가려 주었다. 나는 2층 침대에 걸터앉아 다른 여자아이들의 몸에 팔을 걸치고 환히 웃고 있다. 사진을 넘겨 보던 중, 위스콘신 대학교 소속 정신 의학자인 네드 캘린이 내게 해준 말이 떠올랐다. 그는 불안 장애 환자들이 극심한 걱정과 공포에 고통받을 때조차도 너무나 멀쩡해 보인다는 사실에 매료된다고 했다.

나는 친구들과 함께 그 애들이 좋아하는 남자나 베를린 장벽의 붕괴 같은 주제들에 대해 겉보기엔 정상적인 대화를 나누었다. 강의에 출석했고 공부도 했다(최소 수준으로 했다는 말이다. 그 학기에 내가 수료한 강의는 두 개였다). 내 뇌에서 학교 생활을 위한 노력에 집중하는 부분은 아주 작았고 나머지는 장황한 공포로 채워졌다. 나는 심장과 호흡이 다시는 정상으로 돌아오지 않을까 봐 두려웠다.

이전에 나는 책을 게걸스럽게 속독하곤 했지만 소파 위에서 주문에 걸린 이후로는 몇 페이지를 읽어도 내용이 전혀 기억나지 않았다. 시선이 자꾸 다른 곳을 배회해서 몇 문단을 통째로 놓치기도 했다. 글을 읽고 나면 어딘지 부족하고 혼란스러운 기분이 들었다.

나는 아직도 지난 학기 기말고사를 치르지 않은 터였다. 학장실로 찾아가서 시험 일시와 장소에 대한 설명을 듣고 고개를 끄덕였다. 대화가 거의 마무리되어 갈 때쯤 학장은 뒤늦게 생각난 듯이 질문했다. 「그래서 어디가 아픈 거니?」

「승모판 탈출증이래요.」 나는 내가 받은 유일한 진단명을 말했다. 교내의 권력자 앞에서 전염성 단핵구증이라는 거짓말을 하고 싶진 않았기 때문이었다.

「정말이니? 내 아내도 같은 병이 있다.」 그는 딱 보기에도 무심한 태도로 말했다.

「그래서 심장이 자꾸 두근거려요.」 나는 수치심에 달아오른 뺨을 하고 학장실을 나서며 힘없이 중얼거렸다.

하루를 나는 게 점점 더 힘들어졌다. 줄을 서거나 영화관에 가면 심장이 두근거렸고 공포감이 치솟았고 호흡이 곤란해졌다(당시엔 몰랐지만, 명백한 공황 발작의 증상이다). 그래서 나는 줄 서기를 그만뒀다. 영화관에 가는 것도 그만뒀다. 터무니없는 것들에 겁을 먹기 시작했다. 오염과 흙과 모종의 흉포한 바이러스에 감염되는 게 두려웠다. 새 샴푸나 칫솔을 뜯어 쓰려면 대단한 노력이 필요했다(편집증적인 내면의 목소리가 누가 그걸 건드렸을지도 모른다고 속삭였다). 새 물건을 쓰고 나면 족히 한 시간은 공황에 빠져서 무시무시한 신체적 반응이 일어나길 기다렸다. 저녁을 먹으려고 접시나 물컵을 고르는 데 10분은 분투해야 했다. 나는 물컵에 마른 음식 찌꺼기나 립스틱 자국, 부스러기가 묻어 있지 않은지 꼼꼼히 살폈다. 흠 없는 컵을 찾았다 하더라도 단지 〈느낌이 나쁠〉 수도 있었다. 가끔은 아예 먹거나 마시지 않는 게 가장 쉬운 해법이었다.

새로운 공포가 여기저기서 튀어나왔다. 나는 봉투를 붙이려고 혀로 핥다가 때때로 LSD가 종이에 싸여 배달된다는 기사를 읽은 걸 기억했다. 〈봉투에 LSD가 묻어 있으면 어쩌지?〉 우스꽝스러운 생각인 걸 알면서도 떨쳐 낼 수가 없었다(그 뒤로 나는 단 한 번도 봉투를 핥지 않았다. 접착제가 붙은 봉투를 발명한 사람에게 마음 깊이 감사한다). 그때는 몰랐지만, 나는 불안 장애로 향하는 길의 모퉁이를 돈 참이었다. 불안은 이제 내 머릿속과 몸속에서만 돌아다니지 않았다. 나는 다수의 〈회피 행동〉을 보이기 시작했다. 내가 원하는 일을 원하는 때에 할 수 없게 된 것이다.

회피 행동은 더 심각하고 치료하기 힘든 질병들과 관련되어 있다. 회피는 불안에 불을 지피는 악순환을 낳는다. 두려운 것들을 인생에서 치워 버림으로써 나는 내가 가장 두려워하는 일들이 — 가령 죽거나 미쳐 버리는 일이 — 실제로는 일어나지 않으리라는 사실을 배울 기회를 잃었다. 그 사실을 알지 못해서 나는 더더욱 불안해졌다.

이어지는 몇 달 동안 나는 제대로 된 진단을 받고자 여러 의사들을 찾아갔다. 때로는 엄마가 한 시간을 운전해 앤아버까지 와서 나를 각종 전문가들에게 데려갔다. 증상이 유독 격심한 날은 인내심 강한 대학 친구 수지의 차에 실려 응급실을 방문한 것도 수차례였다. 나는 심장 마비를 일으켰다고 확신했다. 심장이 갑자기 빨라졌다가 느려졌다가 한 박자를 건너뛰며 발작적으로 뛰었다. 아방가르드 재즈처럼 귀에 거슬리는 소리였다. 대기실에서 수지는 나를 웃기려고 애썼다. 수지도 천식이 있어서 숨이 가빠지고, 스스로를 약하게 느끼는 기분을 잘 이해했다. 그러나 병원에 갈 때마다 나는 번번이 답을 얻지 못한 채 집에 돌아왔다. 의사나 간호사 한두 명이 스트레스를 피하라는 말을 했던 것 같다.

신경학적 증상도 계속되었다. 터널 시야, 현기증, 왜곡된 심도 인지. 가끔 손발이 무감각하고 따끔거렸다. 한 신경학자가 다발 경화증이 의심된다며 뇌 MRI를 찍자고 했다. MRI 촬영 도중 나는 호흡이 곤란해졌고, 심장이 너무 빠르게 쿵쾅거려서 갈비뼈를 압박하는 기분이 들었다. 눈앞에서 점들이 춤을 추었다. 금방이라도 기절할 것 같은 기분이었다. 나는 철컥 소리를 내며 진동하는 튜브 안에서 울면서 끌려 나왔다.

　MRI에 실패하고 대신 CAT 스캔을 권유받았다. CAT 기계는 무덤 같은 MRI 기계와 달라서 용기를 낼 수 있었다. 어머니가 뇌를 훑는 방사능으로부터 몸을 보호해 줄 납복 차림으로 내 손을 잡아 주었다. 스캔 결과는 〈결론을 내릴 수 없음〉이었다. 희미한 그림자가 뇌종양의 기미일 수 있다는 게 다였다. 뇌종양에 걸려 느리고 고통스럽게 죽어 가는 내 모습을 상상하며 한숨도 못 잔 다음 날, 나는 다시 MRI 기계 속으로 들어갔다. 이번엔 혈류에 신경 안정제 발륨 몇 밀리그램을 투여한 채였다. MRI 결과는 괜찮았다. 내 뇌는 정상이었다.

　아버지는 그때 내가 어디가 아픈지 아무도 모르고, 단서조차 없어서 대단히 두려웠다고 한다. 확실한 진단이 없으니 가능성과 예후의 범위가 무섭도록 넓었다.

　나는 항시 지쳐 있었다. 뼛속 깊이 무기력했다. 몇 주 동안 나는 당시 불쑥 등장한 병, 만성 피로 증후군을 앓고 있을지도 모른다고 생각하고 다소 들뜨기까지 했다. 만성 피로 증후군이라는 병명은 그다지 즐겁게 들리지 않았고, 효과적인 치료법도 없었으며, 어떤 의사들은 그 존재 자체마저 의심했다. 그러나 적어도 이름은 있었다.

　지금은 과거의 나와 같은 처지에 놓인 사람이 없을 거라고 생각하고 싶다. 오늘날은 의사가 나를 제대로 진단하고, 학교가 나를 상담 센터에 의뢰하고, 아니면 내가 직접 온라인에서 증상을 검색해서 병명을 알아낼 가능성이 훨씬 높다. 내가 겪은 일은 대규모 정신 보건 인식 개선 운동이 일어나기 전, 아직 정신 질환에 커다란 낙인이 찍혀 있던 시대의 얘기다. 전국 정신 질환 연맹과 미국 불안 협회(현 미국 불안·우울증 협회)에서 흰 우편 봉투에 뉴스레터를 넣어 집집으로 발송하며 인식 개선에 나선 것은 1980년대의 일이다. 현재 대학 캠퍼스 400군데 이상에 지부를 둔 건실한 정신 질환 옹호·지원 조직 〈액티브 마인즈〉는 2003년에야 설립되었다. 과거의 나는 치료사를 찾아다니거나 향정신 약을 복용하는 사람을 한 명도 알지 못했다.

불안 장애는 1980년까지 『정신 질환의 진단 및 통계 편람』에 등재되지 않았으며 미국에서 프로작이 발매된 것은 1987년의 일이다. 1989년에 월드 와이드 웹이 태어났다. 인터넷과 프로작은 정신 질환 진단과 치료에 극적인 변화를 불러왔다. 신종 선택적 세로토닌 재흡수 억제제인 프로작은 이전 세대 약물보다 부작용이 훨씬 가볍고 적었다. 인터넷의 보급으로 키보드만 있으면 누구나 넘쳐흐르는 보건 정보를 접할 수 있게 되었고, 익명으로 온라인 지원 모임에 가입하는 것도 가능해졌다. 1990년 미국 장애인법에 의해 대학들은 장애 학생을 위한 사무국을 열어야 했고, 그 뒤로 정신 질환을 포함해 모든 유형의 장애를 지닌 학생들은 조용한 방에서 시험을 보거나 과제를 위한 시간을 더 받는 등 학업상 편의를 누릴 수 있게 되었다.

나는 이런 지지 수단들이 생기기 전에 발병했기에 혼자 견뎌야 했다. 나는 최선을 다해 자유로운 영혼을 지닌 대학생의 역할을 연기했다. 심지어 봄 방학을 틈타 룸메이트들과 칸쿤으로 놀러 가기까지 했다. 내가 학생 신분을 아슬아슬하게 유지하고 있었음에도 부모님은 기꺼이 여행 자금을 대 주셨다. 즐겁고 홀가분한 시간을 보내면 건강이 회복될지도 모른다는 판단이었다.

여행은 재앙이었다.

낮은 아무 문제없었다. 우리는 일광욕을 하고 수영을 하며 하루를 보냈다. 그러나 밤이 되자 친구들은 술집으로 향했고, 나는 1학년 한 해 동안 폭음을 즐겼지만 몸이 아픈 뒤로는 술을 입에도 대지 않고 있던 터였다. 몸과 머리가 이미 심하게 고장 나 있었으므로 더 망가뜨릴 짓을 한다는 건 상상조차 할 수 없었다(이건 전형적인 반응이 아니다. 불안 장애가 있는 많은 사람들이 긴장을 풀기 위한 자가 치료의 일종으로 술을 마신다). 남들에겐 금주 중이라는 걸 비밀로 했으므로, 그래서 나는 봄 방학을 맞아 몸을 태닝한 대학생들이 한 손에 테킬라 병을 들고 흥청거리는 술집 세뇨르 프로그스에 앉아 술을 남몰래 버릴 방법을 고민해야 했다. 나는 손을 낮추어 술을 의자 다리에 대고 졸졸 흘려보내면서 이미 끈적끈적한 바닥의 오물과 섞이기를 바랐다.

그날 밤 나는 심지어 잠깐 춤을 추기도 했지만, 나중에 호텔로 돌아가자 목에 통증을 느꼈고, 손발이 무감각했다. 혹시 목이 부러진 거면 어쩌지? 어처구니없는 생각이었다. 나는 그날 넘어진 적도 없었고, 걸음걸이도 멀쩡했다. 그러나 그 터무니없는 공포는 논리에 굴하지 않았다. 나는 원시적이고 감정적인 수준에서 척추 뼈에 금이 갔다고 단정했다.

프런트 데스크에 전화를 해서 의사를 요청했다. 사람이 올라왔다. 그가 나를 진찰하더니 엑스레이를 찍어야겠다고 말했다. 그래서 나는 그와 택시를 타고 칸쿤의 복잡한 거리들을 지나 야간 진료를 하는 병원으로 향했다(이 행동이 순전히 추측성인 부상보다 덜 무서웠던 이유는, 나로서는 이해할 수 없다). 일련의 엑스레이 촬영 결과 — 짜잔 — 나는 멀쩡했다. 그러나 안심은 찰나였다. 나는 곧바로 엑스레이에서 나온 방사능으로 인해 갑상샘암에 걸릴까 봐 걱정하기 시작했다.

다음 날 친구들은 해변으로 놀러 나갔지만 나는 호텔에 머물렀다. 슬그머니 어머니에게 전화를 걸어 집에 일찍 돌아갈 수 있게 비행기 표를 끊어 달라고 졸랐다. 정확히 말하자면, 그날 당장 돌아갈 수 있게. 어머니는 내 부탁을 들어주었다. 나는 친구들에게 두서없는 기묘한 쪽지 한 장을 남기고 급히 가방을 싸서 떠났다. 그날 저녁 나는 부모님 집에 돌아가 있었다.

몇 주가 흐를수록 나는 점점 더 외로워지고, 절망에 빠졌다. 잠에서 깨면 잠시 쾌활한 낙관에 젖었다 — 〈오늘〉이야말로 정상으로 돌아오는 날이 될 거라고. 그러나 팔꿈치로 몸을 지탱하고 일어나자마자 심장이 두근거리고 현기증이 일었으며 공포가 나를 물어뜯기 시작했다.

나는 잠에서 깨지 않는 게 더 쉬울 거라고 생각하기에 이르렀다. 죽고 싶지는 않았다. 죽음을 두려워하며 몇 달을 보내지 않았는가. 그러나 이 증상들에서 탈출할 다른 방법이 보이지 않았다. 의사들은 도움이 되지 않았고 부모님과 친구들도 마찬가지였다. 내가 매일 밤낮을 계속 버텨낼 만큼 강하지 못하다는 생각이 나를 잠식해 갔다.

마침내 내 안의 어둡고 절박한 생각들이 죽도록 무섭게 느껴져서 누군가에게 간절히 털어놓고 싶어졌을 때, 나는 아버지에게 전화했다. 앤아버로 와서 나를 병원에 데려가 달라고 부탁했다. 이번엔 아버지도 기운을 좀 차려 보라거나 잠을 자면 만사가 나아질 거라고 대답하지 않았다. 아버지는 당장 학교로 와서 나를 차에 태웠다.

우리는 고층 주차 타워에 차를 세웠다. 계단으로 걸어가면서 나는 난간 너머 까마득한 아래의 지면을 흘끗 보고, 돌연 뛰어내리고 싶다는 강한 충동에 사로잡혔다. 모든 걸 지워 버리고 싶었다. 그러나 자기 보호 본능과 미약한 희망이 충동을 이겼다. 나는 아버지의 손을 잡았다.

병원에서 우리는 평소처럼 일반 응급실로 향하는 대신 정신과 응급실로 향했다. 대기실은 작고 조용했으며 환자는 나 혼자였다. 나는 정신과 의사인지 심리학자인지 모를 사람에게 지난 세 달 동안 있었던 일과 최근의 의기소침한 상태에 대해 간략하게 설명했다. 의사들은 나를 입원시켜야 할지 논의하더니 내가 긴급한 자해 위기에 놓여 있지는 않다고 결론지었다(내겐 현실적 자살 계획이 없었다). 내게 필요한 건 외래 상담이었다. 치료사가 내게 대문자로 〈정신과 응급 서비스〉라고 적혀 있는 작은 카드에 검은 펜으로 진료 시각을 적어 건네주었다. 뒷면에 24시간 응급 전화번호가 박혀 있었다.

　몇 번의 치료 세션에 참여했으나 치료는 효과가 없어 보였다. 치료사는 내 유년기와 부모님에 대한 감정을 물었지만, 내가 알고 싶은 건 내 심장이 빠르게 뛰는 이유와 내가 언제나 두려움에 사로잡혀 있는 이유였다. 아니, 취소한다. 이제 이유는 관심 밖이었다. 나는 그저 증상들이 멈추기만을 바랐다.

　과도한 불안은 여러 세기 동안 의료적 문제가 아닌 도덕적 결함으로 간주되었다. 고대 그리스인과 로마인들의 이야기에는 두려움을 잘 다루지 못하는 사람들에 대한 부정적 묘사가 가득하다. 〈겁쟁이의 살갗은 시시때때로 빛깔이 변한다. 그는 스스로를 통제할 수 없고, 가만히 앉아 있지도 못한다.〉 호메로스는 『일리아스』에서 전투를 준비하던 중 불안에 빠진 남자에 대해 이렇게 적었다. 〈그는 앉았다가 일어났다가 몸을 흔들며 두 발로 무게 중심을 번갈아 옮기고, 심장이 갈비뼈 안에서 쿵쿵 내달리고, 이가 덜덜 떨린다. 그는 소름끼치는 죽음을 겁내고 있다.〉

　특정 공포증도 고대의 저술에 등장한다. 기원전 3세기 카리스토스의 안드레아스는 공공장소에 대한 공포증인 광장 공포증을 묘사했다.[13] 또한 모든 공포증의 정점이라 할 만한 범공포증, 즉 모든 것에 대한 공포증을 정의했다.[14] 고전 시대에 불안은 공포와 낙담을 특징으로 하는 정신적 상태 〈멜랑콜리아〉의 일부로 여겨졌다.[15] 히포크라테스를 필두로 한 고대 그리스의 의사들은 모든 질병이 네 개의 〈체액〉인 점액, 혈액, 황담즙, 흑담즙의 불균형에서 기인한다고 믿었는데 멜랑콜리아는 흑담즙의 과다에서 비롯되었다. 의사들은 특별한 식단 처방과 운동에서부터 관장과 사혈까지 다양한 방법으로 멜랑콜리아를 치료했다. 체액에 대한 믿음은 몇 세기나 지속되었다.

종교에서도 불안을 다뤘다. 치료제는 신에 대한 믿음이었다. 기원후 4세기 성 아우구스티누스는 예수 그리스도의 가르침을 읽은 경험에 대해 적었다. 〈모든 불안을 구원하는 빛이 내 심장 안으로 적셔 들어오는 듯했다. 모든 의심의 그림자가 사라졌다.〉[16]

17세기에 이르자 신경 질환이라는 개념이 부상하며 체액이 멜랑콜리아와 그에 수반되는 불안의 원인이라는 믿음을 밀어냈다.[17] 이제 뇌와 신경의 기능 장애가 각종 정신적·신체적 증상의 원인으로 여겨졌다. 신경 질환은 대체로 신경학자와 일반 개업의가 치료했다. 1869년 뉴욕 출신 신경학자 조지 밀러 비어드가 신경 쇠약이라는 단어를 만들었다.[18] 문자 그대로 〈지친 신경들〉이라는 의미의 이 단어는 두통, 발진, 피로, 불면, 공포증을 비롯해 일단의 신체적·감정적 증상을 묘사하는 데 쓰였다. 비어드는 신경 체계의 쇠약이 19세기 미국의 바쁜 생활 양식에서 기인했다고 믿었으며 특히 전신과 증기 기관 등의 기술적 발전은 물론 〈여성의 정신 활동〉을 탓했다.

신경 쇠약을 진단받지 않은 불안한 여성들은 히스테리를 부린다는 딱지가 붙을 가능성이 높았다. 〈히스테리아〉라는 이름의 병을 처음 발견한 건 기원전 5세기 그리스의 의사 히포크라테스였다.[19] 그는 이 병이 몸속 자궁의 움직임 때문에 생긴다고 믿었다. 빅토리아 시대 여성들은 불안, 불면증, 〈과도한〉 성욕(혹은 성욕의 완전한 결핍), 그리고 두통에서 기절까지 아우르는 다양한 심신증 증상으로 인해 히스테리아를 진단받았다. 일반적 치료법은 〈골반 마사지〉로, 목표는 여성이 오르가슴을 느끼는 것이었다(바이브레이터의 발명 소식은 히스테리아 치료의 주요한 발전으로 소개되었다).

비어드가 신경 쇠약의 개념을 도입하고 딱 2년 뒤, 제이콥 다 코스타가 남북 전쟁 군의관으로 일하면서 목격한 특이한 증상에 대해 적었다. 프레데릭스버그의 유혈 전투에서 살아남은 젊은 연방군 병사 WWH가 전투 후 경험한 증상이었다. 〈심장 부근에서 바닥에 몸을 내던지고 싶을 만큼 심하게 쿡쿡 쑤시는 통증과 두근거림을 느꼈다. 행군 중 위의 증상이 자주 반복되었으며 시야가 흐려지고 현기증을 호소하기도 했다. 그는 중대에서 탈락하여 구급차에 올라야 했다〉.

다 코스타는 군인 수백 명에게서 비슷한 증상을 목격했다. 그들은 흉부 통증과 두근거림, 불면, 어지러움, 가쁜 호흡, 배탈을 호소했다. 앞의 증상들을 제외하면 모두 건강한 청년들이었다. 다 코스타는 이 증상들이 심장의 과도한 활동 때문이라고 결론짓고 〈과민성 심장 증후군〉[20]이라는 이름을 붙였다. 오늘날은 이를 공황 장애 혹은 외상 후 스트레스 장애PTSD라고 부를 것이다. 다 코스타는 과민성 심장 증후군을 아편과 디기탈리스(폭스 글로브라고도 하는 식물에서 얻어지는 성분으로 오늘날 심부전을 치료하는 데 쓰이는 약의 성분과 다르지 않다), 아세트산 납 등 다양한 약물로 치료했다.

불안의 역사를 얘기하면서 지그문트 프로이트를 빼놓기는 불가능하다. 1894년 그는 「신경 쇠약으로부터 불안 ─ 신경증이라는 특정 증후군을 분리시켜야 할 당위성」이라는 복잡한 제목의 논문으로 불안 연구의 신기원을 열었다.[21] 그는 광범위한 신경 쇠약 병증 내에서 지금 우리가 불안 장애라고 알고 있는 것들을 솜씨 있게 골라냈다. 공황 발작(프로이트는 불안 발작이라고 불렀다), 범불안증, 공포증, 강박 장애에 대한 그의 묘사는 생생하고 놀라울 정도로 현대적이다. 당시 빈에서 신경학자로 일하고 있던 프로이트는 이 모든 증상을 〈불안 신경증〉으로 진단했다. 불안 신경증이 『정신 질환의 진단 및 통계 편람』에 등재된 것은 1980년에 이르러서였다.

프로이트가 〈불안 예기〉라고 불렀던 범불안증에 대한 그의 설명은 흠잡을 데가 없다. 〈불안 예기에 시달리는 여성은 남편이 감기로 재채기를 할 때마다 그가 폐렴 인플루엔자에 걸릴 거라고 상상하고, 단박에 마음의 눈으로 남편의 장례식 장면까지 본다. 집으로 돌아오는 길 현관문 앞에 두 사람이 서 있는 것을 보면 그녀는 자녀들 중 한 명이 창밖으로 추락했으리라는 생각을 떨칠 수 없다. 초인종이 울리는 소리를 들으면 부고를 예상한다. 이 모든 상황에서 순전한 하나의 가능성을 과장할 특별한 근거는 없는데도 매사 이런 식으로 생각한다.〉

그러나 프로이트는 불안 신경증의 원인을 설명하는 데 있어서만은 길을 잘못 든다. 그는 불안 신경증이 충분히 해소되지 않고 축적된 성적 에너지에서 비롯된다고 주장한다. 프로이트에 따르면 남녀 모두에서 불안 신경증이 발병하는 주된 요인은 금욕, 조기 사정, 성교 중단 등이다. 그는 훗날 저작에서는 이 이론을 버리고,[22] 불안이 무의식적 위협과 갈등에서 비롯된다고 믿었다. 이 견해는 수십 년 동안 학계를 지배한다.

지금 우리는 사혈과 아편의 시대로부터 꽤 먼 길을 왔다. 뇌 영상 기술과 유전학의 발전 덕분에 우리는 불안 장애와 뇌에서 발생할 수 있는 이상에 대해 새로운 통찰을 얻었다. 획기적인 치료법들이 지척에 있으며, 선구적인 과학자들이 이르게는 세 살부터 어린이들의 불안 장애를 예방할 수 있는 프로그램을 실험하고 있다.

이제 우리는 불안의 기원이 거의 모든 유기체가 위험을 감지하고 그에 반응하기 위해 갖고 있는 방어 체계라는 것을 안다. 그게 빠른 심장 박동과 가쁜 호흡과 탈출하고 싶은 충동을 낳는 것이다. 곰에게 쫓기고 있는 경우라면 확실히 이해할 수 있는 반응이다. 투쟁-도피 반응은 생존에 핵심적이다.

투쟁-도피 반응이 일어나면 부신에서 에피네프린이라는 호르몬을 분비한다.[23] 혈압이 상승하고 감각이 예민해진다. 자율 신경계의 통제 센터 역할을 하는 뇌 내 시상 하부에서는 부신 피질 자극 호르몬 방출 호르몬CRH을 분비하고, 이는 다시 뇌 하수체와 부신에서 스트레스 호르몬인 부신 피질 자극 호르몬 ACTH과 코르티솔을 분비하게 만든다. 소위 시상 하부-뇌하수 체-부신HPA 축이라고 불리는 축은 이렇듯 활성화되면 교감 신경계와 함께 위험에 대비하여 신체를 고경계 상태로 유지한 다(몇몇 연구에서는 불안 장애가 있는 사람들에게서 다양한 수준의 HPA 축 이상을 발견했다).

이런 위험 감지 체계의 근본에는 공포를 관장하는 뇌 내 아 몬드 모양의 구조, 편도체가 있다. 세상에서 편도체에 대해 가 장 잘 아는 사람은 66세의 뉴욕 대학교 교수이자 불안 장애 세 계에서 진정한 록 스타라 할 수 있는 조지프 르두일 것이다(그 는 어미그덜로이즈Amygdaloids라는 밴드의 프런트맨이기도 하다). 그는 1980년대에 쥐의 방어 기제 신경 회로를 그려 내 는 데 성공했다.

그 전에도 편도체는 공포와 유관하다고 추측되어 왔다. 1930년대 독일계 미국인 심리학자 하인리히 클뤼버와 미국의 신경외과 의사 폴 부시가 원숭이를 대상으로 일련의 실험을 했 다. 두 사람은 (편도체가 속한) 양측 측두엽을 전부 제거하면 원숭이들이 섭식 이상, 성욕 과다, 공포감 상실 등 이상 행동을 보인다는 사실을 발견했다. 후에 과학자들은 뇌졸중이나 뇌 감 염, 혹은 다른 질병으로 인해 편도체와 인근 뇌 구조에 손상을 입은 사람들도 유사한 행동을 보인다는 사실에 주목했다. 이를 클뤼버-부시 증후군이라고 부른다.

르두는 이 연구를 기반으로 실험용 쥐들에게 공포 조건화라는 보편적인 실험 모델을 적용해 청각적 자극에 반응하도록 했다. 포식자가 등장하거나 발에 전기 충격을 받는 등 위협을 느꼈을 때 쥐는 털이 쭈뼛 서고, 혈압과 심장 박동 수가 수직 상승하며 몸을 움직이지 못하는 동결 반응을 보인다. 르두는 실험에서 쥐에게 특정한 소리를 들려주고 그 뒤에 충격을 가했다.[24] 이를 수차례 반복하자 쥐들은 소리를 듣자마자 동결 반응을 나타냈다. 소리 자체를 위협으로 인식하도록 조건화된 것이다.

르두의 목표는 쥐가 소리를 듣고 공포에 의한 행동을 취하기까지 뇌 안에서 자극이 전달되는 경로를 파악하는 것이었다. 이를 위해 그는 서로 다른 두뇌 영역을 손상시킨 쥐들을 공포 조건화시켜서 각 영역이 쥐의 행동에 어떤 영향을 미치는지 관찰했다. 실험 방향은 하향식으로, 감각 정보를 직접 수용하는 청각 피질에서 시작해서 점점 내부로 나아갔다. 청각 피질은 쥐들의 행동에 별다른 영향을 미치지 않았다. 청각 피질에 손상을 입은 쥐들은 전과 똑같이 소리를 들으면 동결 반응을 보였다. 움직임과 학습에 관련된 꼬리핵-조가비핵에 손상을 입은 쥐들도 똑같이 동결 반응을 보였다. 그러나 편도체에 손상을 입은 쥐들은 소리를 들어도 움직임을 멈추지 않았다. 편도체가 없으면 위협에 대한 반응도 없다. 공포의 근원이 발견된 것이다.

르두의 연구 결과에 의하면 소리가 편도체까지 전달되는 경로는 두 가지다.[25] 르두가 〈낮은 길〉이라고 이름 붙인 더욱 직접적인 경로는 자극을 감각/운동 정보를 전달하는 감각 시상에서 편도체까지 10~12밀리초 만에 보낸다. 대조적으로 〈높은 길〉은 자극을 감각 시상에서 감각 피질을 거쳐 편도체로 보내므로 두 배의 시간이 걸린다. 르두의 표현에 따르면 〈낮은 길〉은 〈빠르고 지저분한 처리 체계〉다. 위협이 미처 의식되기도 전에 방어 체계가 거의 즉각 가동되는 것이다. 르두는 붉은스라소니를 발견한 프레리도그의 예를 든다. 〈붉은스라소니의 모습이나 소리가 곧바로 편도체로 전달되어 동결 반응을 이끌어 낸다. 만약 이때 어떻게 해야 할지 의식적으로 결정해야 한다면 (……) 의사 결정에 완전히 발목을 잡혀서 선택을 내리기 전에 잡아먹히고 만다.〉

편도체는 서로 다른 기능을 하는 영역들로 나뉜다. 가령 정보를 수용하는 건 외측핵이다. 동결 반응, 호흡, 심장 박동 수, 스트레스 호르몬 분비 등 공포와 관련된 신체적 반응을 통제하는 뇌의 다른 영역들로 정보를 보내는 건 중심핵이다. 위험 경험의 맥락을 처리하는 영역은 해마다. 예를 들어 해마는 충격을 받은 장소가 실험용 우리 안임을 알려 준다.

르두는 다음으로 동물들이 공포를 어떻게 떨쳐 버리는지 연구했다. 충격과 함께 들려줬던 소리를 다시 반복적으로 들려주되 더 충격을 주지 않는다면, 공포 조건화된 쥐들의 학습을 무효화시킴으로써 동결 반응을 멈출 수 있다. 이런 과정을 소거라고 부른다. 르두가 1990년대에 실시한 실험들의 결과 소거의 핵심은 뇌의 내측 전전두 피질로 밝혀졌다. 내측 전전두 피질은 편도체의 활동을 약화시킴으로써 기능한다. 〈내측 전전두 피질은 브레이크처럼 편도체를 단속한다. 편도체는 엑셀이라고 할 수 있다.〉 반면 스트레스는 소거를 무효화시킬 수 있다. 〈한마디로 브레이크가 들지 않게 되는 것이다.〉

르두는 사람의 경우 이러한 위험 방어 기제와 사고가 상호작용할 때 불안이 발생한다고 말한다. 신체가 투쟁-도피 반응으로 돌입하는 동안 우리의 정신은 참사를 상상하고 기존에 겪은 위험의 기억을 깨워 낸다. 그 결과 우리는 의식적으로 불안을 느끼게 된다.

10월의 어느 오후 나는 그리니치 빌리지 워싱턴 스퀘어 공원에서 한 블록 떨어진 뉴욕 대학교 신경 과학 센터 11층에 위치한 르두의 연구실을 방문했다. 그의 연구실에서는 엠파이어 스테이트 빌딩이 내다보인다. 어지러운 책상 위에 여러 권의 책과 뜯지 않은 편지 봉투, 뇌 영상 이미지로 장식된 야구 모자가 놓여 있다. 짙은 색 청바지에 체크무늬 셔츠를 입고 아랫입술부터 턱까지 잿빛 금발 수염을 얇게 기른 르두는 내가 만나 본 가장 〈힙한〉 신경학자다. 그는 루이지애나주 억양이 살짝 섞인 느릿느릿한 말투로 자신이 유니스에서 정육점 집 아들로 자랐다고 했다(그가 가장 흥미를 느낀 소의 부위는 물론 〈미끈거리고 꿈틀거리는 주름진 뇌〉였다).[26] 고등학생 때부터 대학 시절 내내 다수의 록 밴드에서 활동했는데 그중엔 마치 훗날을 예견한 것처럼 세러벨럼 앤 더 머덜러스(소뇌와 연수)라는 이름도 있었다.

르두가 연구실을 구경시켜 주다가 얇은 흰 상자 무더기가 쌓여 있는 선반이 빼곡 들어찬 방에서 멈추고, 손짓을 한다. 「지난 30년간 실험한 쥐들의 뇌가 여기 모여 있습니다.」 상자 하나를 꺼내자 수십 장의 슬라이드가 나온다. 밝은 셀룰리안 블루로 염색된 얇게 저민 뇌가 슬라이드마다 하나씩 붙어 있다.

우리는 다른 방으로 이동해 설치류 뇌 수술을 위해 고안된 기구를 살펴본다. 팔과 혹과 측정을 위한 홈이 여러 개 있는 은색 팔찌 형태의 기구다. 르두는 쥐의 뇌에 손상을 가할 때는 주로 전류를 사용한다고 설명한다. (대략 200마리에 달하는) 실험용 쥐 자체는 견학이 금지된 다른 방에 두어서 볼 수 없다(동물 실험을 하는 다른 과학자들을 몇 사람 더 인터뷰한 뒤 나는 방문자들에게 실험 대상을 보여 주지 않는 것이 표준 정책이라는 사실을 깨닫는다. 과학자들이 동물권 활동가들의 표적이 될 것을 두려워하기 때문이다).

어느 시점에 르두는 자신에게 뱀 공포증이 있다고 고백한다. 그는 이 공포증이 어린 시절의 트라우마 경험으로 거슬러 올라간다고 회상한다. 「어렸을 때 늪지가 조성된 강어귀로 가재 낚시를 간 적이 있어요. 온갖 곳에 검은 뱀 수천 마리가 꿈틀대고 있는 것 같았지요. 너무나 역겨웠습니다.」 그 이후 르두는 뱀을 피하기 위해 무슨 짓이든 했는데, 그가 수상 스키광이라는 점을 감안하면 상당한 고난이었다. 「다시는 물에 들어가지 않으려 기를 썼어요. 부두에 묶어 둔 밧줄을 잡고 뛰어내려서 스키를 타고, 땅에 올라갈 때도 스키를 타고 돌아갔죠.」

르두를 방문한 뒤 나는 그가 속한 밴드의 뮤직비디오를 찾아보았다. 「공포Fearing」는 에밀리 디킨슨의 시를 기반으로 한 곡이다. 르두와 다른 뉴욕 대학교 과학자들이 결성한 밴드 어미그덜로이즈는 감정과 정신에 대한 곡을 쓰고, 공연한다. 뮤직비디오에서 르두는 불투명한 검정 선글라스를 쓰고 어둠 속에서 나타나 폐가의 불길한 다락을 배경으로 노래한다.

하지만 기억하는 건 잊는 게 아니라
고통의 생생한 리허설
그날을 떠올리게 하고
내 뇌에 공포가 머물게 하지

여러 연구 결과 편도체와 전전두엽 피질이 사람의 공포 조건화와 소거에서도 역할을 한다는 사실이 밝혀졌다.[27] 사람의 공포 반응은 피부 전도도(전극을 이용해 발한의 정도를 측정하는 방법)와 공포로 상승된 경악 반사, 눈 깜박임 반사 등 다양한 방법으로 측정된다. 눈 깜박임 반사란 눈 아래 미세한 센서를 부착하여 눈 깜박임의 크기와 강도를 측정하는 것이다. 연구자들은 불안 장애가 있는 사람들이 건강한 사람들보다 조건화된 자극(전기 충격과 같이 조건화되지 않은 자극에 선행하는 유색의 빛이나 소리)에 더 큰 경악 반응을 보인다는 사실을 밝혀냈다. 불안 장애가 있는 사람들은 소거 과정에서도 더 큰 경악 반응을 보이는 경향이 있었다. 간단히 말해 불안 장애가 있는 사람들은 쉽게 공포를 느끼고, 안전하다는 증거가 산적해 있을 때조차도 공포를 떨치기 어려워한다. 또한 그들의 편도체 는 잠재적 위험을 대면하지 않았을 때에도 과도하게 활성화되 는 경향을 보인다. 불안 장애가 있는 사람의 뇌는 마치 쉼 없이 지평선을 훑으며 위험을 찾는 듯하다.

불안한 사람들은 항상 경계를 곤두세우고 있지만 그게 전부 가 아니다. 그들은 실제로 세계에서 더 많은 위험을 보고, 모호 한 상황을 부정적이거나 위험한 상황으로 인지할 가능성이 더 높다. 그게 내가 두통을 느끼면 바로 뇌종양을 떠올리는 이유 다. 남편 숀이 조용하면 그가 단지 피곤한 게 아니라 나한테 화 가 났을 거라고 생각하는 이유다(가끔은 내 추측이 사실일 때 도 있지만). 과학자들이 〈위험으로 치우친 주의 편향〉이라는 이름을 붙인 이런 경향성은 빠른 공포 조건화와 마찬가지로 편 도체 과활성화와 전전두엽 피질 활동 약화와 유관하다.

과학자들은 주의 편향을 측정하기 위해 보통 점 탐지 과제를 사용한다. 과제의 내용은 다음과 같다. 피험자들은 사람 얼굴 사진 두 장을 나란히 제시받는다. 한 얼굴은 분노하거나 공포 에 질린 표정을, 다른 하나는 중립적인 표정을 짓고 있다. 별안 간 두 얼굴이 사라지고 그중 하나가 있던 자리에 작은 점이나 십자가가 나타난다. 피험자들은 점에 최대한 빨리 (주로 버튼 을 누르는 방식으로) 반응해야 한다. 중립적인 얼굴보다 공포에 질린 얼굴 위치에 나타난 점에 더 빨리 반응하는 피험자는 위험으로 치우친 주의 편향을 가진 것으로 판단된다. 여러 연구에서 불안 장애 환자들이 이 편향을 가지고 있음이 밝혀졌다.[28] 주의 편향은 얼굴이 의식적으로 처리되지 못할 만큼 순식간에 깜박이고 사라졌을 경우에도 나타난다. 반면 불안 장애가 없는 사람들에겐 이런 편향이 없다.

불안 장애를 앓는 사람들은 끊임없이 위기에 맞설 태세를 취하고 있을뿐더러, 불확실에 대처하는 것을 버겁게 느낀다. 불안한 사람의 정신은 영원히 같은 질문을 반복한다. 〈혹시? 혹시? 혹시?〉 그들에게 있어 불확실성은 너무 쉽게 탈출 불가능한 참사로 돌변한다. 과학자들은 이를 〈불확실성에 대한 인내력 부족〉[29]이라고 부르는데, 기능적 자기 공명 영상fMRI을 찍어 보면 뇌의 일부 영역에 불이 들어오는 것을 확인할 수 있다. 캘리포니아 주립 대학교 샌디에이고 캠퍼스 소속 연구자들은 불확실성에 대한 인내력 부족이 감정 처리와 신체 지각에서 역할을 하는 대뇌 피질의 일부인 섬엽 활동과 연관되어 있음을 밝혔다.[30] 2008년에 발표된 작은 실험에서 연구자들은 열네 명의 청소년들에게 〈얼굴의 벽〉이라는 과제를 수행하게끔 했다. 피험자들은 검은 배경을 바탕으로 얼굴 사진 서른두 장을 차례로 감상했다. 어떤 얼굴들은 표정이 모호했고, 어떤 얼굴들은 명확히 기쁘거나 슬퍼 보였다. 불확실성에 대한 인내력 부족 척도에서 높은 점수를 받은 피험자들은 표정이 모호한 얼굴을 더 많이 보았을 때 섬엽 활동이 활발해졌다. 또 다른 연구들에서는 PTSD, 사회 공포증, 범불안 장애를 가진 사람들이 부정적인 사진을 보게 될 거라고 예상할 때 섬엽 활동이 활발해진다는 사실이 드러났다.

과학자들의 연구 결과 밝혀지고 있는 흥미로운 사실 하나는, 공포와 불안이 뇌의 다른 영역에서 기인할 수 있다는 것이다. 편도체는 공포와 더 밀접한 관련이 있으며 임박한 위협에 대해 즉각적인 날것의 반응을 이끌어 낸다. 반면 더 오래 가는 무정형의 불편감인 불안은 편도체에 인접한 분계 선조 침대핵 BNST이라는 괴상한 이름의 구조에 뿌리를 두고 있을지도 모른다.

최근 에머리 대학교에서 은퇴한 신경학자 마이클 데이비스는 수십 년 동안 BNST를 연구했다. 1980년대에는 쥐의 공포 조건화 신경 회로를 그린다는 목표를 두고 르두와 일종의 경주를 벌였다. 당시 그는 BNST가 편도체와 똑같이 혈압, 심박, 동결 반응을 통제하는 뇌줄기에 연결되어 있음에 주목하고, 의문을 품었다. 뇌에는 어째서 편도체와 동일한 기능을 수행하는 것처럼 보이는 영역이 하나 더 있는가? 보통 자연은 그런 식으로 자기 복제를 하지 않는다.

르두가 동결 반응을 단서 삼아 공포 조건화를 파고드는 동안 데이비스는 경악 반사, 구체적으로는 공포로 상승된 경악 반사를 연구하기 시작했다. 쥐들은 경악하면 전신 반응을 보인다. 굉음이 나고 5밀리초만 지나도 쥐의 목 근육에서 전기적 활성화가 감지된다. 예일 대학교에서 시작해서 에머리 대학교로 옮겨 온 데이비스의 연구실에서는 쥐들을 우선 빛에 노출시키고 그다음에 충격을 주는 방식으로 공포 조건화시켰다.[31] 이윽고 연구자들은 쥐들에게 일련의 굉음을 들려주어 경악 반응을 일으켰다. 가끔은 충격에 앞서 빛에 노출시켰고, 가끔은 빛 없이 굉음만 들려주었다. 예상 그대로, 굉음에 대한 경악 반사는 쥐가 소리와 빛에 동시에 노출될 때 더 컸다. 이처럼 증폭된 반응을 공포로 상승된 경악이라고 부른다.

이런 실험들을 벌이던 중 데이비스는 우연히 BNST의 잠재적 역할을 발견했다. 데이비스와 동료들은 몇 년 동안 다양한 화합물이 공포로 상승된 경악 반응에, 나아가 불안 장애에 어떻게 작용하는지 시험했다. 공포 조건화 실험의 문제는 학습이 개입되어 있다는 것이다. 공포 조건화를 당하는 쥐들은 빛이 나오면 충격이 뒤따른다는 사실을 학습한다. 만약 어떤 물질이 공포로 상승된 경악을 누그러뜨린다면, 그 물질이 실제로 경악 반응을 약화시키는 것인지 단순히 기억 상실을 유발했는지 단언할 수 없다. 다시 말해 그 물질은 쥐가 단지 빛과 충격 사이의 연결 고리를 잊게 만드는 것일 수도 있다는 뜻이다.

이를 염두에 두고 데이비스의 연구실에서는 학습 없이도 증폭된 경악 반응을 촉발시킬 방법을 찾아 헤맸다. 그러던 중, 데이비스의 동료인 데이비드 워커가 쥐를 밝은 빛에 20분 동안 노출시키면 똑같이 증폭된 경악을 일으킬 수 있음을 발견했다. 여기엔 학습이 필요 없었다(쥐들은 자연적으로 밝은 빛과 노출된 공간을 피하는데, 설치류에게 이는 위험의 신호이기 때문이다). 데이비스는 설명한다. 〈밝은 빛에 오래 노출되어 있으면 언제 나쁜 일이 닥쳐도 이상하지 않다.〉 데이비스와 워커는 이와 같은 연장된 공포 조건화에서도 편도체가 핵심 역할을 할 거라고 추정했으나, 실험 결과 편도체 비활성화로는 20분 동안 빛에 노출된 쥐들의 경악 반사가 증폭되는 것을 막을 수 없었다. 그러나 BNST 비활성화로는 막을 수 있었다.

편도체는 번개처럼 빠른 반응을 보여야 할 때 활성화된다. 반면 BNST는 좀 더 오래 가는 공포를 느낄 때, 언제 가해질지 확신할 수 없는 고통을 예견할 때 활성화된다. 얼마나 오래 위험에 직면해야 편도체에서 BNST로 활성 영역이 바뀌는지는 아직 정확하지 않지만, 대략 4초에서 1분 사이로 추정된다.

1990년대에 크리스천 그릴런이 예일 대학교에서 데이비스와 협업하며 사람을 대상으로 비슷한 실험을 벌이기 시작했다.[32] 사람도 전신 경악 반응을 보이지만, 가장 일관적이고 측정하기 쉬운 것은 눈 깜박임이다. 그릴런은 불확실한 상황을 연장시키면 사람들이 연장된 시간 동안 초조해한다는 것을 발견했다. 이와 관련된 중요한 실험이 하나 있다.[33] 그릴런과 데이비스는 예일 대학교 학생 58명을 피험자로 모집해서 그중 다수에게 푸른색 빛을 보여 주고 왼쪽 팔목에 충격을 가하기를 반복했다. 피험자는 세 집단으로 나뉘었는데, 첫 번째 집단은 빛을 보고 몇 초 후에 충격을 받아 예측이 가능했다. 두 번째 집단은 빛을 보는 시점과 무관하게 무작위로 충격을 받았다 (세 번째 집단은 빛을 봤지만 충격은 한 번도 받지 않았다). 여기에 더해 피험자들에게 굉음으로 경악 반사를 일으켰다. 나흘 뒤 학생들은 똑같은 실험에 참여했다. 공포 조건화된 첫 번째 집단은 나흘간의 휴지가 있었음에도 굉음을 들었을 때 더 큰 경악 반응을 보였다. 이는 예상 가능한 결과였다. 그러나 두 번째 집단의 경우 특기할 점이 있었는데, 실험을 시작하기 전에 피험자들이 보이는 경악, 소위 〈기저 경악〉이 다른 집단보다 더 컸다. 충격이 예측 불가능하기에 경계심이 자극되어, 전과 같은 환경에 놓이자마자 경악할 태세를 취한 것이다.

〈불안은 어떤 면에서 공포의 반대다. 공포의 대상은 눈앞에 놓인, 예측 가능하고 즉각적인 것이다. 불안은 반대로 일어날지 일어나지 않을지 알 수 없는 미래의 무언가를 대상으로 한다.〉 그릴런이 말한다.

그릴런은 동물 실험 데이터를 근거로 들어, 불확실성에 의한 불안을 일으키는 배후가 BNST라고 제법 확신한다. 다만 BNST는 fMRI 스캔으로 잘 보이지 않을 만큼 크기가 작아서 연구에 어려움이 있다. 그릴런은 현재 국립 정신 보건원에 소속된 그의 연구실에 새로 강력한 스캐너를 들였다며 들뜬 기색을 보인다. 그릴런과 동료들은 최근 새 장비를 이용해 인간의 BNST, 그리고 BNST와 다른 뇌 구조의 연결을 그려 내는 데 성공했다.[34] BNST와 불안에서 BNST가 맡은 역할을 이해하는 한 걸음을 내딛은 셈이다. 그릴런이 묻는다. 〈충격을 받을지도 모른다는 불안은 머릿속 어디에서 나올까? 아마도 대학에 떨어질 걱정이나 직장에서 해고될 걱정, 신에 대한 공포와 같은 출처는 아닐 것이다.〉 향후 BNST를 겨냥한 신약이나 정신 치료가 수확을 얻을 수 있을지도 모른다.

신경학자들은 뇌에 대한 영상 작업이 아직 걸음마 단계라고 경고한다. 사람의 두뇌는 완전히 탐사되지 않았으며, 아마 불안 장애가 발생하는 경로는 하나가 아닐 것이다. 불안 장애의 발병은 불안한 생각과 행동이 기저의 신경 생물학적 요인을 강화시키는 역동적 과정일 가능성이 높다. 연구원 댄 그루프와 잭 니쉬케가 적었듯 〈불안 장애 환자는 콘서트 피아니스트가 음악가로서 신경 경로들을 강화시키는 것과 같은 방식으로, 즉 매일 몇 시간의 연습을 통해 불안의 신경 경로를 강화시킬 것이다〉.[35]

내 뇌가 엉망이 되기 시작한 시점이 언제였을지 궁금하다. 내 편도체가 과활성화된 건 언제일까? 내 전전두엽 피질이 내 몸의 투쟁-도피 반응을 억제하는 데 실패한 건 언제일까? 최근 신경학자들은 불안 장애가 유년기에 시작되는 뇌 발달 장애의 일종이라고 믿기 시작했다. 증상과 혼란이 겉으로 드러나는 알츠하이머병 등 다른 신경 질환과 마찬가지로, 불안 장애를 키워 나가는 중인 뇌는 최초의 공황 발작이나 생활을 마비시키는 한바탕의 걱정이 닥치기 훨씬 전부터 불안 장애의 증표를 드러낸다. 그 증표를 찾아내는 것이 묘수일 테다.

2
광대 공포증과 세상의 종말
유년기의 불안

나는 일곱 살이고 학교 책상에 앉아 있다. 내 앞에는 텅 빈 공책과 2호 연필이 준비되어 있다. 주황색 무릎 양말과 갈색 로퍼를 신은 젊은 여자 선생님이 굳은 얼굴로 교실 앞에 서 있다.

「5 곱하기 4의 답은?」 선생님이 말한다.

그리고 채 1초도 지나지 않아 다시 입을 연다.

「9 곱하기 6.」

「3 곱하기 4.」

「8 곱하기 2.」

선생님은 단조로운 어조로 가차 없이 수학 질문들을 내뱉는다. 내 주위의 모두가 답을 끼적이고 있다. 나만 빼고. 나는 얼어붙어 있다. 머리가 백지 상태다. 입 안이 바싹 마른다. 연필을 꼭 쥔 손에는 땀이 난다. 뺨이 뜨겁게 달아오른다. 쉬는 시간에 철봉에서 몸을 거꾸로 매달고 있을 때처럼 심장이 마구 내달린다.

시선을 떨구어 종이를 보니 건성으로 적은 숫자 몇 개와 무의미한 연필 자국 몇 개 외엔 전부 빈칸이다.

중요한 건, 내가 답을 전부 안다는 거다.

숨이 막혔다. 구두 수학 퀴즈를 볼 때마다 이 모양이다. 나는 항상 퀴즈에서 낙제를 한다. 그러니 2학년에 올라가 처음 받은 통지표의 수학 칸에 〈불만족unsatisfactory〉의 머리글자인 U가 적혀 있었던 건 전혀 놀랄 일이 아니었다. 나는 부끄러움을 강조하는 양 그 U를 검은 펜으로 덧그렸다. 그러나 부모님은 아연실색했다. 나는 수학 숙제와 필기시험에서는 거의 만점을 받았고, 부모님에게 끔찍한 구두 퀴즈에 대해선 한마디도 하지 않았으니까.

아버지가 선생님에게 전화를 하자 선생님은 플래시카드를 사용해 보라고 말했다(부모님 말로는 선생님이 건방지고 불퉁하게 대답했다고 한다. 아버지가 화를 내자 선생님은 전화를 끊어 버렸다). 아무튼 아버지는 플래시카드를 사왔다. 매일 저녁 식사 후 아버지는 의자에, 나는 그 앞의 바닥에 앉았다. 「8 곱하기 9는 뭐지? 3 곱하기 11은?」 아버지가 퀴즈를 냈다. 맹세컨대 아버지는 선생님의 조급한 말투와 초췌하고 짜증스러운 표정까지 그대로 따라하는 것 같았다.

나는 플래시카드 세션을 끔찍이 싫어했지만 계속 반복하니 자신감이 붙었다. 당시엔 몰랐지만 이런 세션은 가장 효과적인 불안 장애 치료법 중 하나인 노출 치료와 무척 유사했다. 나는 차츰 학교에서의 퀴즈를 덜 두려워하게 되었고 공포는 잦아들었다. 퀴즈를 통과하기 시작하면서 어느새 1등을 하기 시작했다.

다음번 통지표의 수학 칸에는 〈만족satisfactory〉의 머리글자인 S가 적혀 있었다. 그리고 2학년 마지막 통지표에서 나는 〈우수outstanding〉를 뜻하는 O를 받고 플래시카드에서 해방되었다.

질병, 트라우마, 양육 방식 등 유년기의 많은 사건과 경험들이 불안 장애의 발병에 기여할 수 있다. 내가 겪은 소규모 공황 발작이 — 과학자들은 〈공포의 주문〉이라고 부른다 — 불안 장애의 시작이었는지는 확신할 수 없지만, 적신호인 건 분명했다. 공황 발작을 한 번, 혹은 여러 번 겪는 것은 그 자체로는 장애가 아니다. 미국 인구의 4분의 1이 일생에 한 번은 공황 발작을 겪는다. 그러나 과학자들은 단발성 공황 발작이 훗날 찾아올 정신 건강 문제의 전조라는 사실을 차츰 밝혀내고 있다. 14~24세의 3,000명 이상을 추적한 독일의 한 연구에서 이전에 공황 발작을 경험한 적이 있다고 보고한 사람들이 향후 4년 동안 특정 공포증과 사회 공포증을 비롯하여 다양한 장애를 얻게 될 가능성이 훨씬 높다고 밝혔다.[36] 알코올 사용 장애를 얻게 될 위험은 두 배 이상, 범불안 장애를 얻게 될 위험은 열 배 이상이었다.

아이들이 제대로 된 공황 발작을 일으키는 일은 성인보다 드물다. 성인의 경우 질식, 흉부 통증, 구역질, 죽음에 대한 공포를 비롯해 열세 개의 가능한 증상 가운데 네 개 이상을 보이면 공황 발작으로 간주한다.[37] 반면 아이들은 종종 내가 겪은 공포의 주문처럼 심각성이 낮거나 더욱 제한된 발작을 경험한다. 독일에서 이루어진 공황 발작 연구의 공저자이자 드레스덴 기술 대학교에서 행동 역학을 가르치는 카트야 베스도바움에 따르면 공포의 주문은 〈심장 박동 수 증가, 발한, 통제 불능이 되고 있다는 감각 등 공황 증상과 무관할지언정 갑작스러운 공포와 불안의 경험〉이다. 공포의 주문을 경험하는 아이들은 향후 10년 안에 우울증을 앓을 확률이 높고, 공황 장애와 광장 공포증, 범불안 장애를 얻을 가능성이 세 배 이상 높다.[38] 베스도바움은 〈공포의 주문은 초기 지표이며 상당히 쉽게 판단할 수 있다〉고 말한다.

하지만 내 불안은 그보다도 더 이른 시기에 뿌리를 두고 있을지도 모른다.

네 살 때 나는 광대에 대한 격한 공포를 느꼈다(딱히 독창적인 공포증이 아니라는 건 나도 안다. 광대는 기괴하니까). 처음에 나는 광대에 두려움만큼이나 매력을 느꼈다. 핼러윈 때 광대 분장을 한 적도 있었다. 어머니가 보송보송한 흰색 폼폼이 달린 청록색 정장과 고깔모자를 직접 만들어 주셨다. 나는 맥도날드의 마스코트 로널드 맥도날드에게도 깊은 애정을 느꼈다. 로널드가 동네 맥도날드를 방문한다는 소식을 듣고 나는 부모님에게 나를 꼭 데려가 달라고 졸랐다. 우리 어머니는 캐럽 콩을 초콜릿으로 속여 내게 먹이려 하고 거의 모든 것에 맥아를 집어넣는 건강광이지만, 마지못해 내 소원을 들어주었다.

그러나 손꼽아 기다리던 그날이 오자 나는 겁을 먹고 차 안에서 나가려 들지 않았다. 부모님은 나를 살살 꼬드기고 뇌물을 주고 협박을 하면서 어서 노란 의상을 입고 미소 띤 광대를 만나러 가자고 부추겼다. 그러나 나는 꿈쩍하지 않았다. 결국 아버지는 투덜대며 차를 집으로 돌렸다.

집에서도 광대에 대한 공포가 나를 기다리고 있었다. 세 살에서부터 다섯 살 무렵 나는 「세서미 스트리트」에 홀딱 빠져서 하루에 한두 번씩 시청하곤 했다. 1970년대에 이 프로그램의 한 코너에는 빨간 곱슬머리 가발을 쓰고 얼굴을 하얗게 칠하고 입은 빨간색으로 아주 커다랗게 그리고 눈 위아래에 검은 삼각형을 붙인 광대가 고정 출연했다.

〈내가 항상 광대처럼 보이는 건 아니야.〉 그는 약에 취한 듯한 슬픈 목소리로 말하곤 했다. 〈내게도 일상적인 얼굴이 있어.〉

그는 코와 가발을 떼어 냈다. 그리고 호른과 호루라기와 발작적인 피아노로 구성된 광폭한 음악을 배경으로 남자가 광대 분장을 하는 과정이 역재생되었다. 눈 아래의 삼각형과 입 주변을 칠한 빨강은 각각의 메이크업 펜슬 속으로 빨려 들어갔다. 얼굴을 칠한 흰색은 작은 튜브 속으로 사라졌다. 종국에는 창백하고 음침하고 야윈 남자의 얼굴만이 남았다.

〈이게 내 일상의 얼굴이야. 뭐가 더 좋아?〉 그가 맥없이 느릿느릿 물었다. 화면은 절반으로 나뉘어 왼쪽엔 맨얼굴의 남자를, 오른쪽엔 광대를 띄웠다. 남자는 광대의 얼굴을 들여다보

고 어깨를 작게 으쓱하면서 낙심한 어조로 말했다. 〈나도.〉

광란의 음악, 공격적인 분장 지우기, 광대의 명백한 우울, 그 모든 것에 나는 겁먹었다. 나는 「세서미 스트리트」의 새 코너가 시작할 때마다 문자 그대로 문밖으로 한 발을 내딛고 서서 초조한 긴장에 사로잡혔다. 하얗게 칠한 얼굴이 흘긋 보이거나 빨간 코를 누르는 삑 소리가 들릴 낌새가 보이면, 나는 비명을 지르며 거실을 뛰쳐나갔다. 어머니가 그 코너가 끝났다고 나를 달래기 전까진 절대 텔레비전 앞으로 돌아가지 않았다.

최근 나는 유튜브에서 「세서미 스트리트」의 광대 동영상을 찾아냈다.[39] 그것을 다시 보는 동안 나는 남자를 꼭 안아 주고, 프로작을 건네주고 싶었다.

유년기와 청소년기에 다양한 공포를 느끼는 건 정상이다. 한 살배기가 분리 불안을 느끼는 것. 유아들이 천둥과 어둠을 무서워하는 것. 다섯 살짜리가 괴물과 귀신을 두려워하는 것. 10대들이 사회적으로 거절당할까 봐 겁내는 것. 전부 보통이다.[40] 『정신 질환의 진단 및 통계 편람』에 따르면 공포가 공포증으로 분류되기 위한 조건은 증상이 최소한 6개월 동안 지속되며 사람의 삶을 손상시키는 것이다. 예를 들어 버스 사고가 날까 봐 학교에 갈 수 없다면 그건 삶이 손상된 거다.

특정 공포증은 모든 불안 장애 가운데 가장 이르게 발병하는 것으로, 발병 연령이 대개 7세와 14세 사이다.[41] 이것은 가장 흔히 볼 수 있는 형태의 불안 장애로, 13세 이상 미국인의 15.6퍼센트가 일생 동안 한 번은 겪는다. 공포증의 대상은 거의 모든 것이다(단추 공포증을 가진 9세 소년의 사례[42] 보고서를 읽은 적도 있다). 가장 흔한 대상은 동물(개, 거미, 곰),[43] 자연 세계(높은 곳, 물, 폭풍, 지진), 피, 혹은 비행기를 타거나 폐쇄된 공간에 갇히는 것이다. 공포증에는 젠더 차이가 있는데, 이를테면 벌레와 뱀에 대한 공포증은 여성들 사이에서 더 흔하다. 반면 고소 공포증과 폐소 공포증은 남녀에게서 똑같이 나타난다.

가장 흔한 공포증의 대상들은 진짜로 위험을 초래할 수 있다는 점에서 진화적으로 설명이 가능하다. 정신 의학자 랜돌프 M. 네스는 이런 공포가 사람들의 안전을 위해 지난 수천 년 동안 발달해 왔다고 주장한다.[44] 비행기를 타거나 운전을 하는 것처럼 현대적인 대상에 대한 공포증도 높은 곳, 속도, 좁은 공간에 갇히는 것에 대한 오래된 공포로부터 기원한다. 네스는 이렇게 표현한다. 〈우리의 감정은 자연 선택으로 빚어진 적응이다.〉

공포증을 가진 사람이라면 공포증이 삶을 손상시킨다는 사실을 알고 있다(만약 내가 로스앤젤레스에 살았더라면 고속도로 운전 공포증이 심각한 걸림돌이 되었을 것이다). 공포증은 또한 심각한 정신 질환의 전조가 되기도 한다. 예를 들어 2010년에 젊은 독일 여성 1,500명을 연구한 결과 특정 공포증을 지닌 사람은 그렇지 않은 사람에 비해 향후 17개월 동안 범불안 장애, 우울증, 신체형 장애(통증과 고통을 비롯해 설명 불가능한 신체적 증상을 낳는 정신 질환)를 얻을 가능성이 두 배로 높았다.[45]

나의 광대 공포증은 금방 더욱 위압적이고 불가피한 공포에 추월당했다. 죽음에 대한 거대한 공포가 나를 덮쳤다. 고통, 두려움, 텅 빈 어둠. 나는 책이나 영화에 등장하는 죽음에 대한 묘사는 물론 언급조차도 견디지 못했다. 『샬럿의 거미줄』은 내게 공포 소설이었다. 등장인물이 위험에 처하면 나는 어머니에게 물었다. 「이 사람 죽어요?」 나는 곧 요구 사항이 더 많아졌다. 「이 여자가 죽지 않는다고 약속해 주세요.」 사망 소재 기피령으로 인해 아동 문학의 여러 명작이 독서 목록에서 제외되었다. 나는 『밤비』, 『오즈의 마법사』, 『백설 공주』를 하나도 읽지 못했다.

우리가 다니던 침례교 교회에서 일요일마다 목사가 침 튀기며 들려주던 지옥에 대한 묘사가 ─ 영원히 타오르는 불꽃, 저주받은 자들의 비명이 ─ 점점 더 두려워졌다. 어머니가 어려서부터 남부 침례교도였기 때문에 우리 자매도 침례교도로 자랐다(맥주를 마시고 담배를 피우고 욕을 하는 우리 아버지는 몇 년 동안 자신이 〈충분히 자격이 없다〉면서 교회에 함께 가지 않았다). 교회에 따르면 지옥에 떨어지는 걸 피하는 유일한 방법은 〈거듭남〉이나 〈구원〉받고 예수 그리스도를 주인이자 구원자로 받아들이는 것이었다. 예배가 끝나고 성가대가 찬송가 「내 모습 이대로」를 부르는 동안 목사가 신도들에게 강단 앞으로 나와 기도하고 구원받으라고 부추겼다. 나는 예배 중 이 순간을 가장 기다리게 되었다. 이번 주에는 누가 지옥의 손아귀를 빠져나갈까? 어두운 정장을 입은 목사는 뒷짐을 지고 나무 강단 앞에 서서 기대에 찬 얼굴로 신도들을 훑어보았다. 가끔은 노래 한 소절, 두 소절이 흐르는 동안 아무도 일어나지 않았다. 그러면 노랫소리가 한결 급박해졌다. 성가대가 마지막 구절 〈주와 함께 동행하는 길〉을 부르기 시작할 때 일어서 종종걸음으로 강단에 나가는 사람들도 있었다.

내가 가장 좋아하는 성경 구절은 「요한의 복음서」 3장 16절로 바뀌었다. 〈하나님은 이 세상을 극진히 사랑하셔서 외아들을 보내 주시어 그를 믿는 사람은 누구든지 멸망하지 않고 영원한 생명을 얻게 하여 주셨다.〉 멸망치 않는다니, 만세!

나는 거듭남에도 집착하기 시작했다. 진정한 종교적 열망에서 비롯되었다기보다는 영원한 지옥살이에서 벗어나는 수단이기 때문이었다. 그러나 기준 나이가 될 때까지 기다려야 한다는 불문율이 존재하는 듯했다. 마법의 나이는 아홉 살이었다.

그래서 아홉 살이 되자 나는 마침내 신도석 통로를 걸어 나갔고, 그로부터 몇 주 뒤 강단 뒤에 숨겨져 있던 물웅덩이에서 세례를 받았다. 물웅덩이라기보다는 커다란 욕조와 비슷한 모양이었다. 그날 나는 새로 산 연하늘색 여름 원피스를 입었다. 검은 고무 재질의 방수 바지와 정장 재킷 차림의 목사가 내 입과 코에 흰 손수건을 대고 나를 세 번 물에 담갔다. 성부를 위해 한 번, 성자를 위해 한 번, 성령을 위해 한 번.

나는 의기양양해졌다. 그러나 구원이 거대한 죽음에서 완전히 탈출하는 길은 아니었다. 영혼은 영원히 산다 해도 몸은 여전히 멈춰서 잠들 테니까. 내가 마침내 빠져나갈 구멍을 발견한 건 그때였다. 휴거(그리스도 재림 시 지상의 신자들이 공중으로 들어 올려져 그리스도와 만나는 것)에 대해 알게 된 것이다. 나는 예배에서 예수가 지상으로 돌아올 것이고, 예수의 재림 시 살아 있는 사람들은 죽음을 완전히 피해 바로 천국으로 올라갈 것이라는 이야기를 주워들었다. 묘책이 아닐 수 없었다!

나는 매일 밤 잠들기 전 봉제 동물 인형들 한가운데 앉아서, 내가 죽음을 피할 수 있도록 예수가 어서 재림하길 기도했다. 〈어서 와주세요. 내가 죽거나, 다치거나, 살해당하거나, 겁먹지 않게 해주세요.〉 이게 내가 애를 써서 생각해 낸 허점 없는 기도문이었다.

그로부터 2년 뒤, 나는 내가 열한 살이 되는 1982년 3월 10일에 세상이 종말한다는 설을 알게 되었다. 케임브리지 대학교 출신의 천체 물리학자 존 그리빈과 스티븐 플레이지먼이 1974년 저작 『목성 효과*The Jupiter Effect*』에서 주장한 바에 따르면 그랬다.[46] 두 사람은 그날 주요 행성들이 태양의 한쪽 면에 정렬하는 바람에 특히 목성을 비롯한 행성들의 인력이 지구의 자전에 변화를 주어 온갖 재난이 일어날 거라고 주장했다. 로스앤젤레스를 납작하게 만들 지진이 일어날 것이라고도 했다.

나는 『목성 효과』를 읽지 않았다. 어머니의 대니얼 스틸 소설과 내가 용돈으로 몰래 산 V. C. 앤드루스 소설(비소 중독! 근친상간!)을 탐닉하면서 미래에 겪을 로맨스에 대해 비뚤어진 기대를 품느라 바빴기 때문이다. 그러나 종말의 날짜만은 알고 있었다. 종말 예언과 그에 대한 반응이 지역 언론에 보도되었다. 나는 텔레비전과 신문에서 사람들이 풍선을 달고 카블 아이스크림 케이크를 퍼먹는, 과히 정열적인 〈세상 종말〉 파티를 열고 있다는 소식을 들었다. 심지어 학교 교실에서도 그런 파티가 열린다고 했다.

종말 예정일이 다가올수록 나는 점점 더 초조해졌다. 지진으로 죽는 건 어떤 기분일까? 천장이 머리 위로 떨어져서 바로 의식을 잃을까, 아니면 천천히 고통스러운 죽음을 맞게 될까? 건물 잔해에 깔려 굶어 죽을 때까지 가냘픈 목소리로 구조를 요청하게 될까? 나는 몇 시간이고 온갖 방식의 비극을 숙고했다. 내 불안한 상상 속에 세상을 구하는 슈퍼히어로로 따위는 없었다.

3월 10일은 수요일이었으니 등교를 했을 것이다. 그러나 내가 그날에 대해 기억하는 건 아버지의 빛바랜 코듀로이 소재 레이지보이 의자에 발을 올리고 앉아 「팩츠 오브 라이프」를 시청하는 척하면서 시계의 분침을 감시하던 일이다. 나는 시계 바늘을 빨리 자정 너머로 돌리고 싶었다. 그러면 3월 11일이 되고 나는 ─ 그리고 이 세상은 ─ 안전해질 테니까.

유년기의 트라우마는 우울증, 약물 및 알코올 남용, 불안 장애, ADHD를 포함하여 다양한 정신 질환을 강력하게 예측하는 변수다. 하버드 의대와 미시간 대학교의 연구원들이 성인

5,692명의 자료를 분석하여 유년기에 겪은 (신체적 학대, 성적 학대, 방임, 부모의 이혼, 빈곤, 부모의 사망 등의) 역경과 정신 질환 발병 사이의 연관 관계를 조사해 보니, 유년기의 부정적 경험은 대단히 흔했다. 응답자의 절반 이상이 적어도 한 가지 역경을 경험했으며 부모의 이혼과 가정 폭력, 부모의 정신 질환이 가장 흔했다. 그중 정신 질환과 가장 강력한 상관관계를 보인 것은 아동들에게 극심한 트라우마를 낳는 (부모의 정신 질환이나 약물 남용, 신체적·성적 학대 등) 가정 기능 문제였다.

과학자들은 유년기의 트라우마가 정신 질환을 유발하는 정확한 이유를 밝혀내는 데 노력을 기울이고 있다. 한 연구에서는 생애 초기에 학대를 당해 HPA 축에 이상이 생기면 신체의 스트레스 반응에 장기적 기능 장애가 초래될 수 있음을 보였다.[47] 유년기의 스트레스는 뇌에 영향을 미친다. 위스콘신 대학교 연구원들이 청소년 64명에게 MRI 스캔을 시행한 결과 유년기의 학대 및 방임이 해마와 슬하 전두 대상 피질 사이의 연결을 변이시킨다는 사실이 밝혀졌다.[48] 연결이 변이된 청소년들은 불안과 우울증 증상을 더 많이 보였다.

흥미롭게도, 유년기의 트라우마 중 불안 장애와 특히 밀접한 것은 신체적 질병과 경제적 고난이다.[49] 700명에 가까운 고교생과 그들의 부모를 조사한 한 연구에서 만 1세까지 겪은 심각한 질환이나 감염이 10대에 불안 장애가 발병할 것을 강하게 예측한다는 사실을 밝혔다.[50] 어머니가 유산이나 사산 등의 임신 문제를 겪은 10대에게서 불안 장애의 위험이 높게 나타나기도 했다.

어머니가 들려준 이야기로 나는 어렸을 적 감기에 걸리면 거의 어김없이 심한 기관지염을 한바탕 앓았다고 한다. 돌이 채 지나지 않았을 때 기침을 심하게 하다가 갑자기 호흡을 멈춘 적도 있었다. 어머니는 나를 품에 안고 등을 토닥이고 있었는데, 갑자기 내 몸이 축 늘어졌다고 한다. 한 순간 어머니는 내가 죽었다고 생각했다. 아버지가 내 발목을 잡아 거꾸로 들고는 내 등을 두드렸다. 다행히 나는 울음을 터뜨렸다. 후에 의사가 말하길, 그때 나는 가래가 차서 익사할 뻔했다고 한다.

네 살 때에도 기관지염을 앓고 회복하던 중에 비슷한 사건이 있었다. 내 방에서 바비 인형을 가지고 놀고 있었는데, 갑자기 몸이 이상해졌다. 아주 깊은 심호흡을 하고 한동안 숨을 참아야 했다. 나는 분홍색 안락의자에 앉아 손을 무릎에 얹고 팔에 힘을 잔뜩 준 채 폐에 공기를 밀어 넣었다가 빼는 데 집중했다. 내 폐는 곧 커피를 젓는 빨대만큼이나 좁게 느껴졌다. 숨이 가쁜 감각에서 주의를 돌리려고 바비와 스키퍼를 캠핑카에 앉혔다(켄은 머리카락이 움직이지 않고 표정이 의뭉스러워 보여서 영 호감이 가지 않았다). 그러나 무용지물이었다. 한 번 숨을 쉬는 것도 악전고투였다. 나는 점점 더 절망에 휩싸였고, 종내 공황에 빠졌다. 부엌으로 달려가 식탁에 앉아 있던 부모님에게 〈숨을 못 쉬겠어요〉라고 한마디를 겨우 남기고 리놀륨 깔린 바닥으로 쓰러져 정신을 잃었다.

정신을 차려 보니 나는 가장 가까운 응급실로 달려가는 차의 조수석, 엄마 무릎 위에 몸을 웅크리고 누워 있었다. 내가 돌연 어머니를 쳐다보며 말했다고 한다. 「우리 어디 가는 거예요?」 아버지는 이렇게 회상한다. 「갑자기 상태가 멀쩡해지더구나.」

고등학교 때 나는 운동 유발 천식을 진단받았다. 대학에서 겪은 공황 발작은 즉각 친숙하게 느껴졌다. 기관지염에 걸린 것도 아니었고 폐에 가래가 찬 것도 아니었지만, 숨을 쉬기 위한 분투와 호흡 곤란에서 오는 공포는 실제만큼 생생했다. 불안은 환상적인 모방꾼이다.

지금은 호흡기 질환과 불안 사이의 연결 고리가 밝혀졌다. 캘리포니아 대학교 로스앤젤레스 캠퍼스와 뉴질랜드의 연구원들이 1,000명 가까운 청년들을 대상으로 시행한 연구에서 천식 병력이 있는 젊은 여성들이 공황 장애를 앓을 위험성이 더 높다는 사실이 드러났다.[51] 또 다른 연구에서는 천식, 폐 공기증, 기관지염을 앓은 사람들이 불안 장애와 우울증을 앓을 가능성이 높다는 사실이 밝혀졌다.[52] 유년 시절 폐에 문제를 겪으면 청소년기에 불안 장애가 발발할 위험성이 높다는 증거도 있다. 2008년의 한 연구에서는 1세 이전에 폐렴, 천식, 급성 폐쇄성 후두염, 모세 기관지염을 앓은 이들이 34세까지 불안 장애 치료를 받을 가능성이 세 배 높다는 사실이 밝혀졌다.[53] 1세와 7세에 두 번 다 호흡기 질환을 앓고 있었던 사람은 34세까지 불안 장애 치료를 받을 가능성이 무려 스무 배 가까이 높았다. 유아기에도 위험성은 명백히 드러났다. 4개월에 호흡수가 높았던 아기들은 34세까지 불안 장애 치료를 받을 가능성이 두 배였다.

그러나 이런 연구들은 오직 상관관계를 드러낼 뿐, 호흡 장애가 불안 장애를 〈초래〉한다는 사실을 입증하진 못한다. 몇몇 과학자들은 호흡 문제와 정신 질환이 적어도 일부는 면역계 문제에서 기인할 수 있다고 추측한다. 또 다른 가설은 호흡 문제와 정신 질환이 동일한 유전적·환경적 원인에서 기인한다는 것이다. 불안 장애, 그중에서도 특히 공황 장애가 있는 사람은 생존을 위해 진화한 〈질식 경보 체계〉가 과민하다는 증거가 있다.[54] 최근 과학자들은 이산화탄소 감지 기능이 있는 단백질을 만들어 내는 유전자의 위치를 찾아냈는데, 그 유전자가 공황 장애의 가능성과 연결되어 있었다(이산화탄소 수치가 높아지면 질식이 임박했다는 뜻이다).

불안 장애를 초래하는 것은 유년기의 질병뿐만이 아니다. 부모의 중병을 목격하는 것만으로도 불안 장애가 발병할 위험성이 높아진다. 앞서 언급한 캘리포니아 대학교 로스앤젤레스 캠퍼스와 뉴질랜드 연구에서 유년기나 10대 초반에 부모가 뇌졸중, 심장 마비, 고혈압으로 투병한 젊은 여성들은 공황 장애를 겪을 가능성이 높았다.[55] 어렸을 때 아프거나 질환을 가까이서 목격한 경험이 신체 감각에 대한 공포를 유발했을지 모른다. 가벼운 호흡 곤란이나 두근거림을 곧 닥칠 재난의 전조로 오독하는 데 익숙해졌을 수도 있다. 혹은, 병을 앓고 아픈 부모가 자녀를 과잉보호했을지도 모른다.

물론 아픈 부모만 자녀를 과잉 통제하려 드는 건 아니다. 아이들을 과잉보호하고 과도하게 통제하는 — 자녀들에게 어떻게 생각하고 느껴야 할지 말해 주고 그들의 행동을 세세히 관리하는 — 부모는 아이들에게 그들이 무능하다는 메시지를 전달하는 셈이며, 자신이 무능하다는 믿음은 불안의 연료가 된다. 그러나 과학자들은 아이들이 느끼는 불안과 부모의 통제 중 무엇이 선행하는지 아직 밝혀내지 못했다. 부모가 아이들의 기질을 빚은 게 아니라, 이미 불안을 잘 느끼는 아이들에게 맞춰 육아 방식을 정한 것일지도 모른다는 뜻이다.

자녀가 어려서부터 불안을 느낀다면 부모가 헬리콥터 육아를 하는 것도 무리가 아니다. 유전적으로 불안 장애에 취약한 아동은 겁이 많고 과민할 수 있으므로 부모는 자녀의 괴로움을 덜어 주기 위해 매사에 지나치게 개입하고 과잉보호를 하는 식으로 대처하곤 한다. 이런 육아 방식의 문제는 자녀들에게 세상이 위험한 장소이며 혼자 힘으로 헤쳐 나갈 수 없다는 메시지를 전달한다는 것이다. 게다가 부모들이 자녀들이 무섭거나 괴로운 상황을 피하도록 허가한다면 자녀들은 공포를 극복하는 방법을 배울 기회를 더 적게 가지게 된다. 그리하여 공포-과잉보호-공포의 순환이 계속된다. 냉정하고 비판적이고 반응이 덜한 부모(학계 용어로 〈거부하는 부모〉)의 자녀가 불안 장애를 가질 확률이 더 높다는 증거도 있다.

호주의 연구자들은 이런 추이를 실시간 연구로 확인하고자 했다.[56] 연구원들은 7~15세 사이의 아동 95명과 그들의 어머니에게 5분짜리 실험 두 개를 시행했다. 95명 중에는 불안 장애를 앓는 아동이 43명, (문제 행동과 분노, 반항, 복수심을 특징으로 하는) 반항성 장애를 앓는 아동이 20명이었고 나머지 32명은 정신 질환을 진단받지 않았다. 아동들에게는 두 개의 어려운 과제가 주어졌다. 기하학적 도형들을 특정한 방식으로 배열해 더 큰 모양을 만드는 탱그램 퍼즐과 주어진 글자로 최대한 많은 단어를 만드는 스크래블 과제였다. 어머니들에겐 첫 번째 과제의 정답과 스크래블 과제를 한결 쉽게 만들어 줄 여분의 글자가 주어졌다. 어머니들은 선택에 따라 자녀가 도움을 필요로 한다고 느낄 때 도울 수 있었다.

연구원은 어머니와 아동의 상호 작용에 등급을 매겨 통제하고 거부하는 양육 행동의 수준을 평가했다. 척도는 〈요청하지 않은 도움을 주는 것〉, 〈탱그램/스크래블 퍼즐에 손을 대는 것〉, 〈어머니의 긴장〉, 〈언어적 및 비언어적 격려/비판〉 등이었다. 평가 결과 불안 장애가 있는 자녀를 둔 어머니들이 정신 질환 진단을 받지 않은 아동의 어머니들보다 훨씬 자녀를 통제하려 들었으며, 더 부정적인 태도를 보였다. 반항성 장애가 있는 아동의 어머니는 불안 장애가 있는 아동의 어머니와 거의 동일한 정도로 통제적이고 부정적인 태도를 보였다. 연구원들은 이런 양육 방식이 불안 장애 외에도 전반적인 아동 정신 질환에 대한 반응일 수 있다고 추정한다.

그러나 불안 장애의 발달에 양육 방식이 미치는 영향은 상대적으로 적은 것으로 추정된다. 2007년 양육 방식과 아동 불안 장애의 상관관계를 조망한 과학 논문들의 대규모 리뷰 결과, 아동 불안 장애 가운데 양육 방식에서 기인하는 것은 변량의 오직 4퍼센트뿐이었다.[57] 통제하는 양육이 거부하는 양육보다 미세하게 불안을 촉진시키는 경향이 있었다. 아동의 불안 장애에 실제로 큰 영향을 미치는 것으로 보인 양육 행동은 단 하나, 18퍼센트를 차지한 〈자율성 부여〉였다. 과학자들은 이렇게 설명했다. 〈부모가 아동에게 연령에 적합한 수준의 통제를 경험할 기회를 제공하지 않는다면 아동들이 자기 효능감을 충분히 발달시키지 못해, 위협 앞에서 취약하게 느끼고 불안이 고조될 수 있다.〉

내가 부모의 양육이 불안에 별 영향이 없다는 주장으로 마음이 기우는 까닭은 우리 부모님이 통제적이거나 과잉보호를 하는 부모와는 거리가 멀었기 때문이다.

내가 태어났을 때 어머니는 스무 살, 아버지는 스물한 살이었다. 두 사람은 일리노이 세일럼에서 함께 고등학교를 다녔지만 1969년 캐스캐스키아 대학교에 진학해서 처음 서로를 알았다. 우리 어머니는 예쁘고 학구적이며 수줍음이 많았다. 아버지는 떠들썩하고 인기 많은 익살꾼이었다. 아버지는 머리를 장발로 기르고 구레나룻을 턱까지 길렀으며 강의실에 낡은 가죽 서류 가방을 들고 다녔다(히피 유행이 아직 상륙 전이었던 세일럼에서는 꽤 이국적인 모습이었을 거다). 그는 도서관에서 공부하고 있던 어머니에게 성큼성큼 다가가 책상 맞은편에 앉더니, 어머니를 빤히 보면서 선언했다. 「나와 얘기하지 않으면 당신 다리를 가지고 장난을 치겠어.」 두 사람은 사랑에 빠졌다. 어머니가 임신하자 두 사람은 함께 달아났다. 어머니는 임신 사실과 결혼 소식을 부모님에게 몇 달이나 숨겼다.

나는 태어나서 몇 개월 동안 어머니가 어렸을 적부터 살던 집에서 어머니와 어머니의 부모님과 다섯 형제자매와 함께 지냈다. 그 집은 낡은 학교를 개조한 것으로 벽에는 여태 칠판이 붙어 있었다. 아버지는 몇 시간 거리인 일리노이 대학교의 공대생들을 위한 남학생 기숙사에서 살았다. 그곳은 시끄러운 음악과 대마와 괴짜들의 온상이었다. 주말이면 어머니는 나와 함께 버스를 타고 일리노이 대학교를 방문했다. 어떤 주말엔 기저귀가 떨어져서 남학생 기숙사의 여사감이 내 몸에 낡은 행주를 둘러 준 일도 있었다. 부모님은 마침내 기혼자 기숙사의 침실 두 개짜리 아파트에 정착했지만, 여전히 어리고 땡전 한 푼 없었다. 어느 날 밤은 어머니가 약국에서 일하는 동안 아버지가 나를 돌보던 중 친구와 대마에 취했다. 그런데 몸을 돌려 보니 한 살쯤 된 내가 입 안 가득 대마를 넣고 있었다고 한다. 아버지는 내게 억지로 마요네즈를 먹여서 대마를 토하게 했다. 아파트를 샅샅이 뒤져도 음식이라곤 분유와 땅콩버터 한 통이 전부였던 날도 많았다. 어머니는 내 첫 생일 파티를 위해 돼지 저금통을 깨서 나온 500페니를 들고 은행에 가서 빳빳한 새 지폐로 바꿔 왔다. 케이크 믹스와 파티 모자를 사는 것만도 빠듯한 돈이었다.

아버지는 일리노이 대학교를 졸업한 뒤 전국을 돌면서 산업 엔지니어로 커리어를 쌓았고, 나는 열 살이 되기까지 위스콘신주 니나, 펜실베이니아주 스크랜턴, 위스콘신주 애플턴, 코네티컷주 댄버리를 전전했다.

내 유년은 따뜻하고 애정이 가득했다. 나는 가족 다 같이 노래를 부르고 캠핑 여행을 떠나던 추억들을 소중히 간직하고 있다. 그러나 우리 부모님의 양육 방식은 결단코 자유방임주의였다. 일곱 살 즈음 펜실베이니아주에 살던 나는 다른 아이들과 자전거를 타고 레드 로버*를 하며 주말을 보내곤 했다. 잠깐 집에 돌아가 저녁을 먹고 다시 밖으로 달려 나가 어둠이 내린 후 한참이 지날 때까지 플래시라이트 태그** 놀이를 했다. 코네티컷주에서 보낸 10대 시절엔 통금을 어기고 친구들과 내 은색 쉐보레 스프린트를 타고 돌아다녔고, 캔들우드 호수에서 알몸으로 헤엄을 쳤고, 10대 전용 댄스 클럽 이미지스로 놀러 가서 또래들과 빅 오디오 다이너마이트나 지저스 앤 메리 체인에 맞춰 슬램 댄싱을 했고, 주차장에서 서로의 머리를 모히칸 스타일로 깎아 주는 걸 구경했다. 외출 금지 처분을 받은 일은 한 번도 없었다.

고등학교 3학년 진급을 앞둔 여름 아버지가 미시간주로 발령을 받았다. 부모님은 내가 친구 케이트와 그녀의 어머니와

* 아이들이 두 편으로 나뉘어 같은 편끼리 서로 팔짱을 끼고, 한 명씩 상대편의 연결을 끊고 돌파하는 놀이.
** 술래가 손전등을 들고 나머지를 찾는 숨바꼭질의 일종.

고양이 한 마리가 사는 집으로 이사해서 남은 고등학교 생활을 마치고 친구들과 함께 졸업할 수 있도록 허락해 주었다. 케이트와 나는 책과 음악에 푹 빠져 있었고, 10대 초반에는 조앤 제트의 「아이 러브 로큰롤」과 퀸의 「어나더 원 바이츠 더 더스트」처럼 우리가 좋아하는 노래에 맞춰 몇 시간이고 안무를 짜곤 했다.

그러나 새로운 생활은 시작부터 쉽지 않았다. 그때 케이트의 어머니는 빨간 카마로 Z-28의 뚜껑을 열고 쾅쾅 울리는 오르간 음악을 틀고 돌아다니는, 모세를 꼭 닮은 남자를 사귀고 있었다. 두 사람은 거실에서 주짓수를 연습했고 커피 테이블에 폭력적이고 야한 만화책을 놔두곤 했다. 케이트의 어머니는 내 편지를 읽었고, 통화 내용을 엿들었고, 남자 친구가 나를 만나려고 야구 연습을 빠지자 남자 친구 어머니에게 전화를 해서 일렀다. 나는 가장 친한 친구였던 케이트와 싸웠다. 설상가상으로 고양이에 알레르기가 있다는 걸 알게 되었다. 추수 감사절에 나는 남자 친구와 함께 쉐보레를 몰고 부모님이 이사한 미시간주 오키머스로 운전해 갔다. 일주일 뒤 남자 친구는 그레이하운드 버스를 타고 코네티컷주로 돌아갔고 나는 부모님 댁에 남았다.

케이트네 집에서 계속 참견을 당하고 혼란스러운 생활을 하다가 다시 우리 가족과 함께 지내는 건 무척 기쁜 일이었다. 비록 그것이 3학년이 아직 절반 넘게 남은 시점에 전학해서 새 친구들을 만들어야 한다는 뜻일지라도. 진실을 말하자면 나는 부모님이 나를 조금 더 지도해 주고, 조금 더 규칙을 만들어 주길 바랐다. 너무 되는 대로 사는 기분이었다. 게다가 그 즈음 나는 10대 특유의 분노와 슬픔에 빠지곤 했다.

부정적인 감정을 다루는 방법에 관한 한 내겐 본보기랄 것이 없었다. 우리 가족은 부정적인 감정에 대해 얘기하기는커녕 그런 감정이 존재한다는 사실조차 인정하지 않았다. 아버지는 명랑한 철부지였으며 어머니는 햇살처럼 밝고 낙관적이었다. 두 사람은 싸우는 일도 거의 없었다. 아버지가 어머니에게 고함치는 장면은 살면서 딱 한 번 목격했는데, 어머니가 올즈모빌을 몰고 닫힌 차고 문을 뚫고 나갔을 때였다. 어머니가 생애 최고로 화가 난 건 나와 동생이 다툰 날이었다. 어머니는 그 자리에서 펄쩍펄쩍 뛰면서 〈멍청한 아이들 같으니!〉라고 소리를 지르고는 캐비닛을 쾅 닫았다. 그 바람에 경첩이 부서져서 캐비닛 문짝이 바닥에 나뒹굴었다(우리 세 사람은 그걸 보고 오랫동안 웃었다). 어머니가 입 밖에 내는 가장 심각한 욕은 〈제기랄〉이었다. 내가 우울하거나 슬퍼 보이면 어머니는 〈그냥 행복해지렴〉이라고 말하곤 했다.

그래서 나는 나쁜 감정을 그냥 덮는 법을 배웠다. 10대들이 친구나 남자 친구와 겪는 드라마가 내게도 어김없이 찾아왔다. 친구가 집에서 쫓겨나서 내 해치백에 그녀의 짐을 잔뜩 실었던 일. 고등학교 초기에 사귄 남자 친구가 심리적으로 나를 조종하고(그는 실제로 〈날 사랑하면 해줘야지〉라고 말했다) 신체적으로도 싸울 때 나를 밀치고 문을 막아서는 등 무섭게 군 일.

근거로 삼을 과학적 연구를 찾진 못했지만, 몇 년 동안 치료를 받은 지금, 나는 내가 대학에서 마침내 무너지고 만 것이 내 몸이 보내는 메시지였다고 생각한다. 〈그만하면 됐어! 네 감정에 주의를 기울여야 해. 어려운 감정조차도.〉

가장 귀추가 주목되는 몇몇 연구에서는 불안 장애를 겪는 아동들의 뇌에서 어떤 일이 벌어지는지 살펴본다. 불안 장애를 겪는 아동 중 대략 절반은 성인이 되어서 불안 장애를 겪지 않는다. 그러나 나머지 절반은 불안 장애로부터 벗어나지 못한다. 과학자들은 불안 장애의 지속 여부를 판가름하는 지표를 뇌에서 찾고 있다. 국립 정신 보건원NIMH 원내 연구 프로그램 발달·감정 신경학 학과장인 대니얼 파인은 불안 장애를 이해하는 열쇠가 생애 초기부터 주의를 기울이는 것이라고 믿는다. 그는 말한다. 「정신 질환을 뇌 발달 장애의 맥락에서 이해한다면, 아동을 연구함으로써 열쇠 대부분을 찾을 수 있습니다.」

아동을 연구하면 또한 불안 장애가 있는 성인들의 뇌를 연구하는 데에 내재된 문제를 피할 수 있다. 성숙한 뇌에서 발견된 기능 장애는 질병의 증거인지 뇌가 장애로 인한 어려움을 벌충하는 방식인지 판단하기 어렵다.

「유년기의 불안은 정상입니다. 그러나 수많은 정상적인 불안 사이 어딘가에 성인이 되어서도 만성적인 감정 문제의 씨앗이 될 무언가가 숨겨져 있지요. 성인들이 겪는 감정 문제의 대부분이 — 불안 장애는 단연 그렇지만 우울증과 심지어 양극성 장애조차도 — 처음엔 고조된 불안으로 시작합니다.」 파인은 설명한다. 그러나 불안이 인간 생활의 정상적인 부분이기 때문에 어디까지가 건강한 상태고 어디부터가 질환인지 또렷한 선을 긋기 어렵다. 파인은 말한다. 「이건 연구자들이 밤잠을 설치게 하는 질문이죠. 무엇이 정상이고 무엇이 비정상인지 어떻게 구분할 것인가?」

아동 불안 장애와 그 발달에 관한 한 파인은 세상에서 가장 영향력 있는 인물일 것이다. 그의 연구실에서 불안 장애 아동 수백 명의 뇌가 스캔되었고, 바로 이곳에서 여러 불안 장애 전문가가 커리어를 시작했다. 국립 정신 보건원에서 그가 이끄는 프로그램은 세계 각지의 과학 기관과 손잡고 수백 건의 연구를 펀딩했다.

6월의 어느 온화한 날 나는 파인을 방문한다. 메릴랜드주 베세즈다에 위치한 국립 정신 보건원 건물은 넓게 펼쳐진 국립 보건원 부지에 막바지에 덧붙인 것처럼 작고 기묘하다. 나무로 뒤덮인 언덕에 외따로 떨어진 건물은 전체적으로 크림빛이고 지붕과 배색은 갈색이라서 어렴풋이 스위스 오두막집을 연상시킨다. 문에 NIMH라고 적힌 얇은 복사지가 끝이 말린 채 붙어 있다. 그것이 내가 안에서 보게 될 것의 유일한 암시다.

대니(모두가 그를 대니라고 부른다) 파인의 사무실은 1층 한쪽 구석을 널찍하게 차지하고 있다. 사무실의 가구는 셰러턴 호텔 컨퍼런스 룸에서 흘러온 것처럼 보이는 베이지색 줄무늬 일색이다. 시카고 컵스와 브루스 스프링스틴 수집품이 방 안

곳곳을 장식하고 있다. 벽에 액자에 담긴 「다크니스 온 디 에지 오브 타운」 앨범과 「매직」 포스터가 걸려 있다. 파인은 카키색 바지와 파란 폴로셔츠 차림에 금테 안경을 쓰고 있다. 그는 53세이며 세 자녀를 두었고 붉은빛 턱수염을 길게 길렀다. 열정적이고 허물없는 태도에서 학생들에게 사랑받는 교수 티가 난다. 그는 입버릇처럼 말한다. 「그것 참 훌륭한 질문이군요.」

파인과 그의 동료들은 불안 장애가 있는 성인과 아동에게서 뇌 기능 장애가 나타나는 영역이 대부분 같다는 사실을 밝혀내고 있다. 성인과 아동 둘 다 편도체와 전전두엽 피질 사이 연결 고리에 있어야 할 무언가가 종종 부재한다. 불안 장애가 있는 아동의 편도체는 과활성화되어 있고, 반대로 전전두엽 피질은 충분히 활성화되어 있지 않다. 파인의 주요 연구 주제 중 하나는 불안과 주의의 관계다. 그는 아동들의 주의 편향을 측정하기 위해 점 탐지 과제를 이용한다. 「주의는 불안과 대단히 긴밀한 관련이 있습니다.」 파인은 그러나 둘의 관계가 아직은 분명하지 않다고 말한다. 「불안 장애가 있는 사람들은 특정 상황에서 남들보다 위협에 주의를 더 기울입니다. 하지만 다른 상황에서는 오히려 주의를 덜 기울이죠.」

우리는 대화를 나누면서 파인의 연구가 이루어지는 국립 보건원 임상 연구 건물로 향한다. 국립 정신 보건원의 젊은 연구원 두 사람이 나를 〈비명 지르는 여자〉 패러다임을 이용해 공포 조건화 실험을 하는 방으로 안내한다. 이는 아동들에게 실시되는 공포 조건화 방식인데, 성인이 아닌 아동을 대상으로 전기 충격을 줄 수는 없는 노릇이기 때문이다. 흑백 화면에 금발 여인과 갈색 머리 여인 두 사람의 얼굴이 나타나는데, 때때로 커다란 비명이 동반된다. 연구원 리즈 아이비가 설명한다. 「비명이 나는 건 전체의 80퍼센트입니다. 그 불확실성이 공포를 고조시키죠.」 심장 박동 수, 피부 전도도, 눈 깜박임, 경악 반응 등 여러 생리학적 척도가 측정된다.

아이비와 또 다른 연구원 로리 러셀이 실험을 시연한다.

실험을 준비하는 동안 우리는 금발 여자와 갈색 머리 여자 중 어느 쪽이 더 무섭게 생겼는지 토론한다. 솔직히 말하자면 긴장을 푼 상태에서도 두 사람 다 썩 호감이 가는 얼굴은 아니지만 우리는 갈색 머리 여자가 더 무섭게 생겼다고 의견을 모은다. 그녀는 러셀의 표현을 빌리자면 〈누군가를 살해하려고 모의하고 있는〉 것처럼 생겼다. 비명이 들리길 기다리면서 나는 불안해진다. 심장 박동 수가 높아지고 뱃속이 뒤집어진다. 「어서 끝내 버립시다. 기다리는 게 더 무서워요.」 나처럼 비명을 처음 듣는 러셀이 말한다. 마침내 금발 여자의 얼굴이 나타나며 비명이 들리자 나는 자리에서 펄쩍 뛴다. 숨이 헐떡이는 듯한 비명이 나면서 여자의 얼굴이 일그러진다(국립 정신 보건원에서 시행한 이 실험의 문제는, 비명 지르는 여자가 너무 무서워서 연구의 피험자 3분의 1이 그만뒀다는 것이다. 이제 그들은 종소리를 사용하는 새로운 패러다임을 개발 중이다).

어떤 연구에서는 피험자에게 두 얼굴을 합친 이미지가 제시되기도 한다. 아동들은 공포 조건화를 당한 다음에 비명 없이 얼굴의 이미지만 보는 소거 절차를 밟는다.

이 패러다임을 사용한 2008년의 한 소규모 연구에서 불안 장애가 있는 청소년들은 비명이 있든 없든 두 여자의 얼굴에 대해 더 심한 공포를 느꼈다.[58] 불안한 사람들에게 위협을 일반화하는 경향이 있다는 증거다. 무서운 상황에 대한 공포가 안전한 상황으로까지 전이될 수 있다.

2013년의 한 대규모 연구에서는 불안 장애가 있는 성인과 청소년이 비명 지르는 여자 패러다임으로 공포 조건화되고 소거 절차를 밟은 3주 뒤, 전전두엽 피질의 두 영역인 슬하 전두 대상 피질과 복내측 전전두 피질vmPFC에 어떤 일이 일어나는지 fMRI 스캔으로 확인했다.[59] 뇌의 이 두 영역은 편도체 활동을 약화시키는 소거 작용의 핵심이다. 3주 뒤 두 여자의 얼굴을 보여 주면서 공포를 느끼느냐고 물었을 때 불안 장애가 있는 성인과 청소년 모두 건강한 사람보다 슬하 전두 대상 피질에서 더 적은 활동을 보였다. 이 패턴이 청소년기와 성인기의 불안 장애의 공통점일 수 있다. 그러나 성인과 청소년 사이 복내측 전전두 피질의 활동에는 차이가 있었다. 연구원들은 이 영역의 특정 활동 패턴이 성인이 되어서도 불안 장애가 지속될 청소년을 알아내는 데 도움이 되리라 짐작한다.

아동들은 성인에 비해 더 많은 것을 위험하다고 분류하는 경향이 있다. 그러나 파인에 따르면 〈아동들은 성숙해지면서 안전한 것과 위험한 것 사이의 미세한 경계를 인지하는 데 더 능숙해진다〉. 이를 돕는 게 전전두엽 피질이다. 파인은 불안의 발달이 전전두엽 피질의 성숙과 유관하다고 생각한다. 그는 모호한 것을 적절하게 분류하는 방법을 학습했는지 여부가 건강한 발달과 건강하지 못한 발달을 가르는 한 요소라고 설명한다.

러셀이 비명 지르는 여자를 보고 겁을 먹은 나를 가짜 MRI 기계가 있는 방으로 데려간다. 아이들이 진짜 스캐너에 들어가기 전에 적응시키기 위한 방이다. 그곳에서 러셀은 〈가상 학교〉라는 이름의 최신 연구 패러다임을 보여 준다. 8~17세의 피험자들은 가상 학교에 등록하여, 사회 불안 장애가 있는 아이들에게는 특히 두렵게 느껴지는 미심쩍은 사회적 상황을 헤쳐 나가야 한다.

사회 공포증이라고도 하는 사회 불안 장애는 불안 장애 가운데 가장 흔한 것으로 미국인의 10퍼센트 이상이 일생 한 번은 경험한다. 사회 불안 장애가 있는 아동과 성인은 새로운 사람을 만나고 파티에 참석하고 타인과 교류해야 하는 상황을 두려워한다. 궁지에 몰릴까 미리 겁을 집어먹고 그런 상황을 애초에 피하려 들기도 한다. 몇몇 증거에 따르면, 사회 불안 장애는 여타 불안 장애와는 다른 뇌기능 장애에서 기인할지도 모른다.

가상 학교에서 피험자는 다른 여섯 학생과 온라인 채팅을 하게 될 거라는 설명을 듣고, 준비 과정에서 아바타를 만들고 제일 좋아하는 과목, 색깔, 배우, 음악 같은 질문에 답한다. 이윽고 fMRI 스캐너에 들어가서 가상 학교에 〈등교〉한 피험자는 채팅을 하면서 뇌를 스캔당하기 시작한다. 채팅을 나눌 학생 두 명은 못됐고, 두 명은 착하고, 두 명은 가끔 못됐고 가끔 착하다고 미리 설명해 두었다(사실 이 실험에서 다른 학생은 없다. 피험자에게 제시되는 반응은 컴퓨터가 만들어 낸 것이다).

피험자가 그래픽으로 만든 교실에 들어가면 여러 아바타가 책상에 앉아 있다. 채팅을 할 때 아바타 머리 위로 말풍선이 떠오른다. 몇몇 아바타는 피험자를 괴롭히는데, 개인적인 호불호에 관해 미리 제공한 정보를 이용해서 그 괴롭힘은 한결 날카로워지기도 한다. 못된 아이는 이런 식으로 말한다. 「마일리 사이러스를 좋아한다고? 와, 너 정말 찐따 같다.」

연구자들은 특히 가끔 못됐고 가끔 착한 아바타의 말을 기다릴 때 불안 장애가 있는 피험자의 뇌에서 일어나는 일에 주목한다. 이를 학계 용어로 모호한 사회적 피드백이라고 부른다. 사회 불안 장애가 있는 아동이 모호한 사회적 피드백을 부정적으로 해석하는 경향이 있다는 사실은 다른 연구들에서 이미 밝혀진 바 있다.

실험을 마친 뒤 피험자는 자신이 대화한 상대가 실존 인물이 아니라는 설명을 듣는다. 러셀은 말한다. 「불안한 아이들은 쉽게 울적해집니다. 대개 〈제가 그 사실을 눈치채지 못했다니 믿을 수 없어요〉라고 말하죠.」 속임수에 넘어간 자신이 멍청하다는 것이다.

「어떤 아이들은 괴롭힘을 당하고 기분이 몹시 상해서 스캐너에서 나옵니다.」 대화 상대가 실존 인물이 아니라는 사실을 알고 안도하는 아이들도 있다. 러셀은 말한다. 「사실 한결 기분이 나아지는 아이들이 훨씬 많아요. 〈그렇게 못된 애가 진짜가 아니라서 다행이에요〉라고 말하죠.」

국립 정신 보건원에서 진행하는 이런 실험들의 목표는 초기 불안 장애의 〈신경학적 표식〉을 알아내는 것이다. 일단 표식을 알아내야만 의사들이 아동이 위험에 처했는지 판단하고, 불안이 아동의 삶에 깊숙이 자리 잡는 것을 막는 치료법을 개발할 수 있기 때문이다.

3
할머니의 광기
불안의 유전학

1958년 가을 어느 밤, 위스콘신주의 39세 주부였던 나의 할머니 글래디스 슈나이더빈 피터슨은 가족 몰살을 시도했다.

할머니는 아홉 살 난 나의 아버지 개리와 열한 살 난 삼촌 빌이 잠들어 있던 침대 아래에 종이를 구겨 넣었다. 그리고 종이를 더 구겨서 스토브와 냉장고 사이에 놓고, 뒤쪽 창고에 쓰레기로 탑을 쌓았다. 다음으로는 열세 살 난 딸 수전의 교과서를 모아서 딸이 잠들어 있던 침대 아래에 쑤셔 넣었다. 마지막으로 할머니는 집 안 곳곳을 누비며 각각의 장소에 불을 놓았다.

수전 고모가 회상한다. 「잠에서 깼는데 침대 바닥에 불이 붙어 있었어.」 고모는 달려가 아버지와 남동생들을 깨웠다. 할아버지는 고함을 지르며 아이들에게 집 밖으로 나가라고 했다. 「어머니는 계속 자기가 우리를 보호해야 하며, 우리가 죽으면 누구도 우리에게 해를 가할 수 없다고 말했어. 어머니는 정말로 그렇게 믿었던 거야.」

최근 아버지는 말했다. 「그때 아버지가 어머니를 병원에 데려갔고 어머니는 아주 오랫동안 돌아오지 않았지.」 글래디스 할머니는 그로부터 3년을 1860년 위스콘신 주립 정신 병원이라는 이름으로 문을 연 멘도타 주립 병원에서 보냈다.

할머니는 내 유년 시절 내내 유령 같은 존재였다. 내가 두 살 때 돌아가셨기 때문에 기억은 없다. 그러나 이야기의 파편들을 듣긴 했다 — 방화와 정신 병원, 칼을 들고 다녀서 어머니가 그녀를 무서워했다는 이야기. 부모님이 교제하던 당시 아버지는 어머니에게 〈당신이 미치지 않는 한〉 떠나지 않겠다고 말했다.

대학 시절 병이 나자 나는 할머니의 전철을 밟고 있는 게 아닌지 겁이 났다. 나도 이제 정신병으로 향하는 내리막길에 이른 건 아닐까? 아버지도 걱정했다. 「네가 어쩌다가 피터슨가의 그릇된 DNA를 받은 것이 아닌가 하는 생각이 떠나질 않더구나.」

정신 질환은 적어도 일부는 유전병이다. 개인이 불안 장애를 앓을 위험성을 변량 분석한 쌍둥이 연구에서 불안 장애의 30~40퍼센트가 유전자에서 비롯된다는 사실이 밝혀졌다.[60] 글래디스 할머니가 진단받은 조현병의 경우 유전자의 책임이 훨씬 더 높다.[61] 변량 연구 결과에 의하면 유전자가 위험성의 80퍼센트 가까이 기여한다. 부모, 형제, 자녀 같은 일촌 가족에게 불안 장애가 있다면 본인도 불안 장애를 겪을 위험성이 보통 사람의 최대 다섯 배까지 증가한다.[62]

최근 서로 다른 정신 질환을 유발하는 유전자들 중 일부가 동일하다는 사실이 밝혀졌다. 2013년의 한 연구에서 조현병, 양극성 장애, 우울증, 자폐증, ADHD 등 총 다섯 가지 질환 사이에서 유전적 교집합이 발견되었다.[63] 가장 많이 겹친 것은 조현병과 양극성 장애였고(약 15퍼센트) 가장 적게 겹친 것은 조현병과 자폐증이었다(약 3퍼센트). 연구자들은 불안 장애에 기여하는 유전자 역시 이 교집합에 포함된다고 추정한다.

　국립 정신 보건원 원내 연구 프로그램의 인간 유전학과에서 기분 및 불안 장애의 유전적 근간 연구를 이끄는 프랜시스 맥마흔에 따르면, 과학자들은 두뇌 발달에 핵심적인 역할을 하는 유전자에 다양한 이상이 생길 수 있다고 믿는다. 〈자폐증의 경우는 심각한 돌연변이, 조현병의 경우엔 덜 심각한 돌연변이가 생겼을 가능성이 높고, 기분 장애나 불안 장애는 상대적으로 미세한 결함에서 기인했을 수 있다.〉 할머니를 괴롭힌 조현병과 내가 맞서 싸운 불안 장애의 이면에는 똑같은 유전자가 버티고 있을지 모른다.

　맥마흔은 불안 장애에 대한 유전적 연구가 어려운 이유로 적은 샘플 수를 든다. 자금 지원이 부족하기 때문이라고 믿는 과학자들도 있다. 불안 장애가 우울증과 같은 여타 정신 질환과 함께 발병할 수 있다는 점도 일을 복잡하게 만든다. 더 어려운 문제는 동일한 진단을 받은 환자들이 증상과 강도 면에서 커다란 편차를 보인다는 것이다. 과학자들은 말하자면 사과와 오렌지를 비교하는 위험을 감수하고 있는 셈이다. 불안은 정상적인 인간의 감정이기 때문에 어느 수준에서부터 장애라고 확언하기도 어렵다.

맥마흔은 불안 장애에 관련된 유전자의 숫자가 〈수백에 달할 것〉이라고 믿는다. 한 개의 유전자가 전체 위험성에 조금씩 영향을 줄 가능성이 높다.

글래디스 할머니의 상태는 방화를 저지르기 전 몇 년에 걸쳐 악화되어 왔다. 실제로 고모와 삼촌들은 할머니가 건강했던 시절을 기억하지 못한다. 하지만 할머니의 오래된 친구들이 수전 고모에게 일러 주길 할머니는 젊은 시절에, 그리고 처음 결혼했을 때만 해도 〈남들을 보살피고, 주일 학교 교사로 봉사하고, 교회 활동에 적극적으로 참여하고, 도움이 필요한 사람 누구에게나 손을 내미는 멋진 여자〉였다고 한다. 1940년대 초반에 찍은, 내가 제일 좋아하는 우리 조부모님 사진에서 할아버지 피트 피터슨은 육군 군복을 입고 기상을 뽐내고 있다(그는 제2차 세계 대전 중 태평양에서 전투기 조종사로 복무했다). 세련된 흰색 정장과 어두운 색 블라우스를 입고 윤기 나는 갈색 곱슬머리를 늘어뜨린 할머니는 할아버지에게 다정히 기대고 있다. 두 사람은 즐겁고 희망차 보인다.

세 자녀들이 다섯 살, 세 살, 한 살이던 1950년에 할아버지는 비극적인 사고를 당했다. 그는 전쟁이 끝나고 목수로 일하고 있었는데, 교회 지붕을 수리하다가 9미터 높이에서 추락해 폐에 구멍이 나고 말았다. 설상가상으로 병원에서 회복하던 중 소아마비에 걸렸다. 그는 마비된 흉부 근육 대신 작동할 원통형 호흡기를 달고 몇 달을 살았다. 할아버지는 살아남지 못하리라는 말을 들었지만 결국은 회복했다. 그러나 다리가 약해져서 1979년 세상을 떠날 때까지 목발을 짚고 다녀야 했다.

사고 전에도 피터슨가의 생활 양식은 호화로움과는 거리가 멀었다. 그들은 위스콘신주 이글빌의 이글 스프링 호숫가에 침실 하나짜리 집에서 살았다(아버지와 큰아버지는 현관에 차양을 치고 잤고 수전 고모는 거실에서 잤다). 실내 수도가 없어서 할머니가 호수에서 길어 온 물로 온 가족이 몸을 씻고 빨래를 했다. 아버지는 회상한다. 「어머니는 우선 빨래를 하고 우리를 씻겼지.」 막내였던 아버지는 목욕도 마지막 순서라서 〈제일 지저분한 물〉로 몸을 씻어야 했다. 옥외 화장실이 있었고 위스콘신주의 추운 겨울을 나기 위한 임시변통 변소도 있었다 — 고리버들 의자에 구멍을 뚫고 아래에 양동이를 댄 것이었다. 그러나 목가적인 여름날이면 그들은 호수에서 헤엄을 치고, 야생 블랙라즈베리와 아스파라거스와 루바브를 따곤 했다.

할아버지가 소아마비에 걸린 탓에 온 가족이 몇 주 동안 격리되어야 했다. 수전 고모는 딸을 위해 쓴 자기 인생사에서 당시 이야기를 들려준다. 〈우리는 현관에 당당하게 《격리》라고 적힌 커다란 색종이를 붙여서 사람들에게 우리 가족이나 집에 접근하지 말라고 경고했다.〉 1학년이었던 고모는 몇 주 동안 학교에 출석을 금지당했다. 사람들이 뜰을 둘러싼 울타리 바깥에서 음식을 던져 주었다. 그중엔 수전 고모가 참석하지 못한 생일 파티에서 남은 케이크 한 조각도 있었다. 모아 놓은 돈이 바닥을 보이기 시작했다. 아버지는 말한다. 「친척들은 우리를 〈딱한 피터슨 아이들〉이라고 불렀지.」

할아버지의 질환이 할머니의 쇠락에 촉매가 된 것 같다. 「어머니는 갈기갈기 찢긴 것 같았어. 그 뒤로는 영영 예전 같지 못했단다.」

할머니는 집 근처의 워키샤 카운티 병원에서 두 달을 보내면서 1930년대부터 1950년대까지 널리 사용된 정신과 치료법인 인슐린 혼수 치료ICT를 받았다.[64] 다량의 인슐린 투여로 혈당 수치를 급락시켜서 일시적 혼수상태를 유발하는 이 치료에서 환자는 심한 발한, 근육 경련, 때로는 발작을 증상으로 하는 혼수상태에 빠졌다가 포도당 주사를 맞고 깨어난다. 조현병 환자는 다량의 인슐린을, 〈불안함을 느끼는〉 환자는 소량의 인슐린을 투여받았다. ICT는 1960년대까지 사용되다가 새로운 항정신병 약물과 전기 경련 치료에 의해 대체되었다.

남아 있는 기록은 간략하지만, 1955년 7월 12일 할머니가 멘도타 주립 병원으로 이송되어 한 달이 넘게 입원한 것을 보건대 할머니의 병세에는 진전이 없었을 가능성이 높다. 입원 중 진료 기록의 〈현재 병력〉란에는 이렇게 적혀 있다. 〈환자가 말하는 증상은 방금 읽은 기사, 방금 텔레비전에서 본 프로그램 등을 기억하지 못하는 것과 매일 낮에 일하고 밤에 울면서 잠드는 것이다. (……) 환자는 또한 신문에서 샤론[원문 그대로], 개리, 빌이 트럭에 치여 죽었다는 기사를 읽었다며 불안에 빠졌는데 이 세 사람은 환자의 자녀 이름이다.〉 진료 기록에 적힌 두 가지 잠재적 진단명은 〈망상형 조현병 반응〉과 〈단순 조현병, 혹은 반응성 우울증〉이다. 8월 3일, 의사들은 글래디스가 〈차도를 보이기 시작했다〉라고 적었다. 할머니는 8월 17일 퇴원했다.

처음 할머니가 멘도타 주립 병원에 입원했을 당시의 기록을 읽으면서 나는 그녀의 삶에 무단 침입하는 기분이 든다. 기묘할 정도로 사적인 세부 사항들이 적혀 있기 때문이다. 언제 섹스에 대해 알게 되었는지, 월경 중 생리대는 몇 개를 사용했는지. 때때로 못마땅한 기색이 느껴지기도 하는데, 가령 진료 요약의 첫 줄은 이랬다. 〈환자는 자존감이 거의 없고 의존적인 인간이다.〉

할머니의 초기 증상은 내가 겪은 증상 일부와 기괴할 만큼 닮았다. 희미한 기억, 기이한 미신, 재난에 대한 집착. 나를 진료한 의사들은 우리 할머니가 요즘 사람이었다면 제일 처음에 극심한 강박 장애와 범불안 장애를 진단받았을 거라고 추측한다.

1950년대에 조현증은 여러 증상을 아우르는 진단이었다. 1955년 멘도타 주립 병원에서 위스콘신주 공중 보건 이사회에 제출한 연간 보고서를 보면 환자들이 받은 진단의 종류는 한 손에 꼽힐 만큼 적다.[65] 조현병, 매독, 알코올 의존증, 〈노망〉, 〈정신 신경증〉. 1960년까지 멘도타 주립 병원의 환자들은 〈조용한〉 집단과 〈동요한〉 집단으로 분류되었다.[66]

할머니는 첫 입원 이후 점점 병세가 악화되었다. 자녀들에게 끔찍한 일이 닥칠까 두려워 자기 시야 밖으로 내보내지 않으려 들었다. 수전 고모가 친구들을 만나지 못하게 했고, 스쿨버스 정류장까지 따라갔다. 공포는 정신병으로 굳었다. 할머니는 가톨릭교도와 〈악령〉을 두려워하게 되었다(조부모님은 루터교도였다. 고모는 할아버지에게서 할머니가 가톨릭교도였던 남자 친구에게 강간당한 적이 있다는 이야기를 들었다고 했다). 할머니는 독살당할 것을 두려워했고 자기방어를 위해 핸드백에 드라이버를 넣고 다녔다. 휴대용 거울을 갖고 다니면서 햇빛을 비추기도 했는데, 그게 가족을 보호하는 효과가 있으리라고 믿었다. 한번은 멘도타 주립 병원에서 처방받은 알약을 수전 고모에게 억지로 먹이려 한 적도 있다.

「난 잠드는 게 무서웠어. 엄마가 보이지 않게 배를 깔고 누워서 얼굴은 벽에 붙이고 머리 위에는 이불을 덮었어. 엄마가 와서 날 죽일 것 같았거든.」수전 고모가 말한다.

그리고 할머니는 방화를 저질렀다.

「그분은 당신 머릿속에서 일어나고 있는 온갖 끔찍한 일들로부터 우리를 구하려고 한 거야. 우리를 천국에 보내려 했지. 그게 우리를 보호할 방법이라고 믿었어.」아버지가 말한다.

할아버지가 불을 껐다. 이 사건은 어디에도 신고되지 않은 것으로 보인다. 할아버지는 할머니를 다시 워키샤 카운티 병원으로 데려갔고, 1958년 11월 18일 할머니는 멘도타 주립 병원으로 이송되었다. 두 번째 입원 보고서의 〈정신 상태〉 란에는 이렇게 적혀 있다. 〈바닥 아래에서 덜컥거리는 소리를 들었고,

남성과 여성의 위협하는 목소리를 들었다. 《사람들이 내 몸에 나사를 꽂았어요》라며 몸을 구부렸고, 《몸 안이 텅 비었다》라고 믿었다. (……) 핀볼 머신에 갇힐까 봐 두렵다고 말했다.〉 이번엔 더욱 확실한 진단이 나왔다. 〈조현병 반응, 만성 미분화형.〉

1958년에 할머니는 멘도타 주립 병원의 환자 936명 중 한 명이었다. 그해 가장 흔했던 진단은 〈조현병 반응〉과 알코올 의존증이었다. 환자의 28퍼센트는 멘도타 주립 병원에 들어온 지 채 3개월이 안 되었고 9퍼센트는 10년 이상 입원했다. 병원은 비좁았으며, 물품을 사용하는 족족 대금에 청구되었다. 원래의 본관은 외풍이 심하고 화재 시 탈출이 어려워서 본관을 옮기려는 계획이 세워졌다. 그해 〈만성 동요 환자〉를 위한 신관 굿랜드 홀이 개관했다.

할머니가 입원한 해는 멘도타 주립 병원에서 환자들을 더 자유롭게 풀어 주려는 움직임을 시작한 해였다.[67] 폐쇄 병동 여섯 곳은 이제 주간에 개방되었고 행정부에서는 환자들로 구성된 자문 위원회에 약간의 발언권을 주었다. 환자들은 수영과 궁술을 즐길 수 있었고 위스콘신 대학교에서 열리는 운동 경기를 관람하러 나들이를 떠났다. 병원에서는 영화를 상영할 수 있는 35밀리미터 프로젝터를 새로 구비했다. 일요일 예배의 참석자는 거의 200명에 달했고 12주마다 성찬식이 열렸다. 그레이 레이디스라는 이름의 봉사단이 매주 환자들을 방문하고 편지를 보냈다.

할머니는 입원한 동안 정신 치료를 받았다. 진료 기록에는 그녀가 자기 문제에 대해 어떤 수준의 〈통찰〉을 보이는지 적혀 있는데, 여기서 당시 프로이트 정신 분석이 우세했음을 엿볼 수 있다. 할머니는 또한 막 시장에 출시된 새로운 항정신병 약물 몇 가지를 처방받아, 1950년 처음 합성된 토라진Thorazine과 심장 부정맥을 일으킬 위험으로 인해 2005년경 시장에서 거의 자취를 감춘 멜라릴Mellaril을 여러 차례 복용했다. 적어도 어느 한 시기에는 약물로 인한 차도가 생긴 듯했다. 어떤 약물의 복용량을 증가시킨 뒤 그녀의 생각이 한결 〈정리되었다〉는 기록이 있다.

멘도타 주립 병원 같은 정신 병원에서 항정신병 약은 즉각 히트를 쳤다.[68] 1955년 2월에는 〈안정제〉 신약으로 치료받는 환자가 147명이었으나, 그로부터 1년이 지난 1956년 5월에는 400명이었다. 1960년에 이르자 직원들은 병원 내 시설(특히 식음과 세탁)에서 근무하는 환자들이 〈지나치게 차분해져서 노동 성과가 줄어들었다〉라고 불만을 토로했다.[69]

할머니도 멘도타 주립 병원 주방에서 일했으나 어느 시점에 편집증적인 공포에 사로잡혀 작업을 거부했다. 후에 병원 직원들이 세탁부에서 일해 보라고 제안했으나 할머니는 심장이 걱정된다며 거절했다. 할머니의 불응에 기분이 상한 직원은 그녀의 기록에 대놓고 〈항상 건강을 핑계로 일을 하지 않으려 든다〉라고 적었다.

1961년 5월, 할머니가 심란한 환각을 새로 보기 시작하자 의사들은 ECT, 혹은 EST라고 부르는 충격 치료가 불가피하다고 판단했다. 〈그녀의 환각은 아들이 병원 어딘가에 있다는 느낌에서 기인한다. 그녀는 아들을 찾고자 부지를 돌아다닌다. 환자에게 EST가 권장된다. 충격 치료를 허락하지 않는다면 카운티 병원으로 이송시킬 것을 권장한다.〉 메시지는 명백했다. 충격 치료를 받거나, 병원에서 당장 나가라는 것이었다. 할머니는 ECT를 두려워했지만 결국 치료를 받았다.

전기 충격 치료는 1938년 로마에서 처음 시행되었다.[70] 정신의학 교수 우고 첼레티는 뇌전증을 연구하던 중, 개에게서 발작을 유발하기 위해 전기를 이용하는 방법을 고안했다(실험에 쓰인 개의 절반은 심장이 멎어 죽었다). 첼레티는 인슐린과 다른 합성물을 이용해 정신병 환자에게 경련을 유발한다는 가능성에 흥미를 느끼고, 전기를 사람에게 안전하게 사용해서 치료 효과를 낼 수 있을지 확인하고자 했다. 그의 조수 루치오 비니가 관자놀이에 전극을 붙여 80~100볼트의 전류를 가하는 최초의 사람용 ECT 기계를 만들었다. 기계를 처음 사용한 사람은 환각을 경험하는 39세의 엔지니어였다. 환자는 치료를 받고 죽지 않았을 뿐 아니라, 증세가 나아진 듯 보였다. ECT는 전 세계의 정신 병원으로 빠르게 퍼져 나갔으며 주로 조현병과 우울증을 앓는 환자들에게 사용되었다.

초기에 ECT는 격렬한 경련을 유발시켰고, 환자들이 몸부림치다가 척추가 부러지는 일도 있었다. 곧 의사들은 환자를 얌전하게 만들고 골절을 예방하기 위해 근육 이완제와 단기 마취를 사용하기 시작했다. 할머니가 ECT를 받았을 즈음 이 치료는 처음보다 훨씬 안전해져 있었으나 몇몇 환자들은 두통이나 단기 기억 상실 같은 부작용에 시달렸다(오늘날 ECT는 대부분 오명을 벗었고, 치료 저항성 우울증과 자살성 사고에 대한 가장 효과적인 치료 방법 중 하나로 간주된다).

의사들에 따르면 ECT는 할머니에게 효과가 있었다. 1961년 9월 26일 자 메모에는 〈환자는 또한 열여덟 번의 EST 치료를 완료했다〉라는 기록과 함께 환각이 덜해지고 의심과 편집증적 사고도 줄어든 것으로 보인다고 적혀 있다.

할머니가 멘도타 주립 병원에 머무는 동안 할아버지는 주말마다 한 시간 반 거리인 병원을 방문했다. 때로는 아이들도 데리고 갔다. 수전 고모는 말한다. 「내가 기억하는 건 사람들이 비명을 지르고 있었다는 게 전부야. 나는 완전히 겁에 질렸지. 엄마는 무섭지 않았어. 하지만 계속 비명이 들렸어.」 할아버지는 집에 돌아가는 길에 보상으로 아이들에게 나폴리 아이스크림을 사주었다.

쌀쌀한 10월의 저녁 수전 고모와 나는 워키샤에 있는 고모네 집 서재에서 수백 장의 가족사진을 넘겨 보고 있다. 1960년 가을, 할머니가 멘도타 주립 병원에서 일주일 휴가를 받았을 때 찍은 강렬한 사진에 우리의 시선이 머문다. 할머니는 우울한 얼굴에 기묘하게 텅 빈 시선으로 카메라를 응시하고 있다. 짙은 머리칼은 촘촘하게 말았고 체크무늬 원피스에 검은 카디건을 걸쳤다. 품에는 병원에서 만든 하얀 봉제 강아지 인형이 안겨 있다. 고모가 말한다. 「정말 슬픈 얼굴이네.」

할머니는 1962년 1월 3일 멘도타 주립 병원에서 퇴원했다. 1960년대에 시설에 입원해 있던 정신 질환 환자를 외래로 돌리는 운동이 벌어졌고, 다른 정신 병원과 같이 멘도타도 공격적으로 환자들을 퇴원시켰다.[71] 진료 기록의 마지막 소견엔 이렇게 적혀 있다. 〈환자는 과거에 비해 약간 호전되었으나 아무리 너그럽게 말해도 좋은 상태는 아니다.〉 할머니는 카운티 병원으로 이송되었다가 집으로 보내졌다. 퇴원 후에는 약물을 복용하거나 외래 진료를 받은 일이 일절 없었다.

집에 돌아오고 처음 6개월 동안 할머니는 상태가 호전된 것처럼 보였으나, 극심한 공포와 편집증이 다시 나타나는 건 순식간이었다. 그즈음 수전 고모는 고등학교를 졸업하고 컴퓨터 자료 입력의 초기 형태인 천공 카드 시스템을 공부하고 있었다. 고모는 라신으로 이사해서 결혼했다. 「집을 떠나고 싶었어.」 고모는 회상한다. 나머지 가족은 보험 회계사로 일하던 할아버지가 발령받은 일리노이주 세일럼으로 이사했다.

할머니는 영영 정신병에서 회복하지 못했다. 아버지는 말한다. 「어머니는 하루 종일 혼잣말을 하셨단다. 가톨릭과 온갖 미친 것들에 대해 욕을 해댔지.」 10대 시절 아버지는 절대 친구들을 집에 초대하지 않았다. 그러나 할머니는 아버지가 아직도 열광하는 루바브 파이와 스티키 번을 만들었고, 살림을 돌보았다. 세일럼 시내를 산책하며 가게 구경하는 것도 즐겼다. 실과 털실, 직물을 파는 가게를 제일 좋아했다.

할머니는 망상에 사로잡혀 있었으나 아버지는 언제나 그녀를 웃게 할 수 있었다. 설거지 중에 아버지가 살금살금 뒤에서 다가와 껴안으면 할머니는 아주 즐거워했다고 한다. 아버지는 우스운 목소리로 말을 하고, 터무니없는 단어를 지어내고, 할머니의 엉덩이를 수건으로 치곤 했다. 어머니는 회상한다. 「그분은 걱정이 많아서 항상 아주 심각하셨어. 하지만 너희 아버지 곁에선 환히 웃으셨단다.」

내가 어렸을 적 할머니는 나를 무척 예뻐했다. 나를 안은 사람 옆에 앉아서 나를 어르고 미소를 짓곤 했다. 특히 내가 걸음마를 시작해서 누더기 앤 인형의 빨간 머리채를 끌고 돌아다니자 대단히 즐거워하셨다. 그러나 할아버지는 결코 할머니가 나를 안지 못하게 했다. 그때 할머니는 다시 칼을 들고 다니고 있었다. 집 안 어디서든, 무엇을 하고 있든 할머니 곁에는 언제나 커다란 식칼이 놓여 있었다.

할머니는 1972년, 52세의 나이로 세상을 떠났다. 아이 때 앓은 류머티즘열 때문인지 오랫동안 심장이 안 좋았다. 그날 밤, 할머니가 흉부에 통증을 느껴서 할아버지가 구급차를 불렀다. 그러나 할머니는 구급대원들과 병원에 가길 거부했다. 할아버지와 구급대원들이 애걸복걸해도 소용없었다. 그래, 할머니는 가지 않으려 했을 것이다. 할머니는 의사를 두려워했고, 다시 병원에 갇히는 것도 무서웠으리라. 충격 치료를 또 받아야 할까 봐 겁이 났던 거다.

할아버지는 할머니의 임종을 지켰다. 아버지는 말한다. 「우리 아버지는 어머니를 있는 그대로 사랑했고 어머니도 아버지를 사랑했지. 하지만 어머니는 전혀 다른 세상에서 살고 있었어.」

어느 화창한 가을날 오후 나는 이제 멘도타 정신 건강 연구소라고 불리는 정신 병원을 처음으로 방문한다. 나는 고속 도로를 운전하면 공황 발작을 일으키기 때문에, 그 근처 제인스빌에 사는 여동생 다나의 집에서 출발해서 비포장도로를 탄다. 목장과 말라 가는 옥수수밭을 지나 운전하면서 나는 내 차를 다시 고속 도로로 인도하고자 끊임없이 애걸하는 GPS의 〈경로 재탐색〉 메시지를 무시한다. 원래는 다나에게 운전을 부탁하려는 계획이었는데 일정이 맞지 않았다. 게다가 알고 보니지난 몇 년 사이 다나도 고속 도로를 운전할 때 공황을 일으키기 시작했다. 과연 유전의 힘이다.

멘도타 연구소 정문으로 향하는 도로 양옆에는 우리 할머니가 입원해 있던 1940~1950년대에 지어진 것으로 보이는, 비닐로 측면 마감재를 댄 소박한 집들이 늘어서 있다. 멘도타는 내가 기대한 것과 다르다. 내가 정확히 뭘 기대했는지는 모르겠다. 아마도 그 안에 담긴 인간적 고통을 암시하는 불길한 건물을 기대한 것 같다. 그러나 원래 병원 건물은 1960년대에 흔적도 없이 불도저로 밀렸고, 아직까지 남아 있는 건 위풍당당한 일렬의 나무들이 전부다. 지금 멘도타 병원은 외관만 보면 우아한 대학 캠퍼스 같다. 400에이커 넓이의 캠퍼스에 인접한 멘도타 호수 너머로 위스콘신주 의사당 건물이 보인다. 수면에 반사된 햇빛이 머리 위 금색과 주황색 잎사귀에 얼룩진다. 호청크 아메리카 원주민들이 남긴 사슴, 퓨마, 독수리 모양 무덤들이 우아한 녹색 언덕을 수놓는다. 치유, 존중, 도움, 희망을 외치는 현수막들이 길가에 늘어서 있다.

현재 멘도타 병원의 환자는 315명, 직원은 825명이다. 환자의 거의 전부가 형법 제도의 일환으로 입원한 소위 법정 환자다. 그들은 이곳으로 이송되어 재판을 버틸 능력이 있는지 임상 의사에게 진단받고, 능력이 없다고 판단되면 이곳에서 충분히 회복할 때까지 치료를 받는다. 약 150명의 입원 환자가 범죄(대개 강력 범죄)를 저질렀지만 정신 질환을 이유로 무죄를 선고받은 장기 환자들이다(정신 질환자의 절대 다수는 폭력적이지 않다. 오히려 정신 질환자는 폭력의 가해자보다 〈피해자〉가 될 가능성이 훨씬 높다).[72] 치매 환자들을 받는 작은 노인 병동과 현재 10대 환자 29명이 소속된 혁신적인 청소년 치료 프로그램도 있다. 시설의 환자 대부분은 남성이다. 여성 법정 환자들은 다른 주 병원으로 보내진다.

나는 멘도타 병원의 원장인 그레고리 판 리브뢰크를 만나러 왔다. 59세의 리브뢰크는 바짝 깎은 잿빛 금발 머리와 작은 사각 무테안경이 특징이다. 그의 회색 폴로셔츠에는 〈멘도타〉라는 글씨와 독수리 그림이 수놓여 있다. 야구 모자에도 독수리와 〈멘도타〉, 그리고 병원이 설립된 연도인 1860이 박혀 있다.

목에 두른 직원 배지에는 〈어떻게 도와드릴까요?〉라고 적혀 있다. 그는 대학 운동부 코치처럼 생겼고, 자기 비하적인 동시에 (그는 어이없게도 가끔 〈저는 그렇게 똑똑하지 않아요〉라고 말한다) 불경스럽다. 그는 심리학 박사 학위와 법학 학위 소지자이며, 1980년에 학생 신분으로 멘도타 병원에서 일하기 시작했다.

우리는 10년 된 판 리브뢰크의 은색 아큐라를 타고 부지를 돌아본다. 멘도타 병원의 시설들은 최고 보안, 중간 보안, 최소 보안, 〈최소 이상〉으로 분류된다. 환자들은 범죄의 심각성이 아니라 회복 수준을 기준으로 시설에 배정된다(환자들이 잔디를 깎고 마을 나들이를 나가고 대학에 다닐 수 있는 〈최소 이상〉에서 살인자를 마주칠 확률이 최대 보안 구역과 같다는 뜻이다). 환자 대부분은 입원 당시 정신병 증상을 보이고, 이곳에 들어와 조현병, 양극성 장애, 주요 우울증 등의 진단을 받는다.

판 리브뢰크가 손가락으로 신설 온실을 가리킨다. 환자들이 이곳에서 재배한 꽃은 주지사의 저택으로 보낸다. 판 리브뢰크는 기술 학습 센터를 새로 지어서 환자들이 독립해서 사는 데 필요한 기술들을 익히도록 할 계획이다. 〈침대를 정돈하고 달걀프라이를 만들 줄 알아야 한다〉라는 게 그의 지론이다.

우리는 최고 보안 및 중간 보안 병동이 위치한 베이지색 벽돌 건물 굿랜드 홀을 지나친다. 창문에 창살이 대어져 있다. 철조망 울타리가 쳐진 잔디 뜰에서는 턱수염을 기른 젊은이가 청바지와 홀치기 나염 셔츠 차림으로 트랙을 뛰고 있다. 텅 빈 배구 코트 옆 피크닉 테이블에 남자 몇 사람이 앉아 있다. 파란 반팔 셔츠를 입은 남자가 몸을 뒤로 기대고 고개를 꺾어 얼굴에 햇빛을 받는다.

최소 보안 병동과 노인 병동 환자들이 머무는 스토벌 홀 뜰에 어울리지 않는 하얀 정자와 붉은 꽃이 있다. 농구를 하는 남자들, 라운지 의자에 앉아 있는 남자들이 보인다. 〈최소 이상〉 환자들은 갈색과 흰색으로 칠해진 나지막한 스위스풍 건물에 수용되어 있다. 정문 위 명판에 〈독립을 통한 회복〉이라고 적혀 있다. 그러나 판 리브뢰크는 발랄한 문구와 목가적인 환경에 속아 넘어가면 안 된다고 말한다. 「여기는 아픈 사람들을 돕는 곳입니다. 그들은 위험할 수 있죠. 여긴 디즈니랜드가 아니에요.」

(인정하건대 나도 품고 있었던) 보통 사람들의 생각과 달리 정신 병원에 입원하는 범죄자들이 평생 이곳에 갇혀 있는 건 아니다. 판 리브뢰크는 최근 400명의 입원 환자가 〈조건부로〉 퇴원했다고 말한다. 조건부란 퇴원 후의 거주지, 약물 복용, 미래 치료가 세세히 계획되어 있다는 뜻이다. 정신 질환을 이유로 무죄를 선고받은 환자들은 6개월마다 법정에 석방 청원을 낼 권리가 있다. 판 리브뢰크의 설명에 따르면 석방된 환자들의 재범률은 0.25퍼센트에 그친다.

우리는 직원 컨퍼런스 센터와 직원 및 최소 보안 환자들을 위한 카페테리아가 위치한 건물 앞에 차를 세운다. 판 리브뢰크가 복도를 걷다가 멈춰 서 60대로 보이는 백발의 남자에게 축하 인사를 건넨다. 나는 그가 이직하는 직원이라고 추측하지만, 남자가 자리를 뜨자 판 리브뢰크가 말한다. 「저 남자는 20년 전 자기 어머니를 살해했어요.」 멘도타 병원에 약 10년을 입원해서 성공적으로 치료를 받은 그 남자는 그를 돌봐 주기로 합의한 누이 집 근방에 거처를 찾아서 석방 조건을 전부 만족시켰다고 한다. 판 리브뢰크는 그에게 석방 축하 인사를 건넨 것이었다.

리더십 세미나가 열리고 있는 직원 컨퍼런스 센터 벽에 멘도타 병원의 과거 사진과 지도가 걸려 있다. 1860년 개관한 둥근 지붕과 흰 테라스가 시선을 잡아끄는 웅장한 본관 건물 사진. 1879년 노르웨이 주일 학교 피크닉을 나선 증기 요트 사진과 보트 스케줄. 〈미친 사람들과 단풍나무 광을 위한 피난처〉로 가는 배가 1시, 3시, 5시에 떠난다고 적혀 있다. 1960년경 찍은, 풀 먹인 흰 모자와 고양이 눈처럼 양쪽 끝이 올라간 안경을 쓴 간호사 대열 사진도 있다.

모퉁이의 유리 캐비닛에는 기념품들이 전시되어 있다. 말쑥한 타이를 매고 튜바와 트럼본을 연주하는 우울한 얼굴의 남자들이 찍힌, 〈1901년 위스콘신 주립 병원의 미친 밴드〉 사진. 1927년 날짜의 처방전. 흔들의자, 업라이트 피아노, 이젤, 샹들리에가 있는 1870년 휴게실 사진. 검은 손잡이와 회색 플라스틱 고무관이 달린 30센티미터 길이의 갈색 상자에 시선이 머문다. 빈티지 메드크래프트 마크 2 ECT 기계다. 할머니가 그토록 두려워했던 이 기계는 내가 어릴 적 갖고 놀던 라이트 브라이트*보다 별반 복잡해 보이지 않는다.

판 리브뢰크는 대학 시절 〈전기 충격을 받는 환자들을 붙들고 있는 데〉 많은 시간을 썼다고 말한다. 그가 환자의 한쪽 팔다리를 잡으면 다른 사람이 반대쪽 팔다리를 잡았고, 또 다른 사람이 환자의 머리를 붙들어 고정시켰다(처음에는 머리를 충분히 꽉 잡지 않았더니 전류가 켜지자마자 환자가 머리를 마구 흔들어서 얻어맞은 일도 있었다). ECT를 받은 환자들은 종종 단기 기억 상실을 겪곤 했다. 「내가 누구인지, 자신들이 어디 있는지 기억하지 못했어요.」 판 리브뢰크가 말한다. 기억은 점진적으로 돌아왔고 일부 환자들은 호전되었지만 그것이 오로지 충격 치료 덕분이었는지 판 리브뢰크는 확신할 수 없다.

우리는 차로 판자를 덧댄 갈색 벽돌 건물을 지나친다. 1922년 우리가 오늘날 PTSD라고 부르는 〈셸 쇼크〉에 시달리는 제1차 세계 대전 참전 군인들을 위해 건설된 것이다. 판 리브뢰크는 향후 이 건물을 약물 및 알코올 남용 치료 시설로 사용하고자 한다. 부지를 차로 누비며 아메리카 원주민 무덤과 고요하게 반짝이는 멘도타 호수의 수면을 가리키던 판 리브뢰크가 문득 한숨을 쉬며 말한다. 「이 끔찍한 비극들이 아름다움과 뒤섞여 있는 걸 보세요.」

할머니의 기록에는 그녀가 멘도타 병원의 어느 시설에 머물렀는지 적혀 있지 않다. 판 리브뢰크는 그녀가 아마 스토벌 홀이나 로렌츠 홀에서 지냈을 거라고 생각한다. 1953년에 지어

* Lite Brite. 패널에 작은 플라스틱 조각을 꽂아 그림을 만드는 장난감.

진 로렌츠 홀은 1970년대까지 민간인 성인 환자들을 수용했다. 환자들이 거주하는 시설에 외부인 출입은 엄금되지만 로렌츠 홀은 마침 한 동이 보안 시설을 추가하여 법정 환자를 수용하는 시설로 개조 중이라 비어 있어서 견학이 가능하다. 로렌츠 홀은 낮은 베이지색 벽돌 건물로서 콘크리트로 된 현관과 강철로 테두리를 덧댄 창문이 드라마 「매드맨」에서 튀어나온 것처럼 세련되었다. 나는 판 리브뢰크의 안내에 따라 건물에 들어서고, 문 두 개를 지나 통로를 걸어간다. 낮은 천장은 작은 구멍이 뚫린 흰 정사각형 무늬로 채워져 있다. 연두색 타일이 깔린 바닥에 형광등 불빛이 드리운다. 복도 끝에는 환자들이 치료 사이사이에 휴식을 취할 수 있는 휴게실이 있다. 휴게실에는 테이블과 공항 터미널에서 쓰는 조립식 의자가 놓여 있고 큰 창문 너머로 가을 나무가 보인다. 휴게실 한가운데에는 간호사실이 있는데, 강철과 강화 유리로 철통같이 보호되어 있다. 여러 사람과 어울리는 걸 견디지 못하는 환자들을 위해 문을 잠글 수 있는 작은 〈보안〉 휴게실도 있다. 한쪽 벽에는 폭력적으로 행동한 환자들을 가두는 〈격리실〉 다섯 곳이 있다. 격리실은 가로 270센티미터, 세로 365센티미터 크기로, 천장엔 형광등이 달려 있고 사방이 (연한 녹색으로 얼룩진) 콘크리트 블록으로 되어 있다. 각 방엔 작은 창문이 뚫린 철문이 달려 있다. 방 안에 달린 카메라로 찍은 영상은 간호사실로 송출된다.

격리실 한 곳에는 자해 위험 환자를 묶어 두는 〈구속〉 침대가 있다. 낮은 은색 철제 침대는 플랫폼에 작은 원형 구멍들이 뚫려 있고, 기능을 감안하면 어울리지 않게 발랄한 초록색, 파란색, 보라색 가죽끈이 침대를 가로질러 묶여 있다.

우리는 복도를 걸어간다. 콘크리트 블록 벽에 옷장이 붙어 있는 환자실을 지나친다. 게시판의 안내문은 심심한 환자들을 위해 여러 가지를 제안하고 있다. 그림을 그려라. 야찌*를 해라. 방을 청소해라. 종이비행기를 만들어라.

멘도타 병원을 방문하고 며칠 동안 나는 우리 가족의 계보를 행군해 내려오는 정신 질환에 대해 종종 생각한다. 글래디스 할머니의 형제 해럴드는 유타주의 정신 병원에 몇 년을 입원했고 1980년대 말 폐암으로 생을 마칠 때까지 그곳에서 나오지 못했다. 수전 고모는 그가 조현병을 진단받았다고 기억한다. 수전 고모 본인에겐 양극성 장애가 있다. 수전 고모의 딸이자 내 사촌인 르네는 범불안 장애가 있고 여러 해 동안 알코올로 자가 치료를 해왔다. 우리 아버지는 우울증으로 고생한다. 15년쯤 전 그는 의사에게 〈아마 저는 한 번도 행복한 적이 없었던 것 같습니다〉라며 항우울제 졸로프트를 처방해 달라고 부탁했다.

수전 고모는 세월이 흐르면서 우리 가문의 질환이 점점 약화되고 있는 것 같다고 낙관적으로 생각한다. 3대를 내려오며 심각한 정신병은 불안 장애로 경감되었다. 어쩌면 내 딸과 르네의 세 아이는 그보다도 더 약하게 영향을 받을 것이다. 외가 쪽

* Yahtzee. 고전 주사위 게임.

도 완전히 안정적이라고 할 수는 없다. 우리 어머니는 걱정을 달고 살며 자주 불면증을 앓고, 불안에서 기인한 강박적 청소 습관이 있다. 오전 7시 전에 진공청소기 돌아가는 소리가 들리면 여동생 다나와 나는 발소리를 내지 않게 유의하며 조심조심 걷곤 했다. 어머니의 형제들도 유전자에 단단히 묶여 있다. 그들의 단체 채팅 창은 염려와 위안이 끝없이 이어지는 핑퐁과 같다. 사촌 두 명은 반복적으로 공황 발작을 겪고 있다.

시간이 지나면서 다나에게도 불안 문제가 생겼다. 다나는 여러 사람과 어울리는 것보다 일대일 대화를 더 편하게 여기는 내성적이고 수줍은 성격으로, 가벼운 사회 불안을 겪었지만 일상에 심각한 지장을 줄 정도는 아니었다. 다나에겐 언제나 친구와 남자 친구가 있었다. 일곱 살 난 다나가 빨간 새틴과 은색 시퀸 의상을 입고 연간 댄스 리사이틀 무대에 당당하게 걸어 나가 프린스의 「리틀 레드 콜벳」에 맞춰 춤을 추던 모습이 생생히 기억난다. 20대에 다나는 운전 중 몇 번의 공황 발작을 겪었다. 다리와 주간 고속 도로가 촉매였다. 최근 다나는 불안이 영구적으로 자리를 잡았다고 말했다.

「보통 사람에 비해 내 신경계에 과부하가 걸려 있는 것 같아. 가끔 진정이 되지 않고, 현실감이 들지 않아. 남들과 교류를 못하겠어. 커피를 마시지 않았는데도 방금 한 잔을 들이킨 기분이야.」다나는 고속 도로를 피해 다니기 시작했고 (위스콘신주에선 쉽지 않은 일이다) 밤 운전도 기피하게 되었다. 이제 다나는 비행기 타는 것도 무서워한다.

다나와 내가 이런 대화를 나눌 당시 동생은 내가 25년 이상 심각한 일련의 불안 장애를 겪었으며 3년째 이 책을 쓰고 있다는 것을 알고 있었다. 그러나 다나 자신의 불안에 대해 내게 털어놓은 건 처음이다. 남편에게도 아직 고백하지 않았다고 한다. 실은 스스로 인정하는 것도 어려웠다. 「오랫동안 불안은 내 얘기가 아니라고 생각했어. 불안한 사람은 언니였지 내가 아니었으니까. 나도 서서히 불안에 잠식된 것 같아. 하지만 불안에 대해 이야기하는 건 내게 문제가 있다는 걸 인정하는 셈이라서 무서워. 나는 계속 부정하고 있었어.」

과학자들은 벌써 20년이 넘게 불안 장애의 배후에 있는 유전자를 찾고 있다. 첫 10년 동안 연구자들이 집중한 것은 개별적인 〈후보 유전자〉였다.

당시 가장 광범위하게 연구된 유전자는 〈세로토닌 수송체〉라고 불리는 단백질을 생성하는 SLC6A4이다.[73] 이 단백질의 역할은 뉴런 사이의 공간(시냅스)에서 과다 세로토닌을 찾아 뉴런에 재흡수시키는 것이다. 과학자들이 이 유전자에 주목한 데에는 이유가 있다. 우울증과 불안을 경감시키는 프로작 등의 SSRI*는 세로토닌 수송체를 막아서 시냅스에 더 많은 세로토닌이 남아 있도록 하는데, 그럼으로써 존재하게 된 과다 세로토닌이 SSRI의 의약적 효과를 낳는 것으로 생각된다. 따라서 불안 장애에 걸릴 위험을 발생시키는 유전자를 밝혀내고자 했

* Selective Serotonin Reuptake Inhibitor. 선택적 세로토닌 재흡수 억제제.

던 과학자들에게 있어 세로토닌 수송체를 생성하는 유전자를 정조준하는 것은 가장 괜찮은 추론이었다.

SLC6A4 유전자에는 유전자가 얼마나 활성화될지, 얼마나 많은 세로토닌 수송체 단백질을 만들지 조정하는 〈촉진 영역〉이 있다. 몇몇 연구에서 이 영역의 〈짧은〉 대립 형질 복사체 하나, 혹은 두 개를 가진 사람이 〈긴〉 대립 형질 복사체 두 개를 가진 사람보다 불안 장애 증상을 나타낼 가능성이 높음을 발견했다. 연구자들은 또한 fMRI 영상을 찍어 보면 한 개 이상의 짧은 대립 형질을 가진 사람들이 두 개의 긴 대립 형질을 가진 사람들보다 분노하거나 공포에 질린 얼굴에 더 강한 편도체 반응을 보인다는 사실을 발견했다.

불행히도 이런 연구 결과가 일관적인 건 아니라서, 다른 연구에서는 대립 형질의 길이와 불안 장애의 연관 관계가 밝혀진 바 없다.

불안 장애에는 그 밖에도 여러 개별 유전자가 관련되어 있다. 알파벳 모양 건더기가 떠다니는 수프처럼 수많은 알파벳 이름이 붙은 유전자들이 탐구되었으며 그중 일부는 다른 것보다 뒷받침하는 증거도 많았다. 그러나 유전학자들은 후보 유전자에 대한 연구는 대부분이 별로 유용하지 않다고 말한다. 가장 잘 진행된 연구조차 기존 가설을 확인하는 것에 그치기 때문이다.

감사하게도 약 10년 전, 유전 연구 기술의 발전으로 새로운 성과가 나타나기 시작했다. 유전체 연관 분석 기술 덕분에 과학자들은 유전자 총체에 넓은 그물을 던지고 살펴볼 수 있게 되었다. 유전체 연관 분석을 통해 과거 불안 장애에 기여할 거라고 짐작조차 하지 못했던 유전자들이 부상했다. 단, 이 연구의 걸림돌은 대단히 큰 샘플이 필요하다는 것이다. 현재 일단의 과학자들이 빅 데이터를 구축하기 위해 협업하고 있다.

그러나 불안 장애에 대한 유전적 연구는 다른 정신 질환에 대한 연구에 비해 아직 뒤처져 있다.

〈불안 장애는 공중 보건을 위협하는 큰 문제인데도 연구 자금은 거의 받지 못하고 있다.〉 하버드 의대 정신과 교수이자 유전 연구를 선도하고 있는 조던 스몰러의 말이다. 불안 장애는 조현병, 양극성 장애, 자폐에 비해 〈눈에 잘 띄지 않기 때문에 불안이 인생에서 앗아 가는 것들이 경시된다〉라는 주장이다.

유전자 연구에서 가장 흥미로운 부분은 유전자와 환경의 상호 작용이다. 앞서 유년기의 트라우마가 불안 장애의 위험성을 높인다고 말했지만, 그 위험성이 어디까지 올라갈지는 적어도 일부는 유전자에 달린 것으로 밝혀졌다. 몇몇 과학자들은 코르티솔 같은 스트레스 호르몬에 대한 세포 반응을 조절하는 단백질을 생성하는 FKBP5 유전자에 초점을 맞추고 있다. 이 유전자의 특정 대립 형질(정확히 말해 T 대립 형질)을 가진 사람이 유년기에 트라우마에 노출되면 다른 대립 형질을 가진 사람보다 PTSD와 주요 우울증을 겪을 가능성이 더 높다.

한 가지 희망은, 유전학이 환자들로 하여금 자신에게 가장 적합한 치료를 받도록 하는 데 도움을 줄 수 있으리라는 것이다. 예를 들어 유전적 프로필을 통해 어떤 사람이 인지 행동 치료에 반응하고 어떤 사람이 SSRI에 반응할지 예측할 수 있다. 유전 연구는 불안 장애의 생물학을 이해하는 완전히 새로운 장을 열어 줄 것이고, 그로써 더 나은 치료가 가능해질 것이다.

불안 장애의 가장 큰 위험 요소는 여성으로 태어나는 것이다. 여성은 남성보다 불안 장애에 걸릴 가능성이 대략 두 배 높고 병세가 더 오래가며 증상이 더 심하고 생활에 지장도 더 크다.[74] 나쁜 소식은 여기서 끝나지 않는다. 불안 장애를 앓는 여성은 추가적인 불안 장애와 섭식 장애, 우울증을 앓을 가능성도 더 높다. 전체적으로 여성이 남성보다 더 많이 걱정하고 심사숙고한다.

여성으로 산다는 것의 어떤 점이 여성을 불안에 취약하게 만드는 걸까? 여성은 불안하도록 태어났을까, 아니면 불안하도록 길러졌을까? 과학자들은 젠더에 따른 양육 방식의 차이가 어떻게 불안에 기여하는지에 초점을 맞춘다. 흥미롭게도 신생아 시절에 더 신경질적이고 짜증을 내는 건 여아가 아닌 남아다. 캘리포니아 대학교 로스앤젤레스 캠퍼스의 불안 및 우울증 연구 센터장 미셸 크래스크는 생애 초기 남아들의 성미 고약한 기질이 도리어 훗날 불안 장애의 발병을 막을지도 모른다고 말한다. 여러 연구에서 어머니들이 딸보다 아들의 표정과 시선을 더 잘 읽으며, 당연한 수순으로 딸보다 아들과 더 잘 통한다는 것에 주목한바 있다. 크래스크는 짜증을 내는 남아가 얌전한 여아보다 어머니의 주의를 끄는 데 더 능하리라고 추정한다. 어머니와 더 깊이 교감하는 남아는 세상이 더욱 예측 가능하며 어느 정도 통제 가능한 장소라고 느끼게 된다.

생후 몇 개월 된 아기들에게서 남녀 간 기질 차이는 별로 크게 나타나지 않는다. 그러다가 2세가 되면 여아가 남아보다 두려움을 표현하고 내성적으로 행동하는 부정 정서를 더 많이 보이기 시작한다. 연구자들은 2세가 아동들이 전통적 젠더 역할을 보이기 시작하는 나이이기도 하다는 점에 주목한다 — 전형적으로 남아는 트럭과 축구공, 여아는 인형과 옷 입히기 놀이에 끌린다. 이 나이가 되면 부모들은 아들보다 딸에게 다른 사람들에 대한 공감과 도움을 강조한다. 남들과 장난감을 나눠 쓰고 남들의 입장에서 생각하라는 잔소리도 아들보다는 딸에게 향한다.

아주 어린 여아에게 공감을 주입하는 것에는 단점이 있을 수 있다. 이르게는 걸음마를 하는 시기부터 여아가 남아보다 공포를 더 쉽게 〈포착〉한다는 증거가 있다.[75] 과학자들은 여성이 남성보다 표정을 읽는 것에 능하니만큼 타인의 얼굴에 떠오른 공포를 내면화하는 데에도 더 취약하다고 추측한다.

한 연구에서는 어머니들이 고무 뱀과 거미 장난감 두 종류를 유아기의 자녀들에게 한 번에 하나씩 보여 주도록 했다.[76] 어머니들은 첫 번째 장난감을 보여 주면서 겁먹거나 기분 나쁜 표정을 짓고 장난감을 〈끔찍하고, 무섭고, 역겹다〉라고 묘사했다. 두 번째 장난감을 보여 주면서는 즐거운 표정을 짓고 장난감을 〈재미있고, 귀엽고, 좋다〉라고 묘사했다. 두 회차를 완료하고 10분 뒤 어머니들은 자녀들에게 거미와 뱀을 다시 보여 줬다(이번엔 중립적인 표정을 지었다). 남아와 여아 모두 어머니가 겁먹은 표정을 짓고 부정적 단어로 묘사한 장난감을 더 경계하는 모습을 보였다. 어머니가 사용한 단어도 효과가 컸다. 아동들은 10분의 휴지 뒤에도 장난감에 대해 두려움을 느끼고 피하는 모습을 보였다. 대체로 여아가 남아보다 더 극단적인 기피 반응을 보였고 장난감을 더 두려워했다.

사람들은 ─ 특히 부모들은 ─ 두려워하는 아동에게 젠더에 따라 현저히 다른 방식으로 대응한다. 여아가 불안을 느낄 경우 어른들은 아동을 보호하려 들고, 아동이 무서운 상황을 피하도록 허락한다. 반면 남아는 참으라는 말을 듣는다. 「사람들은 남자아이는 용감해야 하고, 공포에 맞서 극복해야 한다고 생각합니다. 반면 여자아이에겐 조금 더 편의를 봐주고, 상황을 꺼리거나 피하는 걸 허락해 줍니다.」 젠더와 불안을 연구해 온 펜실베이니아 의대 정신 의학과의 심리학 조교수 카르멘 매클린이 말한다. 그러나 이렇듯 아동을 싸고돈 결과는 훗날까지 영향을 미친다. 「그럼으로써 우리는 여자아이에게 이런 가르침을 주고 있는 거죠. 〈불안하다면, 안 하는 게 나아.〉 반면 남자아이는 이렇게 배웁니다. 〈불안하더라도 어쨌든 해야만 해. 할 수 있어. 그럼 불안함도 가실 거야.〉 이로써 남자아이는 보다 자신감을 느끼고, 스스로 힘이 있다고 믿게 되는 반면 여자아이는 같은 교훈을 배우지 못합니다.」 마치 남자아이만 지속

117

적인 노출 치료를 받는 셈이다. 어쩌면 이것이 남자아이가 미래에 불안 장애에 걸리는 걸 막는지도 모른다.

낙담스러울 만큼 많은 연구 결과에서 남자아이들은 독립적이고 용감해지라고 격려받는 반면 여자아이들은 같은 행동을 저지받는다는 사실이 드러났다. 부모들은 아들보다 딸을 더 통제하려 들고, 그로써 여성이 불안 장애를 얻을 위험은 더 커진다. 캘리포니아 대학교 버클리 캠퍼스의 한 연구에서 유치원에 다닐 나이의 자녀와 부모가 상호 작용하는 장면을 10분 동안 녹화했다.[77] 가족들은 모래 트레이와 작은 장난감들로 〈세상을 만들어 보라〉라는 과제를 받았다. 아들이 자기주장을 할 때, 이를테면 부모에게 어디에 장난감을 놓으라고 말할 때 부모는 아들을 칭찬하는 경향을 보였다. 반면 여아가 자기주장을 하면 부모는 방해하거나, 말을 끊거나, 무시하는 경향이 있었다. 이런 반응은 여아에게 자신의 환경을 통제할 수 없다는 메시지를 전달한다. 그리고 통제권이 없다는 것은 물론 불안한 사람의 정신에서 핵심적인 믿음이다.

이 연구가 1993년에 이루어졌다는 사실에서 위안을 찾고 싶다. 지금은 그때보단 분명 의식이 깨어 있지 않을까?

희망을 담아 매클린에게 질문하지만, 그녀는 내 희망에 빠르게 찬물을 끼얹는다. 매클린은 최근 갓 태어난 딸과 몇 살 위의 아들을 둔 한 아버지와 이런 대화를 나누었다고 한다. 「그 사람은 제게 아들과 딸을 키우는 게 얼마나 다른지 설명했어요. 훨씬 더 보호하게 된다고 하더군요. 딸이 더 연약한 존재처럼 느껴진대요.」

겔프 대학교 심리학 교수인 바버라 모론지엘로는 젠더에 따른 양육 방식의 차이가 아동이 위험을 감수하고자 하는 행동에 어떻게 영향을 미치는지를 중점으로 일련의 매혹적인 연구를 진행해 왔다. 1990년대 초 장남을 출산하고 휴가를 얻은 모론지엘로는 놀이터에서 많은 시간을 보내면서 남자아이들과 여자아이들이 얼마나 다르게 격려받고 저지당하는지 목격했다. 모래 놀이터와 정글짐에서 〈남자아이들은 훨씬 많이 격려를 받았고, 여자아이들은 놀지 못하게 막는 경우가 훨씬 많았던〉 것이다. 모론지엘로는 젠더에 따라 다르게 주어지는 메시지가 남자아이들의 높은 부상율에 기여할 거라고 짐작했다.[78] 즉, 2세 이후 남아는 여아보다 부상을 입을 확률이 2~4배 높고 부상의 정도도 더 심하리라는 것이다.

모론지엘로의 연구 분야는 불안이 아니지만, 그녀의 연구 결과는 불안 장애 발병률의 젠더 격차를 이해하는 데 핵심일지도 모른다. 모론지엘로와 그녀의 동료 테레사 도버는 함께 마흔여덟 쌍의 부모와 유아기 자녀를 놀이터에서 관찰하는 연구를 진행했다.[79] 부모와 자녀는 우선 10분 동안 미끄럼틀, 그네, 정글짐에서 자유롭게 놀았다. 이윽고 부모는 자녀에게 소방서에 있는 것과 비슷한 기둥을 타고 내려오는 법을 가르쳤다.

처음 10분 동안 운동장의 놀이 기구들을 탐사하는 능력엔 남녀 사이에 별 차이가 없었다. 그런데도 부모들은 여아에게 안전과 다칠 위험성에 대해 더 많이 경고했고, 남아에겐 독립성을 북돋았다. 또한 도움을 청하지 않을 때조차 여아를 신체적으로 도우려는 경향을 보였다. 예를 들어 기둥을 타고 내려오는 여아를 자발적으로 도운 부모는 67퍼센트였으나 남아를 도운 부모는 17퍼센트에 그쳤다. 놀랍게도, 남아가 도움을 청할 때조차 일단 요청을 거절하고 혼자서 다시 시도해 보라고 격려하는 부모들도 있었다. 부모들이 남아에겐 얼마나 간섭을 하지 않았던지, 기둥에서 땅으로 떨어진 남아들도 종종 있었다.

실로 학령기에 이르면 여아들은 위험에 대해 바짝 경계하는 법을 이미 익힌 듯하다. 모론지엘로와 동료들은 다른 연구에서 6~10세 남녀 아동들이 — 가령 헬멧 없이 자전거를 타는 것과 같은 — 잠재적으로 위험한 시나리오를 제시받았을 때 여아가 그것을 더 위험하게 판단하는 경향이 있음을 밝혔다.[80]

아들과 딸이 다칠 수도 있는 행동을 할 때 부모가 보이는 감정적 반응도 다르다. 딸이 위험한 행동을 하면 특히 어머니들은 실망과 경악으로 반응한다.[81] 아들이 위험한 행동을 하면 어머니는 화를 낸다. 또한 부모들은 아들이 다치면 〈남자애들이 다 그렇지〉라며 성별 탓으로 돌리는 반면 딸이 다치면 더 자주 아이 탓을 한다. 딸이 더 조심하거나 부모 말을 더 잘 들었으면 다치지 않았을 거라고 생각하는 경향을 보이는 것이다.

모론지엘로의 추측에 따르면 이런 메시지들은 여아를 신체적 부상에서는 보호할지 몰라도, 자신이 약하다는 믿음과 자책감으로 향하는 길을 닦아 준다. 남자아이들은 무모하게 구는 게 남자로서 당연한 거라고 배우지만 여자아이들은 나쁜 일이 일어나면 자기 탓이라고 생각하는 법을 배운다. 모론지엘로는 말한다. 「여자아이에게 부정적 결과에 대해 <u>스스로</u> 책임져야 한다고 말하면, 그만큼 불안해지고 자기를 평가하고 비판하는 방향으로 행동하는 걸 볼 수 있을 겁니다.」

초등학교 고학년에 이르면 여자아이는 남자아이보다 성공할 거라는 기대를 더 적게 하고, 실패의 가능성에 대해 더 불안을 느낀다.[82] 스트레스를 주는 사건에 마주했을 때 남자아이는 직접 문제를 풀 가능성이 높은 반면 여자아이는 친구로부터 지원을 찾을 가능성이 높다.

다만 불안 장애에도 딱 한 가지 〈기회의 균등〉이라 할 것이 있다. 사회 불안 장애가 그렇다. 매클린에 따르면 이는 남녀가 사회화되는 방식을 감안하면 이해할 수 있다. 여자아이들은 소소한 대화술을 습득하고 매력을 발산하고 친구들과 사귀어야 한다는 기대를 받는다. 부모들은 딸이 뱀이나 개를 무서워하고 피하는 건 사회적으로 용인하지만, 선생님께 인사하길 거부하거나 친구와의 놀이 약속에 빠지는 건 괜찮지 〈않다〉고 보는 경향이 있다.

놀랍게도 스트레스를 주는 사건에 대한 〈생리적〉 반응은 남성이 여성보다 더 크다.[83] 피험자에게 어려운 시험을 치르게 하는 등 스트레스를 유발하는 실험을 했을 때 스트레스 호르몬인 에피네프린과 노르에피네프린 수치는 여성보다 남성에게서 더 높게 나타난다. 이는 진화적으로 설명 가능한데, 즉각적인 투쟁-도피 반응은 사냥을 하거나 적과 싸울 때의 적응 행동이기 때문이다. 여성들은 반대로 한결 누그러진 투쟁-도피 반응을 보인다. 과학자들은 여기에 〈돌봄과 친교〉라는 이름을 붙였다. 이 모형에 따르면 여성은 애착을 촉진하는 것으로 여겨지는 호르몬 옥시토신을 분비하는 것으로 스트레스에 대응하며, 그로써 어린 아기들을 돌보고 집단의 다른 구성원들과 친교를 맺게 된다. 돌봄과 친교 반응의 단점은 걱정 및 위협 기피 패턴을 강화시킴으로써 불안을 부채질할 수 있다는 것이다.

남녀는 불안을 가라앉히는 방법도 다르다. 예를 들어 불안한 남성들은 알코올이나 마약으로 자가 치료를 시도하다가 약물 남용 문제를 얻을 가능성이 더 높다. 동료 저널리스트인 내 친구 마이크는 여러 해 동안 불안과 우울증을 완화시키기 위해 알코올과 마약에 의존했다. 마이크는 잘생기고 똑똑하고 대단히 재미있는 남자지만, 불안이 전속력으로 덮칠 때면 편집자와 친구들과의 대화를 끊임없이 되새기며 누군가를 불쾌하게 했거나 멍청한 말을 하지 않았는지 걱정한다. 배 속이 뒤틀리고 피부가 따끔거리고 계속해서 어지럼증을 느끼는 불안의 신체적 증상들은 그를 더욱 쇠약하게 만든다.

마이크에게 있어 대마와 비코딘Vicodin 같은 마약은 계시와 같았다. 약은 걱정을 지워 주었고 경련하는 몸을 진정시켰다. 그는 말한다. 「불안을 떨칠 수 있는 게 있으면 뭐든 하고 싶었어요.」 그러나 얼마 뒤 대마가 마이크를 배신했다. 불안은 커져만 갔고 음주와 마약 사용은 중독의 수준으로 접어들었다. 그는 재활 치료에 들어갔다. 그러나 다시 중독에 빠졌고, 한 번 더 마약과 술을 끊었다. 이제 그는 SSRI와 매일의 운동, 강도 높은 영적 수행으로 불안에 대적한다.

　에스트로겐을 비롯한 성호르몬이 여성이 공포를 습득하고 극복하는 방식에 영향을 미친다는 증거들이 있다. 불안 장애가 있는 여성들은 종종 증상이 월경 전에 악화된다고 말한다. 일부는 요동치는 에스트로겐 수치 탓이다. 몇몇 연구에서 에스트로겐 수치와 공포 반응이 반비례한다는 사실이 밝혀졌다. 한 연구에서 여성 서른네 명에게 전등 사진을 보여 주면서 손에 충격을 가하는 공포 조건화를 행하고, 이어서 전등 사진을 보여 주면서 충격을 가하지 않는 소거 절차를 행했다.[84] 이때 여성들이 느낀 공포 수준은 피부 전도도로 측정했다. 에스트로겐의 일종인 에스트라디올 수치가 높은 여성들은 에스트라디올 수치가 낮은 여성들보다 소거 상기를 더 강하게 보였다(공포 수준이 더 낮게 나타났다는 뜻이다). 에스트로겐 수치가 높은 여성들은 또한 공포 소거에 관여하는 뇌 영역인 복내측 전전두 피질과 편도체가 더 활성화되는 모습을 나타냈다.

　여성들이 불안 장애에 더 취약한 이유는 단순히 유전자와 호르몬과 사회화 때문만은 아니다. 성폭력과 성적 학대의 위험성도 역할을 한다. 살면서 심한 사고나 폭력을 경험, 혹은 목격하는 등 트라우마가 될 법한 사건을 더 많이 겪는 건 대체로 여성보다 남성이다.[85] 그러나 성폭력과 성적 학대의 피해자가 될 위험성은 남성보다 여성이 더 높다.[86] 크래스크는 성적 트라우마가 너무나 통제 불가능하고 예측도 불가능하기 때문에 PTSD

와 다른 불안 장애를 낳을 가능성이 높다고 말한다.

　과학자들은 아기들을 보고, 커서 불안 장애를 앓을 위험성이 더 큰 사람들을 가려낼 수 있다. 선천적으로 타고나는 독창적 성격의 지문, 기질이 그 열쇠다.

　하버드 대학교 심리학과 명예 교수인 제롬 케이건의 정의에 따르면, 기질은 〈일반적으로 유전되는 생물학적 기반의 경향성으로서 두뇌의 화학 작용에 영향을 주는〉 것이다. 그는 내게 묻는다. 「견종 간 행동 및 감정 차이와 유사하지요. 느긋한 래브라도와 페키니즈나 핏불의 차이를 아십니까?」

　현재 87세인 케이건은 평생 두 가지 기질을 연구했다. 그가 고반응성과 저반응성이라고 이름 붙인 두 기질에 따라 새로운 사물, 상황, 소리에 반응하는 정도가 갈린다. 고반응 아기들은 새로운 것을 마주했을 때 팔다리를 허우적거리고 몸을 웅크리고 운다. 저반응 아기들은 상대적으로 조용하고 이완된 상태를 유지한다. 케이건은 고반응 아기들이 수줍음이 많고, 조용하고, 사회적으로 자기표현이 적고, 겁이 많은 유아로 자라난다고 말한다. 그는 이런 특징을 행동 억제라고 부른다. 대조적으로 저반응 아기들은 일반적으로 떠들썩하고 활발하고 대담해진다. 케이건은 이를 행동 비억제라고 부른다. 케이건과 다른 학자들의 연구에서 행동 억제 기질의 아동들이 행동 비억제 기질의 아동들보다 불안 장애를 겪을 가능성이 훨씬 높다는 사실이 밝혀졌다.[87] 행동 억제형 아동의 3분의 1에서 2분의 1이 청소년기에 이르면 불안 장애가 발병한다(그중 가장 흔한 것은 사회 불안 장애다). 행동 억제의 원인은 유전에 크게 좌우된다. 쌍둥이 연구에서 행동 억제의 원인은 40~75퍼센트가 유전이라는 사실이 밝혀졌다.[88]

케이건은 1957년 오하이오주 앤티오크 대학교의 펠스 연구소에서 기질 연구를 시작했다.[89] 당시 연구소는 1929년과 1939년 사이 태어난 아동들에 대한 종단 연구를 시행하고 있었다. 연구자들은 아주 어렸을 적 쉽게 겁을 먹던 아기들이 예민하고 내성적인 성인으로 자란다는 사실에 주목했다. 케이건은 1964년 강의를 시작한 하버드 대학교의 동료들과 함께 사람들이 친숙하지 않은 상황에 서로 다른 반응을 보이는 뿌리가 편도체에 있다는 가설을 세웠다. 편도체는 운동 활동과 자율 신경계를 통제하는 뇌 영역에 관여하기 때문에 편도체가 쉽게 활성화되는 아기들이 잘 울고, 더 심하게 몸부림을 치고, 심장 박동 수와 혈압이 높으리라는 가설이었다. 1989년 케이건과 동료들은 4개월령의 유아 500명을 모집해서 (오늘날 학계에서 〈케이건 패러다임〉이라고 불리는) 일련의 실험을 통해 아기들이 새로운 것에 반응하는 정도를 평가했다.

45분의 평가 동안 아기들은 유아 좌석에 앉아 있었다. 연구자들은 우선 어머니에게 아기를 보면서 미소를 짓되 말은 하지 않도록 하고, 아기가 이완된 상태에서 전극을 이용해 심장 박동 수를 측정했다. 다음으로 아기에게 문장과 무의미한 음절들을 읽는 여성의 녹음된 목소리와 머리 뒤에서 풍선이 터지는 소리를 들려주고, 얼굴 앞에서 다채로운 색깔의 장난감이 달린 모빌을 흔들고, 코앞에 알코올을 적신 면봉을 들이밀었다.

전체 아기의 대략 20퍼센트가 실험 시간의 4할을 차지하는 18분 이상 팔다리를 흔들거나 울어서 고반응으로 판단되었다. 저반응 아기는 대략 40퍼센트였다(나머지는 둘의 혼합이었다).

케이건과 동료들은 몇 년 간격으로 아동들에 대한 평가를 지속했다.

2세가 된 유아들은 검은 액체가 담긴 유리잔에 손가락을 넣고, 연구원이 물방울을 떨어뜨릴 수 있게 혀를 내밀라는 요청을 받았다. 흰 실험복 차림에 방독면을 쓴 낯선 사람, 움직이는 장난감 로봇, 광대 복장을 한 사람이 접근하는 상황에 처했다. 이중 네 개 이상의 사물이나 상황에 대해 공포를 느끼고 울고 기피 반응을 보인 유아는 행동 억제형으로 분류되었다.

피험자들이 4세가 되자 고반응 아기의 약 46퍼센트가 행동 억제형으로 분류되었고, 저반응 아기의 약 67퍼센트가 행동 비억제형으로 분류되었다. 피험자들이 7세에 이르러 불안 증상을 평가한 결과, 고반응 아동의 45퍼센트가 불안 문제를 보였다. 반면 저반응 아동 중 불안 문제를 보인 것은 15퍼센트에 그쳤다. 케이건은 또한 금발에 흰 피부, 푸른 눈동자를 지닌 아동들이 행동 억제형이 될 가능성이 높다는 사실을 밝혀냈는데 그는 이것이 눈동자의 색깔과 기질에 같은 유전자가 영향을 미친다는 증거라고 믿었다.

물론, 행동 억제형 아동의 거의 절반이 불안 문제를 겪는다면, 나머지 절반은 겪지 않는다는 뜻이다. 메릴랜드 대학교 발달 심리학 교수이자 대학원 시절 케이건의 제자였던 네이선 폭스는 고위험군 아동을 판별할 방법을 찾고 있다. 폭스는 행동 억제형 아동들이 수줍은 성격으로 자라나더라도 그것이 장애의 수준에 이르지는 않을 수 있음에 주목한다. 「그들은 치어리더나 풋볼 팀 주장이 되지는 않을 겁니다. 그러나 교수나 컴퓨터 공학자가 될 수는 있죠.」

폭스는 행동 억제에 대한 두 개의 종단 연구를 이끌고 있다. 첫 번째 연구는 1991년 4개월령 유아 156명을 관찰하며 시작했다. 아이들이 15세에 이르자 행동 억제형 유아의 절반이 불안 장애를 갖고 있었고, 40퍼센트는 사회 불안 장애를 겪고 있었다. 23세에 이르자 약 19퍼센트가 기분 장애를 갖고 있었다.

10월의 어느 아침, 나는 폭스를 만나러 메릴랜드 칼리지 파크로 향한다. 사무실에서 나를 반겨주는 폭스는 잿빛 콧수염을 기르고 쇠테 안경을 쓰고 있으며, 전문가다운 인상이다. 책상 위에는 쓰레기통에 들어간 오스카 더 그라우치 인형이 놓여 있다. 「세서미 스트리트」 자문으로 일하던 시절의 유산이다. 이탈리아 코모 호수의 목가적 풍경을 담은 사진이 벽에 걸려 있는데 이는 루마니아에서 고아 아동들을 연구하고 책을 쓰기 위해 다녀온 여행의 기념품이다.

폭스가 책상으로 노트북을 들고 와서 내게 동영상 한 편을 보여 준다. 마이클이라는 가명의 14개월령 금발 소년이 의자에 앉은 어머니의 다리에 기대 있다. 폭스가 설명하길 그는 아기 시절 고반응 기질을 보였다고 한다. 카메라 바깥의 연구 보조원이 블록으로 장난을 치면서 마이클을 놀이에 끌어들이고자 한다. 그러나 아이는 번번이 퇴짜를 놓으면서 어머니의 다리에 매달리고 무릎에 머리를 묻을 따름이다. 그러는 동안 아이의 어머니가 연구원에게 아들의 첫 돌 생일잔치 이야기를 들려준다. 「사람들을 잔뜩 초대했어요. 그런데 선물을 열지 않으려 들더군요. 케이크도 먹으려 하지 않았어요. 내내 울고만 있었어요. 완전히 낭패를 봤죠.」 어머니는 마이클이 어른들 대부분을 두려워하지만 또래 사이에선 괜찮다고 설명한다.

폭스가 4세가 된 마이클의 모습이 담긴 두 번째 동영상을 튼다. 이 연구 패러다임은 피험자 아동이 세 명의 낯선 아동들과 노는 모습을 관찰하는 〈4인 놀이〉 패러다임이다. 액션 피규어, 장난감 자동차, 인형이 가득한 방에서 세 소년이 놀고 있다. 그러나 마이클의 모습은 보이지 않는다. 그때 카메라에 잡히지 않는 곳에서 〈싫어어어어!〉 하고 외치는 애처로운 목소리가 들린다. 이윽고 마이클의 어머니가 마구 몸부림을 치는 마이클을 안고 방으로 들어온다. 마이클은 문밖으로 달아나려 하지만 어머니가 그를 다시 끌고 들어온다. 마이클은 끊임없이 흐느낀다. 몇 분 뒤 마이클은 울음을 멈추고 낙심하여 구석에 주저앉는다.

「마이클은 남은 시간 동안 다른 세 아이들이 노는 걸 보고만 있을 거예요. 자기는 놀지 않고요.」 폭스가 설명한다. 한 시점에 어린 소년이 마이클에게 다가가 말한다. 「너 여기 있는 게 싫구나.」

세 번째 동영상에는 7세가 된 마이클이 등장한다. 이번에도 피험자 아동과 세 명의 낯선 또래가 등장하는 〈4인 놀이〉 패러다임이다. 세 소년은 방 안으로 들어가 바닥의 장난감들(레고, 액션 피규어)을 가지고 놀기 시작한다. 반면 마이클은 그냥 주위를 둘러볼 뿐 장난감을 집어 들지 않는다. 「마이클은 이제 방 구석에 가서 15분 내내 그냥 서 있기만 할 거예요.」 폭스가 말한다. 마이클은 정말로 그렇게 행동한다. 바닥이 그대로 꺼졌으면 하는 사람처럼 절망스러워 보인다. 어느 시점 한 아이가 마이클에게 걸어가 어깨동무를 하지만 마이클은 어깨를 꿈틀대며 아이의 손을 털어 버린다. 아이는 떠나 버린다.

마이클은 이제 23세의 청년이 되었을 것이다. 그가 어떻게 자라났는지 묻자 폭스는 그가 불안 장애와 우울증을 차례로 앓게 되었다고 말한다. 다행히 치료를 받고 약물 처방을 받아서 대학을 무사히 졸업했으며 지금은 그럭저럭 잘 지내고 있다고 한다.

폭스와 동료들에 의하면, 행동 비억제형 아동들의 경우 양육이 불안 장애의 발병에 기여하는 바가 별로 없지만 행동 억제형 아동의 경우는 얘기가 다르다. 한 연구에서는 행동 억제형 아동들 중 어머니가 과잉 통제하는 집단만이 청소년기에 이르러 심한 사회 불안 장애를 발병했다고 밝혔다.[90] 놀이 중 보이는 어머니의 과잉 통제 행동은 아동과의 대화를 장악하는 것,

불필요한 지시를 자주 내리는 것, 아동을 방해하는 것, 장난감을 빼앗는 것 등이었다. 다른 연구에서는 행동 억제형 아동이 생애 처음 몇 해 동안 탁아소에 맡겨지면 억제가 줄어든다는 사실을 밝혔다.[91] 탁아소에서 새로운 사람과 경험에 노출되면 — 또한 과잉 통제하는 부모에게서 벗어나면 — 두려움을 줄이는 데 도움이 된다는 것이다.

폭스와 동료들이 진행 중인 연구에 따르면, 일부 행동 억제형 아동들에게서 불안 장애 발병률을 높이는 특정 인지 과정이 있다. 위험으로 치우친 주의 편향이 있는 행동 억제형 유아들은 5세에 이르면 사회적으로 내향성을 나타내고, 청소년기에 이르면 더욱 큰 불안을 느낀다.[92] 반면 위험으로 치우친 주의 편향이 없는 행동 억제형 유아들은 이에 해당 사항이 없다. 폭스는 설명한다. 〈행동 억제형 아동들은 불안의 증표를 하나라도 드러내기 전에 먼저 위험으로 치우친 주의 편향을 보인다. 즉, 위험으로 치우친 주의 편향은 불안 장애의 증상이 아니라 불안 장애의 발병을 용이하게 하는 기저 메커니즘으로 볼 수 있다.〉

반대로 행동 억제형 아동들의 불안 장애 발병을 막는 인지 과정도 있다고 한다. 주의 전환에 능숙한 (즉 어떤 과제를 완성하거나 목표를 달성하기 위해 주의를 전환할 수 있는) 행동 억제형 아동들은 불안 장애를 겪을 가능성이 낮았다.[93] 아동들이 두려운 자극에서 쉽게 주의를 전환할 수 있기 때문이다.

행동 억제형 아동들은 억제적 통제 수준이 높을수록 불안 장애가 발병할 가능성이 더 높았다. 억제적 통제란 몸에 밴 문제 반응을 무시하고 더 긍정적으로 반응할 수 있는 능력이다. 행동 억제형이 아닌 아동들에게 억제적 통제는 적응을 위한 행동이지만, 행동 억제형 아동들에겐 그렇지 않은 모양이다. 과학자들도 아직 이유를 확신하지 못하나, 행동 억제형 아동들이 이미 쉽게 활성화되는 공포 체계를 갖고 있기 때문에 (그들의 편도체가 툭하면 활성화된다는 점을 기억하자) 거기에 더해서 자발적 통제 체계까지 강력하면 과잉 통제와 유연하지 못한 태도로 이어질 수 있다는 가설이 있다. 다시 말해 이런 아동들은 〈자신의 반응을 관찰하고 과거의 실수를 반성하는 데 능해서, 스스로 잘못한 게 없는지 자꾸 되새기고 불안 반응을 더 많이 보인다〉.

한 연구에서 폭스와 동료들은 4세의 행동 억제형 유아들에게 검은 바탕에 흰 달이 뜬 그림을 보여 주면서 〈낮〉이라고 말하고, 흰 배경에 노란 해가 뜬 그림을 보여 주면서 〈밤〉이라고 말하는 과제를 수행토록 해서 억제적 통제 수준을 평가했다. 스트룹 과제라고 부르는 이 과제를 수행하는 피험자는 강력한 본능적 반응을 억눌러야 한다. 이 과제를 정확하게 수행하는 아동은 억제적 통제 수준이 강한 것으로 여겨진다. 연구자들은 다음으로 주의 전환을 평가하기 위해 아동들에게 카드를 색깔별로 정리하라는 과제를 주고, 잠시 뒤 모양별로 정리하라고 규칙을 바꿨다. 카드를 정확히 정리한 아동은 주의 전환 능력이 더 높은 것으로 여겨진다. 실험 결과 행동 억제형 아동 가운데 주의 전환 능력이 낮고 억제적 통제 수준이 높은 집단이 불안 문제를 겪으며, 주의 전환 능력이 높고 억제적 통제 수준이 낮은 집단은 과도한 불안 문제에 시달리지 않는다는 사실이 밝혀졌다. 이 연구 결과를 활용하여 행동 억제형 아동의 불안 장애 발병을 막을 개입 조치를 찾아낼 수 있으리라 희망한다. 주의 전환을 높이고 억제적 통제를 낮추는 치료가 도움이 될 것이다.

나는 폭스에게 그가 타고난 기질은 무엇인지 묻는다. 「저는 행동 억제형이었던 것 같습니다. 심하게 억제되어 있진 않았지만, 필요 이상으로 과민한 아이였어요. 친구를 사귀거나 새로운 또래 집단에 들어갈 때 특히 그랬죠. 고등학교의 추억은 그리 즐겁지 않아요.」 폭스가 답한다. 그를 도운 건 절친한 친구의 존재였다. 「아주 좋은 친구가 한 명 있었어요. 그 애가 제게 대단히 중요한 의지처가 되었습니다.」 모든 행동 억제형 아동들에게 그런 의지처가 있는 건 아니다. 그는 피험자 아동이 9세가 되면 가장 친한 친구를 데려오라고 요청한다. 「가끔 어머니가 〈사촌을 데려와도 되나요?〉라고 묻는 아이들이 있었죠.」

나는 행동 억제형 아동이 아니었다. 친구들을 쉽게 사귀었고, 독립적이었고, 나를 봐줄 관중이 있으면 앞에 나가 춤을 추고 짧은 촌극을 벌이는 등 뽐내는 기질도 있었다. 어머니는 내가 두 살 때 혼자 집에서 몇 블록 거리인 공원까지 걸어간 적이 있다고 기억한다. 나를 돌보고 있던 아버지는 집 앞에 세워 둔 레몬색 포드 토리노를 세차하는 데 정신이 팔려 내가 집을 나서는 걸 보지 못했다. 「나는 그냥 공원에 가고 싶었어요.」 미친 듯한 수색 끝에 나를 발견한 부모님에게 내가 침착하게 말했다고 한다.

2년 뒤 나는 어머니와 쇼핑을 하다가 백화점에서 길을 잃었다. 어머니가 스피커에서 〈앤드리아라는 이름의 소녀를 보호하고 있습니다〉라는 방송을 듣고 나를 찾으러 가보니, 나는 체크아웃 카운터 위에 뿌듯한 얼굴로 앉아서 입에는 사탕을 문 채 젊은 여성 판매원들에게 예쁨을 받고 있었다. 우리는 다시 쇼핑을 시작했지만 나는 금세 또 사라졌다. 이번엔 고의였다. 달콤한 간식과 관심이 고팠던 것이다.

불안 장애의 뿌리를 조사하면서 나는 내 불안 장애의 근원이 순전히 기질만은 아닐지도 모른다는 사실을 깨달았다. 가장 큰 역할을 하는 것은 유전자일 가능성이 높지만 딱 하나의 요인을 가려내기는 영영 불가능할 것이다. 정신 질환은 결핵과는 달라서, 항상 동일한 종류의 박테리아에 의해 발병하지 않는다. 오히려 언제나 다수의 요소에서 기인하는 것이 거의 확실하다. 유전자, 유년기의 트라우마, 부모와의 상호 작용 방식까지. 이것들의 조합은 누구에게나 지문처럼 고유할 것이다.

4
인지 행동 치료에서 노래방까지
불안의 비약물 치료법

불안 장애 프로그램, 진단 요약, 1990년 11월 20일

피터슨 양은 미시간 대학교 3학년에 재학 중인 20세의 미혼 학생으로서 피트 박사에 의해 불안 장애 클리닉으로 의뢰되었다. 그녀는 1년 동안 공황 발작을 겪었다고 호소한다. (……) 매력적인 젊은 여성인 환자는 옷차림이 적절하고 가벼운 불안 증세를 보였다. 사고는 유려하고 맥락에 부합하며 논의 내용에 부합하는 기분을 보였다. 기억이나 판단력 손상의 증거는 보이지 않는다. 결론: 광장 공포증이 수반된 공황 장애, 강박 장애(미약).

내가 무너진 12월로부터 거의 한 해가 꼬박 지난 1990년 가을이다. 나는 별 특징 없는 작은 컨퍼런스 룸에 열 명쯤 되는 사람과 함께 앉아 있다. 전부 여성이고, 전부 불안해 보인다.

우리는 미시간 대학교 보건과의 불안 장애 프로그램에서 주최하는 집단 치료 세션에 참가하기 위해 모였다. 스무 살인 나는 다른 참가자들보다 열 살은 어려 보인다. 방 안을 한 바퀴 둘러보자, 불안에 주도권을 빼앗긴 삶이 어떻게 흘러가는지에 대한 우울한 초상을 엿볼 수 있다. 공황 발작에 고통받는 여성들 몇몇은 수년 동안 집에 틀어박혀 지냈으며 매주 (손마디가 하얗게 질린 채) 〈집단 치료〉에 참가하는 것이 몇 안 되는 외출의 하나다.

우리는 차례로 다음 주 〈숙제〉를 논한다. 집을 떠날 수 없는 여성 한 명은 매일 현관을 나서 우편함까지 걸어갔다 오라는 숙제를 받는다. 내 숙제는 여행용 치약을 여러 통 사서 매일 새것을 뜯어 쓰는 것이다. 이것이 불안을 다스리는 데 가장 효과적인 — 동시에 가장 고통스러운 — 치료법, 바로 노출 치료다. 노출 치료의 요점은 불안 증상을 유발시킴으로써 우리가 공포에 적극적으로 대면하도록 하고, 그 경험이 상상과는 달리 대재난을 초래하지 않는다는 증거를 모으는 것이다. 숙제는 매주 점진적으로 어려워진다. 목표는 우리의 감정적 에베레스트를 정복하는 것이다.

노출 치료는 인지 행동 치료로 알려진 치료법의 하나다. 공포 조건화를 당한 쥐들이 소리를 듣고도 충격을 받지 않으면 동결 반응을 멈췄던 것을 기억하는가? 소리가 안전하다는 학습이 소리와 충격의 연관 관계를 무효화시킨 것이다. 일부 과학자들은 노출 치료가 사람에게서 동일한 작용을 일으킨다고 믿는다. 새 치약을 써도 죽지 않는 일이 반복될 때마다 새 치약을 쓰는 것이 위험하지 않다는 학습이 강화되었다. 치료사의 지시에 따라 내가 불안으로 인해 기피하는 물건과 상황을 적은 〈공포 위계〉 목록에 치약도 포함되어 있었다. 몇 주 동안 나는 목록에 오른 것 하나하나에 대적했다. 커피숍에서 줄 서기(줄을 서 있으면 덫에 빠진 기분이 들었다). 비타민 먹기(비타민을 먹으면 병이 날까 봐 두려웠다). 계단을 달려 오르기(심장 박동 수가 빨라지면 나는 공황에 빠졌다). 치료사는 심지어 일부러 숨을 빠르게 쉬어서 내가 겪는 공황 발작의 전형적인 증상이었던 과호흡을 일으키라고 지시하기도 했다. 재난이 닥칠 거라는 생각을 멈추는 방법도 알려 주었다.

이를 인지적 재해석이라고 부른다.[94] 나는 안 좋은 상상이 들 때마다 반대 증거를 모으고, 실제로 재난이 벌어질 확률을 0과 100 사이의 척도로 계산함으로써 부정적인 믿음을 떨쳐 버리려 애썼다. 예를 들어 내 심장 박동이 갑자기 빨라졌다고 치자. 보통 내 머리에 처음 스치는 생각은 이것이다. 〈심장 마비가 오나 봐.〉 인지적 재해석은 다음과 같이 이루어진다. 〈전에도 이런 일이 있었지만 심장 마비에 걸리지 않았어. 나는 겨우 스무 살이고 여러 검사로 심장병이 없다는 걸 확인했어. 지금 내 증상은 공황 발작의 증상과 동일해. 이게 정말로 심장 마비일 확률? 3퍼센트가 될까 말까 할걸.〉

매번 스스로를 설득하는 데 성공한 건 아니다. 이성의 미약한 목소리는 자주 시끄럽고 요란한 신체 증상에 지워졌다. 내

달리는 심장과 논리 사이의 전투에서 이기는 쪽은 주로 심장이었다.

그러나 시간이 흐르고 무서운 상황에 노출되어도 죽지 않는 경험이 반복되자 증상은 덜 심각해졌고 이성적 사고는 더 견고해졌다. 집단 세션이 끝났을 즈음 나는 완전히 과거의 나로 돌아가지는 못했을지언정, 치료 전보다 멀쩡히 기능하고 있었다. 수업 몇 개와 내 방으로 제한되어 있던 내 세계는 다시 넓어졌다. 나는 학점을 꽉 채워서 수강했다. 용감무쌍하게 피자를 사러 나갔다. 읽은 내용을 더 잘 기억했다. 심지어 남학생 사교 클럽 파티에 참석해서 친구 리사와 함께 마돈나 노래에 맞춰 격렬하게 몸을 흔들기도 했다.

인지 행동 치료에서는 대개 12~15주 동안 일주일에 한 번 치료 세션에 참여하고 매일 숙제를 하는데, 이는 효과가 있다. 불안 장애 환자의 절반 가량이 임상적으로 유의미한 차도를 보인다.[95] 성인 불안 장애 환자들에 대한 인지 행동 치료를 위약과 비교한 스물일곱 개의 연구를 메타 분석한 결과, 인지 행동 치료가 불안 증상의 중도에 〈중간에서 강한〉 수준의 영향을 미치는 것으로 밝혀졌다.[96] 뇌 영상 연구에서는 성공적인 인지 행동 치료가 뇌 내에서 변화를 일으킨다는 사실을 보였다. 과활성화된 편도체의 활동이 줄어들고 무기력한 전전두 피질이 활발해졌으며, 2016년의 한 연구에서는 편도체의 크기가 실제로 축소되는 것을 관찰하기도 했다.[97]

불안에 대한 비약물 치료엔 다채로운 역사가 있다.[98] 19세기에 사람들은 불안을 잠재우기 위해 당시 유행하기 시작한 스파로 모여들었다. 물 치료법은 온갖 종류의 만성 질환을 치료하는 데 쓰였는데, 정신 질환도 예외가 아니었다. 예를 들어 찰스 다윈은 건강 염려증을 치료하기 위해 잉글랜드 몰번을 자주 찾았다. 신경 문제 치료를 위해선 이탈리아와 프랑스에 걸친 리비에라 지방에서 휴양하는 것이 권고되었다. 대도시에서는 소규모 개인 스파 〈하이드로〉가 유행하기 시작해서 파리에만 수십 곳이 열렸다. 환자들은 진단에 따라 온수와 냉수로 번갈아 샤워를 하고 얼음물이 담긴 수영장에 들어갔고, 마사지와 전기 치료도 받을 수 있었다. 하이드로는 주로 신경과 전문의나 일반의로 구성된 〈신경 의사단〉이 이끄는 개인 〈신경 클리닉〉을 내세워 서로 경쟁을 벌였다. 대조적으로 당시 에일리어니스트 alienist라고 불렸던 정신과 의사들은 거의 전부가 정신병 환자와 범죄자들을 가둔 우울한 수용소asylum에서 일했고 치료에 제약을 받았다.

1800년대 말 〈신경 쇠약〉 환자들에게 가장 인기 있었던 치료 방식 하나는 휴식 치료였다. 1875년 필라델피아의 신경 의사 사일러스 위어 미첼이 이 재미있는 치료법을 유행시켰다. 침대에서 보내는 휴식과 마사지, 우유가 많이 포함된 고지방 식단을 골자로 하는 엄격한 요법이었다. 환자들은 스파 클리닉에서 길게는 세 달씩 묵으며 휴식 치료를 받곤 했다(두말할 필요 없이 이 치료는 부자들에게만 가능했다).

질환보다 휴식 치료를 도리어 고생스럽게 여기는 환자들도 있었다. 작가 샬럿 퍼킨스 길먼은 1892년 출판한 자전적 단편 소설 「누런 벽지」에서 휴식 치료 경험을 묘사했다. 소설의 여주인공은 아기로부터 격리되어 시간의 대부분을 임차한 여름 별장의 방에 갇혀 보낸다. 글을 쓰거나 집안일을 하는 것은 금지되고 심지어 생각이나 상상도 너무 많이 하면 혼난다. 길먼은 다음과 같이 적었다. 〈그래서 나는 인산염인지 아인산염인지 하는 약과 강장제를 먹고, 산책을 하고, 공기를 마시고, 운동을 하되 몸이 나을 때까지 〈일〉을 하는 건 전면 금지되었다. 개인적으로는 적당히 일하면 신이 나고 기분 전환도 되어 도움이 될 거라고 생각한다. 하지만 내가 어쩌겠는가?〉 오락도 지적인 생활도 깡그리 박탈당한 여주인공은 몇 시간씩 방의 누런 벽지만 물끄러미 쳐다보다가, 벽지에 대해 환각적인 묘사에서 엿볼 수 있듯 점차 광기에 사로잡힌다.

휴식 치료는 주로 여성에게 처방되었다. 시어도어 루스벨트가 신경 쇠약을 진단받았을 때 의사는 노스다코타주에 있는 관광용 목장에 가서 승마와 사냥을 하라고 지시했다.

이즈음 인지 행동 치료의 씨앗이 뿌려졌다. 인지 행동 치료의 기원은 러시아의 생리학자 이반 파블로프와 그가 연구한 자동적 학습의 일종인 조건 반사 개념에 그 뿌리를 두고 있다. 1890년대 파블로프는 개를 대상으로 벌인 유명한 실험을 통해 버저를 울리고 음식을 주면 개가 버저 소리와 음식을 연합시키고, 음식을 보기 전 소리만 듣고도 침을 흘린다는 사실을 밝했다.

　미국의 심리학자 존 왓슨이 파블로프의 사고를 확장시켜 1913년에 사람의 심리가 관찰 가능한 행동에 뿌리를 두고 있다는 가설을 기술한 논문을 펴냈다.[99] 1920년대부터 1930년대까지 한스 아이젠크와 B. F. 스키너 같은 선구적인 심리학자들이 이 접근법에 살을 붙였다. 스키너는 사람들이 보상을 얻거나 고통을 피하기 위해 행동하며, 행동이 강화나 좌절을 통해 변화한다고 주장했다. 아이젠크는 사람들이 불안을 기피하는 경험을 학습함으로써 신경증에 걸린다고 말했다. 치유는 그 학습을 〈잊을 때〉 일어난다. 심리학의 행동주의 학파가 탄생한 것이다.

　한편 정신과 의사들은 신경학자로 일하면서 요세프 브로이어 아래서 히스테리아를 연구한 프로이트와 밀월을 계속했다. 프로이트는 브로이어와 일하면서 히스테리아 환자들에게 최면을 걸고 증상의 심리적 기원에 초점을 맞추도록 하면 증상을 경감시킬 수 있다고 주장했다.[100] 두 사람은 이 과정을 〈카타르시스〉라고 불렀다. 시간이 흐르며 프로이트의 심리 분석 방법은 진화해 나갔다. 환자들은 최면에 의존하는 대신 (심리 분석가들의 도움을 받아) 머릿속에 떠오르는 대로 말을 술술 뱉음으로써 괴로움의 근원인 무의식적 갈등을 밝혀낼 수 있었다. 유럽 전역과 미국의 정신과 의사들은 이런 〈대화 치료〉를 불안 문제 및 다른 정신 질환을 지닌 사람들을 치료하는 데 도입했다.

프로이트식 정신 분석이 지배하고 있던 1950년대, 불안 장애 치료법이 한 단계 약진했다. 남아프리카의 정신과 의사 조지프 월프는 프로이트의 열렬한 지지자로서 커리어를 시작했지만 (오늘날 PTSD로 명명된) 〈전쟁 신경증〉으로 고통받는 군인들을 치료하던 중, 자신이 배운 것과 달리 대화 치료와 약물의 효능이 없는 것에 실망하고 대안을 탐색하기 시작했다. 그 결과 월프가 개발한 것이 노출 치료의 초기 형태인 〈체계적 탈감각〉 치료다. 이 치료는 불안과 이완을 동시에 느끼는 게 불가능하다는 믿음을 근거로 한 것으로서, 공포증 환자들에게 이완 기술을 가르치고 이완된 환자들을 점진적으로 두려워하는 대상에 노출시키는 것이었다. 월프의 방식은 곧 세계 각국의 심리학자들에게로 퍼져 나갔다.

1960년대에 펜실베이니아 대학교의 정신과 의사 애런 T. 베크가 인지 치료를 개발했다. 처음에 이는 우울증을 위한 치료로 시작되었다. 베크는 정신병이 대부분 왜곡된 사고의 결과라고 믿었다. 인지 치료는 부적응 사고를 인식하고, 의심하고, 더 현실적인 사고로 대체하는 데 집중했다.

전통적 정신 분석 및 치료의 형편없는 성공률에 좌절하여 기존 교리를 이탈한 몇몇 정신과 의사와 심리학자들은 행동주의와 인지 이론을 받아들이고 불안을 치료하는 새로운 방법들을 실험하기 시작했다. 그들 대부분은 월프처럼 환자의 불안을 일으킨 뿌리를 찾으려는 생각을 버리고 증상을 완화시키는 데 초점을 맞췄다. 1960년대에 정신과 협회에서는 그들을 돌팔이나 사기꾼으로 취급했다.

1971년 정신과 의사 마누엘 제인이 뉴욕 화이트 플레인스 병원에 미국 최초의 공포증 치료 센터를 열었다.[101] 그는 지역 사회에 거주하는 환자들을 치료했다. 다리 공포증이 있는 이들과 함께 다리를 건넜고 엘리베이터 공포증이 있는 이들과 함께 엘리베이터를 탔으며 공황 상태의 환자가 내뱉은 모든 발언을 테이프에 녹음했다. 그는 곧 공포증을 극복한 경험이 있는 사람들을 훈련시켜 〈공포증 도우미〉로서 환자들과 함께 외부로 나서도록 했다.

한편 캘리포니아에서는 정신과 의사 아서 하디가 비슷한 접근을 취하고 있었다.[102] 그가 (본인은 영역 공포라고 부른) 광장 공포증을 치료할 행동 치료를 개발했다는 소식은 언론에 대서특필되었다.

이러한 우상 파괴자들, 그리고 그들과 뜻을 함께하는 많은 사람들이 마침내 다른 임상의들을 교육시키고 연구 기금을 모을 수 있도록 조직을 설립했다.[103] 1977년에 약 300명의 환자, 정신과 의사, 심리학자 들이 화이트 플레인스 병원 강당에 모여 공포증 협회의 첫 모임을 가졌다. 오늘날 미국 불안·우울증 협회로 이름이 바뀐 이 조직이 발행하는 학술지는 업계 내에서 주요한 위치를 차지하고 있으며, 연간 연구 컨퍼런스에는 세계 각국의 과학자들과 임상의 1,000명 이상이 참석한다. 뇌 영상 전문가들이 인지 행동 치료 실습생과 어울리고, 유전학자들이 마음 챙김mindfulness 전문가들과 대화한다. 모두가 만성 불안

143

장애 환자들의 삶을 개선하는 데 집중하고 있다.

진단을 받고 치료에 들어가기 전까지 나는 거의 1년 동안 수많은 의사를 찾아다녔다. 그러나 불안 장애 환자가 나처럼 의료 체계에 도움을 구하는 사례는 오히려 드물다. 공황 장애 환자들은 의사, 심리학자, (침술가나 〈영적 조언가〉를 포함해) 다른 전문가에게 증상을 상담받기까지 평균 10년을 기다린다.[104] 사회 공포증 환자는 16년, 범불안 장애 환자는 9년을 기다린다. 특정 공포증 환자의 경우는 평균 20년을 기다린다. 도움을 구한다 해도 꼭 적절한 치료를 받을 수 있는 건 아니다. 아프리카계 미국인의 경우는 특히 그렇다.[105] 연구에 따르면 아프리카계 미국인은 백인보다 불안 장애 발병률이 낮지만, 발병하면 질환이 더욱 만성적이고 중하며 일반적으로 백인보다 질 낮은 치료를 받는다.

집단 치료를 받은 뒤 몇 달 동안 증세가 점점 호전되었다. 공황 발작을 비롯해 불안 증상이 전체적으로 약화되었다. 나는 강의를 들었고, 스플래시라는 펑키한 옷 가게에서 일하기 시작했다. 직원들의 성과가 옷을 얼마나 팔았느냐가 아니라 손님들에게 얼마나 추파를 던졌느냐로 평가되는 곳이었다. 남자 친구 스콧과는 헤어졌다. 나는 텍사스 사우스파드리아일랜드에서 봄 방학을 보내던 중, 다정하고 엉뚱한 MBA 학생 조엘을 만나 교제하기 시작했다. 나는 새 남자 친구가 샌프란시스코로 떠나기 전에 그와 최대한 시간을 보내고자 거의 여름 내내 앤아버에 머물렀다. 4학년 가을에는 몸 상태가 썩 괜찮았다. 나는 학점을 꽉 채워 듣기 시작했고 친구들과 춤을 추러 다녔고 시간과 돈이 허락하는 한 조엘을 만나러 비행기를 탔다.

그러던 중 크리스마스 다음 날, 불안이 재발했다.

나는 부모님 차 뒷좌석에 앉아 있다. 한밤중이다. 여동생은 내 옆에 잠들어 있고 어머니는 조수석에서 고개를 꾸벅이며 졸고 있다. 운전 중인 아버지는 졸음을 떨치려 클래식 록을 들려주는 라디오 채널에 주파수를 맞춰 두었고, 스피커에서 레드 제플린 음악이 요란하게 흘러나온다. 우리는 부모님이 작년에 이사한 텍사스주 샌안토니오에서 친척들이 사는 일리노이주 세일럼까지 열네 시간이 걸리는 여정에 올라 있다.

갑자기 나는 가슴에 가벼운 압박감을 느낀다. 라디오의 노래에 맞춰 조용히 흥얼거리며 그 느낌을 떨치고자 한다.「오 오 오 오 오 오, 갈 필요 없어요 오 오 오 오 오.」압박감은 금세 묵직해진다. 폐의 공기가 기체에서 고체로 바뀐 것처럼. 호흡이 점차 악전고투가 되어 가고, 그나마 어려움이 덜할 때도 의식적으로 숨을 쉬어야 한다. 주의를 기울이지 않으면 호흡이 멈출 것 같다. 그러면 나는 죽겠지.

집단 치료에서 배운 기술을 사용해 보기로 한다. 나는 스스로를 타이른다. 〈난 괜찮아. 아직 숨을 쉬고 있잖아. 이건 공황 발작일 뿐이야.〉 그러나 재난을 예견하는 강력한 감각 앞에서 내 이성은 하잘것없다. 나는 차 안에서 내내 문에 몸을 기댄 채 공기를 폐에 넣고 빼는 데 집중하고 있다가, 할아버지 댁에 도착하자마자 아프간 담요가 깔린 소파로 직행한다. 공포는 충분히 가라앉아서 — 혹은 내가 그것을 충분히 대수롭지 않게 위장할 수 있어서 — 할아버지 댁에 머무는 동안 응급실로 달려가는 일은 벌어지지 않는다. 그러나 다시 샌안토니오로 돌아가자마자 나는 무너진다.

가슴을 짓누르는 무게가 사라지지 않는다. 때로는 갈비뼈가 움츠러든 것처럼 느껴진다. 때로는 와일 E. 코요테*를 영영 따라다니며 그를 깔아뭉개는 모루가 내 가슴을 짓누르는 듯한 상상이 든다. 겁이 나서 잠을 잘 수 없다. 잠이 들면 호흡에 집중하지 못할 테니까. 혼란에 빠진 내 머릿속에서 잠은 곧 죽음이다. 나는 텔레비전으로 〈한밤의 닉〉 시리즈의 「나의 세 아들」을 연속으로 틀어 놓고 거실 소파에 누워 밤을 보낸다. 가끔 비몽사몽간에 침실에서 걸어 나온 어머니가 옆에 앉아서 조용히 내 머리를 쓰다듬는다. 나는 30분인가 한 시간 정도 졸다가 깜짝 놀라 두방망이질하는 심장을 안고 깨어난다. 가슴을 짓누르는 무게는 여전히 사라지지 않는다.

어머니가 다니는 의사에게 찾아가서 천식 발작일지도 모른다는 진단을 받는다. 경구 스테로이드제를 처방받지만 기분만 초조해질 뿐 가슴의 압박감은 전혀 완화되지 않는다. 의사는 나더러 호흡기 내과 전문의와 심장 전문의를 만나 보라고 한다. 그들은 아무것도 잘못된 게 없다고 말한다. 심장 전문의에게 지난 일주일 동안 고작 열 시간 정도밖에 못 잤다고 말하자

* 만화 「벅스 버니」의 캐릭터.

그는 신경 안정제 자낙스를 처방해 준다. 나는 아직도 약을 먹는 게 두렵지만, 절박한 심정으로 알약 반 개를 삼키고 장장 열네 시간 동안 곯아떨어진다.

부모님은 앤아버에 있는 내 치료사에게 연락한다.

불안 장애 프로그램: 진전 기록

피터슨, 앤드리아

1992년 1월 16일

앤드리아는 6개월의 공백 후에 클리닉에 돌아왔다. (……) 그녀는 호흡 곤란, 가쁜 숨, 현기증, 어지러움, 일시적 현실감 상실과 이인증을 호소하며 자신의 신체적 건강에 대해 여러 비극적인 생각이 들어 불안하다고 말한다. 우리는 그녀의 증상을 검토하고, 과거 도움이 되었던 행동 인지적 조치를 재검토했다.

겨울 학기를 위해 앤아버에 돌아간 나는 주 1회 치료를 재개했다. 음식과 오염에 대한 공포가 재발해서 체중이 4.5킬로그램 감소했다. 내가 처음 받은 숙제는 하루에 네 번에서 여섯 번의 가벼운 식사를 하고 물을 여덟 잔 마시는 것이었다. 비타민제를 섭취하라는 지시도 받았다.

나는 또한 숨이 가쁘고 가슴이 답답한 증상에 대해 불안이 아닌 — 그리고 내가 이미 알고 있던 가벼운 천식이 아닌 — 다른 원인을 찾는 의료적 오디세이에 올랐다. 그해 겨울과 봄, 나는 미시간 대학 병원 폐 기능 연구실을 정기적으로 방문했다. 내가 얼마나 많은 공기를 빠르게 폐에 집어넣고 빼낼 수 있는지 확인하는 폐활량 측정을 여러 차례 했고, 천식 환자의 기도를 수축시키는 물질을 흡입시키는 메타 콜린 유발 검사도 받았다. 운동 중 혈액 가스를 측정하는 검사도 했다. 러닝 머신에서 조깅을 하는 동안 손목 동맥에서 피를 뽑았다. 결과가 어땠느냐고? 가벼운 천식이었다.

피로와 끊임없는 두려움이 돌아왔다. 이번엔 기묘한 신체적 증상들과 함께였다. 과거에 간헐적으로 느껴지던 발의 간지러움은 끊임없는 욱신거림으로 정착했다. 통증이 발꿈치에서부터 발 위, 발목까지 타고 올라와 정강이 아래를 맴돌았다. 나는 발과 다리에 바늘과 전류와 진동을 이용하는 신경 검사를 받았다. 만성 피로 클리닉을 방문했고, 심지어 감염 내과 클리닉도 방문했다. 내가 의사들이 정체를 파악하지 못한 치명적인 희귀병을 앓고 있다고 확신한 것이다. 나는 몰래 병원을 전전하기 시작했다. 이전 의사에겐 말하지 않고 새 의사와 약속을 잡았다(대학 보건과의 내 담당 의사가 감염 내과 클리닉 의사에게서 내 상태에 대해 상세한 편지를 받았다는 걸 알고 너무나 창피했다).

인지 행동 치료 기법이 이런 일을 막지 못한 까닭은 무엇이었을까? 어쩌면 2년 사이 내 불안 장애의 주된 신체적 증상이 심장 두근거림에서 흉부 압박감으로 바뀌었기 때문일지도 모른다. 혹은 단지 인지 행동 치료의 효과가 오래 지속되지 않기 때문일지도 모른다. 한 연구에서 공황 장애 환자 예순세 명을 추적한 결과, 대부분은 인지 행동 치료에 잘 반응했으나 아홉 명은 향후 2년 사이 공황 장애가 재발했다.[106] 향후 2년 사이 증상이 지속되어 추가적인 치료법을 찾아 나선 것도 네 명에 한 명 꼴이었다.

심리학자들은 인지 행동 치료의 효과를 최대화하기 위해 치료법을 바꿔 나가고 있다. 세션을 오전에 진행하거나, 치료 후 낮잠을 자거나 달리기를 하라고 지시하는 것과 같은 아주 단순한 조정으로도 훨씬 효과가 좋아진다고 한다. 2016년의 한 연구에서는 노출 치료 세션을 오전에 진행하는 게 오후에 진행하는 것보다 효과적이라고 밝혔다.[107] 오전 치료가 유리한 까닭 하나는 스트레스 호르몬인 코르티솔이 본디 오전 중에 수치가 더 높기 때문으로 추정된다. 코르티솔이 급증했을 때 학습은 더 쉬워진다.

2014년에는 거미 공포증이 있는 사람들을 대상으로 한 연구에서 치료 후 낮잠을 자는 것이 유리하다는 사실이 밝혀졌다. 피험자들은 머리 착용 디스플레이를 쓰고 가상 현실을 이용한 노출 치료를 받았다. 가상의 거미들이 있는 가상의 방 안에서 이동하는 노출 치료 세션이 종료된 후, 일부 피험자들은 90분 동안 낮잠을 잤고 나머지는 동영상을 보았다. 이윽고 피험자들은 살아 있는 타란툴라가 갇힌 우리에 접근하라는 지시를 받았다. 그 시점엔 두 집단 사이에 불안 증상의 차이가 유의미하게 나타나지 않았다. 그러나 일주일 뒤 세션에선 결과가 달랐다.

노출 치료 직후 낮잠을 잔 사람들은 다른 사람들보다 타란툴라를 향해 움직이는 동안 거미에 대한 불안과 불길한 생각을 훨씬 적게 보였다.[108] 과학자들은 잠이 치료 도중 일어나는 새로운 학습의 기억을 강화시킬 수 있다고 믿는다.

심리학자들은 또한 인지 행동 치료를 개선시키기 위해 다른 요소를 덧붙이고 있다. 2016년 중증 범불안 장애 환자들을 대상으로 한 연구에서 동기 부여 면담으로 인지 행동 치료의 효과를 개선시킬 수 있음이 밝혀졌다.[109] 동기 부여 면담이란 치료사들이 환자에게 공감을 표하고 환자의 감정을 인정하는 데 초점을 맞추는 접근법이다. 이런 결합 치료를 받은 환자들은 인지 행동 치료만 받은 환자들에 비해 치료 종료 후 1년간 걱정과 괴로움이 훨씬 더 줄어들었다. 게다가 치료 중단율 역시 결합 치료를 받지 않은 환자들에 비해 절반 수준으로 떨어졌다. 인지 행동 치료의 선구자이자 보스턴 대학교 불안 및 유관 장애 센터 설립자인 데이비드 H. 발로는 동료들과 함께 통합 프로토콜Unified Protocol이라고 부르는 치료법을 개발하여 다양한 불안 장애와 우울증을 치료하고 있다.[110] 이는 인지 행동 치료를 기반으로 하되, 환자들에게 감정을 충분히 경험하는 방법을 가르치는 세션이 포함된 접근법이다. 발로는 이 치료법의 중단률이 전통 인지 행동 치료보다 훨씬 낮다고 말한다.

캘리포니아 대학교 로스앤젤레스 캠퍼스의 미셸 크래스크와 동료들은 환자들이 노출 치료를 받기 전에 행복한 장면들을 생생하게 상상하도록 하면 학습 능률이 올라서 치료 효과가 높아진다는 사실을 확인하고 있다.[111] 그들은 노출 치료에 여러 수정을 가하는 데 성공했다.[112] 환자가 치료를 받는 장소와 방법을 바꾸고, 이를테면 개 공포증이 있는 사람에게 개를 만나게 할 때 한 마리가 아닌 두 마리를 만나게 하는 식으로 공포의 대상에 대한 노출을 높이면 치료 효과가 강화된다. 크래스크는 곧 노출 치료 후 운동을 하는 것이 효과를 상승시키는지에 관한 연구에 돌입할 예정이다. 운동이 기억력을 강화시키는 데 핵심적인 단백질 수치를 상승시킨다는 데서 착안한 것이다.

컬럼비아 대학교 불안 장애·관련 질환 클리닉 소장 앤 마리 알바노는 특히 결혼이나 이혼, 출산, 부모의 사망 등으로 스트레스를 받고 인생이 크게 변하는 시기마다 주기적으로 인지 행동 치료 세션을 받는 게 효과 지속에 중요하다고 말한다. 〈시간이 지나면 요구 사항도 달라진다. 변화에 적응하는 능력이 위기에 처한다.〉

심리학자들은 그 밖에도 불안 장애를 위한 치료법을 여럿 개발했다. 그중 가장 많이 연구되고 있는 것은 수용 전념 치료다. 인지 행동 치료에서는 걱정스러운 생각에 맞서는 반대 증거를 제시해서 사고를 더 현실적으로 바꿔 나간다면, 수용 전념 치료에서는 생각과 가정을 일단 수용하는 법을 배운다.[113] 〈고통은 제거하려 할수록 오히려 증폭되고, 사람을 더 옭아매고, 트라우마로 변할 뿐이다.〉 수용 전념 치료의 개발자 중 한 명인 임상 심리학자 스티븐 헤이어스는 적었다.

단, 여기서 수용은 불안에 굴복한다는 의미가 아니다. 그게 아니라 불안한 생각과 감정에서 거리를 두고 더 객관적으로 보는 것이다. 인지적 탈융합으로 알려진 이 개념을 헤이어스는 〈생각《으로부터》 보는 게 아니라, 생각《을》 보는 것〉이라고 표현한다. 수용 전념 치료사들이 사용하는 수십 가지 인지적 탈융합 기법 가운데는 한 단어를 20~45초 동안 계속 반복해 말해서 의미를 없애는 것이 있다. 환자들은 〈우유〉처럼 쉬운 단어에서 시작해서 차츰 〈약한〉이나 〈멍청한〉처럼 감정적으로 고된 단어들로 옮겨 간다. 다른 기법으로는 생각들을 물결에 흘러가는 나뭇잎으로 시각화하거나, 두려움에 대한 말들을 우스운 목소리로 내뱉거나 노래 가사로 만들어 부르는 방법들이 있다.

수용 전념 치료에는 다양한 마음 챙김 기법이 포함된다. 선불교와 요가의 개념으로부터 파생되어 나온 마음 챙김은 헤이어스에 따르면 〈지금 이 순간 일어나는 경험적 사건에 대해 집착 없이, 평가하지 않고, 수용하는 자세로, 의식적으로 자각하는 것〉이다. 신체 감각에 대한 명상, 걸으면서 하는 명상, 마음 챙김의 자세로 건포도를 먹거나 차를 마시는 것들이 수용 전념 치료의 기법에 포함된다.

수용 전념 치료 역시 인지 행동 치료처럼 노출을 중시하지만, 이때 노출은 개인적 목표를 달성하기 위한 수단이다. 치료사들은 환자들에게 자신의 부고와 묘비를 직접 써보는 등의 활동을 시켜서 자신의 핵심 가치를 알아보게 한다. 수용 전념 치료에서 노출은 환자들이 개인적으로 의미 있게 여기는 것을 향해 나아갈 수 있도록 돕는 수단이다.

불안 장애 환자들을 연구하던 헤이어스는 1978년에 본인도 공황 발작을 일으켰다. 그린스버러 소재 노스캐롤라이나 대학교에서 동료들과 회의 중 논쟁이 벌어져, 〈그만 다투고 이제 협동합시다〉라고 말하려던 순간이었다. 「입에서 아무 소리도 나오지 않더군요. 심장이 너무 빠르게 뛰고 있었습니다.」 그는 말했다. 이후 3년 동안 공황 발작은 꾸준히 악화되었다. 긴장 완화에 도움이 되는 카세트테이프를 듣고 노출 치료를 시도해 보았지만 아무 효과가 없었다. 그는 자신이 추락하고 있다는 것을 실감했다.

헤이어스의 상태가 나아지기 시작한 건 젊은 날 심취했던 히피 문화에 의탁한 뒤였다. 과거에 그는 명상에 발을 들였고, 영적 공동체에서 생활했고, 캘리포니아 에살렌 인스티튜트에서 시작된 소위 〈인간 잠재 능력 회복 운동〉에 참여한 적이 있었다. 그는 이런 경험에서 배운 교훈과 그가 연구해 온 행동 치료를 결합하여, 뜻을 함께하는 동료들과 새로운 치료법 개발을 시작했다. 그 결과물이 수용 전념 치료다.

2012년의 한 연구에서는 수용 전념 치료나 인지 행동 치료를 열두 차례 받았을 때 두 치료의 불안 장애 증상 경감 효과가 거의 동일하다고 밝혔다.[114] 2012년의 또 다른 연구에서는 우울증이 있는 불안 장애 환자들에게는 수용 전념 치료가 더 효과적인 반면, 우울증이 없거나 불안 민감성이 〈보통 수준〉인 환자들에게는 인지 행동 치료가 더 낫다는 사실을 발견했다.[115]

불안 민감성이란 빠른 심장 박동이나 현기증 같은 불안 장애의 증상들이 위험하다는 믿음이다.

불안은 미래 지향적인 상태이기에, 현재에 초점을 맞추면 불안은 자연스레 가라앉는다. 수용 전념 치료뿐 아니라 모든 종류의 마음 챙김 실천 방안들이 불안 장애 치료에 점차 사용되고 있다. 마음 챙김에 기반을 둔 스트레스 감소MBSR 치료는 명상과 요가에 초점을 맞춘다. 응용 이완법은 불안의 초기 증상을 자각하고, 빠르게 효력을 발휘하는 이완 기법으로써 그것을 다스리는 방법을 가르친다. 마음 챙김에 기반을 둔 인지 치료MBCT와 감정 조절 치료는 명상과 인지 행동 치료의 기법들을 결합시킨다.

여러 환자들이 이런 치료의 혜택을 보고 있다. 총 1,000명 이상의 환자를 연구한 서른아홉 개 연구의 메타 분석에 따르면 마음 챙김에 기반을 둔 치료법들이 불안 장애 증상들을 유의미하게 감소시켰다고 한다.[116]

명상이 몇몇 불안 장애 환자에겐 마법의 약이 될 수 있다는 걸 알고, 나도 한번 시도해 보았다. 〈명상이 어려워 봤자 얼마나 어렵겠어〉라고 생각했다. 명상은 무척 대중적이다. 학교에서 아이들에게도 명상을 가르친다. 스마트폰에 깔 수 있는 명상 어플도 나와 있고, 심지어 개와 함께 명상하는 법을 알려 주는 책도 있다.[117]

요즘 시대에 명상을 못하는 사람은 몹시 촌스럽다.

그런데 나는 명상을 정말 못한다.

명상을 정말로 할 줄 모르는 사람은 없다는 걸 안다. 명상 애호가들의 말에 따르면 명상은 실천의 문제다. 그러나 나는 명상에 통 집중할 수 없다. 나름대로 애는 써보았다. 그러나 내 정신은 원래의 걱정거리들과 골반의 통증과 카펫 위 먼지까지 온갖 대상에 산만하게 초점을 맞춘다. 결국 나는 명상을 시작해 보려다가도 번번이 며칠 만에 그만둔다.

나는 매사추세츠주 레녹스의 고급 스파·건강 리조트인 캐년 랜치에서 〈인생 관리 소장〉을 맡고 있는 임상 심리학자 제프리 로스먼을 만나 보기로 한다. 로스먼이 불안을 치료하기 위해 선택한 수단은 마음 챙김과 바이오피드백, EMDR(안구 운동 탈감각 및 재처리) 등 다양한 대안 치료다. EMDR이란 트라우마가 된 기억을 떠올리며 눈을 빠르게 앞뒤로 움직이도록 함으로써 기억의 강도를 완화시키고 불안을 경감시키는 치료법이다.

로스먼은 늘씬하고 생기가 넘치고, 이를 드러내며 환히 미소를 지을 줄 아는 사람이다. 머리칼은 희끗희끗하지만 풍성하다. 그는 손님들 대부분이 불안 (그리고 그 사촌 격인 스트레스) 때문에 캐년 랜치를 찾는다고 말한다. 「체중 감량을 원하는 손님이 많을 거라고 생각하겠지만 다른 이유보다는 인생의 스트레스를 해결하러 오는 사람이 많습니다. 일주일에 무려 70~80시간을 일하고 통근에 왕복 두 시간을 소요해서 매일 밤 고작 네 시간밖에 못 자는 사람들이요. 극단적인 사례지만,

저는 실제로 이런 손님들을 보곤 합니다.」

로스먼은 잠시 대화를 나눈 뒤 내게 바이오피드백 세션을 시행한다. 바이오피드백이란 심장 박동 수, 피부 온도, 근육 긴장도 같은 기능들을 실시간으로 확인하는 센서를 몸에 달고 이런 기능들에 변화를 일으키는 전략을 배우는 것이다. 로스먼이 내 귀에 센서를 달자 컴퓨터 스크린에 내 심장 박동 수가 나타난다. 이윽고 그는 눈을 감으라고 지시하고 간단한 명상을 시킨다. 「평온하게 호흡하세요.」 그가 몇 차례 반복해 말한다. 몇 분 뒤 그는 〈좋아요〉라고 말하고 눈을 뜨라고 지시한다. 그는 급작스럽게 치솟았다가 곤두박질치는, 날카롭고 들쑥날쑥한 선을 가리킨다. 명상 전의 심장 박동 수 그래프다. 분당 심장 박동 수가 높게는 100회에서 낮게는 60회까지 편차가 크다. 로스먼에 따르면 좋은 소식은 이처럼 변동이 심한 심장 박동수가 내 심장이 〈아주 역동적〉이라는 증거라는 것이다. 「심장이 젊고 건강하군요. 몸 안에 아드레날린이 많다고 짐작됩니다.」 이윽고 그는 그래프의 다른 부분을 보여 준다. 들쑥날쑥했던 고점이 완만한 능선을 그리고 있다. 스키 코스였다면 고급자를 위한 블랙 다이아몬드 코스에서 초심자를 위한 그린 코스로 변한 셈이다. 로스먼은 이것이 명상 중 내 심장 박동 수 그래프라고 설명한다. 그는 완만한 상승 곡선을 가리키며 말한다. 「당신에게는 이런 시간이 필요해요. 회복할 시간이요.」 내가 눈을 뜨고 질문을 던지기 시작하자 그래프가 또 요동친다. 로스먼이 그래프를 가리키며 말한다. 「하지만 이런 상태로 너무 오래 지내면…….」그는 말끝을 흐린다. 말하지 않아도 나쁜 소식이라는 걸 알겠다.

로스먼은 사람들에게 〈일과 중 종종 마음 챙김으로 휴식을 취해서〉 신경계의 전선을 갈아야 한다고 이른다. 「불필요한 약물 치료를 받고 있는 사람들이 있어요. 마음 챙김과 요가, 명상을 실천하면 뇌를 훈련할 수 있지요.」그가 호언장담한다.

요가와 마사지, 그것들은 내가 비교적 건강할 때는 몹시 요긴하다. 내가 안정을 유지하도록 도와주고, 병의 재발을 막아 준다. 그러나 불안에 강력하게 지배받고 있을 때 나는 인지 행동 치료와 약물에 의존한다. 나머지는 전연 도움이 되지 않는다. 아니, 오히려 상황을 악화시킨다. 어깨 안마를 받을 때, 요가의 다운워드 도그 자세를 취하고 있을 때 공황 발작이 찾아온 적이 있다. 깜짝 놀란 치료사에게 사과의 말을 우물거리며 마사지대에서 기어 내려와 라커 룸으로 도망쳐서 신경 안정제 클로노핀을 입에 털어 넣은 기억도 있다.

다른 〈대안〉 치료들도 엇갈리는 결과를 낳았다. 서양 의학과 마음 챙김, 약초, 침술을 결합한 통합 의술 의사에게서 받은 첫 번째 침술 치료는 아직도 내게 트라우마로 남아 있다(침술이 수술 전 불안을 완화시키고 범불안 장애 증상을 감소시킨다는 연구가 부상하고 있다).[118] 당시 나는 냉담하고 비판적인 남자 브래드와 함께 살고 있었는데, 그 관계에서 스트레스를 받은 대가로 몇 달째 편도체가 과활성화된 상태였다. 나는 불면증에 시달렸고 거의 매일 심장 두근거림을 느꼈다. 몸무게도 4.5킬로그램이 빠졌다.

그게 내가 어두운 방의 탁자 위에 누워 발목과 팔과 얼굴에 바늘을 꽂고 있는 이유다.

「저는 지금껏 침술로 불안 장애 환자들에게 큰 도움을 줬습니다.」의사가 침을 꽂으면서 말한다. 침이 살갗을 뚫고 돌아오는데도 따끔거림은 거의 느껴지지 않는다.

「침을 너무 많이 꽂진 말아 주세요. 처음이라 상당히 긴장이 되네요.」내가 말한다.

「천천히 하죠. 괜찮을 거예요. 이제 몸이 아주 이완될 겁니다.」이 말을 끝으로 의사가 방을 나선다. 나는 눈을 감고 내 몸을 느낀다. 심장 박동이 느려졌다. 심장이 한결 규칙적으로 고르게 뛴다. 근육의 긴장이 다소 풀어진다. 나는 탁자에 누운 채 몸의 힘을 더 뺀다.

그러나 정신은 전처럼 빠르게 윙윙 돌아가고 있다. 걱정들이 쌓이다 못해 무례한 저녁 식사 손님들처럼 서로를 방해하고 충돌한다.

〈의사는 어디 갔지? 돌아오긴 하는 걸까? 내가 여기 갇힌 건 아닐까? 난 혼자 남았어. 혼자 덫에 갇혀 있어.〉

무기력해진 몸과 광분한 정신 사이의 부조화를 느끼고 나는 대번에 겁을 집어먹었다. 마치 몸과 정신 사이의 전선이 끊어진 양, 완전히 통제력을 잃은 기분이었다.

「저기요. 저기요!」외쳐 본다.

대답이 없다.

「저기요. 누구 없어요?」 고함을 지른다.

의사가 방 안으로 돌아온다.

「괜찮아요?」 그가 묻는다.

「아니요. 침을 빼주세요. 못 하겠어요.」 내가 말한다. 나는 의사가 침을 빼자마자 급히 탁자에서 내려간다. 말할 필요도 없이, 두 번째 약속은 잡지 않는다.

긴장을 풀고 이완을 시도할 때 오히려 통제력을 잃는 불안장애 환자는 나 혼자가 아니다. 이완에서 유도된 불안이라고 불리는 이 현상은 1980년대부터 과학 논문에 등장한다. 만성 불안에 시달리는 환자 열네 명을 대상으로 한, 연구자들도 인정하건대 무척 소규모로 진행된 한 연구에서 몸의 다양한 근육을 긴장시켰다가 이완시키는 점진적 근 이완법을 시행하는 중 네 명이 평소보다 더 심한 긴장을 느꼈다.[119] 일곱 명은 명상 중 긴장이 더 심해졌다. 평소 절반 이상의 시간에 불안을 느낀다고 보고한 대학생들을 대상으로 한 다른 소규모 연구에서 피험자들에게 비슷한 이완법을 시행했다.[120] 이번에도 직관에 반하는 결과가 나왔다. 몇몇 피험자들은 이완 활동 중 불안이 심해지는 것을 느꼈고, 분당 심장 박동 수도 10~12회 증가했다.

연구자들은 이완에서 유도된 공황을 설명하기 위해 다양한 가설을 세웠다. 이완에서 기인한 부유감과 근육 경련 등의 신체적 변화가 불안한 사람들의 몸과 정신 사이 부조화를 낳고, 통제력을 잃었다고 느끼게 할 수 있다. 이미 불안한 사람들이 명상과 근육 이완을 위해 자신의 몸과 호흡에 집중하다 보면 머릿속의 복잡한 생각들과 괴로운 신체적 감각을 과도하게 인식하게 될 수도 있다. 몸과 정신이 안정되면 역설적으로 걱정이 채울 더 넓은 정신적 공간이 열리기도 한다.

최근에는 특히 요가를 둘러싼 연구가 활발하다. 2016년 17개 연구에 대한 메타 분석에서 요가가 불안 장애 증상 완화에 중간 수준의 효과를 보인다는 사실이 밝혀졌다.[121] 보스턴 대학교 심리학과 교수인 스테판 호프만은 국립 보건원에서 400만 달러의 연구 자금을 받아 범불안 장애를 요가로써 치료하는 방법을 연구 중이다. 구체적으로는 인지 행동 치료와 쿤달리니 요가와 스트레스 교육 프로그램의 효과가 연구 대상이다. 〈의식의 요가〉라고도 불리는 쿤달리니 요가는 호흡 방법과 마음 챙김에 집중한다. 호프만은 시범 연구 결과가 고무적이라고 말한다. 「쿤달리니 요가가 상당히 강한 효과를 내는 것으로 관찰됩니다.」 그가 말한다. 쿤달리니 요가의 트레이드마크인 깊고 느린 호흡은 혈중 이산화탄소 농도에 변화를 불러오고 부교감 신경계에 시동을 건다. 마음 챙김은 범불안 장애 환자들을 괴롭히는 과도한 걱정을 누그러뜨린다.

「범불안 장애는 사람들이 미래에, 그리고 미래에 잘못될 수 있는 여러 가지 일들에 지나치게 집중하는 데서 기인합니다. 환자들은 〈어떤 일이 일어날 수 있을까〉를 묻는 순환에 빠져 있습니다. 이게 걱정의 본질입니다.」 호프만이 설명한다. 「마음 챙김은 개인들이 〈지금 여기〉에 머물도록 돕습니다. 마음 챙김의 핵심인 현재 인식은 걱정하려는 인지적 경향에 직접적으로 맞서지요.」 호프만은 연구에서 정신의 현재 집중도가 어떻게 달라지는지, 그리고 (호흡에 따른 심장 박동 수 변화를 뜻하는) 〈호흡 동성 부정맥〉이 얼마나 변하는지 측정할 예정이다. 호프만에 따르면 특정한 심장 박동 패턴이 범불안 장애와 유관하다고 한다. 이는 과학자들이 걱정과 관련성을 찾아낸 몇 안 되는 생체 지표 중 하나다.

내게 있어 요가 수업에 가는 것은 인지 행동 치료 세션에 참여하고 매일 노출 치료 숙제를 하는 것보다는 분명히 구미가 당기는 대책이다. 나는 지난 15년 이상 제법 정기적으로 요가를 해왔다. 처음 요가를 접한 건 맨해튼의 첼시에 살던 20대, 우연한 계기였다. 자주 걸어 다니는 길에 시바난다 요가 스튜디오가 있어서 맑은 눈의 사람들이 겨드랑이에 요가 매트를 끼고 근처를 느긋이 돌아다니는 걸 종종 보았다. 나는 초급자 반에 등록했고, 힘과 스트레칭에 대한 강조와 소박한 분위기가 즉시 마음에 들었다.

요가는 습관으로 굳어졌다. 나는 곧 다른 스튜디오를 찾아 나서기 시작했다. 드럼이 라이브로 연주되고 회원들끼리 미친 듯 추파를 던지는 한밤중 요가 수업에도 다녀 보았다. 모델들이 단골로 찾는 인기 수업은 얼마나 붐비는지, 남의 땀방울이 내 몸에 튀기는 데 익숙해질 지경이었다. 뉴욕주 북부의 아쉬람(요가 명상 센터)에도 가보았다. 그곳에선 아침 5시 30분에 종소리를 듣고 일어나 〈카르마 요가〉의 일환으로 거름을 폈다. 이름 있는 요기들이 수업 후 학생들의 매트에 싸인을 해주는 컨퍼런스에도 참석해 보았다. 어려운 요가 수업을 듣는 동안, 나는 현재의 그 순간에 발을 붙이게 된다. 당장 요가 자세에 집중하지 않으면 바로 넘어질 테니까. 많은 요가 강사들이 요가를 〈움직이는 명상〉이라고 부르는 데에는 이유가 있다.

뉴욕에 쿤달리니 요가 스튜디오는 한 손에 꼽힐 만큼 적다. 그중 하나는 온라인 리뷰가 썩 좋지 않았다. 하늘색 카펫이 지저분하고, 참석한 사람 대부분이 흰 옷을 입고 있어 컬트 종교 같은 분위기라나. 심지어 요가 중 공황 발작을 일으켰다는 사람도 있었다! 나는 그 스튜디오는 선택지에서 빼고 놀리타에 위치한 골든브리지 요가에 가보기로 결정했다. 화사하고 훈훈한 가을날 오후였다. 그때까지 내가 경험한 요가는 대부분 세속적이었으며 영적인 관습과 닿아 있는 건 수업 전후 〈옴〉을 발음하는 챈트와 스튜디오 구석에 처박힌 구루 사진이 전부였다. 그런 관점에서 쿤달리니 요가는 괴상하다. 〈쿤달리니〉란 척추 기저에 똬리를 튼 뱀 모양의 에너지를 일컫고, 이 에너지가 몸 곳곳의 에너지 중추인 차크라를 타고 올라가게끔 하는 것이 쿤달리니 요가다.

스튜디오 내부를 살짝 들여다보자 고요해 보이는 노인 사진이 내걸린 단 위에 가부좌를 틀고 앉은 여자가 보인다. 기다란 짙은 색 곱슬머리 위로 흰 스카프를 두른 여자는 눈을 감은 채 산스크리트어로 챈트를 하고 있다. 그녀가 눈을 뜨고 나를 반기며 그날 수업에 온 게 나 혼자일 거라고 말한다. 다행히 곧 다섯 사람이 더 도착한다.

많은 요가 수업에서 산스크리트어로 〈프라나야마〉라고 하는 호흡법을 가르친다. 쿤달리니 요가는 이를 극한까지 추구한다. 우리는 7분 동안 〈불의 호흡〉을 했다. 코를 통해 숨소리가 들릴 정도로 강하게 숨을 내쉬면서 배를 바짝 집어넣는 것이다. 고작 2분 만에 손과 입 주위 피부가 따끔거리기 시작하고 어지럼증이 인다. 7분을 채우는 건 아예 불가능하게 느껴졌다. 나는 불의 호흡을 잠시 멈췄다가 다시 시작했다. 호흡은 한동안 계속되었다. 내 주위 사람들은 다들 괜찮아 보였다. 그러나 나는 기절 일보 직전이었다. 주위 사람들이 날숨을 내쉬는 소리와 〈구루 람 다스〉라고 계속 반복해 노래하는 여자의 녹음된 목소리가 들렸다. 대단히 몽환적이었다. 광란의 요가 파티가 이런 느낌이겠거니 싶었다.

우리는 이어서 심호흡을 몇 차례 하고, 셀 수 없이 여러 번 다리 들기와 복근 크런치를 했다. 차크라가 여러 차례 언급되었다. 한번은 강사가 동작을 지시하며 〈이제 오라를 환하게 빛내 봅시다〉라고 말했다. 다음으로 우리는 발꿈치를 들고 앉아서 뒤통수에 손깍지를 낀 채 〈허드〉라고 챈트를 읊었다. 〈허드〉라고 한 번 말할 때마다 양옆으로 벌어진 팔꿈치를 뒤로 힘차게 찔러야 했다(〈허드〉는 〈주거·도시 개발과 Department of Housing and Urban Development〉의 준말인데, 하는 생각이 자꾸 들었다). 〈구루 람 다스〉 음악이 점점 불어나 방 안을 가득 채우는 듯했다. 몇 분이 지나자 팔이 아프기 시작했고, 몇 분이 더 지나자 욱신거릴 지경이었다. 내 바로 앞 매트, 근육질에 문신을 여러 개 한 남자가 팔을 내리고 주물렀다. 나도 팔을 내렸다. 희미한 황홀감이 느껴졌다.

스튜디오를 떠나 뉴욕 도심 오후의 현실로 다시 뛰어들었을 때(바로 옆 건물 계단에서 웬 남자가 국물을 후루룩 마시고 있었다) 나는 수업 중 단 한 차례도 딴생각을 하지 않았다는 걸 깨달았다. 무시무시한 근육통이 닥칠 걸 알았지만, 그때 나는 진정으로 평화로웠다.

나는 엉덩이 아래에 테니스공을 깔고 매트에 누워 몸을 이완시키는 법을 배우려 하고 있다. 내가 주말을 보내러 온 이곳은 레녹스의 캐년 랜치에서 몇 분 거리인 크리팔루 요가 건강 센터다. 보스턴을 기반으로 활동하는 임상 심리학자 보 포브스와 함께하는 〈신경계를 위한 요가〉 워크숍이 열리고 있다. 그녀는 이 요가로 불안과 우울증을 치유할 수 있다고 말한다.

「이게 이완입니다.」 테니스공 위에 누워 골반 깊숙한 곳에 위치한 근육 이상근을 마사지하려고 애쓰고 있는 아흔 명 가량의 불안한 사람들에게 포브스가 말한다. 나는 옆 매트에 누운 여자와 눈이 마주치고, 우리는 낄낄 웃는다.

조금 뒤, 우리는 다 함께 방 안을 서성이며 목의 목갈비근 속 특정한 지점을 찾으려고 노력한다. 「이건 말하자면 직통 이완 밸브에요. 우리 신경계로 향하는 직통로죠.」 뱀피 무늬 요가 바지와 은색 연꽃으로 장식된 빨간 톱 차림의 포브스가 말한다 (일요일에는 소 두개골이 그려진 바지를 입었다). 귓불에서 금귀걸이 세 개가 달랑거린다. 목에도 금목걸이 세 개가 걸려 있다. 붉은빛 긴 생머리는 검은 곱창 밴드로 묶어 올렸다. 헤드셋 마이크를 착용하고 있어서 입에서 몇 센티미터 거리에 동그란 검은 공 모양 폼이 달려 있다. 마치 레이디 가가 같다.

나는 영 갈피를 잡지 못하고 있는데, 그게 티가 났는지 포브스가 내게 성큼성큼 걸어와서 내 목에 손가락을 대고 누른다. 나는 숨을 흡 하고 들이마신다. 아프다!

워크숍이 열리는 장소는 이 건물이 과거 예수교 신학 대학이었던 시절에 예배당으로 쓰이던 공간이다. 까마득히 높은 천장에 현대적인 샹들리에 여덟 개가 달려 있으며 연단에는 그랜드 피아노가 놓여 있다. 십자가 대신 포브스의 파워포인트를 띄울 스크린이 펼쳐져 있고, 부드러운 분홍색, 주황색, 금색으로 된 천 배경막도 있다. 그 옆에는 네 팔을 길게 뻗고 한 다리로 선 금속 시바상이 서 있다. 우리는 9월 초에 닥친 (섭씨 30도에 육박하는 기온과 높은 습도의) 폭염 한가운데, 에어컨이 없는 방에서 요가를 하고 있다. 공업용 선풍기 하나와 흰색 사각 선풍기 몇 대를 들여놓았지만 소용이 없다. 영리하게도 부채를 가져온 몇몇 참가자들은 힘없이 부채를 흔들고 있다.

포브스는 날씬하고, 모든 문장을 마침표처럼 환한 미소로 끝맺는다. 그녀는 최근 워크숍에 참석한 여자 이야기를 들려준다. 남편이 그녀를 워크숍에 보내면서 최후통첩을 했다고 한다. 〈진정하는 법을 배우거나 이혼하거나 둘 중 하나야.〉 세상에! 나는 보 포브스의 말을 듣던 중 그녀의 별난 〈보다움〉에 익숙해지기 시작한다. 그녀는 우리에게 설명해 보라고 말할 때 〈언어로 하라고〉 말하고, 불안을 줄이는 데 유용한 몇몇 수단의 〈큐레이터〉가 되어 주겠다고 말한다. 우리가 스스로를 온갖 〈상자〉 안에 가두고 있다고도 자주 말한다.

포브스는 전통적인 대화 치료 분야에서 커리어를 시작했다. 요가 강사가 된 뒤에는 요가 자세와 근막 이완, 호흡법을 치료에 접목시켰는데, 그러다가 환자들에게 효험을 보이는 게 대화가 아니라 요가라는 것을 깨달았다고 한다. 이제 그녀는 불안과 우울증 치료의 핵심이 정신이 아닌 몸이라고 믿는다. 「불안과 우울증을 치료하는 우리 클리닉에서 제일 효과가 좋은 건 호흡과 단순한 회복 자세입니다.」 그녀는 말한다. 자신의 〈이야기〉를 너무 자주 털어놓으면 불안이 도리어 악화될 수 있다는 거다. 그녀는 최근의 마음 챙김 수련에도 비판적인데, 그것이 몸에서 너무 동떨어졌다는 이유다. 포브스의 구체적인 치료법은 아직 임상 실험을 통과하지 않았지만 그녀는 주말 내내 여러 번에 걸쳐 신경 과학과 여러 과학 연구를 언급한다.

한 세션에서 포브스는 참가자들을 두 명씩 짝지은 다음, 상대에게 살면서 힘들었던 일을 털어놓으라고 시킨다. 나와 짝이 된 맨해튼에서 온 패션 디자이너는 몇 년 전 약혼을 깼던 이야기를 회한 섞인 목소리로 들려준다. 나는 어린 딸 앞에서 남편과 싸워서 딸을 울린 이야기를 한다. 포브스는 이야기를 털어놓은 뒤 몸에서 어떤 느낌이 드는지 집중해 보라고 한다. 나는 배에서 긴장을 느끼고, 심장 박동이 빨라진다.

이윽고 포브스가 워크숍에서 새로 배운 기법 하나를 실천해 보라고 지시한다. 나는 머리를 베개에 대고 아기 자세(발라사나)로 누워 코로 천천히 호흡한다. 그러자 정말로 기분이 나아진다. 포브스는 몸의 생리적 상태에 대한 감각을 일컫는 〈내부 감각〉에 대해 우리에게 알려 준다. 「우리 몸의 변화에 시시각각 주의를 기울이는 것이 신경계를 진정시키는 최고의 방법입니다.」 그녀가 말한다.

크리팔루의 아침 식사는 침묵 속에서 이루어진다(나는 한 번 그걸 잊었다가 자원봉사자 직원에게서 엄격한 훈계를 받았다). 우리는 이름표를 착용하고, 금속 통에서 음식을 집어 너무 작고 얇은 검정색 플라스틱 식판에 담는다. 초등학교와 (여성 교도소를 배경으로 한) 드라마 「오렌지 이즈 더 뉴 블랙」을 합쳐 놓은 것 같다. 음식이 맛있으며 주위 사람들이 룰루레몬 표 요가 바지와 탱크톱을 입은 중년 여성들이라는 점을 제외하면. 대화가 허용되는 저녁 시간에 나는 신경학자 한 명과 치료사 몇 사람과 담소를 나누는데, 그들은 모두 불안 장애와 분투 중이다. 나는 나이액에서 온 마사지 치료사와 클로노핀과 자낙스 중 어느 쪽의 효능이 더 좋은지 토론한다.

포브스가 여기서 가르치는 건 헬스클럽과 요가 스튜디오 대부분에 퍼져 있는 전형적인 요가, 팽팽한 팔뚝과 탄탄한 복근을 목표로 하는 아주 육체적인 빈야사 요가가 아니다. 그녀의 접근법은 섬세하다. 어떤 활동에서 그녀는 1분 동안 맥박을 재 보라고 지시한다. 내 맥박은 분당 96으로 빠르게 내달리고 있다. 이윽고 그녀는 우리에게 양손을 깍지 끼고 이마에 대고 누르면서 숨을 천천히 쉬라고 지시한다. 미주 신경을 자극시키는 것이다. 몇 분 뒤 맥박을 다시 재보니 분당 83으로 떨어졌다. 썩 괜찮은 수치다.

크리팔루에서 주말을 보낸 뒤, 새벽 1시에 경련이 일거나 잠이 오지 않으면 나는 이 동작을 반복한다. 실제로 진정 효과가 있는 것 같다. 워크숍에서 치료제를 얻지는 못했지만, 유용한 비결 몇 가지는 배워 온 것이다. 나처럼 불안한 사람들 여럿과 어울리면서 해방감을 느낀 것도 좋았다. 나는 종종 남편에게서 최후통첩을 받은 여성이 어떻게 되었을지 생각한다. 워크숍에서 배운 기술들이 그녀의 결혼 생활을 구해 내기에 충분했을까?

인지 행동 치료와 수용 전념 치료가 개발되고 수십 년이 지난 지금은 뇌 영상과 유전학도 과거에 비해 크게 발전했다. 불안 장애의 기저에 존재하는 뇌 기능 장애를 직접 겨냥하는 신기술 치료도 개발되었다. 그런 접근법 중 하나가 주의 편향 수정ABM이다. 주의 편향 수정은 일반적으로 단순한 — 솔직히 말하자면 꽤 지루한 — 컴퓨터 과제를 이용해서 많은 불안 장애 환자들이 가진 위험으로 치우친 주의 편향을 정상화하는 것이다.

주의 편향 수정에서 사용하는 수단 하나는 과학자들이 주의 편향을 진단하는 데 사용하는 점 탐지 과제의 변형이다. 여기서 참가자는 위협적이지 〈않은〉 자극에 주의를 기울이라는 과제를 받는다. 참가자는 두 얼굴을 나란히 보게 된다. 한 얼굴은 중립적인 표정이고, 다른 얼굴은 화가 나거나 두려운 표정을 짓고 있다. 각 얼굴에 대응하는 버튼이 두 개 있다. 얼굴이 사라지고 둘 중 한 얼굴이 있던 자리에 표지(한 개나 두 개의 점)가 나타나면 참가자는 표지가 나타난 자리에 대응하는 버튼을 눌러야 한다. 주의 편향 수정에서 표지는 항상 위협적이지 않은 얼굴이 있던 자리에 나타난다. 때로는 얼굴 대신 위협적인 단어(〈폭발〉이나 〈굴욕〉 같은)와 중립적인 단어를 짝지어 사용하기도 한다.

이 치료에는 여러 형태가 있지만, 불안 장애 환자들의 주의 편향 수정 연구를 선도하는 이스라엘 텔아비브 대학교 심리학 및 신경 과학 교수 예이르 바하임에 따르면 참가자들은 보통 한 달 동안 주 2회에 걸쳐 10~15분짜리 과제를 수행한다고 한다.

범불안 장애 환자들을 대상으로 한 소규모 연구에서 주의 편향 수정 세션을 8회 수료한 환자들의 절반이 『정신 질환의 진단 및 통계 편람』에 의거한 범불안 장애의 기준에 미달하게 되었다.[122] 대조적으로 통제 집단에서는 범불안 장애의 기준에 미달하게 된 사람이 13퍼센트에 그쳤다. 사회 공포증 환자들을 대상으로 한 연구에서도 결과는 유사했다.[123] 주의 편향 수정 치료를 받은 환자의 절반이 사회 공포증 기준에 미달하게 되었고, 통제 집단에선 14퍼센트에 그쳤다.

나는 애플 아이튠스 앱 스토어에서 무료로 다운받을 수 있는

〈퍼스널 젠〉이라는 이름의 주의 편향 수정 어플을 일주일 동안 사용해 보았다. 초록 잔디 위에 작은 파란색 머리 두 개가 튀어나온다. 머리 하나는 명랑한 표정을 짓고 있고, 다른 머리는 화가 나서 찌푸리고 있다. 두 머리 모두 1초 만에 사라져 버리지만, 즐거워 보이는 머리가 있던 자리에선 잔디들이 물결친다. 사용자는 가능한 한 빨리 물결치는 잔디를 손가락으로 훑어야 한다. 나는 이 어플을 사용한 뒤에 특별히 긴장이 이완되는 느낌은 받지 못했으나 반응 속도가 점점 빨라졌고, 기분 나쁜 머리를 무시하는 데에도 능숙해졌다.

　주의 편향 수정의 효과는 인지 행동 치료나 수용 전념 치료에 미치지 못하지만 주의 편향 수정과 인지 행동 치료를 결합시키면 효과가 좋다는 증거가 속속 드러나고 있다.[124] 2015년의 메타 분석에서 주의 편향 수정은 불안 장애 증상을 경감시키는 데 〈중간 효과〉가 있다는 평가를 받았다.[125] 주의 편향 수정 치료는 범불안 장애, 사회 불안 장애, PTSD 환자에게 가장 잘 든다. 메타 분석 결과에 의하면 환자 혼자서 온라인 과제를 수행하는 것으로는 별달리 효과가 없으며, 정신 보건 전문가들의 감시하에 이루어져야 불안 경감 효과를 볼 수 있다.

　「사람들이 혼자 인터넷에서 이 치료를 어떻게 수행하는지 모르지 않습니까.」 메타 분석의 공저자인 바하임이 내게 말한다. 환자들이 〈버스에 앉아 다음 정류장이 어딘지, 어디서 내려야 하는지 생각하면서 과제를 할지도 모른다는〉 추측이다.

　바하임은 모든 불안 장애 환자가 위험에 치우친 주의 편향을 가지고 있는 것은 아니라서 이 치료가 모든 사람에게 효험이 있지는 않을 거라고 말한다. 연구자들은 주의 편향 수정 치료의 적절한 〈복용량〉을 알아내려고 노력 중이다. 가령, 주의 편향 수정이 과도하게 이루어질 수도 있을까? 이때 과도하다는 건 무슨 뜻일까? 진짜 위험에 심드렁하게 반응하게 된다면 문제 아닐까? 바하임은 위험 감지 체계가 생존에 핵심이라는 사실을 상기시킨다.

과제가 지루하다는 것도 문제다. 바하임의 연구 집단은 다른 이들과 협업하여 주의 편향 수정 과제를 더욱 신나게 만들려고 노력 중이다. 「컬러 버전도 있지만 지루함을 쫓아 주진 않아요. 〈캔디 크러시〉 버전을 만들 수 있다면 훌륭할 겁니다.」

또 하나의 상대적으로 새로운 기술은 미국 식약청에서 편두통과 치료 저항성 주요 우울증의 치료법으로 승인받은 경두개 자기 자극술이다. 이 기술을 통해 불안 장애를 효과적으로 치료할 방법이 연구되고 있다. 경두개 자기 자극술에서는 연구자들이 자극하고자 하는 뇌 영역을 감싼 두개골 바로 위에 자기장을 생성하는 기기를 설치하여, 인체에 침투하지 않고도 연구가 가능하다. 이 기술은 아직 걸음마 단계지만 범불안 장애, PTSD, 공황 장애에 효과를 보인바 있다. 다만 두통과 어지럼증 같은 단기적 부작용을 일으킬 수 있다.

공상 과학 영화에서 볼 법한, 가장 근사한 최신 치료법은 fMRI 뉴로피드백일 것이다. 환자들은 뇌가 어떻게 활동하는지 직접 확인하고 장애를 일으킨 기능에 실시간으로 변화를 줄 수 있다. 최신판 뉴로피드백 치료에서 환자는 fMRI 스캐너 안에 눕는다(과거엔 뇌 내 전기 활동을 기록하는 EEG를 사용했으나 EEG는 fMRI만큼 뇌 구조에 세세하게 초점을 맞추지 못한다). 환자들은 뇌를 스캔당하는 중 기억을 떠올리거나 사진을 보게 된다. 이윽고 컴퓨터가 관련된 뇌 영역의 활동을 분석하고, 환자들에게 온도계나 색칠된 막대의 형태로 실시간 피드백을 준다. 뇌가 어떻게 활동하고 있는지에 따라 참가자는 뇌의 활동을 강화시키거나 억누르라는 지시를 받는다. 뉴욕 마운트시나이 아이칸 의대 소속 박사 후 연구원 애나 질버스탠드는 환자들이 〈신체 건강을 위해 근육을 단련시키는 것처럼 정신 건강을 위해 뇌를 단련시켜야 한다〉라고 말한다.

2015년 연구에서 질버스탠드와 동료들은 거미 공포증이 있는 여성들을 치료하는 데 뉴로피드백을 이용했다.[126] 환자들은 스캐너에 들어가서 일련의 거미 사진을 보았다. 처음엔 초록 잎 위의 작은 거미에서 시작해서 컴퓨터 키보드 위에 올라온 더 크고 털이 부숭부숭한 거미, 마침내 남자의 얼굴 위를 기어오르고 있는 무지개색 대형 거미까지 점점 더 무서운 사진들이 제시되었다. 치료 집단의 환자들에게는 또한 두 개의 온도계 영상이 제시되었다. 감정 조절을 돕는 배외측 전전두 피질 활동을 나타내는 파란색 온도계와 불안의 지속을 의미하는 섬엽 활동을 나타내는 빨간색 온도계였다. 환자들은 거미의 물리적 특성을 묘사하거나 거미를 작고 무력한 존재로 상상하는 등 인지적 전략을 사용하여 배외측 전전두 피질 활동을 강화시키고 섬엽 활동을 약화시키라고 지시받았다. 이 실험의 통제 집단은 똑같은 거미 사진을 보았고, 똑같은 인지적 전략을 사용하도록 권장받되 뉴로피드백은 받지 못했다. 치료가 끝나 보니 뉴로피드백을 받은 환자들이 더 낮은 불안 수치를 기록했다. 그들은 치료 도중에 이미 섬엽 활동이 한풀 꺾이는 모습을 보였다.

또 다른 연구에서 예일 대학교 연구자들은 높은 수준의 전염 불안에 시달리는 사람들에게 뉴로피드백을 두 세션 시행했다 (내가 참여했더라면 좋았을 연구다!).[127] 이때 연구자들은 감정 조절에 기여하는 뇌의 영역인 안와 전두 피질 활동에 초점을 맞추었다. 참가자들은 바퀴벌레, 배설물, 피, 더러운 바늘 등 전염 불안을 촉발시키는 일련의 이미지를 보았다. 예일 대학교 의대 영상 의학·생의학 영상과 조교수이자 이 연구의 공저자인 미셸 햄슨은 말한다. 「〈내가 병을 옮을 수 있겠다. 내가 아니더라도 다른 사람이 병을 옮을 수 있겠다〉라고 생각하게 만드는 물체를 보여 준 겁니다.」 실험 집단은 선 그래프의 형태로 뉴로피드백을 받았고, 통제 집단은 자기 뇌가 아닌 다른 사람의 뇌 활동을 표시한 소위 〈샴 피드백〉을 보았다.

연구가 끝나고 며칠 뒤, 자기 뇌의 뉴로피드백을 받은 피험자들은 전염 불안이 감소한 것으로 드러났다. 또한 감정 조절과 관련된 뇌 영역들 사이 연결이 증가했으며, 어떤 것의 위험성을 빠르게 판단하는 등 감정 처리와 관련된 영역의 연결은 감소했다. 이 연구의 고무적인 의의 하나는 뉴로피드백이 지속적 효과를 보이며, 어쩌면 뇌에 오래가는 변화를 낳을 수 있을

지도 모른다는 것이다.

정신 질환을 치료하기 위한 뉴로피드백 연구는 아직 초기 단계에 머물러 있다. 아직 연구 수도 적고, 정확히 어떤 뇌 영역에 초점을 맞추어 몇 번의 세션을 진행해야 할지도 오리무중이다. 결과는 대단치 않고 치료의 효과가 얼마나 오래 지속될지 명확치 않다. fMRI 스캔 비용이 수백 달러에 이르는 것을 감안하면, 뉴로피드백은 약물과 대화 치료의 보조 수단으로 사용될 것으로 여겨진다.

치료에 반드시 치료사가 필요한 건 아니다.

현재 8,000명 이상의 회원이 등록되어 있는 〈수줍고 사회적으로 불안한 뉴욕 사람들을 위한 모임〉은 2006년에 설립된 이래 하이킹, 박물관 견학, 밤샘 게임까지 현란하리만큼 다양한 활동을 벌이고 있다. 이런 활동은 사회 불안이 있는 사람들에게 친구를 만들고 사교 기술을 연습할 안전한 공간을 제공한다. 기본적으로 지원 모임과 노출 치료를 한데 묶은 개념이다.

나는 약소한 사회 불안 장애의 기미를 보인다. 권위 있는 사람이나 나보다 〈차갑다고〉 느껴지는 사람을 대할 때 특히 그렇다. 여러 사람과 어울리는 것보다 친구들과 일대일로 시간을 보내는 걸 좋아한다는 점에서 나는 스스로 내향성이라고 평가하고, 대규모 사교 행사에 참석하면 진이 빠진다. 그렇긴 해도 나는 대체로 사교적이며 새로운 사람을 만나는 걸 편안히 여기기 때문에 사회 불안 장애 기준에 꼭 들어맞지는 않는다. 하지만 나는 사회 불안 장애를 좀 더 이해하고 싶다. 불안 장애 중 가장 만연한 것이고, 남녀에게 동등하게 영향을 미치는 장애이기 때문이다. 또한 불안한 사람들이 직접 노출 치료에 나선다는 개념에 호기심이 당기기도 한다.

그래서 2월의 한 쌀쌀한 저녁, 나는 위의 모임에서 진행하는 사회 불안 장애 지원 모임에 참가한다. 맨해튼의 실내 공공 공간인 소니 아트리움에 도착하자 금속 탁자와 의자가 놓인 공간에 스물다섯 명 남짓이 모여 있다. 근처에는 노숙자 몇 명이 묵직한 소지품 가방을 품에 안은 채 졸고 있다.

그날 밤 사회 불안 지원 모임 참가자는 대부분 20~30대로서 다섯 사람을 제외하곤 전부 남자다. 살짝 어색하지만 친절한 그날의 주최자 스티븐이 우리를 소모임으로 나눈다. 우리는 한 명씩 돌아가면서 자기소개를 하고 이 모임에 참석한 이유를 간단하게 밝힌다. 컴퓨터 프로그래머 지망생이라는 한 남자는 돈을 벌고, 언젠가 부모를 부양해야 한다는 생각 때문에 〈항상 불안하다〉라고 말한다. 금융계에서 일한다는 용모 말쑥한 젊은 남자는 친구를 사귀고 싶다고 말하며 중학생 시절 점심시간에 얽힌 슬픈 이야기를 들려준다. 「저는 배식 줄에 서 있다가, 계산대에 다다르면 지갑을 사물함에 두고 온 척했어요. 사물함에 다녀와서 다시 줄을 섰죠. 그러면 시간을 죽일 수 있었고, 제가 항상 혼자라는 사실도 숨길 수 있었으니까요.」이 모임의 베테랑인 40대 남자는 도시를 돌아다니다가 길을 잃은 관광객 무리를 마주치면 자청해서 길을 알려 준다고 한다. 「사람들에게

다가가는 법을 연습할 기회죠. 또 사람들이 제게 무척 고마워하는 걸 보면 기분도 좋고요.」

한 나이 든 남자는 왜 여기 있는지 알 수 없다. 그는 대화를 장악하고, 말을 강조하기 위해 여러 번 탁자를 내려친다. 「저도 한때는 수줍음이 많았지만 이제 극복했습니다.」 그가 말한다. 나는 그가 불안을 감추기 위해 고함을 지르는 것일까 생각한다.

우리는 각자 메모지를 한 장씩 받고, 사회 불안과 관련된 자신의 두려움을 적는다. 그리고 그 내용을 공유한다. 길 잃은 관광객들에게 말을 거는 남자는 갈등이 두렵다고 말한다. 컴퓨터 프로그래머 지망생은 무능해 보이는 게 두렵다고 한다. 나는 멍청한 말을 하는 게 두렵다고 말한다.

사람들이 용감하게 자신의 약점을 공유하는 모습은 감동적이다. 그 방 안에는 진정한 따뜻함과 동지애가 넘실댄다. 그러나 놀랄 만큼의 고통 또한 존재한다. 나는 불안이 그들에게서 얼마나 많은 것을 빼앗았는지를 생각한다.

그 후 몇 달 동안 나는 사회 불안 장애 모임에서 행사를 알리는 이메일을 꾸준히 받는다. 그러던 어느 날, 무시할 수 없는 초대장이 메일함에 날아온다. 메일은 주의 문구로 시작한다. 〈경고: 높은 수준의 노출 치료. 상어 떼에 몸을 던질 준비가 되어 있지 않다면 참가를 재고할 것.〉

모임에서 준비한 이번 행사는 노래방에 가는 것이었다.

나는 노래방에 가본 적이 없다. 노래를 영 못하는 건 아니고 오히려 좋아하는 편이며 고등학교 때에는 아카펠라 합창단에서 활동했다. 하지만 혼자 노래를 부르는 건 질색이었다. 딱 한 번, 노인 센터에서 공연하면서 독창을 한 적이 있는데 너무 긴장해서 목소리가 가늘게 떨려 나왔다. 노래방에 영영 가지 않을 생각이 아니라면, 다른 불안한 사람들 여럿과 어울려서 가는 것도 괜찮겠다 싶었다.

며칠 뒤 나는 이스트빌리지의 플래닛 로즈 노래방에서 마돈나의 노래 「홀리데이」를 부르고 있다. 한 손에는 마이크를, 다른 손에는 브루클린 라거를 쥔 채다. 「좋은 날들이 올 때예요. 나쁜 날들은 잊어요.」 나는 노래하면서 표범 무늬 러그 위에서 부츠를 신은 발을 까닥인다. 사회 불안 모임 회원들은 얼룩말 무늬 소파에 늘어져 있다. 방 안은 자비롭게도 어둡고, 벽에는 크리스마스 전구 줄이 걸려 있다. 코러스 도중 두 남자가 끼어들어 목소리를 보탠다. 「축하합시다.」 우리는 함께 열창한다.

기분이 우습다. 짜릿하기도 하다.

내가 노래를 마치자 저녁 내내 혼자 맥주잔만 들여다보고 있던 날씬한 금발 남자가 앞으로 나서 메탈리카 노래를 부른다. 결국 그날 밤 참가자 절반 가까이 노래를 부른다. 모두가 친근하고, 서로를 환대해 준다. 「여기 사람들은 판단하려 들지 않아요.」 한 여자가 말한다. 내가 참석한 모임엔 신입 회원이 여럿 있었지만 분위기를 주도하는 건 베테랑들이다. 여러 사람이 몇 년 동안 사회 불안 모임에 참석하면서 그 안에서 절친한 친구를 사귀었다. 주최자 스티븐은 이 모임이 그의 인생을 바꾸었다고 말한다.

　나는 소니 아트리움에서 만난, 점심시간에 지갑을 잊은 척했다는 남자를 생각한다. 모임에 꾸준히 참석한다면 1년이나 2년 뒤에는 그도 노래방에서 한 곡조 뽑을 준비가 되어 있을지 모르겠다.

5
현기증을 유발할 수 있음
불안을 위한 약물

대학 마지막 해에 병이 재발하자 치료사는 내게 프로작을 권했다.

처음엔 권유하는 정도였다. 하지만 내가 계속 거절하자 그녀는 대놓고 간곡히 부탁했다.

「매일 캠퍼스에서 만나 약 먹는 걸 봐줄게요.」 그녀가 말했다.

싫어요, 라고 대답했다.

「저도 약을 먹을게요.」 그녀가 제안했다(돌이켜 보면 상당히 이상한 제안이다. 아마 이미 프로작을 복용하고 있었던 거겠지).

나는 역시 거절했지만, 그녀가 건네준 처방전은 받았다.

약에 대한 나의 저항은 사실 많은 부분 병적이었다. 그때 나는 아직도 먹는 걸 힘들어하고 있었다. 모양이나 맛이 조금만 이상해도 전부 기피했다(그리고 〈이상하다〉의 범주는 아주 넓다). 나는 살모넬라균, 대장균, 리스테리아균, 다른 이름 모를 박테리아에 대한 공포에 사로잡혀 있었다. 돌연한 알레르기 반응을 걱정했다. 공포가 너무 강해지면 나는 식음을 전폐했다. 평소엔 한 입을 먹은 다음에 공포가 밀려들곤 했다. 그러면 곧장 화장실로 달려가서 옆 칸에 발이 보이는지 확인하고, 아무도 없는 게 확실해지면 먹은 것을 억지로 게워 냈다.

향정신성 약이 나를 낫게 해줄 리 없다고 생각했다. 뇌 내 신경 전달 물질을 조작했다가 내가 느끼는 일말의 현실감, 내가 찾은 미약한 균형마저 잃을까 두려웠다. 나는 심지어 처방전의 공란을 채우지도 않았다.

프로작(성분명 플루옥세틴)은 선택적 세로토닌 재흡수 억제제로서 이 분류에는 팍실(파록세틴), 졸로프트(세르트랄린), 셀렉사(시탈로프람), 렉사프로(에스시탈로프람)가 포함된다. SSRI는 항우울제로 가장 잘 알려져 있지만 의사에게 과도한 불안을 호소하면 거의 분명히 위의 약 중 하나를 처방받을 것이다. 세로토닌이란 신경 전달 물질, 즉 뇌 내 뉴런 사이의 신호를 전달하는 화학 물질로서 기분과 불안에 중요한 역할을 하는 것으로 알려져 있다. SSRI는 세로토닌의 재흡수를 억제함으로써 뉴런 사이의 공간인 시냅스에 세로토닌의 양을 늘린다. SSRI가 기분을 좋게 하고 불안을 경감시키는 것은 증가한 세로토닌 때문으로 여겨진다.

이펙서(벤라팍신)와 같은 세로토닌-노르에피네프린 재흡수 억제제SNRI도 불안 장애 환자에게 처방된다. SNRI는 세로토닌과 스트레스 반응에 관여하는 신경 전달 물질 노르에피네프린에 작용한다.

의사들이 〈최전선〉 치료약이라고 부르는 SSRI는 수많은 연구를 통해 다양한 불안 장애의 치료에서 최소한 보통 수준의 효과를 보이는 것으로 밝혀졌다. 그러나 옥에 티는, 위약도 거의 같은 효과를 보였다는 것이다. 공황 장애 환자들에게 10주 동안 졸로프트(세르트랄린) 혹은 위약을 복용하게 한 1998년 연구에서 졸로프트를 복용한 환자들은 주당 평균 공황 발작의 수가 88퍼센트 감소했고, 위약을 복용한 환자들은 53퍼센트 감소했다.[128] 범불안 장애 환자들에게 8주 동안 렉사프로(에스시탈로프람)를 복용하게 한 2004년 연구에서 렉사프로를 먹은 환자들은 불안 증상 척도 점수가 29퍼센트 하락했고, 위약을 복용한 환자들은 19퍼센트 하락했다.[129]

이렇듯 항우울제의 효과는 상대적으로 변변치 않은데, 그마저도 과장되었을 가능성이 있다. 약물의 효험에 대한 연구는 많은 경우 약 판매로 이익을 얻는 제약 회사의 금전적 지원을 받는다. 약이 효험이 〈없다고〉 밝혀진 연구는 — 즉 〈부정적 임상 결과〉를 낸 연구는 — 발표되지 않는 경우가 잦으며, 긍정적 임상 결과는 치료의 효과를 부풀려 발표되곤 한다.[130] 이러한 보고 편향은 우울증과 불안 장애 둘 다의 연구 보고서에서 명백하게 드러난다.

위약이 거의 진짜 약만큼 기능한다면, 그리고 진짜 약의 그저 그런 효능조차 과장된 것이라면, SSRI를 복용하는 의미가 뭔가? 미국 식약청의 약물 평가 연구 센터에서 임상 과학 연구 부소장을 맡고 있는 로버트 템플은 약을 복용하는 것의 진짜 이점은 급성 질환을 다스리는 것이 아니라 재발을 방지하는 것이라고 설명한다. 그가 공저자로 기여한 리뷰 논문에서 주요 우울증 병력이 있는 환자들이 항우울제 복용을 계속할 경우 재발 위험성이 반으로 준다는 사실이 밝혀졌다.[131] 미국 식약청에 범불안 장애 환자들도 유사한 결과를 보인다는 미출간 자료가 있다고 한다.

대학 시절 나는 결국 약물의 도움 없이 회복했다. 인지 행동 치료 덕분에 어느 정도 안정을 되찾을 수 있었다. 단순히 시간이 약이었을지도 모르겠다. 졸업 후 나는 워싱턴으로 가서 2년이 조금 넘는 시간 동안 상원 의원의 연설문과 보도 자료를 작성하는 일을 했다. 그다음엔 뉴욕으로 가서 『월 스트리트 저널』 사무 보조로 일했다. 일과 중에는 전화와 팩스를 받았고 남는 시간에는 어엿한 기자가 되기를 꿈꾸면서 토막 기사를 쓰곤 했다. 열심히 일했고, 괴짜 룸메이트들과 살았고, 여행을 다녔고, 괜찮은 남자와 마땅찮은 남자를 사귀었고, 와인을 마시고 벽에 어두운 벨벳을 댄 바에서 춤을 추면서 많은 시간을 보냈다. 즉, 20대에 해야 할 일들을 착실히 했다.

불안은 사라지지 않았다. 자주 흉부 통증을 느꼈고, 가끔 심장 마비에 대한 공포도 찾아왔다. 나는 대학 시절 남자 친구 부모님의 지인인 심장 전문의를 종종 찾아갔다. 그는 내게 심전도 검사를 실시하고 내가 건강하다고 말해 주곤 했다. 그러면 나는 몇 달을 안심하고 살다가, 다시 고통과 의심에 사로잡혀 그의 사무실을 찾곤 했다. 나는 연애 중 겪는 재난들과 직장에서의 실패에 대해 남들보다 야단을 떨었다. 그러나 졸업 후 6년은 내 인생에서 상대적으로 건강하고 평안한 시기였다.

1998년 여름에 나는 『월 스트리트 저널』에서 수습기자로 일하고 있었다. 아이러니하게도 내 담당 분야는 제약업계였다. 당시 최고의 화제는 발기 부전을 치료하는 작은 파란색 알약 비아그라의 출시였다. 비아그라는 제조사 화이자의 베스트셀러가 되었고, 문화적으로 뜨거운 논란을 일으켰다. 여러 보험회사가 피임약에는 돈을 대주지 않으면서 발기 부전 치료제에는 돈을 대주는 이유가 무얼까? 이 약이 결혼 제도를 무너뜨릴까? 나는 월 스트리트의 분석가들, 비뇨기과 의사, 발기 부전이었던 남자들을 찾아가 한결 강해진 발기에 대해 질문했다. 급성장 중인 유흥용 비아그라 시장에 대해 취재하려고 〈지옥과 터널〉 따위 이름이 붙은 클럽을 찾아가 남자들에게 코즈모폴리턴 칵테일을 돌렸다. 유흥 목적으로 비아그라를 복용하는 사람들, 코카인과 엑스터시의 발기 저하 효과를 상쇄하기 위해 비아그라를 함께 판다는 마약상들의 이야기를 듣기 위해서였다.

나는 사람들에게 질문을 던지고 그들의 이야기를 듣는 게 참 좋았다. 지면에 내 이름과 함께 〈『월 스트리트 저널』전속 기자〉라는 직함이 실린 걸 볼 때마다 나는 지그 춤을 췄다.

새 남자 친구도 생겼다. 나와 같은 기자였던 앨런은 키가 크고 멀쑥했으며, 내가 뉴욕에서 만난 남자의 전형에서 대담하게도 — 그리고 산뜻하게도 — 크게 벗어난 사람이었다. 사회적으로 어색한 태도와 촌스러움이 사랑스러웠다. 그는 글 솜씨가 끝내줬고 프리랜서 기자로 아프리카에 건너가 르완다 대학살의 여파를 취재하는 등 내가 대단히 동경하는 배경을 가진 사람이기도 했다. 그때 우리는 연인이 된지 고작 5개월, 새로운 사랑의 아찔한 즐거움을 만끽하는 시기였다. 기쁜 선언들과 서로에 대한 확신을 주고받는 감정적 스트립쇼를 즐기고 있던 그때, 나는 무너지기 시작했다.

6월의 어느 화창하고 따뜻한 토요일, 나는 지치고 약간 들뜬 기분으로 그리니치빌리지 7번가를 걸어 내려가고 있다. 식료품점에 들러 간식을 살 작정이다. 막 체육관에서 브라질 무술인 카포에라 수업을 받았다. 강렬한 킥과 회전을 90분 동안 반복했더니 다리가 벌써 욱신거린다. 나는 보도와 내 앞의 행인들을 똑바로 응시한다. 7번가를 질주하는 택시의 노란색과 높은 가지에 달린 초여름 나뭇잎의 옅은 초록색, 주위 건물들의 건축적 직선들이 주변 시야에서 흐릿하게 한데 섞인다.

그러다가 갑자기 풍경의 한 뭉텅이가 사라진다. 시야에 가장자리가 들쭉날쭉한 검은 얼룩이 나타나서 택시와 나뭇잎과 건물을 가린다. 나는 보도 한복판에서 걸음을 멈추고 눈을 비빈다. 눈을 꼭 감았다가 떠본다. 얼룩은 그대로 남아서 내 시야의 오른쪽 위 사분면을 가리고 있다.

혹시 눈에 뭐가 들어간 건가? 나는 손바닥으로 한쪽 눈을 가리고 위를 본다. 다음엔 반대쪽 눈을 가린다. 양쪽 눈 모두 얼룩이 있다.

나는 이게 무슨 의미인지 안다. 뇌에 이상이 생긴 것이다. 정확히 말해, 뇌졸중이다.

〈뇌졸중 발작이야. 병원에 가야 돼.〉

다행히 몇 블록 거리에 세인트빈센트 병원이 있다. 하지만 혼자 거기까지 갈 수는 없다. 당장 몇 초 후에 걸을 수 없게 될지 모른다. 그러면 나는 보도에 쓰러질 것이다. 당황한 관광객들이 내 몸뚱이를 피해 걸을 것이다. 요가 바지를 입고 머리를 포니테일로 묶은 스물일곱 살 여자가 대낮에 길에서 쓰러졌다고? 어지간히 취했나 보네.

공황에 빠져 나는 내 주변의 보도를 훑어보고 제일 가까운 팔뚝을 붙잡는다. 부드럽고 실팍지고 허연 그 팔뚝의 주인은 키가 훤칠하고 주근깨가 난 내 또래 금발 남자다. 그는 놀란 듯 보이지만 겁에 질리거나 내 손을 뿌리치지는 않는다.

나는 급박하게 설명한다. 「뇌졸중 발작을 일으킨 것 같아요. 앞이 안 보여요. 두 블록만 가면 병원이 있어요. 절 좀 거기까지 데려다주시겠어요?」

그가 알겠다고 말한다.

나는 병원에 도착할 때까지 그의 팔뚝을 붙잡고 걷는다. 그는 나를 세인트빈센트 병원 응급실에 데려다주고 사라진다. 내가 고맙다는 말을 했는지 모르겠다(지금이라도 말하겠다. 고맙습니다).

나는 접수를 받는 남자에게 가서 말한다. 「방금 시야의 많은 부분이 사라졌어요. 앞이 보이지 않아요.」

그는 내게 대기실에 가서 앉으라고 말한다. 나는 5분 동안 앉아서 눈을 깜박이며 검은 얼룩을 없애려 애쓴다.

나는 다시 남자에게로 달려간다. 「당장 진찰을 받아야겠어요. 뇌졸중 발작 같아요.」

내 다급한 태도 때문인지 〈뇌졸중〉이라는 단어 때문인지 일이 빠르게 돌아가기 시작한다. 나는 응급실 안에 들어가 침대에 눕혀진다. 침대 위 금속 막대에는 사생활 비슷한 것을 보호하기 위한 흰 시트가 걸려 있다. 간호사가 내 몸에 심장 모니터를 단다.

이윽고 대혼란이 벌어진다. 간호사가 황급히 내 셔츠를 벗기며 큰 소리로 보조를 요청한다. 또 다른 누군가가 내 곁으로 달려온다.

「무슨 일이죠? 어떻게 된 건가요?」 내가 애걸한다.

「고혈압성 위기예요.」 간호사가 말한다.

다음 몇 분 동안은 희미한 시야 속에서 여러 사람의 손을 비롯해 많은 것이 바삐 움직인다. 〈이제 정말 죽는구나. 이게 끝인가 봐.〉

그러다가 돌연 모든 움직임이 멈춘다. 간호사가 내 몸에서 심장 전극을 떼기 시작한다. 그녀를 돕던 사람은 흰 시트 너머로 사라진다.

「어떻게 된 건가요?」 내가 묻는다.

「혈압이 정상으로 돌아왔어요. 다시 재보니 괜찮네요.」 그녀가 말한다.

「그러면 고혈압성 위기가 〈아니〉라는 건가요?」

「네.」

간호사는 높게 기록된 처음의 혈압 수치가 오류였을 거라고 말한다. 그때 나는 시야가 완벽하게 돌아왔음을 깨닫는다. 검은 얼룩이 사라진 것이다.

나는 잠시 뒤 응급실에서 퇴원한다. 검은 얼룩이 갑자기 나타났다가 갑자기 사라진 것에 대해선 어떤 설명도 듣지 못한 채.

그날 단골 의사에게 어떤 일이 있었는지 얘기하자, 그는 내 증상이 안구 편두통이었을 거라고 말한다. 안구 편두통의 주요 증상이 기묘한 시각적 변화다. 「응급실에 가는 대신 저에게 전화했어야죠. 그럼 괜찮다고 말해 줬을 텐데요.」 그가 나를 꾸짖는다. 나는 순순히 혼이 나지만, 한편으로는 조금 기분이 상한다. 시야를 잃는 건 만성적으로 불안하지 않은 사람의 기준으로도 응급실에 가기에 마땅한 이유가 아닌가.

편두통 사건을 겪고 나서 나는 건강과 다른 모든 것에 대한 끊임없는 걱정에 사로잡힌다. 뇌에 정말로 심각한 문제가 있으면 어쩌지? 머리가 둔해진다. 뉴런이 움직임을 멈추는 게 느껴지는 것 같다. 더 이상 기억을 믿을 수 없어서 잊으면 안 되는 대화를 기록하기 시작한다. 남자 친구와 친구들로부터 단절된 기분이 든다. 몸은 박물관이나 파티에 있을지라도 정신은 다른 곳에, 영원한 두려움의 덫에 빠져 있다.

나는 내 만성적인 걱정 때문에 내가 사랑하는 사람들이 나를 멀리할까 봐 걱정한다.

대학 시절과 달리, 몸이 나아질 때까지 부모님의 소파로 도피하거나 수업을 빠질 수 없다. 그러면 직업을 잃을 테고 남자친구도 잃을 테다. 종국에는 뉴욕을 떠나야 할 것이다.

〈아니야. 이번에는 인생의 일시 정지 버튼을 누르지 않을 거야.〉

나는 치료사인 D 박사에게 전화해서 어떤 일이 있었는지 설명한다. 그녀에게서 치료를 받은 지 1년쯤 된 시점이다. D 박사는 정신 역동 치료사로, 과거에 겪은 일이나 타인과 맺은 관계들이 현재의 행동에 어떤 영향을 주는지 이해하도록 돕는다. 나는 대학에서 내가 무너진 이유와 내가 이토록 불안을 느끼는 이유를 알아내겠다는 목표로 그녀에게 치료를 받기 시작했다. 통화 중 D 박사는 내게 한 정신과 의사의 이름과 전화번호를 알려 준다. 바야흐로 약물 치료를 시작할 때가 되었다.

정신과 의사 I 박사는 부스스하고 정리되지 않은 회색 머리에, 발목을 스치는 길이의 알록달록한 치마를 입고 마크라메 매듭 목걸이를 여러 개 걸고 있다. 그녀는 전문가답게 권위 있는 목소리로 향정신성 약물에 대해 말하지만, 겉모습은 시애틀에서 페미니즘 서점을 운영하면 딱 어울릴 것 같다. 그녀에게 졸로프트를 처방받고 나는 안도한다. 공포와 동요 속에서 몇 년을 살고 나니 작은 알약이 예전처럼 위험해 보이지 않는다. 게다가 약을 먹는 것 외에는 다른 선택지가 없는 것 같다. 다른 선택지가 있다면, 몇 달 동안 불안에 시달리는 것일 테고.

그래서 나는 졸로프트를 복용하기 시작한다. 머리가 폭발하지는 않는다. 즉각 기분이 나아지지는 않지만, 애초에 그건 기대도 않았다. SSRI가 효과를 보려면 4~6주를 기다려야 한다. 효과가 있으면 그것만으로도 다행이다.

하지만 부작용은 거의 즉각 찾아온다.

첫 번째 알약을 복용하고 며칠 뒤다. 나는 직장 친구들과 함께 트라이베카의 비싸고 유치한 샴페인 바 버블 라운지에 앉아 있다. 우리 주위 손님들은 짙은 정장을 입은 말쑥한 남자들과 진지한 얼굴의 여자들 몇몇으로, 대부분 금융계 종사자로 보인다. 우리 기자들은 그들에 비하면 꾀죄죄하다. 기다란 샴페인 잔을 손에 들고 친구들과 대화를 하던 중, 나는 문득 팔뚝 위아래로 소름이 돋는 걸 느낀다. 손으로 팔뚝을 문지르고 스웨터를 걸치지만 소름은 가시지 않는다. 정확히 말해 그건 소름이 아니다. 무언가 팔 위를 기어 다니는 기분이다. 곧 그 느낌은 내 목덜미와 두개골 위까지 진출해서 춤을 추기 시작한다.

피부가 근질거린다.

이 증상을 의학 용어로 스멀거림이라고 한다. 피부의 따끔거림, 무감각, 가려움 등을 포함하는 감각 이상의 일종이다. 졸로프트의 제조사인 화이자에서 시행한 임상 시험에서 졸로프트를 투여받은 사람의 2퍼센트가 스멀거림을 느꼈다(기묘하게

189

도 위약을 투여받은 사람의 1퍼센트도 스멀거림을 느꼈다).[132]

다음 날 나는 정신과 의사에게 전화해서 내 상태를 설명한다. 그녀는 근지러운 느낌이 약이 아니라 불안 장애 때문이라고 설명하며 졸로프트 복용량을 두 배로 늘려 보라고 권한다. 나는 그녀의 말을 따라 알약 두 개를 한 번에 삼킨다.

그리고 몇 시간 뒤, 내 몸 전체가 감각의 물결에 휩쓸린다. 따끔거림, 근질거림, 거의 감전된 것 같은 느낌이 일시에 몰아친다. 내 몸의 솜털들이 전기에 감전된 것처럼 쭈뼛 선다. 살갗이 제멋대로 움직이는 것 같다. 마치 개미 농장을 내 몸 위에 풀어 놓은 기분이다. 불안 장애로 이런 증상을 겪은 적은 일찍이 없었다. 나는 다시는 졸로프트를 복용하지 않는다.

다음으로 내가 시도한 약은 팍실이었다. SSRI들은 대체로 서로 유사하지만 환자들은 개인별로 약에 다른 반응을 보이기도 한다. 팍실을 복용했을 때에는 피부가 근질거리는 부작용이 없었다. 사실 별다른 변화랄 게 느껴지지 않았다. 하지만 몇 주가 지나자 머릿속에 어느 정도 공간이 트이는 느낌이었다. 이를테면 걱정이 내 정신의 70퍼센트를 차지하고 있다가 이제는 40퍼센트만 차지하고 있는 것 같았다. 불안도 약간 줄었고, 불안을 무시하는 것도 한결 쉬워졌다. 나는 친구들과 저녁 식사를 마치고 집에 돌아와서, 내가 지난 몇 시간 동안 대화에 푹 빠져 현재에 충실했다는 걸 깨닫곤 했다.

하지만 약을 한 번이라도 건너뛰면 바로 어지럼증과 현기증이 엄습했다. 약 먹는 시간이 전날보다 몇 시간 늦어도 정신이 멍해졌다. 그래서 나는 약이 내 뇌의 화학 물질에 장난을 치고 있다는 사실을 매일 기억할 도리밖에 없었다. 약이 내게 도움이 된다는 증거가 충분함에도 기분이 불편한 건 어쩔 수 없었다. 몇 달이 지나자 다른 부작용도 슬금슬금 고개를 쳐든다. 성욕이 급감한다. 오르가슴을 느끼려면 어마어마한 노력이 필요하다. 걸신들린 사람처럼 식욕이 치솟는다. 반드시 채워져야만 하는 식욕이다. 식욕을 무시할 수 없어 한밤중에 굶주린 배를 안고 일어나서 몰래 시리얼을 한 그릇 말아 먹은 적도 여러 번이었다. 몸무게가 하루하루 는다(팍실의 잠재적 부작용을 나열한 긴 목록에는 〈식욕 증진〉과 〈식욕 부진〉이 둘 다 올라있다).

그럼에도 불구하고, 나는 효과가 있는 약을 발견했다는 점에서 행운이다. 불안 장애 환자의 적어도 3분의 1이 시판 약물에서 큰 효과를 보지 못한다.[133] 약물이 도움이 될 때조차도 증상이 완화되기까지 지체 시간이 있어서 환자들은 잘 듣는 걸 찾느라 여러 약을 전전하는 경우가 많다.

오래지 않아 그런 비극은 종지부를 찍을지도 모른다. 뇌 스캔이나 다른 검사를 통해 환자들이 특정 치료에 반응하는 정도를 예측하려는 연구가 속속 이루어지고 있다. 뇌 내 활동 패턴이나 혈중 호르몬 농도 같은 생체 지표를 길잡이 삼아 환자들을 가장 잘 맞는 약물이나 치료법으로 안내하고자 하는 이런 연구는 아직 초기 단계에 머물러 있고, 검사가 보편화되려면 여러 해가 걸릴지 모른다. 그러나 연구가 잘만 이루어진다면 환자들은 시간과 돈, 그리고 커다란 절망감을 아낄 수 있을 것이다.

과학자들은 PTSD, 사회 불안 장애, 강박 장애 등 다양한 질환의 잠재적 생체 지표를 찾으려 연구해 왔다. 그 결과 뇌 활동의 고유한 패턴을 단서로 환자가 특정 치료에 반응하는 정도를 예측할 수 있음이 밝혀졌다. 한 연구에서 범불안 장애 환자 열네 명에게 사진을 보여 주면서 fMRI 영상을 찍었다.[134] 피험자들은 다음으로 보게 될 사진이 훼손된 신체나 폭력적인 장면을 담고 있는 혐오스러운 사진인지 아닌지에 대해 미리 경고를 받았다. 검사 뒤 피험자들은 8주 동안 SNRI 이펙서를 복용했다. 실험 결과 사진을 보기 전, 전대상 피질 활동이 활발했던 사람들이 이펙서에 더 큰 반응을 보였다. 전대상 피질은 감정적 갈등을 감지하고 해결하는 데 관여하는 영역으로 여겨진다.

한편 영국 옥스퍼드 대학교의 연구자들은 공황 장애 환자 열네 명에게 불안을 유발하는 사고, 장례식, 병원 사진을 보여 주면서 MRI 스캔을 시행했다.[135] 피험자들은 이윽고 인지 행동 치료 세션을 네 차례 받았다. 이 연구에서는 불안을 유발하는 사진을 보는 동안 해마 영역에 회색 물질의 양이 늘고 섬엽과 배외측 전전두 피질 활동이 활발해진 환자들이 인지 행동 치료 뒤 증상이 더 많이 완화되었음을 밝혔다.

나는 팍실을 2년 가량 복용했고, 그 뒤로 여러 종류의 SSRI를 복용했다가 끊었다가 했다. 그러다가 또 1년 동안 팍실을 복용했다. 몇 년은 프로작을 복용했다. 최근에는 신종 SSRI인 렉사프로를 매일 5밀리그램씩 복용했다. 효과는 전부 엇비슷했지만, 나는 부작용이 가장 적은 것을 찾아 헤맸다. 최악은 팍실이었고 프로작은 훨씬 나았다. 렉사프로가 부작용이 가장 덜했으나 그런데도 여전히 약을 한 번이라도 건너뛰면 바로 어지러움이 밀려왔다. 내게는 약을 쓰다 말다 하는 일이 썩 쉬웠다. 행운인 걸 안다. 인터넷에는 약을 끊자마자 병이 재발하고 끔찍한 후유증을 겪었다는 무서운 경험담이 넘쳐난다.

나는 지난 18년 중 8년 동안 SSRI를 복용했다. 보통은 위기를 맞았을 때, 불안이 가라앉지 않아서 다른 일을 할 수 없을 때 약을 썼다. 그러나 습관적인 불안까지 치유되지는 않았다. 약을 복용할 때조차도 이따금 공황 발작이 찾아왔다. 스트레스를 심하게 받으면 약은 크게 부푼 편도체에 대적하지 못했다. 그러나 약은 내게 공간과 기회를 준다. 약은 익사 직전의 여인에게 주어진 에어 포켓과 같다. 완전한 해법은 아니지만, 적어도 다음 대책을 세울 때까지는 의식을 붙잡아 주는 것이다.

나는 지금 옷장 위 은그릇에 어린이가 열 수 없게 되어 있는 렉사프로 통을 올려놓는다. 하지만 내가 더 가까운 곳에 두는 주황색 병이 있다. 항상 핸드백에 넣어 지니고 다니는 이 병은 나의 안전 담요이자 행운의 장식이자 부적이다.

병에는 경고 스티커 세 장이 붙어 있다.

졸림과 현기증을 유발할 수 있음. 알코올이 해당 효과를 가중시킬 수 있음. 운전하거나 위험한 기계를 다룰 때 주의할 것.

임신 중이거나 임신 가능성이 있는 경우 의사나 약사와 약물 사용을 상의할 것.

마지막 스티커는 도로에 세우는 원뿔처럼 밝은 주황색이다.

규제 약물. 복용 지시를 따르지 않을 경우 위험함. 경고: 이 약을 처방받은 환자가 아닌 다른 사람에게 전달하는 일은 연방법으로 금지됨.

이 병에는 가운데에 〈K〉가 새겨진 연주황색 알약이 들어 있다. 클로노핀, 이 약은 환상적이다.

클로노핀은 불안과 그에 수반되는 짜증나는 부속품들을 — 심장 두근거림, 얕은 호흡, 배배 꼬인 사고를 — 30분 만에 녹여 없앤다. 충분한 양을 복용하면 심한 공황 발작조차 가라앉힐 수 있다. 새벽 4시 잠에서 깨어 〈만일 나쁜 일이 일어나면 어쩌면 좋지〉와 〈뭘 해야 하지〉 같은 생각들의 소용돌이 속에서 괴로워하고 있을 때 0.5밀리그램 알약을 반 알만 먹으면 다시 푹 잠들 수 있다. 클로노핀은 문자 그대로의 의미에서 진정제다.

클로노핀(성분명 클로나제팜)은 발륨과 자낙스가 속한 약품 분류인 벤조디아제핀에 속해 있다. 벤조디아제핀은 중추 신경

내 주된 억제성 전달 물질인 감마-아미노뷰티르산GABA의 활동을 강화시킨다. 감마-아미노뷰티르산의 주요 기능은 뉴런 활동을 감소시키는 것이다. 벤조디아제핀은 불안 장애와 공황 발작은 물론 발작 장애와 불면증을 치료하는 데에도 사용된다. 제약 판매량을 추적하는 퀸타일즈 IMS 연구소에 따르면, 2015년 한 해 동안 의사들은 벤조디아제핀 처방전을 9300만 건 이상 썼다. 2006년에 비해 16퍼센트 증가한 수치다.

기이하게도 나는 처음 클로노핀을 복용한 때를 기억하지 못한다. 다른 벤조디아제핀계 약물은 일찍이 몇 차례 시도해 보았다. 자낙스는 거의 일주일 동안 잠을 이루지 못한 내게 숙면을 선사했고, 발륨은 MRI 전에 복용한 적이 있다. 하지만 〈K 이전〉과 〈K 이후〉 내 삶은 천지 차이다. 클로노핀은 안정망이자 비상 버튼이다. 핸드백에 클로노핀이 있는 것과 없는 것은 하네스를 차고 밧줄에 매달려 암벽 등반을 하는 것과 아무런 안전 장비도 사용하지 않고 암벽 등반을 하는 미친 짓만큼이나 다르다.

내 처방전에 적힌 클로노핀 복용량은 언제나 〈수시로〉 또는 〈필요에 따라〉였다. 해가 지나면서 〈필요에 따라〉의 의미는 종종 달라졌다. 비행기에서 끔찍한 공황 발작을 맞은 때처럼 명백히 클로노핀이 필요한 순간도 있었다(지상 9,000미터 높이에서 공중을 가르는 금속 튜브 안은 공황 발작을 일으키기에 사상 최악의 장소가 분명하니까. 탈출구도 없고, 보는 눈이 수십 쌍이다). 나는 비행기 뒤쪽의 주방으로 도망쳐서 깜짝 놀란

승무원의 팔을 붙들었다. 승무원에게서 물잔을 건네받고, 그녀와 나란히 보조 좌석에 앉았다. 심호흡을 하면서 공황을 몰아내려고 애처롭게 노력했다. 클로노핀 알약 두 개를 꿀꺽 삼켰다. 평소 복용량의 네 배였다. 한 시간 뒤, 나는 좌석 세 개에 몸을 눕히고 잠이 들어 비행기가 착륙할 때까지 깨지 않았다.

나는 클로노핀을 예방 목적으로 사용하기도 했다. 아주 불안한 상황에 놓이기 전에 0.5밀리그램 알약 반 알을 삼키곤 했다. 직장에서의 중요한 회의나 면담, 주눅 드는 파티, 혹은 운전을 앞두고서(뉴욕에 20년째 거주하고 있는 나는 거의 운전을 하지 않는다. 고속 도로를 타면 공황 발작을 일으킬 것을 거의 확신하기 때문이다). 이걸 알면 많은 인지 행동 치료사들이 혀를 차면서 내가 불안을 정복할 기회를 스스로에게서 박탈하고 있다고 말할 것이다. 하지만, 어쩌겠는가. 가끔은 하루를, 혹은 한 시간을 버티는 데 그게 꼭 필요한 것을.

나는 클로노핀을 가지고 의학적 탐정 놀이를 하기도 했다. 이상한 신체적 증상에 시달릴 때면 클로노핀을 한 알 먹고 기묘한 고통이나 사지의 무감각이 사라지는지를 확인했다. 만약 그렇다면, 그 증상은 불안으로 인한 것이라고 결론지을 수 있었다.

불안이 하늘을 찌르는 시기에는 몇 주 동안 클로노핀을 매일 복용했다. 때로 이는 재발이 임박했다는 징조로서 내가 다시 치료를 받고 SSRI를 꾸준히 복용해야 한다는 뜻이었다. 한편 기간 한정의 명백한 이유 때문인 경우도 있었다. 2년 전 겨울

196

몇 주 동안 나와 남편은 우리 딸에게 뇌종양이 있을지도 모른다고 생각했다. 딸아이는 자주 손으로 이마를 짚고 딱하게도 앓는 소리를 내며 두통을 호소했다. 축농증을 의심하고 갖가지 항생제를 사용해 보았지만 듣지 않았다. 신경과 전문의를 찾아가자 그는 검사 결과가 우려스럽다고 말했다(소아 신경과 대기실보다 더 슬픈 풍경은 세상에 많지 않을 것이다). 의사는 딸아이의 MRI 검사 일정을 잡았다. 검사 결과를 기다리는 2주 동안 — 마침내 의사가 전화해서 MRI에서 드러난 이상은 만성 축농증이 전부라고 말하기 전까지 — 나는 하루에 클로노핀을 두 차례, 가끔은 세 차례씩 복용했다.

그래도 공포는 가라앉지 않았다. 암울한 미래를 생생하게 상상할 수 있었다. 나는 끊임없이 걱정했고, 정교한 계획을 세웠다. 아픈 아이를 돌보기 위해 직장에서 어떻게 휴가를 얻을 것인지. 남편과 나는 종국에는 비탄에 잠겨 이혼을 하게 될 텐데, 그건 어떻게 이겨 낼 것인지. 나는 건강했던 딸을 기억할 수 있도록 재잘거리는 아이의 모습을 동영상으로 담았다. 불면의 밤이 이어졌다. 뇌에 클로노핀을 쏟아 붓고 있지 않았더라면, 불안이 얼마나 더 심해졌을까?

어떤 시기에 나는 클로노핀을 더 자유롭게, 심지어는 미심쩍은 상황에서도 거리낌 없이 사용했다. 중요한 날을 앞두고 잠이 오지 않을 때 먹기도 했고, (아주 드물게는) 와인 한두 잔을 마신 뒤 입가심처럼 먹기도 했다. 재미를 보려는 건 아니었다. 마흔이 넘은 뒤로 와인을 마시면 심장 박동 수가 올라가서 밤에 푹 잘 수 없게 되었는데, 미량의 클로노핀이 불면을 쫓아 주곤 했다.

제조사 제넨테크가 공개한 클로노핀의 부작용 목록은 위압적이다.[136] 우울증, 조정력 문제, 현기증, 그리고 내가 가장 좋아하는 〈지적 능력 저하〉까지. 그러나 몇몇 의사들이 벤조디아제핀 처방을 망설이는 이유는 그보다는 중독과 남용의 가능성 때문이다. 다량의 알코올이나 다른 약과 결합되면 벤조디아제핀은 치명적일 수 있다. 복용자의 호흡이 갑자기 멈추는 경우도 있다. 배우 히스 레저, 가수 휘트니 휴스턴, 모델 애너 니콜 스미스의 죽음에 벤조디아제핀이 관여했다.

벤조디아제핀을 복용하다가 끊는 사람에게 지옥문이 열리기도 한다. 특히 몇 년 이상 정기적으로 복용해 온 사람들에게 해당되는 얘기다. 벤조디아제핀을 끊으려는 이들을 돕는 『불안 장애 약물 치료 중지하기: 벤조디아제핀 중지를 위한 공황 통제 치료』와 같은 제목의 지침서만도 몇 권이 나와 있다.[137] 약물 치료를 중단한 사람들을 위한 온라인 지원 모임 벤조버디스(BenzoBuddies.org)의 포럼에는 공포 영화만큼이나 끔찍한 증상들을 절박하게 묘사한 글들이 올라온다. 메스꺼움, 혀가 타는 감각, 귀 울림, 오열, 우울증. 많은 글의 꼬리말에 작성자가 벤조디아제핀을 사용하게 된 장황한 사연과 그것을 끊기 위한 느리고 고통스러운 시도가 묘사되어 있다. 이 포럼에 글을 쓰는 사람들 중에는 25년 넘게 벤조디아제핀을 복용한 이들도 있다. 중독 때문에 잃어버린 직업, 잃어버린 연인의 연대기가 한바탕 펼쳐진다.

최근 자낙스를 3년 동안 매일 복용하다가 갑작스럽게 끊은 사람이 벤조버디스에 〈지상의 완전한 지옥〉이라는 제목으로 글을 올렸다. 그녀는 약을 끊고 에너지도 식욕도 사라졌으며 두통과 심장 두근거림에 시달린다고 말한다. 2주 동안 몸무게가 6.8킬로그램 빠졌다. 불안도 화려하게 복귀했다. 「〈죽음〉을 느끼고, 죽기를 원하는 것에 대해 말해 볼까요. (……) 심장이 가슴 밖으로 터져 나올 것 같다는 느낌 없이 열 발짝도 걸을 수 없었습니다. 이인증, 불면증, 지속적인 경련, 사지의 고통과 따끔거림에 시달렸고 내 몸이 내게서 분리된 느낌이었습니다. 울지도 웃지도 못했고 완성된 문장을 말하지도 못했습니다. 정말이지 걸어 다니는 좀비나 다름없었어요.」

1996년과 2013년 사이 벤조디아제핀 처방 약을 받은 미국 성인의 수는 810만 명에서 1350만 명으로 67퍼센트 뛰었다.[138] 같은 시기 동안 인당 처방받은 약물의 양은 두 배로 늘었고, 약물 남용으로 인한 사망 중 벤조디아제핀이 연루된 건수도 네 배로 늘었다. 가장 치명적인 것은 벤조디아제핀과 오피오이드의 조합이다. 벤조디아제핀이 연루된 사망의 4분의 3에 옥시콘틴과 퍼코셋 같은 약이 함께 연루되어 있었다.

나는 한 번도 클로노핀에 중독되었다고 느끼지 않았다. 이따금 약을 복용하지 않고 몇 달이나 지냈다. 불안 장애로 인해 벤조디아제핀을 복용하는 사람들 대부분은 약물을 남용하거나 내성이 생기지 않는다.[139]

하지만 최근, 나는 클로노핀 복용에 대해 한층 고민하기 시작했다. 지난 몇 년 사이 벤조디아제핀과 알츠하이머병과 치매 사이의 위험한 연결 고리가 발견된 것이다. 2014년 『영국 의학 저널』에 발표된 한 연구에서 3개월 이상 벤조디아제핀을 복용한 노인은 알츠하이머병에 걸릴 위험성이 32퍼센트 더 높다고 밝혔다.[140] 그뿐 아니라, 벤조디아제핀에 많이 노출되었을수록 위험성도 정비례했다. 6개월 동안 매일 벤조디아제핀을 복용한 사람은 위험성이 84퍼센트 더 높았다. 클로노핀처럼 반감기가 긴 벤조디아제핀이 더 위험했고, 자낙스나 아티반처럼 반감기가 짧은 벤조디아제핀은 상대적으로 덜 위험했다.

나를 안도하게 만든 건 2016년 같은 저널에 실린 최신 연구다.[141] 65세 이상 노인 3,400명 이상을 추적 연구해 보니 벤조디아제핀이 치매를 유발한다는 기존 가설과는 다른 결과가 나왔다. 약 7년 동안 치매에 걸린 피험자는 대략 800명이었다. 연구 시작 전 10년 동안 벤조디아제핀을 가볍게 사용한 사람(연간 120일 이하 복용)은 추적 기간 동안 치매 진단을 받을 가능성이 보통보다 약간 높았다. 헌데 놀랍게도 연구 시작 전 10년 동안 벤조디아제핀을 과량으로 복용한 사람들은 아예 복용하지 않은 사람들보다 치매에 걸릴 확률이 높지 않았다. 연구자들은 벤조디아제핀을 가볍게 복용한 사람들의 치매 발병률이 보통보다 조금 더 높은 것은 불안이나 불면증 같은 치매의 초기 증상 때문에 벤조디아제핀 처방을 받았기 때문이라고 추측한다. 이 연구 결과는 적어도 벤조디아제핀이 치매를 일으키지는 않는다는 사실을 입증한다.

즉, 과학자들의 말이 엇갈리고 있는 것이다. 그래서 요즘 나는 클로노핀 병을 열기 전 마음속으로 조용히 손익 분석을 해본다. 내 불안이 그렇게 심각한가? 나중에 정신이 망가지더라도 지금 편해질 가치가 있는가? 때때로 — 내가 원하는 만큼 자주는 아니지만 — 나는 병을 조용히 밀쳐놓는다.

19세기에 이미 불안을 치료할 다양한 약물이 나와 있었다.[142] 특히 1869년에 출시된 안정제 브롬화물과 포수클로랄이 대중적으로 인기가 높았다. 이디스 워튼의 『환락의 집』의 비극적인 주인공 릴리 바트가 포수클로랄 과용으로 사망한다. 마지막 잠에 빠져들기 전 릴리는 안정제의 초기 효과를 〈몸 안이 서서히 고동치는 감각, 부드럽게 다가오는 수동성이 마치 어둠 속에서 보이지 않는 손에 마법처럼 쓰다듬어지는 기분이었다〉라고 묘사했다.

1903년 최초의 바르비투르산염 약제인 바르비탈이 미국에서 베로날이라는 상표로 출시되었다. 바르비투르산염은 더 일찍 나온 브롬화물보다 안전했고, 주로 불면증과 불안 증상에 처방되었다. 20세기 전반에 베로날은 판매량이 치솟았고 수십 종의 변형이 시장에 넘쳐났다. 의학 역사가 앤드리아 톤에 따르면 베로날은 여러 색깔의 알약으로 출시되어 파란 천사, 분홍 아가씨, 노란 재킷 같은 별명이 붙었으며 길거리에서는 〈구프볼〉이라고 불렸다고 한다.

바르비투르산염은 위험하고 중독성이 있었다. 남용하기도 쉬웠다. 어떤 사람에게는 수면을 유도하는 수준의 안전한 양이 다른 사람에겐 치사량일 수도 있었다. 내성이 생기는 것도 문제였다. 같은 효과를 내려면 점차 복용량을 늘려야 했다. 바르비투르산염은 끊기도 어려워서, 갑자기 복용을 중단하면 빠른 맥박, 고혈압, 발한, 경기 같은 끔찍한 부작용이 뒤따랐다. 메릴린 먼로가 캘리포니아주 브렌트후드의 집에서 시신으로 발견되었을 때 그녀 곁에는 빈 바르비투르산염 병이 놓여 있었다. 주디 갈런드도 바르비투르산염 남용으로 죽었다.

1955년에 이르러서야 더 안전하고 — 혁명적인 — 항불안제가 시중에 나왔다. 밀타운의 등장이었다.

밀타운은 체코슬로바키아 출신 과학자 프랭크 버거에 의해 개발되었다.[143] 1938년 그는 신혼인 아내와 함께 나치를 피해 영국에 정착했고, 거기서 제2차 세계 대전 전장에서 절실하게 필요했던 페니실린 생산량을 증대시키는 연구를 시작했다. 페니실린 보존제 역할을 할 합성물을 시험하던 중, 버거는 주로 형태를 변형시켜 소독약으로 쓰던 물질 메페네신에 대해 놀라운 사실을 발견했다. 쥐에게 메페네신을 주사하자 근육에 힘이 빠졌지만 의식은 그대로 남아 있었던 것이다. 바르비투르산염과 달리 메페네신은 투약자를 멍하게 만들지 않았다.

1949년, 버거는 뉴저지주 카터 프로덕츠 산하 월러스 연구소에 취직했다.[144] 당시 카터 프로덕츠의 주 수익원은 카터즈 리틀 리버 필즈라는 이름의 설사약이었다(그 밖에도 데오드란트 아리드와 제모 크림 네어가 있었다). 카터는 처방약 사업의 돌파구를 찾고 있었다. 버거가 월러스 연구소에서 처음 투입된 프로젝트는 메페네신을 효과가 오래 지속되는 경구 알약으로 만드는 것이었다. 그는 동료들과 함께 500개의 합성물을 만들어 10종 남짓을 동물에게 실험했다. 그중 하나인 메프로바메이트는 쥐의 근육을 이완시키고, 붉은털원숭이와 자바원숭이를 유순하게 만들었다. 이 두 종류의 원숭이는 본디 포악하고 폭력적이어서 버거의 설명에 따르면 〈다룰 때 두꺼운 장갑과 얼굴 보호대를 착용해야 할 정도〉였다. 그러나 메프로바메이트 주사를 한 방 놓자 그들은 〈친근하고 의식이 생생한, 아주 착한 원숭이〉가 되었다.

인간을 대상으로 몇 차례 연구 끝에 메프로바메이트가 안전하고, 불안을 경감시키며, 수면을 유도한다는 사실이 밝혀졌다.[145] 버거는 식약청에 판매를 허가해 달라는 신청서를 제출했다. 월러스 연구소 본부에서 멀지 않은 조용하고 따분한 마을 밀타운의 이름을 딴 이 신약은 1955년 5월 시장에 출시되었다. 제약계의 큰손 와이어스에서도 메프로바메이트 제조 허가를 사서 몇 달 뒤 이퀴닐이라는 이름의 약을 팔기 시작했다. 이것이 최초의 약(弱) 신경 안정제였다. 1957년에 이르자 미국에서 발행된 전체 처방전의 3분의 1을 안정제가 차지했다.[146]

밀타운은 헐리우드에서 선풍적인 인기를 끌었다.[147] 루실 볼과 테네시 윌리엄스가 밀타운의 팬을 자처했다. 밀튼 벌은 밀타운에 어찌나 푹 빠졌던지 스스로를 〈밀타운 아저씨〉로 자칭

하기도 했다. 앤드리아 톤은 이렇게 적는다. 〈영화배우와 텔레비전 스타들은 밀타운에 대해 온갖 야단을 떨었다. 가십 기자들은 밀타운에 대한 논문을 썼고, 유명 인사들이 모이는 행사에서는 카나페만큼이나 태평스럽게 밀타운을 돌렸다.〉 마티니 잔을 올리브 대신 밀타운 알약으로 장식한 〈밀티니〉도 인기였다. 밀타운은 아이스크림에서 휴가까지 모든 광고에 등장했다. 과로하는 직장인들 사이에서 인기가 높아 〈중역의 엑시드린(진통제)〉이라는 별명이 붙었다. 운동선수들은 경기 전 초조함을 진정시키려고 밀타운을 복용했다. 필라델피아 필리스와 신시내티 레드레그스(신시내티 레즈로 바뀌기 전 1950년대에 불리던 이름)의 팀 의사들은 선수들에게 밀타운을 처방했다.[148]

카터 프로덕츠와 와이어스에서는 의사들에게도 공격적인 구애를 펼쳤다. 『미국 정신 의학회지』에 실린 한 광고에서는 밀타운을 〈긴장하고 초조한 환자〉, 〈격정적이고 망령이 든 환자〉, 〈알코올 의존자〉, 〈문제아〉 등 광범위한 환자들에게 처방하라고 권한다.[149] 카터는 초현실주의 화가 살바도르 달리에게 1958년 미국 의학 협회 연간 회의장에 밀타운 복용 경험을 묘사하는 작품을 설치해 달라고 의뢰했다(달리의 아내가 밀타운을 복용했다). 완성된 작품 「크리살리다 Crisalida」는 2.5톤 무게의 실크 벽 터널로서, (뒤틀리고 속이 빈 형태로 묘사된) 불안에서 (화관을 쓰고 속이 비치는 옷을 입은 여인으로 묘사된) 안정으로의 여정을 그린 벽화로 장식되어 있었다.

대성공을 목도한 제약 회사들은 앞다투어 제2의 블록버스터

항불안제를 찾아 나섰다. 동유럽 출신의 유대계 과학자였던 레오 스턴바크는 갈수록 심해지는 나치의 위협을 피하기 위해 1941년 스위스를 떠나 미국 호프먼라로시에서 일하기 시작했다.[150] 그는 밀타운과 그 동류의 유사품을 만드는 대신, 완전히 새로운 안정제를 개발하고자 했다. 그는 우선 몇 년 전 신종 염색제를 개발하기 위해 연구했던 벤즈헵톡스디아진 유도체 수십 가지를 건드리기 시작했다. 그러나 그중 무엇도 안정제로서 효과는 내지 못했다. 실망한 회사 측에서는 스턴바크에게 대신 항생제 연구를 맡겼다. 이야기는 이렇게 끝날 수도 있었다. 그러나 1년 뒤, 스턴바크의 동료 한 사람이 스턴바크가 시험에서 누락시킨 샘플 Ro 5-0690을 발견했다.

Ro 5-0690은 쥐와 고양이에게 실험되었다. 이 샘플을 투여받은 쥐는 귀를 잡고 들어 올려도 축 늘어져 있었고, 경사면에 놓으면 아래로 쭉 미끄러졌다(보통의 쥐들은 쉽게 경사면 꼭대기로 달려갈 수 있다). 약을 투여받은 고양이들은 뒷덜미를 잡아도 얌전하고 이완된 상태를 유지했지만, 의식이 몽롱해지거나 걸음걸이가 이상해지지는 않았다. 스턴바크는 심지어 자신이 직접 약을 실험해 보았다. (오늘날 처방되는 복용량보다 다소 많은) 50밀리그램의 약을 복용하고 1시간 30분 뒤 스턴바크는 〈무릎이 조금 풀린 기분〉이라고 일지에 적었다. 시간이 더 흐르자 잠이 왔지만 저녁 시간쯤엔 평소 상태로 돌아와 있었다. 드디어 안정제의 성배가 발견된 듯했다. Ro 5-0690은 생명에 지장을 주지 않았고, 강력했으며, 경쟁 제품처럼 진정 효과가 과도하지 않았다. 이 약은 (평형equilibrium을 따서) 리브리움이라고 이름 붙여졌다. 리브리움은 1960년 출시되고 3개월 만에 가장 잘 팔리는 안정제로 등극했다.[151]

사람들의 열광을 자아낸 것은 안정제와 벤조디아제핀이었지만, 1960년대에는 불안 장애에 대한 약물 치료 역시 묵묵히 약진했다. 도널드 클라인과 충격 치료 전문가 맥스 핑크가 뉴욕 퀸즈 소재의 병상 200개짜리 장기 입원 정신 병원인 힐사이드 병원에서 근무하고 있던 1961년, 최초의 삼환계 항우울제인 이미프라민이 연구용으로 출시되었다. 핑크는 약을 시험해 보고 싶었고, 힐사이드 병원에서는 우울증 환자 일부에게 이미프라민을 복용시키기 시작했다. 클라인은 회상한다. 「그 약을 주면 환자들은 잠을 조금 더 잘 잤고, 끼니를 거르지 않았고, 3~4주 뒤엔 사무실에 찾아와서 이렇게 말하기도 했습니다. 〈의사 선생님, 베일이 벗겨진 것 같아요. 저 괜찮아졌어요.〉」 우울증 환자 일부는 불안 증상도 보였는데, 클라인이 관찰해 보니 이미프라민은 불안을 경감시키는 효과도 있었다. 그래서 힐사이드 병원에서는 우울증 여부를 떠나 불안을 느끼는 환자들에게 이미프라민을 처방하는 실험을 시작했다.

클라인은 결정적인 사례가 있었다고 회상한다. 입원한 지 1년이 되어 가는데도 여전히 혼자 있는 걸 두려워하는 환자가 있었다. 그는 보호자 없이는 아무 데도 가지 못했고, 하루 서너 차례씩 공황에 빠져 간호사실에 달려가서 자기가 죽어 가고 있다고 주장했다. 클라인은 그에게 신약을 처방했다.

　클라인은 환자의 복용량을 매주 조금씩 증가시켰다. 한동안은 현상이 유지되었다. 환자는 매일 여러 차례 공황 발작을 일으켰으며 클라인에게 진료받을 때 그가 〈형편없는〉 의사라고 말하곤 했다. 그러나 몇 주가 지나자 간호사 한 명이 환자가 나아졌다고 말했다. 그 주에는 야단을 떨면서 간호사실에 달려오는 일이 단 한 차례도 없었다는 것이었다. 클라인만큼이나 환자 본인도 이 결과에 충격을 받았다.

　병이 깨끗이 나은 건 아니었다. 그는 여전히 혼자 있는 게 두려웠고, 형태 없이 막연한 불안도 그대로였다. 그러나 어쨌건 이미프라민은 공황 발작을 막았다.

　클라인과 핑크는 1952년 『미국 정신 의학회지』에 이 연구에 대한 논문을 발표했다.[152] 〈불안에 적어도 두 종류가 있다는 사실이 명백해졌다. 간호사실로 달려가게 만든 끔찍한 불안 위기가 있고, 모든 게 형편없으며 상황이 점점 악화될 거라는 예기 불안이 있다. 이 약물이 두 불안을 구별해 냈다.〉

　클라인은 지금 맨해튼 메트로폴리탄 미술관 길 건너의 웅장한 건물에 산다. 그가 문을 열자 작고 활달한 개 코코가 아파트 문간까지 뛰쳐나와 나를 맞아 준다. 클라인은 부스스한 흰머리에 파란색과 흰색이 섞인 체크 드레스 셔츠와 남색 코듀로이 바지 차림이고, 양말을 신은 발은 코코의 털에 가려 보이지 않는다. 그는 88세지만 아직 현역이다. 2003년 컬럼비아 대학교 정신 의학과에서 은퇴했지만, 아직도 일주일에 하루는 개인 환자를 진료하며 논문을 발표하고 연구 기금 제안을 상의한다.

클라인의 이미프라민 연구는 정신 의학자들의 사고방식에 혁명을 불러왔다. 불안이 단일한 무형의 질환이 아니며, 약물에 대한 환자들의 반응을 근거로 질환들 사이의 경계를 과학적으로 정의할 수 있다는 사실을 최초로 입증한 것이다. 클라인은 그 대단한 발견에 대해 말한다. 「파스퇴르의 말이 옳아요. 발견에는 기회와 준비된 정신이 필요하다고 했지요.」

이미프라민 연구에서 성공을 거둔 클라인은 『정신 질환의 진단 및 통계 편람』 제3판 전담 팀을 이끌던 로버트 스피처에게 팀에 합류해 달라는 부탁을 받았다.

오늘날 『정신 질환의 진단 및 통계 편람』은 논란의 여지 없이 정신 의학계에서 가장 영향력 있는 책이다. 보험사들은 보상 범위를 정할 때 이 책을 사용한다. 정부는 보조금을 할당할 때 이 책을 사용한다. 과학자들은 연구 계획에 이 책을 사용한다. 변호사들은 의뢰인을 변호하기 위해 이 책을 사용한다.

그러나 이 책이 처음부터 대단한 영향력을 발휘한 것은 아니다. 『정신 질환의 진단 및 통계 편람』 초판은 1952년에 발행되었는데, 주립 정신 병원의 의사들이 환자들에 대한 통계를 더 쉽게 수집할 수 있게 하려는 목적이었다. 초판은 프로이트식 사고에 확고히 기반을 두고 있었다. 초판에서 제일 눈에 띄는 항목은 불안이었다. 불안은 오늘날엔 다양한 불안 장애, 우울증, 신체형 장애로 구별되나 당시에는 소위 〈정신 신경증〉으로 묶여 있던 질병을 일으키는 주범으로 여겨졌다. 설명은 다음과 같았다. 〈이런 장애들의 특성은 직접 감지되고 표현되거나, 혹은 자연히 무의식적으로 (우울증, 전환,* 감정 전이 등) 다양한 심리 방어 기제를 사용함으로써 통제되는《불안》이다.〉[153] 여기서 말하는 장애는 불안 반응, 강박 반응, 우울 반응, 공포 반응 등을 포함한다.

1968년에 출간된 『정신 질환의 진단 및 통계 편람』 제2판도 초판과 비교하여 획기적 변화는 없었다.[154] 〈반응〉이라는 용어가 빠지고 〈불안 신경증〉, 〈히스테리 신경증〉, 〈신경 쇠약 신경증〉 같은 오래된 용어가 복귀했으나 대체로 표현상의 변화에 머물렀다. 정신 질환들은 여전히 무의식적 갈등에 의해 생성된 불안의 결과로 간주되었다.

스피처의 감독하에 1980년에 출간된 『정신 질환의 진단 및 통계 편람』 제3판은 혁명이었다. 컬럼비아 대학교 소속 정신과 의사였던 스피처는 정신 분석 교육을 받은 배경이 있었다. 그러나 편람 신판은 가능한 한 경험적 자료에 기반을 두고, 모호한 잡탕이었던 기존 판본을 벗어나 임상 의사들이 유용하게 사용할 수 있도록 상세한 포함·제외 기준을 세우고자 했다.[155] 신판은 질환이 무의식적 갈등에서 기인한다는 개념을 버렸다.

클라인은 전담 팀에서 일하면서 〈불안 및 해리성 장애〉 항목을 집필했다. 이미프라민 실험을 통해 그는 공황 발작이 불안과 별개의 장애라고 확신한 터였다. 클라인은 이를 염두에 두고 기존 〈공황 신경증〉의 일부로 묶여 있던 공황 장애를 개별

* 억압된 마음속의 소망이 신체적 증상으로 표출되는 일.

항목으로 올리겠다고 주장했다. 신판에서는 〈불안한 예기〉가 〈범불안 장애〉가 되었고, 사회 공포증과 PTSD가 처음 등장했다.

정신 분석학자들은 새로운 접근법이 지나치게 단순하다고 조롱하는 한편 자신들의 성과를 무시한다며 반격했다.[156] 특히 〈신경증적 장애〉 항목을 두고 뜨거운 논쟁이 벌어졌다. 스피처는 정신 질환의 기원에 대한 정신 분석적 관점에 너무 매여 있는 이 항목을 편람에서 아예 빼고자 했다. 그러나 많은 정신과 의사들에게 신경증은 생계 수단이었다. 환자에게 가장 흔하게 내려지는 진단이 신경증이었다. 정신과 의사들은 신경증이 『정신 질환의 진단 및 통계 편람』에서 빠지면 보험 회사가 더 이상 치료비를 대지 않을까 우려했다. 결국 전담 팀은 타협해서 신경증을 아예 빼지는 않되 〈공포 장애(공포 신경증)〉에서처럼 괄호 안으로 좌천시켰다.

정신 분석은 과학 공동체 내에서 또 다른 공세를 받았다. 한 연구에서 불안에 시달리는 환자 두 집단 중 한 집단에 정신 분석을 받게 하고, 다른 집단은 대기 명단에만 올리고 분석은 받지 못하게 했다.[157] 두 집단은 똑같은 차도를 보였다. 정신 분석이 비싸고 오랜 시간이 소요되며, 모든 불안한 사람을 치료할 만큼 정신 분석 치료사가 많지 않다는 점도 문제였다. 물론 불안을 더 빠르게 치료할 가능성의 문을 열어 준 약물 역시 정신 분석의 몰락을 부추겼다.

스턴바크는 리브리움으로 쉽게 성공을 거머쥐었으나 거기서 만족하지 않았다.[158] 그는 부작용이 덜하고 효과가 더 강력한 벤조디아제핀을 만들겠다고 결심했다. 그 결과 라틴어로 〈건강〉을 뜻하는 발레레valere에서 이름을 딴 발륨이 1963년 처음 베일을 벗었고, 이어서 몇 개 약이 더 개발되었다(클로노핀을 만들어 준 스턴바크에게 감사한다). 1968년, 리브리움은 미국에서 가장 자주 처방되는 약물의 지위를 발륨에 빼앗겼다. 1968년에서 1981년까지 발륨은 서양에서 가장 대중적인 약물이었다.

1960년대 말에 진정제 시장의 고객은 여성이 압도적인 비율을 차지했다. 예를 들어 1968년의 한 연구에 따르면 여성이 진정제를 복용할 가능성이 남성보다 두 배 높았다.[159] 1970년대에 진정제 사용자의 무려 3분의 2가 여성이었다. 1970년 『일반 정신 의학 기록』에 실린 발륨 광고에는 〈35세, 미혼, 정신 신경증 환자〉인 잰이라는 여성이 등장한다.[160] 의사들을 대상으로 한 광고 문구는 이렇다. 〈잰 같은 환자를 여럿 받아 봤을 겁니다. 자존감이 낮은 미혼 여성들 말입니다. 잰은 아버지만큼 괜찮은 남자를 끝내 찾지 못했습니다. 발륨(디아제팜)은 실패, 죄책감, 상실에 대해 신경증적으로 반응하는 긴장하고 불안한 환자의 치료에 유용한 보조제가 될 수 있습니다.〉

그러나 오래지 않아 벤조디아제핀의 어두운 면이 밝혀졌다. 1970년대에 여러 과학 연구와 기사들에서 벤조디아제핀 중독과 복용 중단에 따르는 심각한 부작용을 다루었다. 식약청에

항의가 빗발쳤고, 관련 신문 기사가 산처럼 쌓였다. 1978년, 과거 영부인이었던 베티 포드가 알코올과 발륨을 비롯한 약물 중독으로 재활 치료소에 들어갔다.[161] 이듬해 CBS 프로듀서 바버라 고든이 공황 장애와 발륨 복용을 중단하는 끔찍한 경험을 다룬 회고록『나는 최고 속도로 춤추고 있다 *I'm Dancing as Fast as I Can*』를 펴냈다. 1979년 에드워드 케네디 상원 의원이 벤조디아제핀의 위험성에 대해 상원 공청회를 소집했다.[162] 연방 법과 주법이 벤조디아제핀 재처방을 억제하고 불법적 사용에 대한 벌을 강화하는 방향으로 바뀌었다. 판매량이 급감했다. 발륨 처방 건수는 1975년 6130만 건에서 3360만 건으로 떨어졌다. 바르비투르산염처럼 더 오래되고 위험한 약으로 돌아가는 사람들도 있었다.

한편 제약 회사들은 계속해서 신약을 쏟아 냈다. 1981년 업존에서는 발륨보다 반감기가 길다는 등의 이유로 더 안전한 약 자낙스를 출시했다. 자낙스는 한 해 전『정신 질환의 진단 및 통계 편람』제3판에서 개별 장애로 인정받은 공황 장애의 치료약으로 식약청 승인을 받은 덕분에 상대적으로 유리한 위치에 놓였다. 곧 자낙스가 발륨의 판매량을 뛰어넘었다.

다음 타자는 SSRI였다. 프로작, 팍실, 졸로프트를 비롯한 SSRI는 본디 우울증 약으로 허가를 받았지만 제조사들은 재빨리 이 약들이 불안 치료에도 효험이 있음을 보이는 임상 실험을 후원했다. 1998년에 이르자 미국 정신 의학 협회 같은 주요 기관에서 SSRI를 불안 장애의 최전선 약물로 권고하기 시

작했다.[163]

1990년대에는 처방약에 대한 소비자 광고가 폭발적으로 늘어났다. 1999년 글락소스미스클라인의 팍실이 사회 불안 장애 치료약으로 식약청 승인을 받았다. 글락소스미스클라인은 한해 동안 광고비로 9200만 달러를 퍼부어 소비자들에게 사회불안 장애가 무엇인지 알리고, 그것을 치료하기 위해 신약을써보라고 권유했다.[164] 광고 문구는 이러했다. 〈사람에 대한 알레르기가 있다고 상상해 보십시오.〉텔레비전 광고에는 절망에 빠져 벽에 기댄 회사원, 혼자 푸른빛을 받으며 텔레비전을보고 있는 학생, 쓸쓸하게 창밖을 내다보는 여자가 등장했다.[165] 물론 팍실을 복용한 뒤에는 누구에게나 찬란한 햇빛이쏟아졌다. 학생은 친구들과 풋볼을 하고 대학을 졸업했다. 여자는 미소를 지으며 파티에 참석했다. 회사원은 아버지가 자랑스러운 미소를 띠고 지켜보는 가운데 저녁 식사에서 축하를 받았다. 광고에서 말하고자 하는 바는 이렇다. 〈팍실, 당신의 삶은 기다리고 있습니다.〉

지난 몇 해 동안 전통 제약 회사들은 정신병 치료약 개발을줄여 왔다. 2009년 글락소스미스클라인에서 우울증과 통증에대한 신경 과학 연구를 철수한다고 선언했다.[166] 같은 해 아스트라제네카에서 불안 장애, 우울증, 조현병, 양극성 장애 치료약 개발을 중지한다고 밝혔다. 많은 환자가 시판되는 약에서별반 효과를 보지 못하고 있는 현황인지라, 불안 장애와 우울증을 치료할 신약 시장은 ─ 그리고 거기서 발생할 잠재 수익은 ─ 거대할 것이다. 그런데 왜 제약 회사들이 앞다투어 발을 빼려 하는 걸까?

정신과 약이 다른 약물보다 출시까지 시간과 비용이 훨씬 많이 들기 때문이다. 여기엔 여러 이유가 있다. 정신 질환의 증상은 환자마다 균질적이지 않고, 두 개 이상의 질환을 가진 사람도 많다. 초기 연구는 대개 쥐와 같은 동물에게 행해지나 쥐의 뇌는 인간의 정신만큼 복잡하지 않다. 또 다른 문제는 영상 처리의 발달에도 불구하고 인간의 뇌가 직접 관찰하기 어렵다는 것이다. 예를 들어 암 연구에서는 살아 있는 환자들에게서 제거한 종양 세포를 직접 연구할 수 있으나 다행히도 불안 장애 환자의 뇌를 잘라 내어 연구하려는 의사는 없다.

여차저차 신약 개발에 성공했다 해도 식약청 승인을 받는 게 또 하나의 관건이다. 1993년에서 2004년 사이 중추 신경에 작용하도록 개발된 신약 가운데 허가를 받은 것은 8퍼센트에 그친다. 일부는 유해한 부작용 때문에 통과되지 못했지만, 대부분은 효과가 충분히 좋지 않아 승인 단계에서 주저앉는 신세가 되었다.

몇 년 전 과학자들과 제약 회사들은 큰 도약을 앞두고 있다고 생각했다. 우울증과 다양한 불안 장애를 앓는 환자들을 위한 새로운 종류의 약물이 대규모 임상 실험에 부쳐진 것이다. 기존 약물과 전혀 다르게 작용하는 이 약은 SSRI나 여타 시판 항우울제가 들지 않는 사람들에게 희망이 되어 줄 것이었다.

이 신약은 뇌 내 수용체인 부신 피질 자극 호르몬 방출 인자CRF 1번 수용체에 작용했다. CRF란 스트레스에 대한 신체 반응에 관여하는 아미노산 펩타이드로서, HPA 축을 활성화시키고 부신 피질 자극 호르몬ACTH이 나오도록 해서 투쟁-도피 반응을 촉발한다. CRF1 수용체를 막으면 불안을 경감시킬 수 있다는 가설은 그럴듯했고, 실제로 일련의 동물 연구에서 기대한 효과를 보였다. CRF1 대항 물질을 주사한 쥐들은 탁 트인 공간에서 더 오래 시간을 보냈고, 공포 조건화 중 동결 반응을 더 적게 보였고, 충격을 주었을 때 우리 속 톱밥과 푹신한 침대 속으로 몸을 숨기려 드는 모습도 덜 보였다.

인체 대상 실험에서도 처음에는 바람직한 결과가 나왔다. 그러나 식약청 승인을 받고 약을 시장에 출시하기 위해 거쳐야 하는 대규모 임상 실험에서 이 약은 원하는 결과를 내지 못했다. 펙사서폰트라는 이름이 붙은 한 약물은 범불안 장애 치료에서 위약보다 나은 효과를 보이지 못했고,[167] 다른 약물 베루서폰트는 우울증 환자에게 효험이 없었다.[168] 다른 두 약물은 피험자의 간 효소 수치를 위험할 정도로 상승시킨다는 사실이 알려져 폐기되었다.

그러나 CRF1 대항 물질의 가능성이 그대로 종지부를 찍은 건 아니다. 어떤 과학자들은 CRF1 대항 물질이 PTSD, 공황 장애, 알코올·약물 중독 치료에 더 잘 들지도 모른다고 생각한다.[169] 이 질환들은 범불안 장애와 달리 불안의 정도가 널을 뛴다는 특징이 있다.

신약 개발을 활성화시키기 위해 국립 정신 보건원에서는 〈패스트 페일Fast-Fail〉이라는 이름의 프로그램을 개시했다.[170] 연방 정부의 자금 지원하에 신규 화합물뿐 아니라 정신 질환 치료에 사용될 수 있을 것으로 여겨지는 기존 약물에 대해 소규모 임상 실험을 실시하는 것이다. 패스트 페일 프로그램에서는 동물 연구를 건너뛰고 바로 인체에 대해 임상 실험을 실시한다.

비약물 치료의 효과를 높일 약물 역시 연구되고 있다. 1990년대 초반, 예일 대학교에서 일하고 있던 마이클 데이비스(1장에서 만난 조지프 르두와 선의의 경쟁을 벌였던 바로 그 신경학자)가 N-메틸 D-마스파르트산NMDA 수용체가 노출 치료의 근간이 되는 소거 과정에 핵심이라는 사실을 밝혀냈다. NMDA 수용체는 뇌의 주 흥분성 신경 전달 물질인 글루타민산염과 결합 시 활성화된다. 데이비스와 동료들은 한 중요한 연구에서 NMDA의 활동을 막는 대항 물질을 쥐의 편도체에 주사하면 소거 학습이 일어나지 않는다는 사실을 발견했다.[171] 쥐들은 동결 반응을 계속했고 충격이 가해지지 않았을 때에도 경악 반사를 보였다.

이에 과학자들은 NMDA 수용체 활동을 막았을 때 학습이 저해된다면, 반대로 NMDA 수용체 활동을 강화시키면 학습이 촉진될 거라는 가설을 세웠다. 당시 데이비스의 연구실에서 대학원생 연구원으로 일하던 신경 과학자 케리 레슬러의 회상에 따르면, 연구실에서는 일단의 NMDA 대항 물질과 부분 효현제를 검토한 끝에 빠르게 D-사이클로세린DCS에 초점을 맞췄다. 오랜 세월 결핵 치료제로 사용된 이 약은 인체에 안전했다. 보스턴 대학교의 스테판 호프만에 따르면 DCS는 적은 양을 투여하면 NMDA 수용체와 결합하여 형태를 바꾸고 세포에 더 많은 칼슘이 들어가도록 해서 〈학습이 조금 더 많이 이루어지게 한다〉.

2002년 데이비스와 레슬러와 동료들은 DCS를 쥐에게 실험한 첫 연구 결과를 발표했다.[172] DCS 주사가 실제로 소거 학습을 강화시킨다는 내용이었다. 복용량을 높일수록 효과는 더 커졌다.

데이비스와 레슬러는 이윽고 가상 현실을 활용한 정신 질환 치료 연구의 선구자 바버라 로스봄과 팀을 꾸려 고소 공포증이 있는 사람들에게 DCS를 실험해 보았다.[173] 두 번의 노출 치료 세션을 2~4시간 앞둔 시점에 피험자 한 집단은 DCS를 투약 받았고 다른 집단은 위약을 받았다. 이윽고 피험자들은 가상 현실 헬멧을 쓰고 35~45분 동안 가상의 유리 엘리베이터에 올라 바깥을 내다보았다. 가상의 엘리베이터는 몇 분 간격으로 상승했는데, 피험자들이 고도를 통제할 수 있었다. 레슬러에 따르면 두 번의 세션을 마친 뒤 DCS를 투약 받은 집단이 〈위약 집단에 비해 [노출 치료를] 6~7회 수료한 것처럼 효과가 훨씬 좋았다〉. 석 달 뒤 같은 피험자들에게 일련의 검사를 실시했을 때에도 DCS의 효과가 남아 있었다. DCS를 투약받은 집단은 고소 공포증이 극적으로 감소했다고 보고했으며, 위약을 받은 집단에 비해 일상 속에서 높은 곳에 올라갈 의향도 더 강했다.

데이비스가 소거 학습을 주제로 한 국립 정신 보건원 회의에서 연구의 초기 결과를 발표했을 때, 호프만도 그 자리에 있었다. 그는 그 순간을 이렇게 회상한다. 「모두 말을 잃었습니다.」 노출 치료의 효과를 극적으로 끌어올리는 약이 개발된다면 치료 비용을 획기적으로 줄이고 여러 환자들의 인생을 바꿀 수 있다. 노출 치료가 너무 힘들거나 효과가 적다고 생각해서 몇 세션 만에 그만두는 사람이 많다. DCS는 이런 사람들에게도 큰 도움이 될 것이다.

호프만은 보스턴으로 돌아가 사회 불안 장애 환자들에게 임상 실험을 시작했고 다른 과학자들은 DCS를 공황 장애, PTSD, 강박 장애 환자들에게 실험했다. 데이비스와 레슬러는 DCS를 심리 치료에 사용하는 것에 대한 특허를 얻었다.

그러나 초기 임상 실험의 결과가 유망했던 것과 달리, 이어진 연구는 실망스러웠다. 한 임상 실험에서 DCS는 강박 장애 환자들에게 효험이 없었다.[174] 사회 불안 장애 환자들을 대상으로 한 더욱 규모가 큰 연구에서는 DCS가 노출 치료의 성과가 나타나는 속도를 높이긴 하지만 치료에 대한 반응 정도나 차도 자체에는 별 효과를 발휘하지 않는다는 사실이 밝혀졌다.[175] 이라크와 아프가니스탄에서 복귀한 참전 군인들의 PTSD를 치료한 한 연구에서는 DCS를 투약받은 집단이 위약을 받은 집

단보다 오히려 차도가 덜한 경우도 있었다.[176]

　사회 불안 장애 환자들을 대상으로 임상 실험을 벌였던 호프만은 이런 결과를 이해하고자 자료를 다시 검토하던 중, DCS의 효과가 노출 치료 중 환자의 경험에 달려 있다는 사실을 간파했다.[177] DCS는 피험자들이 〈좋은〉 노출을 받을 때, 즉 치료 중 공포 수준이 처음엔 높았다가 갈수록 떨어질 때 효과를 보였다. 반대로 〈나쁜〉 노출을 받은, 즉 치료 중 공포 수준이 전혀 떨어지지 않았거나 약간만 떨어진 피험자들에게는 DCS가 효능을 보이지 못했다. DCS 투약의 시점과 투여량도 효과를 좌지우지했다. 투여량이 너무 많거나 투약 뒤 노출 치료 세션에 참여하기까지의 시간이 너무 길면 DCS는 효과가 떨어졌다. 호프만은 이제 DCS를 치료 전이 아니라 치료 후에, 세션을 성공적으로 완료한 환자에게만 투여하는 방안을 실험하고 있다.

　과학자들은 DCS 외에도 인지 기능 개선제로 쓰일 수 있는 다른 물질들을 연구하고 있다. 몇 차례의 소규모 임상 실험에서 중서부 아프리카의 나무껍질에서 일반적으로 발견되는 요힘빈이 노출 치료를 수료한 환자들에게서 공포를 경감시키는 효과가 있다는 사실이 밝혀졌다(요힘빈은 발기 부전 치료와 체중 감량에도 사용된다). 가려움 방지 크림으로 더 잘 알려진 히드로코르티손은 노출 치료 전 알약 형태로 복용했을 때 거미 공포증이 있는 사람들의 공포 소거에 도움이 되는 것으로 밝혀졌다.

　또 다른 유망한 약물은 마취제로 가장 흔히 사용되며, 불법

마약 〈스페셜 K〉로도 잘 알려진 케타민이다. 이 역시 NMDA 수용체에 작용하여 몇 시간 만에 우울증 증상을 경감시키는 효과를 보였으며, PTSD와 강박 장애 환자들을 대상으로 한 소규모 임상 실험에서도 긍정적인 결과를 냈다. 일부 과학자들은 특히 PTSD 치료를 염두에 두고 노출 치료의 효과를 높이기 위해 엑스터시로 알려진 메틸렌디옥시메스암페타민MDMA마저 검토하고 있다. MDMA가 유발하는 희열과 탈억제가 끔찍한 기억을 처리하는 데 도움이 되는 것으로 보인다. 사람들에게 MDMA를 투여한 뒤 하루 종일 노출 치료 세션에 참여하도록 하는 소규모 임상 연구가 몇 차례 이루어졌다.[178] PTSD 환자 대상의 한 소규모 연구에서 MDMA의 보조를 받은 노출 치료 세션은 위약을 사용한 세션보다 훨씬 효과가 좋았으며, 3년 뒤까지 차이가 명백히 유지되었다.

환자들에게는 정신과 약물 치료를 결심하는 것만큼이나 약을 끊겠다는 결정도 고민스럽다. 언제 약을 끊어야 한다는 정해진 규칙 같은 건 없다. 내가 만나 본 정신과 의사들은 불안 장애 환자들에게 불안 증상이 완화되더라도 적어도 1년은 SSRI를 복약하라고 권한다. 그 1년 동안 환자들은 스트레스를 줄 수 있는 요인들을 한 바퀴 겪게 된다. 명절, 이혼한 날짜나 사랑하는 사람의 기일, 아이들의 학년 진급 등. 워싱턴의 정신과 의사 베스 살세도는 그렇게 1년을 보내고 나면 불안에 통제권을 넘겨주지 않고도 이런 경험들에 대처할 수 있는 〈근육 기억 비슷한 것을 갖게 된다〉라고 말한다. 그녀는 또한 약을 끊기 전이나 끊는 동안 인지 행동 치료에 참여하기를 권한다.

나는 거의 1년 전, 이 책의 초고를 완성한 뒤 하루 5밀리그램씩 복용하던 렉사프로를 끊겠다는 계획을 세웠다. 그러나 그 다음에는 두 번째 초고를 써야 했고 세 번째 초고도 써야 했다. 이 책의 집필과 『월 스트리트 저널』에서의 업무를 저글링하는 것도 힘들었다. 딸이 학교에 입학했고, 아버지의 건강이 나빠졌다. 계좌 잔고가 바닥났다. 할 일 목록은 끝도 없었다. 나는 생일 선물을 고르거나 저녁 메뉴를 결정하는 것 같은 사소한 일들을 처리할 때조차 공황을 느꼈다. 스트레스가 너무 극심했던 것이다. 화학적 구명조끼 없이 헤엄쳐 가기엔 내 인생의 물살이 너무 거셌다. 나는 처방전을 계속 다시 받아 왔다.

SSRI 복용을 중단하는 것은 언제나 믿음을 시험하는 행위다. 지금 내 시냅스에 떠돌아다니는 과잉 세로토닌이 없다면, 나는 산산조각 날까? 만약 그렇다면, 그래서 다시 약물을 찾는다면, 그때도 약이 효과가 있을까? 아무것도 보장되지 않는다.

6
일방적인 연락, 비행기, 우유부단함
직장과 길 위의 불안

항시 마감에 시달리고, 때로는 적대적인 낯선 사람들에게 무턱대고 전화를 걸어야 하는 기자라는 직업을 내가 택했다는 게 이상해 보일지도 모르겠다. 나는 기자로 일하며 종종 불안을 느낀다. 기술 뉴스를 취재하던 시기, 나는 경쟁사에 이야기를 선점당할지도 모른다는 불안감에 절어 살았다. 『뉴욕 타임스』를 펼칠 때면 두려움에 떨었다.

그러나 이런 종류의 불안은 현실에 기반을 두고 있어서, 아무 근거 없는 막연한 불안을 이겨 내는 데에는 도리어 도움이 되었다.

불안 장애와 직장에 대한 연구 자료를 보면 내가 예외적으로 행운이었음을 깨닫는다. 수많은 사람이 어려움을 겪고 있다. 2005년 호주의 한 연구에서는 15세와 64세 사이 불안 장애 환자의 47퍼센트가 일을 하지 않는다는 사실을 밝혔다.[179] 통제 집단(장애나 만성 질환이 없는 사람)의 20퍼센트에 비하면 대단히 높은 수치다. 불안 장애가 있는 사람들은 재택근무를 하

223

거나 자영업을 하거나 공무원으로 일하는 비율이 보통보다 더 높았고, 지난 한 달 동안 자신의 업무에 대해 〈성취가 부족하다〉, 〈평소보다 신경을 덜 썼다〉라고 말하는 경향도 있었다.

이 연구 결과가 평균에서 벗어난 걸지도 모르겠다. 불안 장애와 우울증 환자들은 둘 다 장단기적으로 일을 쉬는 경향이 있지만, 일단 회복하고 나면 결근을 하는 쪽은 우울증 환자들이다.[180] 불안 장애 증상이 수그러든 사람들은 건강한 사람들보다 특별히 결근을 자주 하지 않는다(물론 우울증과 불안 장애 둘 다에 시달리는 사람도 많다).

장애 수당 자료에서도 이런 현실이 드러난다. 2015년 장애 수당을 받는 1000만 명 이상의 미국인 가운데 불안 장애로 수당을 받은 사람의 수는 3퍼센트에 미치지 못했으나, 기분 장애로 수당을 받은 사람은 대략 14퍼센트였다.[181] 가장 높은 비율을 차지한 것은 근골격계 및 결합 조직 문제로, 전체의 29퍼센트를 차지했다.

내 직업은 여러 면에서 지속적 노출 치료와 같다. 나는 일을 하면서 내가 가장 두려워하는 것들, 즉 질환, 광기, 죽음을 가까이해야 했다. 호스피스 환자를 취재했고 죽어 가는 사람들과 여러 시간을 보냈다. 우스운 일화들도 있었다. 일산화 탄소 중독에 대해 인터뷰를 하면서 나 자신이 머리를 무릎 사이에 묻고 있었던 때가 기억난다. 다행히 전화 인터뷰였다. 맹세하건대, 통화를 하는 동안 나는 수화기 반대편의 의사가 묘사하는 모든 증상을 단 하나도 빼놓지 않고 전부 느꼈다.

더 어렸을 적엔 불안으로 인해 능력이 완전히 마비되는 때도 있었다. 초등학교 2학년 때 산수 문제가 공황 발작을 불러왔던 것처럼. 대학 때는 증상이 심해지면 강의를 빠져야 했다. 여름 학기 수업을 몇 개 듣고, 고등학교 때 수강한 AP* 수업 학점을 인정받은 덕분에 가까스로 제때 졸업할 수 있었다.

불안은 내게 더 미묘하고 은밀한 방식으로도 영향을 미쳤다. 학창 시절 불안은 지연 행동에 불을 붙였다. 내게 지연 행동은 완벽주의와 떼놓을 수 없는 관계다. 과학자들은 완벽주의를 높은 기준을 충족하려는 의지와 과도한 자기비판이 결합된 것으로 정의한다. 완벽주의자들이 기대하는 건, 두말할 필요 없이, 완벽이다. 그보다 못한 건 쓸모없다. 완벽주의자의 머릿속에서 실수는 곧 실패다. 완벽주의자에게는 자기 행동을 의심하는 경향도 있다.

완벽주의와 불안 사이의 유사성에 주목하는 건 어렵지 않다. 자기 회의, 자기비판, 재난에 대한 공포. 실제로 공황 장애와 강박 장애와 사회 공포증이 있는 사람들은 모두 다른 사람들보다 완벽주의적 사고를 측정하는 몇몇 지표에서 높은 점수를 얻는다.[182] 그러나 연구에 따르면, 불안이 완벽주의의 모든 면과 관계된 것은 아니다.[183] 구체적으로 말해, 불안한 사람들은 실수를 걱정하고 자기 행동을 의심하긴 하지만 반드시 개인적 기준을 높게 세우지는 않는다. 만성 걱정을 달고 사는 사람들은

* advanced placement. 미국에서 고등학생이 대학 진학 전에 대학 인정 학점을 취득할 수 있는 고급 학습 과정.

오히려 스트레스를 받으면 기준을 낮추곤 한다. 그들의 목표는 최고가 되는 게 아니라 단지 일을 망치지 않는 것이다.

내 경우 완벽주의는 진짜로, 단지 망하는 것에 대한 공포다. 시작하지 않으면 실패할 일도 없다. 이건 인생을 헤쳐 나가는 바람직한 태도는 아니다.

8학년 때 역사 과목에서 과제가 하나 나왔다. 나는 그 과제를 제때 제출하지 못했다. 마감일까지 프로젝트에 손도 대지 않았다. 하루가 지났다. 이틀이 지났다. 일주일이 지났다. 나는 매일 아침 과제를 시작하겠다고 말했고, 매일 아침 스스로에게 과제를 하지 않을 핑계를 댔다. 아직 적당한 내용이 생각나지 않았어. 오늘은 너무 피곤해. 나는 불안했고 부끄러웠다. 부모님에게 내가 처한 곤경에 대해 말하거나, 선생님에게 제출 기한 연장을 부탁하지 않았다. 그 대신 매일 난감한 대화를 피하고자 수업이 끝나자마자 교실을 빠져나가기에 급급했다.

하루는 선생님이 수업을 마치고선 책상에 성적표를 펼쳐둘 테니 와서 과제 점수를 확인하라고 알렸다. 「A가 몇몇 있고, F를 받은 사람도 한 명 있어요.」 내 굴욕이 모두 앞에서 낱낱이 전시된 것이다. 같은 반 학생들이 선생님 책상으로 몰려가는 사이 나는 급히 가방에 교과서를 쑤셔 넣었다. 심장이 달음박질 쳤고 뜨거운 수치심이 뺨을 달궜다. 책상을 둘러싼 아이들 사이에 끼어 성적을 확인할 필요는 없었다.

친구 마크가 내 곁을 지나가면서 당황한 듯 고개를 저었다. 「축하해, 너 F 받았더라.」

이 경험을 계기로 내 지연 행동이 종지부를 찍었으면 좋았으련만 문제는 계속되었다. 그 뒤로 과제를 아예 하지 않은 적은 없지만, 마감일 당일까지 기다렸다가 벼락치기를 하는 극단적인 습관이 생겼다. 나는 댄버리 고등학교가 위치한 가파른 언덕을 오르는 어머니의 차 안에서 흔들리는 펜으로 숙제를 끝내곤 했다. 결국 나는 A와 B 학점을 주로 받는, 아주 훌륭하지는 않더라도 그럭저럭 괜찮은 학생이 되었다.

지연 행동의 정의는 미래에 부정적 결과가 따를 것을 인지하면서도 자발적으로 미루는 행동이다. 200건 이상의 학회지 논문과 다른 과학적 연구를 검토한 결과, 불안의 한 요소인 실패에 대한 두려움과 지연 행동 사이의 미세한 관련성이 드러났다.[184] 그리고 완벽주의의 한 면모 — 사랑하는 사람들이 자신에게 높은 기준을 들이민다는 믿음 — 역시 지연 행동과 관련이 있었다. 그러나 지연 행동과 가장 높은 연관성을 보인 것은 충동이었다. 우울증도 지연 행동을 부추겼다.

어쩌면 나는 단지 전형적인 학생이었을지도 모르겠다. 대학생의 75퍼센트가 자주 지연 행동을 한다고 말한다. 절반 정도는 자신의 지연 행동이 만성적이며 문제가 될 수준이라고 말한다. 학생들은 하루 일과의 3분의 1을 지연 행동을 하면서 (이를테면 공부를 하는 대신 자거나 먹으면서) 보낸다고 한다. 다행스럽게도 지연 행동은 나이가 들면 줄어드는 경향을 보인다. 성인 중 자신이 만성적으로 지연 행동을 벌인다고 말하는 사람은 15~20퍼센트에 그친다.

과연 취직한 뒤 내 지연 행동은 훨씬 사소한 문제가 되었다. 나 자신을 실망시키는 것도 큰 문제였지만, 다른 사람을 — 가령 상사나 동료를 — 실망시키는 것이 훨씬 중한 문제였다. 있어선 안 될 일이었다.

나는 아직도 마감이 임박해서야 글을 쓴다. 『월 스트리트 저널』 기사를 거의 마감에 딱 맞춰 제출한다. 내겐 마감을 코앞에 둔 긴박감이, 째깍거리는 초침 소리가, 실망한 편집자의 얼굴이나 다음 호 기사 목차의 빈 자리에 대한 상상이 필요하다. 마치 불안 사이에 결투가 벌어지는 것 같다. 완벽하지 못한 단어와 서투른 문장을 쓰는 공포를 이길 수 있는 건 남에게 평가받고, 실패하는 것에 대한 공포뿐이다.

나는 어렸을 적부터 읽고, 쓰고, 이야기를 들려주거나 듣는 걸 무척 좋아했다. 바깥세상은 까맣게 잊고 책에 코를 박고 있는 아이, 그게 나였다. 부엌에서 어머니가 학교 갈 준비를 하라고 시키거나 저녁을 먹으러 오라고 불러도 나는 『시간의 주름』이나 『스위트 밸리 고등학교』 시리즈 신작을 손에서 떼지 않았다. 어머니의 목소리가 아주 높아지면 그제야 단음절 대답을 웅얼거렸다. 책을 읽으면서 걷다가 댄버리 페어 몰의 콘크리트 기둥에 그대로 이마를 박은 적도 있다.

유년 시절 가장 친한 친구였던 케이트와 나는 전화를 해서 서로에게 이렇게 묻곤 했다. 「놀러 와서 책 읽지 않을래?」 우리의 놀이 시간은 소파에 널브러져 손이 닿는 거리에 쿠키 상자를 두고 책을 읽는 것이었다.

나는 일기를 성실하게 썼고 영어 수업에서 두각을 나타냈으며 단편과 시를 끼적였지만, 저널리즘에 대해선 아는 게 없었다. 『월 스트리트 저널』의 동료 몇몇은 우드워드와 번스타인을 우상화했고 중학생 때 이미 영화 「대통령의 사람들」을 인용하고 다녔다고 한다.* 반면 나는 대학에 가서야 신문을 정기적으로 읽기 시작했다.

대학을 졸업할 때까지도 나는 뭐가 되고 싶은지 확신하지 못했다. 정치학 학위를 받았고 〈글쓰기〉와 〈정치〉와 관련된 일을 하고 싶었지만, 정확히 뭘 하고 싶은지는 막연했다. 불안 증상에 시달리며 당장 필요한 돈을 벌기에 바빴던 내 이력서는 빈약했다. 해외는 고사하고 워싱턴이나 뉴욕에서라도 그럴듯한 인턴십 경력이 없었다. 베이비시터와 종업원 아르바이트, 여름 방학 중 탁아소 근무, 사무실에서 서류 정리와 전화받는 정도의 업무를 한 게 다였다.

이미 워싱턴에 살고 있던 친한 친구 버네사가 방이 하나 남는다고 했다. 1992년, 대통령 선거 운동 기간이었다. 그것만 해도 내겐 충분했다. 나는 책과 대학 스웨트 셔츠, 학위증이 담긴 상자를 빨간색 혼다 시빅에 욱여넣고 앤아버에서 오하이오주, 펜실베이니아주, 메릴랜드주를 거쳐 워싱턴까지 운전해 갔다. 공황 발작을 이겨 내기 위해 나는 휴게소마다 차를 멈추고 노

* 「대통령의 사람들」은 워터게이트 사건을 취재한 기자 밥 우드워드와 칼 번스타인의 활동상을 그린 영화다.

변 공중전화에서 아빠에게 전화를 걸었다. 18륜 트럭의 소음을 배경으로 엉엉 울며 말했다. 「너무 무서워요. 못 하겠어요.」 아빠는 내게 격려의 말을 던졌다. 「그냥 숨을 쉬면 돼. 잘하고 있어.」 충분히 응원을 받으면 나는 운전석으로 돌아가 30분에서 한 시간 정도 운전을 하고, 다시 공중전화를 찾았다. 그렇게 여덟 시간 거리를 이동하는 데 열다섯 시간이 넘게 걸렸다.

나는 정치 홍보 광고용 우편물을 취급하는 사무실에서 인턴으로 일하기 시작했다. 선거철이면 우편함에 날아드는, 미소를 띤 후보와 그의 가족사진과 공약이 실린 홍보물 말이다. 그곳에서 얻은 인맥을 통해 나는 상원 의원 해리스 워퍼드의 홍보국에서 일하기 시작했다. 워퍼드는 펜실베이니아주 출신의 진보적인 민주당원으로 마틴 루터 킹 주니어와 존 F. 케네디와 일한 경력이 있었고, 평화 봉사단의 공동 창립자이기도 했다. 배울 점이 많은 사람이었다. 나는 하루 열두 시간씩 일하면서 보도 자료와 연설문을 썼고 펜실베이니아주 각지의 소도시를 돌아다녔다. 존스타운에서 열린 전직 철강 노동자 모임과 앨투나의 교사 집회에도 참석했다. 빌 클린턴 취임 축하 무도회에 가서 빌 클린턴과 힐러리 클린턴이 플리트우드 맥 음악에 맞춰 몸을 흔드는 걸 보았다(선거철 내내 사방에서 「돈 스톱」이 울려 퍼졌다). 상원 의원들이 사무실에서 의사당으로 이동할 때 타는 지하 경전철을 탔다. 바로 그 테드 케네디가 내 맞은편에 앉아 있었다니까. 정치적 냉소주의가 지배하는 이 시대에는 들떴던 내 모습이 우스꽝스럽고 순진해 보일지 모른다. 그러나 그때 나는 스물두 살이었으며, 내 글이 신문에 인용되었고, 상원 본회의장에 선 의원의 입에서 — 정말 짜릿했던 날이었다 — 흘러나오기도 했다.

나는 글쓰기를 꾸준히 계속했다. 단어와 구로 실험을 즐겼고, 명확하고 설득력 있는 무언가를 만들어 낸다는 과제에 홀딱 빠졌다. 그러나 한편으로 나는 정치적 글쓰기의 진실을 빠르게 깨달았다. 같은 주제를 — 본질적으로 같은 단어로 — 계속 반복해 다뤄야 한다는 것이다. 그게 〈메시지를 전달하는〉 방법이었다. 나는 갈수록 저널리즘에 흥미가 생겼다. 업무상 매일 기자들과 대화를 나누었기 때문이었다. 기자들은 내게 위퍼드 상원 의원의 논평을 물었다. 펜실베이니아주에서 열린 정치 행사에서 그들을 마주쳤고,『피츠버그 포스트가제트』나『해리스버그 패트리어트 뉴스』같은 신문에서 그들의 이름을 보았다. 기자들은 주제를 넘나들며 글을 썼다. 하루는 의료 보험 개혁에 대해 쓰고, 다음 날은 국정 연설에 대해 썼다. 그중에서도 날 가장 매료시킨 것은 기자들은 무언가 궁금하면 전화로 아무에게나 물어볼 수 있고, 전화를 받는 사람이 그들에게 답해 준다는 사실이었다. 마르지 않는 호기심을 채우면서 글을 쓸 수 있는 직업. 나는 기자가 내 천직이라고 결론 내렸다.

1994년 11월, 위퍼드 상원 의원이 재선에 실패하면서 일자리를 잃은 나는 그 참에 진지하게 저널리즘 업계에 뛰어들기로 결심했다. 문제는 단 하나, 내가 경험이 전무하다는 것이었다. 보도 자료와 연설문은 수없이 써보았지만 신문 기사는 손도 대

본 적이 없었다. 아직 블로그가 보편화되기 전이었다. 어느 날, 전화 한 통의 형태로 내게 행운이 찾아왔다. 워퍼드 사무실에서 나와 같이 일했던 상사의 친구가 뉴욕 『월 스트리트 저널』 중역이었는데, 그가 사무 보조를 찾고 있다는 소식이었다. 번듯한 일자리는 아니고, 전화와 팩스를 받는 잡일에 불과했다. 봉급조차 삭감되어야 했다. 그러나 나는 적어도 내가 하고 싶은 일을 하는 사람들과 같은 건물에서 일하게 될 터였다. 어쩌면 글을 쓸 기회가 올지도 몰랐다.

나는 일자리를 제의받고 2주 뒤 뉴욕으로 이사했다. 워싱턴에서 동거하고 있던 남자 친구와 유홀 트럭을 빌려 짐을 옮겼는데, 우리는 운전하는 내내 말다툼을 했다. 나는 뉴욕에 아는 사람도 지낼 곳도 없어서 친구들의 부모님 댁 소파를 전전하다가 마침내 첼시에서 방 한 칸을 빌렸다. 내가 같은 집에서 살게 된 새 룸메이트들은 뉴잉글랜드의 사립 고등학교를 졸업하고 작곡가가 된 남자와 낮에는 소호의 가게에서 일하고 밤에는 라임라이트 나이트클럽 단상에서 춤을 추는 미네소타 출신 마약 중독자 여자였다. 그녀는 내가 출근 준비를 할 때 집에 돌아오는 날도 있었다.

불안은 많은 면에서 내가 일하는 원동력으로 작용했다. 내가 결국 20대에 약물 치료를 받기로 결정한 건 커리어를 망가뜨릴까 봐 두려워서였다. 대학 시절엔 강의를 빠지고 보충 시험을 치를 수 있었지만 직장에선 일시 정지를 요청할 수 없었다.

일을 망칠까 봐 두려워서 나는 철자법을 세 번씩 확인하고 인터뷰를 굳이 하나 더 딴다. 기자들은 대부분 상이한 화제들 사이를 누비는 호사가들이다. 우리는 자주 새로운 주제를 빠르게 학습하고, 정보를 종합하고, 독자들에게 이해 가능한 형태로 표현해야 한다. 보다시피 실수하기가 무척 쉬운 처지다(신참 기자 시절 처음 특집 기사를 썼을 때, 나는 인터뷰한 사람 이름이 커트라고 생각했는데 알고 보니 세상에, 크누트를 잘못 알아들은 거였다). 트위터와 페이스북 덕분에 기사에 대한 접근성이 확장되었지만, 소셜 미디어에 기사가 공유된다는 건 실수가 대중들의 눈에 낱낱이 까발려질 수 있다는 뜻이기도 하다. 이런 환경에서 불안과 편집증은 유용한 자질이 될 수 있다.

불안은 나를 용감하고 대담한 사람으로 만들었다. 취재에 실패하는 것에 대한 두려움이 거부당하거나 남들을 귀찮게 하는 것에 대한 불안을 밀어냈다. 특별히 기억에 남는 일화가 있다. 아직 『월 스트리트 저널』에서 사무 보조로 일하던 시절, 다른 업무를 마치고 기사를 쓰고 있는데 편집자가 와서 기사 아이디어 하나를 주었다. 그가 받아 보는 『뉴욕 타임스』일요일판에 판촉물로 샐러드드레싱 한 봉지가 붙어 왔다. 그러나 배달부가 던진 신문이 현관에 부딪히면서 봉지가 터졌고, 신문은 드레싱에 젖어 엉망이 되었다. 그는 어쩌면 실패한 판촉에서 기삿거리를 얻을 수 있을지도 모른다고 말했다.

『뉴욕 타임스』판매국에 전화해 보니 드레싱 폭발 사고는 한 건이 아니었다. 당장 내가 통화한 직원만 해도 몇 건의 불평을 들었다는 것이다. 이제 드레싱 범벅이 된 신문을 받은 구독자를 찾아내기만 하면 임무 완료였다. 나는 회사 사서의 도움을 받아 편집자와 이웃에 사는 사람들의 주소와 전화번호 목록을 뽑았다. 샐러드드레싱 판촉물은 일부 구독자에게만 나간 것이었으므로, 편집자의 이웃 사람들이 가장 유력한 후보였다. 이윽고 나는 저녁 시간을 틈타 모르는 사람들에게 전화를 걸기 시작했다.

「『뉴욕 타임스』를 구독하시나요?」 나는 물었다.

「지난 일요일에 샐러드드레싱을 같이 받으셨나요?」

「혹시 그게 폭발하지 않았나요?」

나는 긴장했다. 터무니없이 들릴 게 뻔했다. 다이얼을 돌리는 손이 떨렸고 배 속이 뒤집어졌다. 초등학생 때 친구들과 밤샘 파티를 벌이다가 장난 전화를 했던 기억이 떠올랐다. 「냉장고가 잘 돌아가고 있나요? 어지러울 테니 그만 돌라고 하세요.」 우리는 낄낄거리며 말했다.

내가 전화를 건 사람들은 곧장 수화기를 내려놓거나 내게 고함을 지르기 일쑤였다. 마침내 네 시간 뒤, 누군가 〈네〉라고 대답했다. 나는 전화를 끊고 나서 의자에 앉은 채 작게 춤을 추었다.

내 기사는 1996년 5월 7일에 실렸다. 기사는 이렇게 시작했다. 〈그레그 코거는 헬먼사 샐러드드레싱 신제품을 이용해 보고 싶었다. 신문을 푹 적신 액체를 긁어내서 쓸 수만 있다면 말이다. 뉴저지 쇼트 힐스에 거주하는 코거 씨는 지난주 『뉴욕 타임스』에서 배포한 헬먼 샐러드드레싱 판촉물을 받게 된 17만 명의 운 좋은 구독자들 중 한 사람이었다. 그러나 신문이 현관에 떨어지면서 샘플이 폭발한, 불운한 구독자 중 한 사람이기도 했다.〉

심리학자들은 오래전부터 다소의 불안은 유용하다고 주장해 왔다. 지금으로부터 한 세기도 더 전인 1908년 하버드 대학교의 심리학자 로버트 여키스와 존 도슨은 불안(연구자들은 각성이라고도 불렀다)이 어려운 과제의 수행 능력을 강화시키지만, 그 정도에는 한계가 있다는 실험 결과를 발표했다.[185] 불안이 과하면 수행 능력이 도리어 떨어진다는 것이다. 여키스-도슨 법칙으로 알려진 이 이론을 그래프로 옮기면 종 모양 곡선의 형태를 띤다. 각성도가 높아지면 수행 능력도 증가한다. 그러다가 정점을 찍은 뒤에는, 각성도가 계속 높아지면 수행 능력은 떨어진다.

여키스와 도슨은 쥐를 대상으로 실험했지만, 사람을 대상으로 한 여러 연구에서도 스트레스 호르몬 수치가 너무 높지도 낮지도 않을 때 기억과 학습이 최대화된다는 결과가 두 사람의 이론을 뒷받침했다.[186]

그러나 불안과 성취 사이의 관계는 여전히 모호하다. 어떤 연구에서는 불안이 성취를 방해하는 것으로 드러나고, 다른 연구에서는 그 반대다. 예를 들어 캐나다의 간호학과 신입생들을 대상으로 한 연구에서는 불안한 기질을 타고난 사람들이 불안

하지 않은 사람들보다 1학기 평점이 더 높았다.[187]

지식인은 오래전부터 항시 머릿속이 복잡하고 불안에 사로잡힌 모습으로 그려지지만, 사실 불안과 지능 사이의 관계에 대한 연구들은 결과가 엇갈린다. 캐나다의 한 연구에서는 걱정이 많고 매사에 심사숙고하는 사람들이 언어 지능 검사에서 더 높은 점수를 기록한다는 사실을 밝혔다.[188] 그러나 지나간 사회적 사건을 곱씹는 사람들은 — 사회 불안 장애의 특징이다 — 비언어 지능 검사에서 점수가 낮았다. 2012년의 한 소규모 연구에서 범불안 장애가 있는 사람들과 통제 집단의 지능을 비교한 결과, 범불안 장애 환자들 중에서는 증상이 가장 극심한 사람들의 지능 지수가 제일 높았지만 통제 집단에서는 반대로 가장 불안을 느끼지 않는 사람들의 지능 지수가 제일 높았다.[189] 연구자들에 따르면, 이는 진화적으로 설명 가능한 현상이다. 사회는 똑똑하고 여유로운 사람을 필요로 하지만, 지능 높고 예민한 사람도 필요로 하기 때문이다.

이스라엘의 심리학자 사치 에인도르는 예민한 사람들이 항시 지평선을 내다보며 위험 요소를 찾는 보초병과 같다고 말한다.[190] 그들은 경보를 울리거나 퇴각을 명함으로써 그들보다 선(禪) 양식으로 살아가는 이웃들을 구한다. 에인도르와 그의 동료 오르가드 탈은 실제 상황에서 보초병의 역할이 무엇인지 밝혀내는 실험을 벌였다. 그들은 우선 피험자에게 다양한 심리학적 척도를 평가하는 질문지에 답하게 했다. 실험에 참가한 학부생 80명은 컴퓨터 화면에 나타난 예술 작품들에 대해 호감도 점수를 매기게 될 거라는 설명을 들었다. 피험자는 이윽고 컴퓨터가 있는 방에 홀로 남겨졌다. 몇 분 뒤, 안내받은 대로 컴퓨터의 〈확인〉 버튼을 누르자 오류 메시지가 미친 듯이 떠서 화면을 가득 메웠다. 바이러스가 감지되었으며 컴퓨터 하드 디스크 드라이브의 파일이 전부 삭제되고 있다는 경고였다. 피험자가 (사실 시나리오를 습득한 연기자인) 연구실 직원에게 바이러스에 대해 이야기하자, 직원은 공황에 빠진 척하면서 다른 직원에게 도움을 요청하라고 했다.

피험자는 도움을 청하러 가는 여정에서 몇 번의 장애물을 마주쳤다. 설문 조사에 참여해 달라거나 문서 복사를 도와 달라고 부탁하는 사람들이 있었다. 한 사람은 바닥에 서류 더미를 떨어뜨리기도 했다. 이런 일련의 사건들은 피험자들이 위험한 컴퓨터 바이러스가 있다는 소식을 전하는 본래의 목표에 얼마나 잘 집중하는지를 시험하기 위해 설계된 덫이었다. 실험 결과, 불안 척도에서 높은 점수를 기록한 피험자들은 장애물 때문에 임무를 지연할 가능성이 더 낮았다(즉, 설문 조사에 답하거나 떨어진 서류를 줍는 걸 돕지 않았다). 연구자들의 표현에 따르면, 불안한 사람들은 〈걱정스럽고 사회적으로 위협이 되는 소식을 기꺼이 퍼뜨리려는 경향이 있는데, 이는 여러 현실 세계의 상황에서 다른 사람들을 심각한 위협에서 구해 낼 수 있다〉.

생생한 재난을 상상하고 멸망의 서사를 자아내기 위해서는 상당한 창의력이 필요하다. 걱정을 달고 사는 사람들은 재난을

면하고자 만일의 사태에 대비한 정교한 계획을 세우기도 한다. 불안을 숨기기 위해 핑계를 만들어야 할 때도 있다. 보다시피, 그러려면 머리가 썩 잘 돌아가야 할 것이다.

『월 스트리트 저널』 소속인 나는 여러 해 동안 월드 파이낸셜 센터에 위치한 사무실로 출근했다. 맨해튼의 금융 지구 빌딩 숲, 월드 트레이드 센터 쌍둥이 빌딩의 바로 맞은편이었다. 2001년 9월 11일 아침 출근길이었다. 브루클린 코블힐의 적갈색 사암 아파트 꼭대기 층에서 계단을 걸어 내려가던 중, 반대로 계단을 올라오던 집주인인 다큐멘터리 영화 제작자 부부와 마주쳤다. 그들은 나를 찾고 있었다.

「어디 가요?」 여자가 물었다.

「일하러요.」 내가 답했다.

「소식 못 들었어요? 비행기가 월드 트레이드 센터에 충돌했어요. 당신이 사는 아파트 창문에서 보일걸요.」 남자가 말했다.

우리는 계단을 달려 내 아파트로 들어갔다. 맑고 화창했던 그날, 정말로 거실 창문을 통해 쌍둥이 빌딩이 또렷이 보였다. 빌딩은 짙은 회색 연기에 휩싸여 있었다.

텔레비전을 켰다. 그로부터 30분 동안은 모든 것이 마냥 초현실적이었다. 뉴스 화면과 육안으로 보이는 빌딩을 번갈아 보고 있는데, 느린 천둥소리와 비슷한 굉음이 들렸다. 쌍둥이 빌딩 중 하나가 파도처럼 요란한 소리를 내며 무너지고 있었다. 뉴스 기자가 믿을 수 없다는 듯 새된 비명을 질렀다. 평일 아침이었고, 빌딩에는 사무실이 빼곡했다. 몇 백 명이, 아니 몇 천 명이 죽었을까? 그때 두 번째 빌딩마저 무너졌다.

전화가 세 통 연달아 왔다. 어머니, 멕시코시티에서 전화를 건 전 남자 친구 앨런, 그리고 내가 그때 막 사귀기 시작한 맨해튼 어퍼웨스트사이드에 사는 사진 기자 브래드였다. 그는 벌써 자전거를 타고 사진을 찍을 게 있는지 보러 도심으로 향하고 있었다.

브래드의 전화를 받고 정신이 번쩍 들었다. 나도 기자였고, 바로 여기 엄청난 기삿거리가 있었다. 내가 할 수 있는 일이 있을지도 몰랐다. 이 와중에 내 아파트에 엉덩이를 붙이고 앉아 있다니, 제정신인가?

블랙베리 휴대 전화가 『월 스트리트 저널』 기술부 동료들이 보낸 이메일로 쉴 새 없이 울려댔다. 나는 무선 통신 취재 담당이었다. 우리는 뉴욕의 기술적 기반이 위기 상황에서 얼마나 잘 버티고 있는지 취재할 계획을 세우기 시작했다. 휴대 전화 통신에는 장애가 있는 게 명백했다. 오랜 시간 동안 전화 발신이 되지 않았다. 나는 수첩과 펜을 쥐고 밖으로 나섰다.

하늘이 어두워져 있었다. 나를 둘러싼 공기는 연기와 재, 수백만 개의 작은 종잇조각들로 자욱했다. 바람결에 월드 트레이드 센터의 잔해가 이스트강을 넘어 브루클린까지 날아온 것이다. 나는 다시 아파트로 달려 들어가 낡은 티셔츠로 얼굴을 가리고서 브루클린 다리를 향해 걸었다. 공중전화에 줄을 선 사람들 몇 명에게 언제 휴대 전화 통신이 끊겼고, 누구에게 전화를 걸고 있는지 물었다. 다리로 향하는 길에 잿빛 검댕을 뒤집어쓴 사람 두 명을 보았다. 검댕을 묻힌 사람들은 이윽고 수십 명으로 늘어났다. 보통은 자전거 타는 사람들과 유아차를 미는 동네 주민들과 관광객들이 활기찬 불협화음을 일으키고 있는 브루클린 다리를 지금은 재해 현장을 떠나는 사람들의 엄숙한 대열이 지나고 있었다. 자원봉사자들이 물을 건넸다. 한 남자가 나를 향해 소리쳤다.「반대 방향으로 가셔야 해요!」쌍둥이 빌딩은 이제 맨해튼 스카이라인에서 연기를 내뿜는 한 점의 얼룩으로 변해 있었다.

나는 맨해튼 중심부까지 들어가지 못했다. 이미 경찰과 소방관들이 월드 트레이드 센터와 그 근처 몇 블록을 봉쇄한 뒤였다. 나는 아파트로 걸어 돌아가 인터뷰 내용을 정리해서 편집자에게 보냈다. 내가 『월 스트리트 저널』 사무실이 유독성 가스로 채워진 재해 현장이 되었다는 소식을 접한 건 그로부터 몇 시간이 더 지나서였다. 월드 트레이드 센터에서 2,600명 이상이 사망했다는 사실을 알게 된 건 몇 주가 더 지나서였다.

월드 트레이드 센터가 무너지고 며칠 동안 나는 일에 전념했다. 9월 11일에 옛 연인과 과거의 은사, 심지어 치료사에게서 연락을 받은 뉴요커들의 이야기를 기사로 썼다. 그리고 로고에서 〈트레이드 센터〉라는 글자를 없애야 할지 고민 중인 지역 업체들에 대해 또 다른 기사를 썼다. 자기 아파트에 돌아갈 길이 없어서 고급 부티크 호텔에 머물고 있는 금융 지구 거주자들에 대해 썼다. 한 남자는 불타는 빌딩에서 절박하게 뛰어내리던 남녀의 모습을 목격했던 기억이 자꾸 떠오른다며 호텔 직원들에게 침대 머리맡의 그림을 치워 달라고 부탁했다.

우리는 소호에 임시 보도국을 차렸다. 나는 다른 몇 명의 기자들과 함께 9.11의 여파에 대해 계속 취재해 달라는 요청을 받았다. 처음 내게 주어진 취재거리 하나는 뉴저지에서 일어난 연쇄 탄저균 테러였다. 불안한 사람을 괴롭히고자 하면, 이보다 더 안성맞춤인 사건은 세상에 없을 것이다. 사람이 흡입하면 치명적일 수 있는 백색 가루를 미지의 범인이 봉투에 담아 보낸다니.

나는 목표물이 된 트렌튼의 우체국 앞마당에서 한 무리의 다른 기자들과 며칠 동안 밤샘을 했다. 때때로 무슨 대변인이 나타나 찔끔찔끔 소식을 전했다. 하루는 길 건너 세븐일레븐에서 오렌지 게토레이를 사서 한 모금 마시고, 뚜껑을 닫아 핸드백 속에 넣었다. 그런데 뚜껑을 꼭 닫지 않은 바람에 음료가 새서 립밤과 구겨진 영수증을 비롯해 가방 바닥을 굴러다니던 잡동사니들이 끈끈한 액체로 범벅이 되었다. 휴대 전화도 예외가 아니었다. 휴대 전화는 침수되어 켜지지 않았다. 흔들어 보니 작은 라바 램프처럼 액정 안에서 오렌지색 액체가 찰박거렸다. 그날 기사를 송고하기 위해 나는 우체국에서 붐비는 대로를 몇 번이고 건너 공중전화까지 가서 뉴욕의 편집자에게 단어를 일일이 불러 주어야 했다.

나는 이따금 뉴저지의 호텔에서 묵었지만 보통은 90분 정도 운전을 해서 브루클린에 있는 내 아파트로 돌아갔다. 브래드를 보고 싶었다. 브래드는 내가 자꾸 자리를 비운다고 짜증을 내기 시작했다. 브루클린의 내 아파트나 브래드의 아파트에서 밤을 보내고 아침에 렌터카를 운전해 트렌튼으로 돌아가는 일이 잦았다.

스트레스가 점차 쌓이고 있었다. 브래드. 운전. 오랜 시간의 취재. 탄저균.

11시가 넘은 늦은 밤, 나는 하루 종일 취재를 마치고 트렌튼에서 근교의 호텔로 운전해 가고 있다. 그런데 갑자기 호흡이 가빠진다. 흉부에 압박이 느껴진다. 심장 박동이 빨라진다. 눈앞에서 점들이 춤을 춘다. 나는 운전대를 잡은 손에 힘을 준다.

천천히, 깊게 숨을 쉬려고 노력한다. 〈공황 발작이 일어났을 뿐이야.〉 나는 혼잣말을 한다. 어두운 고속 도로를 계속 운전해 가지만 증상은 심해져만 간다. 손에서 땀이 배어난다. 시야 가장자리가 흐릿하다. 근육조차 뻣뻣이 긴장한다. 그때 대문자 H와 화살표가 그려진 표지판이 눈에 들어온다. 근처에 병원이 있다.

나는 곧장 응급실로 운전해 가서 문 앞에 차를 세우고 응급 순서를 정하는 초진 간호사에게 달려간다. 급하게 말을 쏟아낸다. 「저는 기자고, 탄저균을 취재하고 있어요. 우편이 거쳐 간 우체국, 그러니까 탄저균이 있는 우체국에서요. 제가 탄저균에 노출되었을까 봐 겁이 나요.」

「탄저균에 노출되었다는 건가요? 죄송하지만 밖에서 기다려 주세요. 사람이 갈 겁니다.」 간호사가 놀란 표정으로 말한다.

나는 병원 밖으로 나가, 진입로에 혼자 덩그러니 선다. 응급실 표지판의 붉은빛과 흰빛을 받고 서 있자니 슬슬 우스운 기분이 들기 시작한다. 나는 실제로 우체국 안에는 들어가지도 않았다. 탄저균을 넣은 봉투를 만지지도 않았다. 탄저균이 넣은 봉투를 만진 사람과도 접촉이 없었다. 탄저균에 노출되었을 리가 없었다. 나는 단지 탄저균에 감염되었을지 모른다는 〈생각〉 때문에 공황 발작을 일으킨 것이다.

몇 분 뒤 구급차가 나타나고 주황색 방호복을 입은 남자가 내린다. 나는 탄저균에 대한 기사를 쓰려고 취재 중이지만 정말로 탄저균에 노출된 건 아니라고 소심하게 설명한다. 남자는 다시 구급차에 올라 병원을 떠난다.

그날 이후 나는 한계에 부닥친다. 당시 나는 탄저균 테러 대응에 있어 의외의 힘을 보태고 있던 뉴저지 소도시 시장에 대해 특집 기사를 쓰고 있었다. 제1면, 모두가 탐내는 〈A-헤드〉 중앙 칼럼에 실리기로 된 기사였다(〈A-헤드〉라는 이름은 최상단의 별과 선 바로 아래라서 붙여진 것이다). 〈A-헤드〉는 신문에서 가장 인기 있는 지면, 최고의 기사만이 실릴 수 있고 치열한 경쟁이 벌어지는 지면이었다. 기사를 집필할 시간은 이틀이었다.

그런데 쓸 수 없었다. 일을 시작한 이래 처음 겪는 일이었다. 자리에 앉으면 기이하게도 생각의 갈피가 잡히지 않았다. 집중력이 떨어졌고, 이야기를 어떻게 풀어야 할지도 막막했다. 문장 하나를 쓰고 지우기를 반복했다. 깜박이는 커서가 고동치는 비난으로 보였다. 마감 일자가 다가오자 압박감을 느낀 나는 공황 상태에서 짧은 일화들을 아무렇게나 엮어서 편집자에게 송고했다. 구역질을 참으며 이메일의 〈전송〉 버튼을 눌렀다.

수화기 너머 편집자의 목소리는 실망하고 당황한 기색이 역력했다. 놀랍지 않았다. 지금까지 나는 기자로서, 그리고 작가로서 믿을 수 있는 사람이었으니까. 「다시 써봐요.」 그녀가 말했다.

나는 기사를 다시 썼다. 그리고 다시 실패했다. 기사는 결국 엎어졌다.

불안이 치솟으면 집중하기가 어려워진다. 머릿속에 걱정이 넘쳐나서 재난과 무관한 종류의 정보를 처리할 공간이 부족해지는 것이다. 심리학자들은 수십 년 동안 심한 불안 장애를 겪지 않는 사람들도 불안에 뇌의 인지 능력 일부를 빼앗긴다는 가설을 주장해 왔다.[191] 자원을 놓고 전투가 일어났을 때 불안이 일순위로 요지를 차지한다는 것이다.[192] 잠재적 위험에 주의가 쏠려 있으면 다른 목표에 할당할 자원이 줄어든다. 목표가 상사와의 회의에서 자기 뜻을 관철시키는 것이든, 내 경우처럼 뉴저지 시장에 대한 기사를 쓰는 것이든 매한가지다.

그러나 연구 결과가 항상 이 가설을 뒷받침하는 건 아니었다. 사실 불안이 인지에 미치는 영향에 대한 연구 결과는 서로 엇갈리고, 미결이다. 불안 장애가 있는 사람들의 계획 능력은 남들과 별반 다르지 않다고 알려져 있다. 공간 탐색과 작업 기억(우리가 정보를 처리하고 조작할 수 있게 하는 단기 기억)에서 결함을 보일 뿐이다. 작업 기억은 우리가 대화의 끈을 놓치지 않고, 점점 늘어나는 술값을 계산할 수 있게 하는 것으로서 논리와 의사 결정에 필수적이기도 하다.

최신 연구 결과 불안 장애가 없는 사람들은 (중요한 프레젠테이션을 앞두고 많은 사람이 느끼는 것과 같은) 상황적 불안을 느꼈을 경우 어려운 과제를 해결하는 데 쓰이는 작업 기억이 오히려 강화된다는 사실이 밝혀졌다. 2016년에 국립 정신 보건원 연구원들이 범불안 장애 환자 30명과 통제 집단 30명을 대상으로 〈n-백〉이라고 불리는 작업 기억 검사를 실시했다.[193] 이 검사엔 여러 버전이 있다. 〈1-백〉에서 참가자들은 수열을 제시받고, 지금 자기가 보고 있는 숫자가 바로 전 숫자와 같은지 답해야 한다. 〈2-백〉에서는 두 개 전 숫자와 같은지, 〈3-백〉에서는 세 개 전 숫자와 같은지 답해야 한다. 명백히 〈1-백〉은 쉽고 〈3-백〉은 꽤 어렵다. 연구자들은 일부 피험자에게 불안을 유발하고자 때때로 손목에 충격이 가해질 것이라고 일러두었다. 다른 피험자에게는 충격이 가해지지 않을 테니 안심해도 된다고 일렀다.

이 연구에서 불안 장애가 없는 통제 집단 가운데 충격에 대한 경고를 받은 피험자들은 〈1-백〉과 〈2-백〉은 잘하지 못했지만, 더 어려운 〈3-백〉을 할 때는 불안 덕분에 오히려 더 나은 성과를 냈다. 반대로 범불안 장애 환자들은 모든 난이도의 과제에서 충격을 받을 것이라는 불안감에 작업 기억이 방해받는 모습을 보였다. 위 연구를 시행한 국립 정신 보건원 연구자들은 범불안 장애 환자, 사회 불안 장애 환자, 장애가 없는 통제 집단을 모아서 〈n-백〉 과제를 수행하는 중 fMRI 영상을 찍어 보기도 했다.[194] 이때 불안 장애가 있는 피험자는 불안 장애가 없는 피험자와 확연히 다른 뇌 활동 패턴을 보였다. 이것이 두 집단 사이의 수행 능력 차이를 설명한다. 불안 장애가 있는 피험자는 배외측 전전두 피질이 덜 활성화되었던 것이다. 충격을 받으리라 예상할 때나 그렇지 않을 때나 뇌 활동은 엇비슷하게 불안정했다.

그러나 쉽게 불안을 느끼는 사람들이 꼭 형편없는 성과를 내도록 숙명 지어진 것은 아니다. 심지어 불안을 누그러뜨리지 않고도 성과를 높일 수 있다. 단순한 뇌의 속임수 하나면 충분하다.

자신이 흥분했다고 믿는 것이다.

미심쩍게 들리지만, 하버드 경영 대학원 조교수인 앨리슨 우드 브룩스의 몇몇 연구에 따르면 사람들은 불안을 흥분으로 바꿔 생각할 때 각종 과제를 더 우수하게 수행한다고 한다(우드 브룩스의 연구에서 피험자들은 불안 장애 환자들로 선별된 것이 아니라서, 이미 편도체가 과활성화된 우리에게 이 전술이 얼마나 잘 통할지는 미지수다).[195] 우드 브룩스는 청년들을 다양한 스트레스 상황에 처하게 했다. 예를 들어 연구자 앞에서 저니의 「돈 스톱 빌리빙」을 부르게 했다. 불안을 가중시키기 위해 그들의 노래를 듣는 사람이 전문가이며, 그가 매긴 점수에 따라 상금이 주어질 거라고 일러두었다.

이 노래 실험에서 한 집단에게는 바로 노래를 시켰다. 두 번째 집단에게는 〈나는 불안하다〉라고, 세 번째 집단에게는 〈나는 흥분했다〉라고 말하고 그 말을 믿어 보라고 했다. 실험 결과 노래를 부르기 전 〈나는 흥분했다〉라고 말한 집단이 다른 두 집단보다 음정, 템포, 성량 면에서 더욱 우수했다. 그들은 또한 실제로 더 흥분한 기분을 느꼈다고도 말했다. 〈흥분했다〉라고 말한 집단이 불안을 느끼지 않은 건 아니다. 그들은 다른 두 집단만큼 불안했다고 보고했고, 실제로 심장 박동 수도 똑같이 상승했다. 그러나 단순히 불안을 흥분으로 바꿔 생각하는 것만으로 그들은 노래를 더 잘할 수 있었다.

우드 브룩스가 피험자에게 발표를 시키거나 어려운 수학 문제를 풀게 했을 때에도 유사한 결과가 나왔다. 불안을 흥분으로 바꿔 생각하도록 한 피험자가 더 설득력 있고 자신 있게 발표했고, 수학 문제도 더 많이 맞혔다. 이 연구에서 일부 피험자는 발표 전 〈나는 차분하다〉라고 말하고, 수학 문제를 풀기 전 〈차분해지려고 노력하자〉라고 말하라는 지시를 받았다. 그러나 이는 별 도움이 되지 않았다. 우드 브룩스는 불안을 평정으로 바꾸는 것이 흥분으로 둔갑시키는 것보다 훨씬 어렵다고 추측한다. 전자의 경우는 달음질치는 심장과 뱃속을 뒤집어 놓는 긴장처럼 불안이 신체에 가하는 영향에 맞서야 하지만, 후자의 경우는 단지 태도만 바꾸면 되는 것이다. 우드 브룩스는 이를 위협 사고방식에서 기회 사고방식으로의 전환이라고 부른다.

다행스럽게도, 1면 기사를 날린 일을 계기로 내가 기자 커리어에서 내리막길을 걷게 되진 않았다. 뉴욕에 돌아간 나는 알찬 기사 여러 편을 써내서 실수를 만회했다. 몇 달이 지나고 9.11 후속 취재 팀이 해산하자, 나는 신설된 〈개인 일지〉 섹션으로 옮겨 건강에 대해 글을 쓰게 되었다.

새 임무는 위험했으나 동시에 일종의 치료로 기능할 듯했다. 내가 느끼는 불안의 많은 부분이 질병과 죽음을 둘러싼 것이었다. 어떻게든 죽음에 대한 공포를 극복하거나 조금이나마 완화시킬 수 있다면 지금만큼 불안의 포로로 살지 않아도 되리라고 생각했다. 그래서 나는 자문했다. 나는 죽음의 정확히 무엇이 그토록 두려운 걸까? 고통? 사랑하는 사람들과의 이별? 물리적으로 존재하지 않게 된다는 것? 나는 혼자서, 그리고 치료사와 함께 이 질문을 곱씹다가, 내가 공포 그 자체에 두려움을 느낀다는 사실을 깨달았다. 죽음을 떠올리면 공포와 고통과 호흡곤란이 생생하게 그려졌다. 평화로운 임종을 상상할 수 없었다.

나는 죽음을 궁극의 공황 발작으로 보고 있었던 것이다.

그래서 나는 죽음을 앞둔 사람들과 시간을 보내기 시작했다. 노화, 알츠하이머병, 호스피스에 대해 취재하겠다고 자원했다. 일종의 노출 치료를 자진한 것이다. 나는 켄터키주, 워싱턴주, 캘리포니아주의 호스피스 프로그램에 연락해 가정 방문을 하는 간호사들을 며칠씩 따라다녔다. 나는 환자들이 완전히 몸져누워서 수척하고 공허하게 목숨을 부지하고 있으리라 예상했지만, 의외로 많은 환자가 활기차게 생명력을 발산하고 있었다. 백혈병 말기의 한 노인은 캘리포니아주에 사는 조카를 만나러 가는 여행을 즐겁게 계획 중이었다. 불치병에 걸린 한 부부는 매일 제일 좋아하는 음식점에 가서 아이스크림 선디를 먹는다고 했다. 호스피스 시설에 입원한 여자가 가족들을 한 명씩 불러서 그들이 자신에게 어떤 의미인지 고백했다는 이야기를 들었다. 죽음은 단지 공포와 고통만으로 이루어진 건 아닌 듯했다. 나는 한정된 시간의 일부를 낯선 참견꾼에게 내어 준 환자들의 관대함에 경이를 느꼈다.

물론 내가 마주친 모든 이야기가 희망찬 건 아니었다. 캘리포니아주의 호스피스 시설에서 뇌종양으로 죽어 가고 있는 40대 남자가 있었다. 타는 듯한 고통을 다스리려고 간호사들이 약물을 이리저리 조절해 보는 중이었다. 기진맥진한 아내가 병상을 지켰다. 남자는 간호사들이 고통을 충분히 잠재워 준다면 집에서 임종을 맞기를 원했다. 그게 그의 목표였다. 켄터키주 렉싱턴에서는 치매에 걸린 아내를 돌보는 암 환자 노인을 만났다. 그는 아늑한 거실 한 켠, 아프간 담요를 덮은 의자에 앉아 슬프게 말했다. 「죽는 데 이렇게 오래 걸릴 줄 몰랐다오.」 내가 필사적으로 두려워하는 것을 그는 재촉하고자 했다.

나보다 고작 몇 살 많은 남자가 루게릭병에 걸려 죽어 가는 것도 보았다. 그는 친근한 얼굴을 하고 있었고, 운동선수 시절의 미모도 희미하게 남아 있었다. 병상에 누워 말하고 숨 쉬는 건 혼자 할 수 있었으나 그밖엔 전혀 몸을 움직이지 못했다. 서랍장 위에 놓인 사진 속에서는 건강하던 시절의 남자가 한 손에 맥주 캔을 들고 친구들 사이에서 미소 짓고 있었다. 상상할 수 있는 가장 나쁜 죽음이었다.

　그럼에도 불구하고 죽어 가는 환자들의 회한과 수용, 생기를 목격하면서 나는 나 자신의 두려움을 해결할 방법을 조금이나마 배웠다. 이 시기에 나는 진통제의 발전과 새로운 호스피스 관습이 환자들에게 언제, 어떻게 죽을지에 관한 선택권을 넓혀 주고 있다는 내용으로 〈죽음의 조건을 협상하기〉라는 제목의 기사를 쓰기도 했다. 기사를 쓰기 단 몇 주 전, 93세였던 우리 할머니가 신부전으로 돌아가셔서 호상에 대해 개인적으로 느낀 바도 많았다. 할머니는 죽기 전날까지도 정신이 멀쩡해서 간호를 하던 우리에게 식사를 하라고 권했고, 내게 아주 진지하게 진통제는 〈습관이 되니까〉 복용하고 싶지 않다고 말하기도 했다. 나는 생각했다. 〈세상에 할머니, 지금이라면 헤로인을 해도 돼요.〉 할머니는 행운인 축이었다. 차츰 잠에 빠져들다가, 그대로 의식을 잃었으니까.

　불안이 내 커리어를 망가뜨리지 않은 까닭은 무엇일까? 운이 좋았던 거라고 생각한다. 휴가를 내야 할 정도로 심각하게 병이 도진 적은 없었다. 나는 기자 일을 사랑한다. 약물도 도움이 된다. 『월 스트리트 저널』 기자로 일하면서 간혹 생방송에 나가거나 동영상을 찍어야 할 때가 있는데, 그런 일이 닥치면 나는 매번 30분 전에 클로노핀을 복용했다.

　또한 나는 사무실에 지지 체계를 만들었다. 가장 친한 동료 몇몇에게 내가 겪는 불안 장애에 대해 귀띔해 둔 것이다. 직장에 기댈 수 있는 지원군이 있다는 것만으로도 불안이 덜해지고 공황에서 빠져나오지 못할 거라는 두려움도 가신다. 내가 진짜 모습, 한껏 약한 모습을 보일 수 있는 사람이 적어도 한 명은 있다는 사실을 아는 건 큰 힘이 된다. 공황 발작은 단지 견디는 것만으로도 어려운데 침착한 척까지 하려면 더 괴로울 것이다.

여러 해 동안 나와 가까운 동료로 지낸 제프는 루이지애나주 배턴루지 출신의 솔직하고 소탈한 사람이었다. 신문 기자가 원래 패션으로 알아주는 직업은 아니지만 제프는 차원이 달랐다. 찢어지고 빛바랜 청바지 차림에 1980년대에 신던 가죽 보트 슈즈를 덕트 테이프로 기워 붙여 신고 다녔으니까. 당시 『월 스트리트 저널』에는 아이가 없고 대부분 미혼인 30대 기자들의 모임이 있었다. 우리는 퇴근 후 싸구려 맥주와 기름진 음식을 파는 전형적인 아일랜드 바 폭스 하운즈에서 만나 기삿거리와 회사 내 가십을 주고받고 죽은 대통령들의 유산을 논했다(그래, 우리는 괴짜들이었다). 제프는 아이를 하나 둔 기혼으로서 뉴저지 교외에 살고 있었지만, 그래도 우리와 자주 어울렸다.

제프와 나는 같은 섹션에 속해 있었다. 그는 개인 금융 담당이었는데 대단히 다작을 했다. 낮에는 빠르게 기사를 뱉어 냈고 밤에는 책을 썼다. 나는 그에게서 효과적인 취재법을 배웠다. 「그 논점을 전달하는 데에는 인터뷰 하나면 충분해요.」 그는 말하곤 했다. 나는 그에게 기사 도입부나 일화에 대한 의견을 물은 뒤 기사를 송고하곤 했다.

공황 발작이 임박했다고 느끼면 나는 제프에게 이메일을 보냈다. 「산책 갑시다.」 우리는 로비에서 만나 스타벅스에 가거나(나는 항상 디카페인 커피를 시켰다) 쳇바퀴 돌듯 주변을 마냥 걸었다. 구 사옥 복도를 걷기도 했다. 그는 이따금 내 말에 대답할 뿐, 내 옆에서 묵묵히 걸었다. 클로노핀을 삼키려고 물을 마신 때를 빼고 계속 조용히 걷기만 하는 날도 있었다. 그는 종종 내 상태를 확인했다. 「기분 어때요? 괜찮아요?」 그가 내게 공감하진 못했을 것이다. 제프는 결코 불안해 보이지 않았으니까. 그는 자기 글에 자신이 있었고, 자기 보호 본능도 별로 강하지 않았다. 캘리포니아주에서 살던 20대에 서핑을 하다가 목이 부러졌는데 계속 파도를 탄 적도 있었다고 한다. 내 불안이 낯설었을 텐데도, 그는 절대 나를 바보 취급하거나 우습게 대하지 않았다.

제프가 다시 루이지애나주로 돌아가자, 난 상실감에 빠졌다.

나는 여러 해 동안 상사들에게 내 불안에 대해 털어놓지 않았다. 우리 직장 사람들은 섬세하고 배려심이 깊었다. 선임 편집자들이 암이나 다른 질병에 걸린 동료들을 응원하는 걸 몇 차례 보았다. 한 편집자는 강박 장애를 갖고 있다는 사실을 스스럼없이 밝혔는데, 승진에 아무런 영향을 받지 않는 듯 보였다. 그런데도 나는 평가받고 딱지가 붙는 게 무서웠다. 사람들이 내가 능력이 덜하다고, 내가 해낼 수 있는 과제에 한계가 있다고 생각할 게 싫었다. 편집자들이 내 연약한 정신을 보호해 줘야 한다고 생각할 게 싫었다. 실은, 지금 내 담당 편집자들이

나의 불안 장애에 대해 알게 된 건 이 책의 제안서를 제출했을 때였다. 20년 동안 일하면서 상당한 성과를 내고, 그 사실로 자신감을 얻지 않았더라면 제안서고 책이고 쓰지 못했을 것이다.

불안 장애 환자 대다수는 직장에서 자신의 병을 숨긴다. 2006년 미국 불안·우울증 협회에서 시행한 설문 조사에 따르면 회사에 자신의 병을 알린 불안 장애 환자는 네 명 중 한 명에 그쳤다.[196] 이유는 다양했다. 사실이 알려지면 승진에 제약이 가해질 것이고, 직원 파일에 기록될 것이고, 업무 의지 부족으로 받아들여질 수 있고 등등.

환자들이 입을 다무는 데에는 그만한 까닭이 있다. 1990년 만들어진 미국 장애인법에서는 정신 질환을 포함해 장애가 있는 구직자나 직원에 대한 차별을 금하고 있다. 그러나 1999년에 발표된 한 연구에서 고용주들이 불안과 우울증으로 약물을 복용하는 사람보다 휠체어를 타는 사람에 대한 채용 의사가 일곱 배 더 높다는 사실을 밝혔다.[197] 1996년 영국의 정신 건강 지원 시민 단체인 마인드에서 진행한 조사에서 질병으로 인해 해고되거나 강제 사임해야 했던 응답자는 전체의 3분의 1에 이르렀다.[198] 물론 이 연구들은 거의 20년 전에 이루어진 것이고, 그 뒤로 우리가 더 계몽되었을 거라고 생각하고 싶다.

대학생 인터뷰이들이 자기 본명과 사진, 질병의 세부 사항을 기사에 실어도 된다고 허락하는 걸 보면 문화적 기후가 얼마나 달라졌는지 실감한다. 액티브 마인즈나 제드 재단 같은 시민 단체에 속한 캠퍼스 정신 건강 활동가들은 정신 질환에 찍힌 낙인을 지우겠다는 의지로 활동하며, 나보다 훨씬 용감하다.

불안이 내 일에 정확히 어떤 영향을 미쳤는지 나는 영영 알지 못할 것이다. 불안에 시달리지 않았더라도 종군 기자가 되거나 퓰리처상을 타는 일은 아마 없었을 것이다. 나는 직장에서 큰 위험을 감수하는 선택을 해본 적이 없다. 그러나 지금 하는 일을 사랑하며, 알차고 보람 있는 커리어를 쌓았다.

불안한 사람들은 때로 결정을 내리는 걸 어려워한다.[199] 퇴사를 하거나 결혼을 하는 것처럼 큰 결정뿐만이 아니라, 어떤 이메일에 먼저 답장할지 같은 작고 일상적인 결정도 어려워한다. 우리가 나쁜 결과를 기대하고, 시각화하는 데 매우 능하기 때문이다. 우리는 또한 모호한 정보를 부정적으로 해석하는 경향이 있다. 이를 심리학계에서는 해석 편향이라고 부른다. 나아가 우리는 불확실성을 혐오하기 때문에, 가장 안전한 선택지를 고를 가능성이 높다. 선택권이 있다면 말이다.

과연 불안한 사람들은 위험을 기피하는 경향이 있다. 여러 연구자들이 불안과 의사 결정과 위험 감수형 행동 세 가지의 연관을 조사했다. 그중 몇몇 연구에서는 아이오와 도박 과제라고 불리는 심리학 연구 도구를 사용한다. 참가자들이 돈을 따거나 잃을 수 있는 이 가상의 카드 게임에서 불안한 사람들은 위험을 감수하는 선택을 더 적게 하는 경향이 있다.

남편 숀과 내가 신혼여행을 어디로 갈지 논의하던 때, 나는 『월 스트리트 저널』에서 여행 기사를 편집하는 업무를 하고 있었다. 전세계의 이목이 집중된 신규 개장 호텔과 떠오르는 관광지에 대해 최신 정보를 쥐고 있었다는 얘기다. 여러 친구들이 내게 휴가에 대해 조언을 구했다. 그러나 나는 신혼여행지를 결정할 수 없었다. 몇 시간 동안 트립어드바이저를 뒤지며 호텔 리뷰 수백 건을 읽었다. 프랑스, 그리스, 이탈리아 여행 가이드북을 샀다. 마주치는 사람 거의 전부에게 가장 좋았던 여행지를 물었다.

결국 우리는 아일랜드에 갔다.

아일랜드가 싫다는 얘기는 아니다. 하지만 우리는 딱 1년 전에 아일랜드로 여행을 갔었다. 신혼여행으로 우리는 1년 전 묵었던 똑같은 호텔에서 똑같은 엔야 음악을 끝도 없이 들으며 조식을 먹었다.

위험 기피란 바로 이런 것이다.

휴가 계획을 세우는 게 늘 이렇게 어렵진 않다. 하지만 신혼여행은 특별했고, 평생 이야깃거리가 될 터였다. 나는 도박을 하기에는 너무 위험하다고 생각했다(프로방스로 신혼여행을 가는 게 도박이라니!).

불안한 사람들이 보통 사람들보다 최적의 결정을 내리는 데 미숙하다는 연구 결과도 있다. 예를 들어 한 도박 실험에서 불안 증세가 심한 피험자들은 불안 증세가 덜한 피험자들보다 돈을 더 잃는 경향이 있었다.[200] 불확실한 선택을 해야 할 때 불안한 사람들은 유독 우왕좌왕한다. 의사 결정의 어려움은 불안장애 환자들의 전전두 피질 활동이 나태한 탓인 것으로 보인다. 피츠버그 대학교의 한 실험에서 불안 유발 약물을 주입받은 쥐들은 위약을 주입받은 쥐들보다 보상(맛있는 설탕 알갱이)을 얻기 위해 두 가지 규칙을 번갈아 따르는 과제를 더 어려워했다.[201] 까다로운 결정을 내려야 할 때 불안한 쥐들의 배내측 전전두 피질의 특정 뉴런들이 실제로 더 느리게 활성화되는 것을 관찰할 수 있었다.

그러니까 내가 신혼여행으로 다시 아일랜드에 가게 만든 범인은 아마도 둔해진 뉴런들이었을 테다.

방랑벽과 불안이 잘 어우러지지 않는다는 건 두말 하면 입 아프다. 불행히도, 내겐 둘 다 있다. 나는 여행을 사랑하며 특히 개발 도상국 여행을 좋아하지만 말라리아모기와 티푸스균이 들끓는 식수, 부실한 병원을 두려워한다. 내가 공황 발작을 일으킨 장소는 다음과 같다. 베트남의 오토바이 뒷자리, 부에노스아이레스의 지하 탱고 밀롱가, 아바나의 말레콘 해변 산책로, 니카라과의 마사지대 위. 그리고 비행기. 수많은 비행기에서 나는 공황 발작을 일으켰다. 불안은 지금 이 순간을 훔쳐 가는 도둑과 같다. 그래서 내가 여행 중 마주친 가장 흥분되는 경험들은 — 낯섦 앞에서 본능적으로 느끼는 아름다움의 순간들은 — 불안한 생각들이 일으키는 꾸준한 북소리에 가려 무뎌지고, 흐릿해졌다. 그런데도 이런 순간들을 맛보고 싶다는 끈질긴 욕구로 인해 나는 지상의 새로운 장소들로 향한다.

어렸을 적 우리 가족은 이국적인 장소로 여행을 즐기는 유형이 아니었다. 유년기에 휴가란 대체로 오랫동안 차를 타고 일리노이주 남부의 친척을 방문하는 게 다였다. 동생과 나는 뒷좌석 공간 몇 센티미터를 두고 열렬히 싸웠다. 싸움이 너무 시끄럽거나 너무 오래 지속되면 어머니가 뒤로 몸을 기대고 마구 손사래를 쳤다. 동생과 나는 어머니의 손에 닿지 않으려고 좌우로 몸을 흔들고 구석으로 숨었다. 우리 가족은 캠핑도 좋아해서 펜실베이니아주와 코네티컷주의 여러 주립 공원에 다녔다. 여행 짐이 한 더미였다. 서커스 천막처럼 청록색과 흰색의 줄무늬 지붕이 달린 텐트는 침낭 네 개와 동생의 놀이용 우리까지 들어갈 만큼 거대했다. 움푹한 파란색 아이스박스에서는 스모어 재료부터 어른들을 위한 와인 박스까지 온갖 것이 끝도 없이 나왔다.

고등학교 때 나는 몹시 운 좋게도 해외로 수학여행을 두 번 떠날 기회가 있었다. 한 번은 그리스에서 일주일, 다른 한 번은 프랑스와 스페인에서 일주일이었다. 수학여행 기억은 남자 친구들과 키스를 하던 것, 우조 술과 레드와인을 몰래 홀짝이던 것이 거의 전부다. 대학 입학을 앞둔 여름에는 교환 학생 프로그램으로 영국에 다녀왔다. 그 해 여름 나는 영국 정치를 배우고, 밀크티 마시는 법을 익히고, 런던에서 연극을 보고, 아파르트헤이트 반대 집회에 참여했다. 이 프로그램에서 나는 미국 전역에서 온 아이들을 만날 수 있었는데, 그중 여럿이 이미 여권이 너덜너덜했고 내게 프랑스의 성과 나이트클럽, 네덜란드의 콘서트와 예술에 대해 이야기해 주었다. 나는 유레일패스를 갖게 될 날을 애타게 그렸다.

그러나 불안이 내 여행 계획을 망쳤다. 대학에 다닐 땐 아파서 해외로 공부하러 갈 수 없었다. 졸업 후, 나는 룸메이트였던 리사와 함께 두 달 동안 유럽으로 배낭여행을 떠날 낙관적인 계획을 세웠지만 막판에 발을 뺐다. 아직 내가 너무 약하게 느껴졌기 때문이었다.

졸업하고 몇 년 뒤 직장을 옮기면서 몇 주가 비었을 때, 나는 처음으로 방랑벽을 만족시킬 수 있었다. 나는 친구 새러와 함께 에콰도르로 3주 동안 여행을 떠났다. 계획이랄 것 없이 여행자 수표와 고등학교에서 배운 스페인어, 배낭 속『론리 플래닛』만 믿고 떠난 여행이었다. 우리는 버스와 비행기를 타고 에콰도르를 누볐다. 하룻밤 10달러짜리 게스트 하우스에서 묵었고, 쿠엔카 근처 잉카 제국 유적지를 방문했고, 안데스 음악을 들었고, 오타발로의 시장에서 흥정을 했고, 키토에서 오스왈도 과야사민의 잊을 수 없는 그림들을 보았다. 웅장한 산맥과 원주민 여성들이 두른 울 숄의 총천연색 빨강과 파랑, 몇몇 케추아 남자의 허리까지 기른 윤기 나는 머리칼에 넋을 잃었다. 에콰도르에서 나는 여행이 안겨 주는 놀라움과 발견들, 우연한 만남과 운 좋은 전개에 매료되었다. 오타발로에서 교복을 입고 깔깔대는 학생들의 물총 싸움에 휘말리기도 했고, 어느 오후는 우연히 귀여운 캐나다 남자를 만나서 그와 그의 케추아인 친구들과 함께 먼 폭포까지 하이킹을 다녀오기도 했다. 불확실성이 이렇게 짜릿한 것인 줄 미처 몰랐었다.

그때부터 나는 시간과 돈이 허락하는 한 열심히 여행을 다녔다. 코스타리카의 화산, 스페인의 해변, 이탈리아의 박물관. 『월 스트리트 저널』에서 부서를 이전하던 때는 한 달 휴가를 내서 친구 데이브와 터키 여행을 했다. 이스탄불의 야외 레스토랑에서 갓 잡은 생선 요리를 먹었고, 동화 속 같은 카파도키아의 풍경을 탐험했고, 터키 전통의 〈굴렛〉 배로 지중해를 항해했다. 데크에서 자고 뱃머리에서 곧장 바다로 다이빙을 하는 나날이었다. 어느 부두에 배를 대든 작은 모터보트를 탄 어린 남자애 둘이 — 마치 유령처럼 — 우리에게 다가와 지나치게 비싼 아이스크림을 팔곤 했다. 나는 데이브와 헤어진 뒤 베를린으로 가서 친구를 만나고 베를린의 기술 업계를 취재했고, 야간열차를 타고 코펜하겐으로 향했다. 잠에서 깨자 물 위였다. 한밤중 어느 시점에 열차가 페리에 오른 것이다. 나는 계단을 올라 야외 데크에 서서 발트해를 내다보았다.

30대 초반에 혼자 여행을 시작했다. 처음에는 며칠짜리 짧은 여행이었지만, 그래도 대단한 전환점이었다. 동행이 없으니 완충 작용도 없었고 경험을 막을 방해물도 없었다. 나는 사람들을 쉽게 만났다. 그런데, 예상과 달리, 그런 여행에서 나는 오히려 덜 불안했다. 불안이 나를 압도하더라도 괜찮은 척할 필요가 없었기 때문이었다. 실망시킬 사람이 없었으니까.

바하마에서는 아쉬람을 방문했다. 그곳 아쉬람에서는 알코올, 마늘, 양파가 금지되었고(너무 자극적이라는 이유였다) 투숙객들은 모두 매일 네 시간 동안 요가를 해야 했다. 요기들은 바로 옆 리조트로 달려가 밀수한 맥주와 아이스크림을 먹곤 했다. 우리가 해변 근처에서 산스크리트어로 챈트를 하는 걸 보고 파티 보트에서 놀고 있던 사람들이 야유를 보냈다. 「저 사람들은 여기까지 와서 요가를 하고 있다고!」 카우보이 같은 남자가 소리쳤다. 부에노스아이레스에서는 탱고 수업을 받고 아르헨티나 젊은이들과 스테이크를 먹었다.

여행은 나를 취하게 하지만, 꼴사납고 부끄러운 기분이 들기도 한다. 빈곤한 치아파스, 쓰레기가 굴러다니는 니카라과, 정치적으로 억압받는 쿠바, 아이들이 구걸하고 다니는 하노이 — 이것들을 목격하면서 나는 자기중심적이고 모순적인 사람이 된 기분이었다. 나는 너무나 많은 특권을 누리고 있다. 그런데도 내게 불안과 공포에 시달릴 권리가 있을까?

20대 후반에 불안 장애가 재발한 이후 여행은 큰 난관이 되었다. 게다가, 나는 여행을 전보다 훨씬 많이 하고 있었다. 멕시코시티에 특파된 남자 친구 앨런을 두 달에 한 번 꼴로 만나러 다닌 것이다. 종국에는 멕시코시티로 이사해서 6개월을 살기도 했다. 나는 1990년대 후반의 멕시코시티에 홀딱 반했다. 환경 오염과 교통은 끔찍했지만 맛있는 음식이 잔뜩 있었고 (도리토스 과자를 치즈로 싼 것과 똑같은 음식 칠라킬레를 아침으로 먹을 수 있었다!) 사람들은 나를 환대해 주었으며 눈앞에 깜짝 놀랄 만한 광경들이 펼쳐졌다. 한번은 고속 도로 요금 징수소 근처에서 180센티미터가 넘는 십자가를 팔고 다니는 남자를 보았다(〈저런 걸 충동구매로 산단 말이야?〉 싶었다).

그러나 연일 이어지는 범죄와 폭력 보도를 보면서 나는 불안해졌다. 우리가 아는 해외 특파원이 택시를 탔다가 납치당해서, ATM에서 현금을 꺼내 오라는 협박을 받은 사건도 있었다. 총구가 들이밀어졌다고 한다.

나는 비행기 타는 걸 두려워하기 시작했고, 꽤 여러 번 예약한 비행기에 오르지 못했다. 나는 게이트 앞에 서서 공황에 빠진 채 다른 손님들이 탑승하는 것을 지켜보곤 했다. 움직일 수 없었다. 때로는 내 옆에 선 남자 친구가 처음엔 당황했다가 점차 절망하는 모습도 봐야 했다. 나는 겁에 질려서, 〈바로 이〉 비행기가 추락할 거라는 터무니없는 미신에 사로잡혀 있었다.

그러나 나는 계속 비행기를 탔다. 다른 선택권이 없었다. 기술에 대해 쓰려면 샌프란시스코나 뉴욕에 가지 않을 수 없었다. 앨런은 멕시코와 중앙아메리카 각지에서 취재를 했고, 그와 시간을 보내려면 그를 따라가야 했다. 결국 비행기를 타는 것도 전보다는 쉬워졌다.

이제는 비행기 타는 게 두렵지 않다. 여행은 말하자면 불안의 해독제다. 불안은 내 세계를 좁히지만 여행은 좁아진 세계를 다시 넓혀 준다. 여행의 고조된 감각, 극단적인 빛깔과 맛은 걱정과 강박을 누그러뜨리기도 한다.

7
고독의 방
사랑과 우정과 불안

　나의 불안이 낳은 가장 절망스러운 — 아니, 솔직히 말하자
면 내 마음을 갈기갈기 찢는 — 부산물은, 내가 깊은 불안에 잠
식당할 때면 사랑하는 사람들에게서 멀어진다는 것이다. 불안
은 걱정과 공포가 인간적 유대를 쫓아낸 고독의 방이다. 재난
을 미친 듯 걱정하는 내적 독백이 타인과의 대화를 차단한다.
마치 내 삶의 서사가 내가 이해할 수 없는 언어로 재녹음된 것
같다.

　심한 불안에 사로잡혀 있던 대학생 시절, 게일 이모와 나눈
대화가 기억난다. 「승모판 탈출증이 있대요. 심장 판막 하나가
잘 닫히지 않는 병이에요.」 내 말이 끝나자마자 환하게 미소 짓
고 있던 게일 이모가 돌연 얼굴을 굳히고 나를 이상한 눈으로
보았다. 나는 당황했다. 그러다가 바로 몇 분 전 이모에게 똑같
은 말을 했음을 기억해 냈다. 내 불안은 기억 상실증을 일으켰
다. 나는 길을 걸을 수도 말을 할 수도 있었지만 아무것도 기억

에 남지 않았다. 불안은 술처럼 필름을 끊어 놓곤 한다.

비단 대화를 잊는 것만이 문제는 아니었다. 나는 타인의 필요에 둔감하고 이기적인 사람이 될 수도 있었다. 불안은 자신에게 정신을 몰두하게 만든다. 마음이 콩밭에 있는 사람이 좋은 관계를 일구는 건 어렵다.

본인이 공포에 시달리고 있는데 어떻게 남을 돕겠는가?

나는 문자 그대로 숨어 버리기도 한다. 외출하지 않고, 친구를 만나지 않는다. 파티, 저녁 식사, 긴 대화가 갑작스럽게 끊긴다. 단순히 머릿속에 걱정 외에 다른 걸 넣을 공간이 없기 때문이다. 문자 메시지나 이메일에 대답할 기운조차 없다. 불안에 빠지면 나는 너무나 휘청거리고 연약하고 피로하고 무능해져서 그렇게 작은 노력조차도 벅차게 느껴지는 것이다. 휴대전화가 울리고 화면에 가족이나 친구의 이름이 뜨는 걸 서글프게 바라보지만, 전화가 끊기고 음성 통화로 연결되면 안도의 한숨을 내쉰다. 자기방어를 위한 감정적 움츠림이 신체적 움츠림으로 전이되면서 내 세상은 쪼그라든다.

그나마 가까운 사람들과의 관계가 이렇고, 얼굴을 아는 사람들과 지내는 건 또 다른 종류의 고문이다. 항시 가면을 쓰고 지내려면 진이 빠진다. 스스로 사기꾼처럼 느껴지고, 사회적 불안을 느낄 때도 있다. 나는 침대에 누워 그날 나눈 대화들을 곱씹으며 누군가의 기분을 상하게 하지 않았을까 걱정하고, 내가 말을 너무 많이 했거나 너무 적게 했거나 멍청한 발언을 했다고 스스로를 질타한다.

불안은 비교적 숨을 죽이고 있을 때조차 귀찮은 이웃이다. 수다스럽고 자꾸 참견을 하고 때로는 지옥만큼이나 지긋지긋하다.

단, 불안에 어두운 면만 있는 건 아니다. 불안은 내게 믿을 수 없는 친밀감과 사랑을 선사했다. 주위 사람들은 나를 대단히 다정하게 대해 주고, 보살펴 주었다. 공황 발작에 빠진 나를 응급실로 데려다준 대학 친구 수지는 나를 웃게 해주었다. 소중한 친구 레슬리는 맥주를 마시던 중 갑자기 심장이 달음박질쳐서 술집을 도망쳐 나온 나와 함께 샌프란시스코 미션의 길거리를 함께 걸어 주었다. 사랑스러운 에이미는 벤치에 앉아 내 손을 잡고 클로노핀의 효과가 나타나기를 함께 기다려 주었다. 친구들이 보내 준 응원과 그들이 보여 준 세심하고 굳건한 태도로 인해 나는 친구들을 더욱 아끼게 되었다.

불안이 평소대로 의식 한구석에서 나지막이 울리고 있을 때는, 내 불안의 경험이 다른 고통받는 사람들과 유대감을 느낄 연결 고리가 되기도 했다. 내가 그들과 공감할 수 있었기 때문이었다. 특히 내가 불안 장애를 앓고 있다는 사실을 공공연하게 밝힌 지금은 더욱 그렇다. 이제 사람들은 불안 문제가 생기면 곧장 나를 찾는다.

공감과 불안의 관계를 조망한 연구는 내가 찾아본 바로는 공감과 사회 불안 장애의 연관성을 발견한 이스라엘의 연구 하나뿐이었다.[202] 그러나 관점을 넓히면, 트라우마의 좋은 면을 다룬 연구는 아주 많다.[203] 〈외상 후 성장〉이라는 용어가 따로 만들어졌을 정도다. 이는 역경을 겪은 뒤 인생에 더욱 감사하고, 새로운 가능성을 보고, 인간관계를 더욱 견고히 할 잠재력이 생기는 현상을 일컫는다. 외상 후 성장은 대체로 암과 같은 신체적 질병이나 자녀의 사망 같은 비극과 관련해 연구되지만, 나는 정신 질환과 맞서 싸우는 것 역시 성장으로 이어질 수 있다고 주장하고 싶다.

나는 지금 어떤 치료사나 의사보다도 내 여자 친구들에게 더 의존한다. 아이앤시와 로는 벌써 10년 이상 내가 믿을 수 있는 친구이자 치어리더가 되어 주었다. 우리는 직장에서 만났다. 『워싱턴 포스트』에서 이직해 온 끈질긴 취재 기자 아이앤시는 내 자리에 찾아와서 자신을 소개했다. 『월 스트리트 저널』의 도서 부문을 이끄는 로는 나와 15미터도 안 되는 거리에 앉아 있었다.

우리 세 사람은 여러 해 동안 즐거운 추억을 가득 쌓았다. 이스트빌리지 클럽에서 밤늦게까지 춤을 췄고, 프랑스와 플로리다반도로 여행을 떠났고, 하이킹을 했다. 폭소와 유치한 장난으로 가득한 긴 저녁 식사를 수백 차례 함께했다. 우리는 서로가 암 투병, 부모상, 이직, 이별, 유산을 겪을 때 힘이 되어 주었다. 내가 살면서 보석금을 낼 일이 생긴다면 두 사람에게 연락할 거다.

아이앤시와 로는 아름답고 똑똑하다. 뉴욕과 콜로라도주에서 네 자매와 함께 자란 아이앤시는 넘치는 에너지의 소유자로, 나는 그녀가 웬만한 사람은 자기 뜻에 따르도록 설득할 수 있다고 확신한다. 아이앤시는 주차 딱지를 피하는 법을 알고, 호텔에서 방 값을 깎아 달라고 흥정할 수 있다. 만일 내가 인질로 잡히면 협상을 부탁하고 싶은 사람이다. 저녁 식사를 하러 나갔다가 내가 와인 잔에 티끌이 떠 있는 걸 발견하면 (즉, 내가 그 음료를 〈절대〉 마실 수 없으면) 아이앤시는 간단히 손을 뻗어 나와 잔을 바꿔 줄 것이다. 로는 브루클린의 이탈리아계 미국인 대가족 출신이다. 그녀는 전설로 남아 마땅한 요리 실력을 갖추었고, 좋은 와인과 좋은 이야기와 괴짜 같은 자기 가족과 자신을 둘러싼 헌신적인 여자 친구들을 사랑한다. 불안할 때 로에게 걱정거리를 줄줄 읊는 문자 메시지를 보내면, 로는 정오든 자정이든 나를 달래 준다.

불안 장애가 성인들이 맺는 관계에 미치는 효과에 대한 연구 대부분은 연애 관계에 집중하지만, 2013년에 친척과 친구들과의 관계를 조망하는 흥미로운 연구가 이루어졌다.[204] 그 결과를 보면 내가 얼마나 행운이었는지 깨닫게 된다. 친구와 친척과 관계가 좋지 않은 사람들은 불안 장애를 앓을 확률이 높았다. 연구자들은 불안 장애와 친밀하게 지지하는 관계가 쌍방으로 영향을 미친다는 이론을 세웠다. 괴로운 관계는 불안에 불을 붙이고, 불안은 관계에 스트레스를 준다. 다른 연구에서는 사회적 불안을 느끼는 여성들이 친구들에게 자기 속내를 덜 드러낸다고 밝힌 바 있다.[205]

불안이 유년기와 청소년기의 우정에 미치는 영향은 성인의 인간관계보다 훨씬 왕성하게 연구되고 있다. 우정이 아동들의 사회적·감정적 발달에 핵심임을 감안하면 당연한 일이다. 불안을 느끼는 아동들에게 친밀하고 지지해 주는 친구가 있으면 불안은 차츰 줄어든다.[206] 실제로, 집단에 소속되고(반드시 〈인기 있는〉 아이들의 집단이 아니라 어느 집단이라도)[207] 가장 친한 친구와 긴밀하고 긍정적인 우정을 맺는 것은 아동들을 사회 불안 장애로부터 보호해 준다.

지지해 주는 친구의 존재는 불안한 아동이 우울한 성인으로 자라나지 않도록 예방한다. 2016년의 한 연구에서 밝히길, 비록 불안을 느끼긴 해도 자신이 사랑받으며 하나의 집단에 속해 있다고 말한 10대 청소년들은 10년 이상이 흐른 뒤 우울증을 앓을 가능성이 상대적으로 낮았다.[208] 반면 사랑을 충분히 받지 못하고, 집단에 소속되고 받아들여지는 감각을 많이 느끼지 못한 청소년들은 성인이 되어 우울증을 앓기 쉬웠다. 좋은 친구의 존재는 아동기 불안 증세의 치료 효과를 높이기도 한다.[209] 보살펴 주는 친구가 있는 아동들의 인지 행동 치료 반응이 더 우수하게 나타난다.

아동들에게도 불안과 우정은 정반대의 방향으로 영향을 미친다. 불안한 아동들은 사교적 모임을 기피하는 경향이 있다. 동시에 밤샘 파티와 축구 경기에서 빠지는 것도 사교술을 발달시킬 기회를 잃는다는 뜻이다. 그 결과로 사회적 곤란을 겪으면 불안에 더욱 불이 붙는다. 그렇게 악순환이 반복된다.

불안한 아동들은 일반적으로 친구가 더 적고, 자신이 또래들에게 호감을 사지 못한다고 느낀다.[210] 특히 사회 불안 장애가 있는 아동들은 사회적으로 더 큰 난관에 부닥친다. 사교 기술을 평가하도록 설계된 실험에서 사회 불안 장애가 있는 아동들은 설득력과 영향력이 상대적으로 부족하다고 평가받았다. 사회적으로 불안을 느끼는 여아들은 자신이 또래들에게 덜 받아들여지고, 지지를 받지 못한다고 말한다. 불안을 느끼는 아동들은 때로 타인에게 거절당할 것을 예상하기도 한다. 연구 결과를 살펴보면, 실제로 아이들이 또래에게서 얼마간 싸늘한 반응을 예상할 만한 근거가 있다.[211] 한 연구에서 9~13세 아동들에게 동영상에 녹화된 다른 아이들의 말을 듣고 점수를 매기도록 했다. 평가 대상의 일부는 불안 장애가 있었다. 아동들은 동영상 속 아이에게 호감이 가는지, 좋은 친구가 될 수 있을 거라고 생각하는지에 대해 점수를 매겼다. 가장 가혹한 점수를 받은 것은 사회 불안 장애가 있는 아동들이었다. 1999년의 한 연구에서 사회 공포증이 있는 아동의 75퍼센트가 친구가 거의 없거나 아예 없다고 답했다.[212] 절반은 과외 활동을 전혀 하지 않았다.

불안한 아동들은 괴롭힘을 당할 가능성도 더 높다.[213] 한 연구에서 사회 공포증이 있는 성인의 무려 92퍼센트가 과거에 심한 놀림을 당한 적이 있다고 밝혔다.[214] 같은 경험이 있는 피험자의 비율은 강박 장애가 있는 경우 절반, 공황 장애가 있는 경우 35퍼센트였다. 사회 불안 장애가 있는 아동 중에서는 남아가 여아보다 괴롭힘에 더 취약했는데, 조용하고 소극적인 태도가 전통적 젠더 역할에 반하기 때문이다.[215] 괴롭힘은 사회 불안 장애를 악화시키는 또 하나의 악순환으로 이어진다.[216] 2014년의 한 연구에 따르면 자주 괴롭힘을 당하는 청소년은 불안 장애가 발병할 가능성이 두세 배 높았다.[217]

불안으로 인해 친구를 잃은 경험이 내게도 적어도 한 번은 있다. 30대 초반, 나는 나보다 몇 살 위인 다섯 명의 여자들과 자주 어울렸다. 다들 똑똑하고 재주 많고 자기 의견이 있으며 재미있는 사람들이었다. 우리는 한 달에 한 번꼴로 집을 돌아가며 포트럭 디너를 가졌다. 나는 그중 특히 앨리스라는 이름의 여자와 친해졌다. 그녀는 요가 애호가였고, 자신의 감정과 망친 연애에 대해 솔직하고 스스럼없이 얘기하곤 했다. 나는 그녀의 확신 넘치고 당당한 태도에 감명을 받았다. 내가 아는 젊은 여성들 대부분처럼 나는 내 욕구에 대해 무척 소심했고, 사과해야 한다고까지 생각했다. 앨리스는 1970년대 〈est〉 운동에서 뻗어 나온 자기 계발 세미나 랜드마크 포럼의 베테랑이었다(이 운동의 핵심 목표 하나는 〈불안에서의 자유〉였다). 우리는 차를 마시며 사랑, 일, 의미에 대해 긴 대화를 나누곤 했다.

어느 주말 나는 앨리스와 함께 뉴욕에서 북쪽으로 두 시간 거리인 캐츠킬산에 위치한 별장으로 놀러 갔다. 내가 친구들과 돈을 모아 빌려 둔 빈집이었다. 우리는 하이킹을 하고 요리를 하고 대화를 나누었다. 저녁에는 액션 영화 한 편을 보러 근처 마을의 작은 영화관으로 향했다. 총성과 폭발음을 배경으로 어두운 극장 안에 들어가 좌석을 찾던 게 기억난다.

10분인가 15분이 지났을 때 심장 박동 수가 치솟더니 몸이 뜨거워짐과 함께 숨이 가빠지는 것이 느껴졌다. 공황 발작의 명백한 신호였다. 나는 앨리스에게 몸을 돌리고 말했다. 「좀 걸어야겠어요. 불안해요. 공황 발작이 오는 것 같아요. 같이 가줄 수 있어요?」

「지금 영화관을 나가겠다는 건가요?」 그녀가 물었다.

「네, 지금 가야만 해요.」 내가 말했다.

그녀는 날 따라 나섰고, 함께 걸었다. 영화관 주위를 걸으며 앨리스는 족히 30분 동안 말이 없었다. 그러고 나서 우리는 차를 타고 다시 별장으로 돌아갔다. 운전을 하며 나는 공황 발작이 어떤 느낌이고, 내가 거기 어떻게 대처하는지 설명하려 애썼다.

다음 날 아침 당혹감이 밀려왔다. 나는 앨리스에게 영화관을 나선 것에 대해 사과했다. 「걱정 말아요.」 앨리스는 그렇게 말했지만, 그런데도 나는 우리의 관계가 다소 달라졌으며 새로운 거리감이 생긴 것을 느꼈다. 나는 발랄하고 침착한 모습을 보이려고 애를 썼다. 별장 목련이 만발한 나무 아래에서 앨리스의 사진을 몇 장 찍고, 우리는 함께 뉴욕으로 돌아갔다.

그 후 앨리스는 내게서 멀어졌다. 차 약속도 긴 대화도 뚝 끊겼다. 포트럭 디너에서는 종종 만났지만, 그녀가 나와 더 이상 가까워지길 원치 않는 게 분명했다.

사실 어떤 사람들은 통제 불능의 불안을 두려워한다. 내 불안이 옮을까 겁이 나는 거다. 신경학자들은 감정 상태에 전염성이 있음을 밝혀냈다.[218] 〈감정적 전염〉이라고 부르는 이 현상이 일어나는 까닭은 우리가 자동적으로 타인의 표정을 흉내 내기 때문이다. 특정한 표정을 지으면 그 표정을 일으키는 그 감정이 유도된다. 즉, 불안한 사람 곁에 있으면 덩달아 불안해질 수 있는 것이다. 실제로 스트레스 호르몬 코르티솔 수치가 급상승하는 것을 관찰할 수 있었다.

사랑하는 사람이 불안을 느낄 때, 감정적 전염은 더욱 뚜렷이 나타난다. 2014년의 한 연구에서 독일과 미국 보스턴의 연구자들은 한쪽에서만 반대편을 볼 수 있는 편면경, 혹은 동영상 생방송을 통해 이성인 타인이 지켜보는 가운데 피험자가 스트레스를 유발하는 과제를 수행하도록 했다.[219] 관찰자는 낯선 사람인 경우도, 피험자의 연인인 경우도 있었다. 짧은 연설을 하거나 어려운 수학 문제를 푸는 등의 과제들은 피험자에게 스트레스와 불안을 유발했다. 대부분은 코르티솔 수치가 두 배 이상 뛰었다. 놀라운 결과는 아니었다. 그러나 〈관찰자〉 중 26퍼센트 역시 코르티솔 수치가 유의미하게 상승했다. 관찰자가 피험자의 연인일 경우는 스트레스를 받은 사람의 비율이 40퍼센트에 이르렀다.

이것이 불안 장애가 있는 성인들이 결혼하기 어려운 하나의 이유일 테다.[220] 보통 데이트를 할 때 목표는 가장 자신만만하고 매혹적인, 자기가 가진 최고의 모습을 보이는 것이지만 불안은 최음제가 아니다. 불안 장애가 있는 성인들은 결혼하더라도 이혼할 가능성이 보통보다 높다.

내가 사귄 남자 친구들 중 몇몇은 나를 보살펴 주었고, 몇몇은 나를 너그럽게 지지해 주지 못했다. 내 공포를 대놓고 겁내는 사람도 있었다. 내가 품은 소용돌이에 덩달아 빨려 들어가, 본인의 삶도 무척이나 제한되고 비좁은 내 삶처럼 될까 봐 걱정한 것이다.

나는 열여섯 살 때 뉴욕 브루스터의 나이트클럽인 이미지스에서 스콧을 만났다. 10대를 위한 밤, 뉴웨이브 음악에 심취한 아이들이 모여서 서로 추파를 던지고 무대 앞에서 춤추는 사람들에게 몸을 내던지고 세레브럴 멜트다운* 같은 이름의 밴드 음악을 듣는 밤이었다. 나는 스콧과 대화를 나누기 시작했고, 그날 밤은 우리 두 사람의 친구 무리가 다 함께 24시간 불을 밝힌 싸구려 식당 윈드밀 다이너에 가는 것으로 막을 내렸다. 스콧은 내가 손가락으로 팬케이크를 집어 먹는 것에 반했다고 말했다. 나는 그가 말도 안 되게 귀엽다고 생각했다.

우리는 의외의 한 쌍이었다. 키가 183센티미터에 육박하고 짙은 머리에 잘생긴 외모의 스콧은 시내 가톨릭 고등학교의 스타 운동선수였다. 주전 풋볼 선수이자 에이스 투수였다. 그는 자신만만하고 인기가 많았지만 공부는 보통으로 하는 학생이었다. 반면 나는 괴짜에 가까웠다. 우등반 소속이었고 육상 선수였으며 아카펠라 합창단에서 노래를 했지만, 구세군 옷 쇼핑을 즐겼고(5달러면 빈티지 옷을 비닐봉지 가득 채워 올 수 있었다) 플란넬 잠옷 바지와 아버지의 정장 재킷을 걸치고 아버

* 〈뇌 융용〉이라는 뜻.

273

지의 실크 넥타이로 포니테일을 묶어 올리곤 했다. 나는 내가 듣는 음악으로 스스로를 정의했다. 더 스미스, 러브 앤 로켓츠, 수지 앤 더 밴시스. 1987년 코네티컷주 서부에서 이런 밴드는 주류가 아니었다. 학교 아이들의 믹스 테이프를 지배한 건 보스턴, 데프 레퍼드, AC/DC였다. 사회 수업 시간 누군가 내게 〈너 U2 좋아하지?〉라고 쏘아붙였을 때, 그 말은 칭찬이 아니었다.

그러나 우리가 만난 건 여름 방학이었고, 학교가 달랐으므로 교내 서열이 다르다는 건 우리에게 무의미했다. 몇 달이 목가적으로 흘러갔다. 내 작은 쉐보레에 친구들을 잔뜩 태운 채 드라이브를 하고, 노래를 따라 부르고, 호수에서 수영을 하고, 여러 군데의 풀밭과 뒷마당에서 와인 쿨러를 마시면서.

그러다가 스콧이 대학에 진학하고 내가 미시간주로 이사하면서 우리는 헤어졌다. 이듬해 내가 미시간 대학교에 입학하고, 스콧은 미시간 주립 대학교로 편입하면서 우리는 다시 간헐적으로 데이트를 하기 시작했다. 내가 공황 장애를 진단받기 전에 스콧은 이 책의 1장에서 설명했듯 아픈 나의 〈야간 구명 보트〉가 되어 주었다.

돌이켜 보면, 스콧이 내게 흔들림 없이 보내 준 지지는 놀라운 것이었다. 그는 고작 스무 살, 파티계의 전설인 학교에 재학 중이었다. 남학생 사교 클럽 회원이었으며 술과 마약을 즐겼고 친구들과 어울리는 것도 좋아했다. 정신 질환에 함께 맞서 줄 파트너로 고르라면 믿음직한 사람은 아니었다.

4학년 때 불안 장애가 재발하자 스콧은 다시 한번 내게 큰 도움이 되었다. 특기할 만한 사실은, 그때 우리는 데이트를 하는 사이도 아니었다는 거다. 구체적으로 말하자면 내겐 다른 남자 친구가 있었다. 장거리 남자 친구라는 게 문제였지만. 우리 부모님이 텍사스주로 이사한 터라, 근방에 내가 의지할 수 있는 사람은 스콧이 유일했다. 그는 다시 한번 불안한 나를 위해 운전수를 자청하여 나를 치료 세션과 진료실과 응급실로 데려다주었다. 나는 스콧이 남학생 사교 클럽 친구들 몇몇과 동거하는 낡은 아파트의 방구석에서 여러 주말을 보냈다. 닫힌 문 너머에서 파티가 벌어지는 동안 나는 스콧의 침대에 — 실은 바닥에 던져 둔 매트리스였지만 — 몸을 옹송그리고 누워 있었다. 여자아이들이 깔깔거리는 소리, 남자아이들이 으스대는 소리, 쾅쾅거리는 음악 소리를 듣고 나는 더욱 약해진 기분이 들어 이불 아래로 깊이 몸을 웅크렸다. 창피했다.

몸이 약해졌다. 식사를 거의 하지 않았다. 들끓는 불안이 내 에너지를 전부 앗아 갔다. 아직까지 기억 속 깊이 박힌 사건이 하나 있다. 나는 스콧의 아파트 화장실에서 하얀 타일이 붙은 벽에 기대 수건걸이를 붙들고 있다. 샤워를 해야 하지만 다리가 후들거려서 혼자 설 수 없다. 스콧은 어린애 다루듯 부드럽게 내 옷을 벗기고 나를 샤워기 아래로 이끈다. 그는 내 팔꿈치를 단단히 붙들고, 한 손은 내 이마에 받친 채, 눈에 샴푸가 들어가지 않도록 조심스럽게 내 머리에 샴푸 칠을 한다.

확신하는데 스콧이 없었더라면 나는 대학을 끝마치지 못했을 것이다. 그가 나를 지지해 주고 돌봐 준 덕분에 부모님에게 전화해서 집에 가게 해달라고 떼쓰는 일만은 참을 수 있었다. 앤아버에서 지내기가 너무 힘들어지면 그는 재빨리 자신의 어두운 침실로 나를 데려갔다. 내가 안전하게 여기는 고치 속으로. 스콧은 내가 정말로 진실한 모습을 보일 수 있는 몇 안 되는 사람 중 하나였다. 내가 아무리 겁에 질리고 자기중심적으로 굴고 병약해지더라도 그는 내 곁에 머물렀다. 나를 비난하거나 강해지라고 꾸짖은 적은 한 번도 없었다.

대단히 운 좋게도 대학 시절 내가 사귄 남자 친구들은 유독 이해심이 깊었다. 3학년 봄 방학 때 조엘을 만났다. 평범한 봄 방학이 아니었다. 나는 아직도 불안에 빠져 있었고 불안정했다. 지난해 갑작스럽게 끝나 버린 끔찍했던 칸쿤 여행의 재판을 막고 싶었기 때문에 나는 봄 방학 휴가를 기묘한 혼종으로 만들었다. 여학생 사교 클럽 친구들 몇몇이 텍사스주 사우스파드리아일랜드로 여행을 계획하자, 나는 당시 그곳에서 차로 네 시간 거리인 샌안토니오에 거주 중이었던 부모님께 며칠만 사우스파드리아일랜드에 머물러 달라고 부탁했다. 내가 낮에는 대학 친구들과 어울리고, 밤이나 불안할 때에는 안전한 가족의 품으로 돌아갈 수 있도록.

친구들과 해변에서 놀고 있는데 한 무리의 남자들이 우리 쪽으로 미소를 보내며 관심을 끌려 시도하기 시작했다. 우리는 서로 속닥거리고 시선을 교환했지만, 그들과 제대로 말을 섞지는 않았다. 그날 밤 우리는 벽에 플라스틱 불가사리가 붙어 있고 술을 탄 젤로를 파는 낚시 테마의 야외 술집에 갔다가 해변에서 본 남자들을 다시 마주쳤다. 그중 올리브빛 피부에 모래 색깔 머리는 예술적으로 까치집을 지은, 키 크고 귀여운 남자 하나가 내게 다가와 자기 이름이 조엘이라고 소개했다.

그는 내게 콜라를 사주었고, 우리는 더 큐어의 「저스트 라이크 헤븐」에 맞춰 춤을 췄다. 그는 내 번호를 알고 싶어 했다. 조엘은 25세로 미시간 대학교의 MBA 학생이었다. 우리는 앤아버에 돌아가자마자 사귀기 시작했다. 나는 그의 엉뚱함과 다정함에 반했다. 그러나 조엘은 몇 달 뒤 졸업했고, 취직해서 샌프란시스코로 떠났다. 나는 옷 가게 아르바이트 월급으로 비행기 표 값을 댈 수 있는 한 자주, 몇 달에 한 번씩 그를 보러 갔다. 나는 아직도 불안과 싸우고 있었지만, 우리의 연애 초기는 근심 없이 즐거웠으며 친구들과 댄스파티에 참석하고 마리나 지구를 거닐던 추억으로 채워져 있다.

그러나 조엘은 우리의 세 번째 데이트에서 벌써 나의 불안이 고개를 쳐들었다고 회상한다. 나는 조엘이 머물던 앤아버의 대학원생 아파트에 놀러 갔다가 공황을 느끼기 시작했다. 나는 조엘에게 바람을 좀 쐬어야겠다고 말했고, 우리는 밖으로 나가 삼각형 모양 블록을 빙글빙글 돌며 10~20분 정도 산책했다. 「그때 조금 이상한 걸 깨달았지만, 그래도 괜찮다고 생각했었어.」 조엘이 최근 내게 털어놓았다.

12월에 불안 장애가 재발하자, 조엘은 내가 언제라도 그에게 연락할 수 있도록 호출기를 샀다(휴대 전화가 보편화되기 전인 1992년의 이야기다). 호출기 번호를 아는 사람은 내가 유일했다. 그는 호출기를 밤새 침대 옆 협탁에 올려 두어서 필요하면 내가 그를 깨울 수 있도록 했다. 공황에 빠져 메시지를 보내면 그는 내게 전화를 걸어 나를 진정시키고, 괜찮을 거라고 말해 주고, 그가 나를 사랑하며 내게 어떤 일도 일어나지 않도록 보호해 줄 거라고 말했다.

조엘은 나의 다양한 신체적 증상에 대해 공부했고 언제나 응급실이 너무 멀지 않은 곳으로 데이트 코스를 잡았다. 어느 날 나는 그에게 전화해서 다리가 얼얼하고 무감각하다고 말했다. 그는 사무실을 나와 길 건너에 있던 서점으로 가서 의학 참고 서적을 뒤적거리기 시작했다. 「모든 증상이 다발 경화증을 가리키고 있었어. 그게 가장 무서웠던 순간이야. 네가 점점 하강 곡선을 그리고 있다는 생각이 들었거든.」 그가 회상한다.

1992년 봄 방학, 샌프란시스코의 파란 하늘은 눈부시게 아름답다. 나는 조엘의 침대에 누워 숨을 쉬려고 애쓰고 있다. 무언가 상체를 짓누르는 기분이다. 숨을 들이마시기 위해 가슴을 내미는 데만도 엄청난 노력이 필요하다. 나는 허겁지겁 날숨을 내쉰다. 당시 나는 불안 장애 클리닉에서 치료를 받고 있지만, 그럼에도 불구하고 내가 중병에 걸린 거라고 생각한다. 조엘은 며칠 째 나를 안심시키려 분투 중이다. 「섹스를 할 수 있었잖아. 죽을병이면 할 수 없었을걸.」 그가 지적한다. 그러나 나는 파국을 예감했고, 마음에 이미 의심의 씨가 뿌려졌다. 폐 혈전 색정증이 아닐까? 조엘은 지역 병원에서 평판 좋은 폐 전문의를 찾아내서 응급 예약을 잡는다. 나는 차가운 금속 테이블에 누워, 기술자가 방사성 물질을 내 팔 정맥에 주입하는 걸 본다.

혈전이 생기지 않는다. 조엘이 축하 의미로 나를 데리고 샌타바버라의 B&B로 간다. 우리는 침대에서 와인을 마시고 초콜릿을 먹는다.

여러 해가 지난 지금, 조엘은 내 불안으로 인해 가끔 무력감과 두려움을 느꼈다고 말한다. 그러나 그게 걸림돌이 되지는 않았다. 그는 말한다. 「오히려 그 때문에 네게 더 가까워졌어. 널 보호해야 한다는 생각이 강하게 들었거든. 너는 정말 힘든 일을 겪고 있었으니까, 나도 가능한 방법으로 너를 돕고 싶었어.」

내가 대학을 졸업하고 워싱턴으로 이사하고 얼마 지나지 않아 조엘과 나는 헤어졌다. 20대에 나는 남자 친구를 몇 명 더 사귀었다. 불안이 미쳐 날뛰던 시기는 아니었지만 불안의 영향에서 아주 자유롭지도 않았다. 너무 길었던 연애도 있었다. 나를 통제하고 폄하하는 열세 살 연상의 편집자와 사귀었을 때처럼. 가장 친한 친구에게 감정적으로 의존하다가 복잡한 관계가 된 때도 있었다. 친구와 남자 친구 사이의 곤란한 회색 지대에 놓인 우리의 관계는 그에게 불공평했고, 고통스럽게 끝났다. 우정은 망가졌다. 나는 밧줄을 옮겨 다니는 곡예사처럼 하나의 연애에서 다음 연애로 옮겨 갔다. 다음 남자에게 넘어가면서 전 남자를 붙들고 있기도 했다.

문제는 내가 결정을 내리는 데 형편없다는 거였다. 나는 〈잘못된〉 선택을 할까 봐 겁을 먹었다. 내가 혼자 있기를 두려워했다고는 생각지 않는다. 그보다는 후회가 두려웠다. 상대에 대한 내 생각이 바뀌지 않을 거라고 확신할 수 없었다.

많은 연구에서 정신 질환과 인간관계 문제 사이에 연결 고리가 있음을 보였다. 관계에 가장 악영향을 미치는 질환은 우울증이지만 매사를 〈반이 빈 물잔〉으로 보게 만드는 불안 역시 상당한 피해를 끼친다. 2012년 한 사람이나 둘 다가 공황 장애 또는 범불안 장애를 앓는 부부를 연구한 결과, 불안 장애가 있는 쪽이 관계의 질을 더 낮게 판단하는 경향이 있었다.[221] 이는 특히 여성들에게서 두드러지는 경향이었다. 불안 장애가 있는 남성들은 아내에게도 불안 장애가 있을 경우에만 관계에 대해 가혹하게 평가했다.

불안 장애의 여러 종류 중에서도 특히 관계를 뒤흔드는 것이 무엇인지도 밝혀졌다. 한 연구에서 아내가 다른 불안 장애가 아닌 공황 장애를 앓는 남자들이 결혼 생활의 질이 특히 낮다고 답했다.[222] 잘 굴러가지 않는 관계가 불안을 가중시키기도 한다. 광장 공포증이 있는 사람들을 추적한 1985년의 연구에서는 결혼 생활에 문제가 있는 사람들이 불안 치료에 좋은 반응을 보이지 않는다는 사실을 발견했다.[223]

불안 장애 가운데 관계에 가장 파괴적 영향을 미치는 것은 사회 불안 장애다. 중증의 사회 불안 장애를 앓는 여성들은 연인이나 배우자와 지지를 덜 주고받는다고 말한다.[224] 그들은 자기를 덜 드러내고, 관계의 만족도도 낮다.

20대 후반에 들어서자 불안이 내가 맺는 관계에서 점령군 노릇을 하기 시작했다. 나라는 사람 자체가 대학 시절만큼 약해진 건 아니었으나, 사람을 전보다 진지하게 만나고 결혼과 자녀를 염두에 두기 시작하자 연애 자체가 더 위험하게 여겨진 것이었다.

앨런을 처음 만난 것은 거의 대놓고 우리를 엮어 주려 한 공통의 친구가 주선한 점심 식사에서였다. 어퍼웨스트사이드의 무난한 레스토랑에서 함께한 점심 식사는 어색했고 긴 침묵이 여러 번 이어졌다. 앨런은 수년 간 아프리카에서 프리랜서 기자로 일하다가 막 뉴욕으로 이사한 참이었다. 그는 뉴욕과 그 평화와 풍요 속에서 목격되는 삶의 경박성에 적응하길 어려워하고 있었다. 「여기 사람들은 체육관 다니는 걸 대화 주제로 삼더라니까요.」 그가 불평했다.

우리는 한 달 뒤 파티에서 재회했다. 이번엔 대화의 물꼬가 트였다. 몇 달 후 그는 내게 전화해서 데이트 신청을 했다. 우리는 형편없는 연극을 보고 지금은 없어진 지 오래인 웨스트빌리지의 저렴한 이탈리안 식당에서 저녁을 먹었다. 많이 웃었고, 밤 늦게까지 수다를 떨었다. 두 번째 데이트에서 우리는 메트로폴리탄 미술관에서 데이트를 하고 그의 아파트 건물 옥상에 설치된 해먹에서 키스를 했다. 몇 주 뒤 그가 수줍게 나를 여자 친구라고 불러도 되겠느냐고 물어 왔다.

나는 그에게 푹 빠졌다. 우리는 취재와 저술을 매개로 끈끈해졌으며 상대방의 기사를 읽고 조언해 주었다. 나는 그의 용감무쌍함에, 기자 경험이 거의 전무한데도 노트북 하나를 달랑 들고 아프리카로 날아가서 프리랜서 기자로서의 길을 개척한 것에 감탄했다. 그는 내게 음울한 경험담을 들려주었다. 르완다의 교회에서 유골을 본 일, 르완다 대학살에서 희생된 투치족의 대규모 매장지를 본 일. 아프리카에서 옮은 다양한 기생충에 대해 농담을 하기도 했다. 한번은 외교관들과 고급 저녁 식사를 하다가 벌레를 발견하고는 나중에 의사에게 보여 주려고 필름 통에 넣었다고 했다. 그는 내가 용기가 있었더라면 하고 싶었을 일들을 실제로 했다.

앨런은 그러나 으스대지 않았다. 오히려 이따금 자기 회의에 시달리는 편이었다. 나는 그 대담함과 취약함의 결합에 마음이 끌렸다.

뉴욕에서 우리는 파티를 열었고, 밴드 공연에 갔고, 센트럴 파크 주위를 한가로이 돌아다녔다. 앨런은 내게 롤러블레이드 타는 법과 암벽 등반을 가르쳐 주었다. 밝은 주황색 하네스와 보라색 등산화 고르는 것도 도와줬다. 그렇게 다섯 달을 사귀었을 때, 앨런이 멕시코시티에서 일자리를 제의받았다.

나는 그에게 제의를 수락하라고 말했다. 어차피 그가 멕시코 시티행을 택하리라는 사실엔 한 치의 의심도 없었다. 그는 사무실에 얽매인 편집자로서의 생활을 끔찍하게 여겼고, 여행과 취재를 원했으니까. 그는 내게 멕시코로 함께 가자고 말했지만 당시 나는 『월 스트리트 저널』 전속 기자가 되기 일보 직전이었고 뉴욕을 떠나면 그대로 기자 커리어에 작별을 고하게 될까 봐 두려웠다. 우리는 헤어지지 않고 장거리 연애를 하기로 결정했다. 어쨌든 앨런이 멕시코시티로 떠나는 건 6개월 뒤의 일이었다.

앨런이 새 일자리를 수락하고 몇 주 뒤 나는 7번가를 걷다가 시야에 맹점이 나타난 사건을 기점으로 불안 장애가 재발했다. 앨런이 스페인어 수업과 멕시코 역사 공부에 몰두하는 동안 내 건강 염려증은 빠르게 악화되었다. 담당 의사는 맹점이 안구 편두통의 증상이라고 판단하고 내게 안과 의사에게 가보라고 했다. 안과 의사는 내 한쪽 눈 뒤가 〈부풀어〉 있는 것 같다고 말했다(이는 뇌종양의 기미일 수 있었다). 그는 나를 신경과 전문의에게 보냈고, 나는 MRI를 찍었다(서른이 되기도 전 내가 세 번째, 아니 네 번째로 찍은 MRI였을 것이다). 종양은 발견되지 않았다.

MRI 결과가 좋았음에도 나는 뇌에 무언가 문제가 있다는 생각에 집착하기 시작했다. 특히 기억력이 걱정이었다. 나는 대화를 한 뒤 몰래 그 내용을 적어 두고, 밤에 내가 대화 내용을 얼마나 기억하는지 자가 검사를 했다. 잊은 부분이 있으면 초조함에 양손을 꼭 움켜쥐곤 했다. 나는 앨런에게서 이런 우려들을 숨기려 애썼지만 성공하지 못했다. 앨런은 회상한다. 「너는 외출 중에 갑자기 〈머리가 아파〉, 〈느낌이 이상한 걸 보니 뇌종양에 걸린 것 같아〉 같은 말을 하곤 했어. 그럼 나는 생각했지. 〈진심이야? 지난주에도 그러더니.〉 너는 불치병에 걸렸다고 자주 상상했어.」

나는 스스로가 우습고 창피했다. 취재를 하면서 정말로 끔찍한 일들을 목격한 앨런 앞에서 내 걱정은 하잘것없고 사소하게 느껴졌다. 그래서 나는 최선을 다해 내 감정을 숨겼다. 설상가상으로 앨런이 떠날 날짜마저 다가오자, 나는 점점 더 그에게서 멀어지는 기분이었다.

불안은 여름 내내 심해져만 갔다. 8월에 앨런과 나는 메인주로 여행을 떠났다. 사흘 동안 애팔래치아산맥에서 하이킹을 하면서 해발 1,200미터가 넘는 산 세 개를 넘고 호숫가의 소박한 통나무집에서 며칠 간 휴식을 취했다. 장비를 전부 들고 다니면서 식수로는 (요오드를 탄) 냇물을 마시고 잠은 작은 텐트나 자연의 피난처에서 잤다. 진정한 의미의 배낭여행은 이때가 처음이었다.

이 여행은 침낭을 고르는 시점부터 고문이었다. 나는 도무지 선택을 할 수 없었다. 그때 나는 제정신이 아니었기에 〈올바른〉 침낭을 고르는 것이 탈수, 골절, 곰에게 잡아먹히는 것 같은 불길한 시나리오로부터 나를 마법처럼 보호해 줄 거라고 믿었다. 반대로 잘못된 침낭을 고르면, 끝장이다. 나는 침낭 두 개를 사서 앨런의 침실에 펼쳐 놓고 번갈아 들어가 보기를 한없이 반복했다. 「그냥 하나를 골라.」 심란해하던 앨런이 보다 못해 말했다.

그 여행의 경험은 둘로 쪼개진 화면 같다. 한쪽 화면에서 나는 천식 발작과 죽음을 걱정했다. 우리가 병원에서 얼마나 멀리 떨어져 있는지, 도움의 손길이 도착하려면 얼마나 오래 기다려야 할지 생각했다. 다른 한쪽 화면에서 나는 산 정상의 맑은 호수에서 물을 마시는 무스를 보고 경탄했다. 앨런과 피크닉 테이블 위에서 사랑을 나누었다. 우리는 우리가 만난 (몇 달째 애팔래치아에서 하이킹을 하고 있는) 〈쥐덫〉이나 〈순찰관〉 같은 별명의 〈스루하이커〉*들 얘기를 하며 웃었다. 한 사람은 처음 길에 오를 때 신고 있던 부츠를 덕트 테이프로 기워서 아직까지 신고 있다는 걸 자랑스러워했다. 스루하이커들은 주말 여행자인 앨런과 내게 〈위켄더스〉라는 별명을 붙여 주었다. 그 여행에서 찍은 사진이 남아 있다. 나는 상체는 벌거벗고, 카키색 반바지와 갈색 가죽 하이킹 부츠 차림으로 산 정상에 올라 의기양양한 표정을 짓고 있다. 나는 건강하고, 강해 보인다.

그로부터 며칠 뒤 앨런과 나는 바 하버의 해산물 식당에서 밥을 먹고 있다. 볕에 그을린 가족 손님들이 수다를 떨고, 가게 안에 즐비한 빨간 플라스틱 양동이에는 랍스터 꼬리와 게 앞발이 수북하게 버려져 있다.

갑자기 나는 목에 멍울을 느낀다. 기침을 한다. 물을 벌컥벌컥 마신다. 멍울은 사라지지 않는다.

피부에 열감이 느껴진다. 심장 박동이 빨라진다. 나는 갑각류에 알레르기 반응을 보이는 거라고 판단한다. 목이 막힐 것이다. 목이 막히면, 나는 죽을 것이다.

「숨을 쉴 수가 없어. 게 알레르기가 있나 봐. 병원에 가야겠

* 한 달 이상 소요되는 코스로 하이킹을 즐기는 사람들.

어.」나는 앨런에게 말한다.

앨런은 확실하냐고 묻고, 그렇다고 대답하자 내 손을 붙들고 자동차로 뛴다. 차로 20분 거리에 마운트 데저트 아일랜드 병원이 있다.

바깥이 서서히 어두워진다. 앨런은 꼬불꼬불한 길을 전속력으로 달리다가 한 번씩 내게 걱정 어린 눈길을 던진다. 운전대를 잡은 팔은 긴장으로 팽팽하다. 나는 미동 없이 조수석에 앉아서, 무언가에 꽉 막힌 목구멍을 통해 공기를 들이마시고 내보내는 데 온 신경을 집중하고 있다.

「죽게 놔두지 말아 줘. 제발 날 살려 줘.」내가 애걸한다.

「거의 다 왔어. 괜찮을 거야.」앨런의 목소리엔 확신이 없다.

작은 병원에 도착했을 때에야 공포를 비집고 작은 의심이 머리를 든다. 〈어쩌면 공황 발작일지도 몰라.〉

건물은 거의 완전히 깜깜하다. 몇 안 되는 조명이 응급실로 향하는 길을 밝히고 있다. 앨런도 아드레날린 때문인지 호흡이 거칠어져 있다. 나는 그에게 기대며 말한다. 「어쩌면 그냥 공황 발작일지도 몰라.」

의심이 차츰 커진다. 나는 접수를 받는 간호사에게 증상을 설명하면서, 자주 공황 발작을 겪는다는 얘기도 덧붙인다. 나는 바로 의사를 만나러 가는 대신 대기실을 서성인다. 증상이 가라앉기 시작한다. 앨런은 축 처진 어깨를 하고 말이 없다. 진이 빠진 모양이다. 후에 그는 운전하는 내내 계획을 세우고 있었다고 내게 털어놓았다. 내가 호흡을 멈추면 갓길에 차를 대고 스위스아미 나이프와 비슷한 레더맨 도구를 이용해 내 기도를 뚫을 생각이었다고 한다.

불안이 나머지 여행을 잠식한다. 불안은 이제 고삐에서 풀려나 어떠한 불확실성에라도 안착할 준비가 되어 있다. 집으로 돌아가는 길, 목에 멍울진 느낌이 돌아오고 살갗이 간지럽다. 나는 앨런에게 주간 고속 도로를 빠져나와 다시 응급실에 가자고 한다. 응급실에서 나는 알레르기에 처방되는 베나드릴 주사를 맞는다.

집에 돌아와 팍실을 복용하자 불안은 다소 수그러들었다. 앨런은 몇 달 뒤 멕시코로 떠났다. 그러고서 1년 반 동안 우리는 장거리 연애를 이어 나갔다. 그 연애에는 평화로운 풍경들도 있었다. 우리는 멕시코 전역을 여행했다. 캘리포니아주와 네바다주와 미시시피주와 루이지애나주로 자동차 여행을 떠나 늪지대를 형성하고 있는 강어귀의 빌린 집 데크에서 가재 낚시를 했다. 푸에르토리코의 섬 쿨레브라로 여행을 갔을 때는 하필 허리케인이 닥쳐서 현지인들과 함께 식료품점에서 음식을 쟁였다. 콘크리트 블록 소재의 벽이 세워진 호텔에서 새로 사귄 친구들과 건전지로 작동되는 라디오 주위로 옹기종기 모여 앉던 기억이 난다.

내 불안은 널을 뛰었다. 앨런은 대체로 이를 무시하려고 애썼다. 최근에 그는 뾰족한 수가 없었다고 털어놓았다. 「나를 비롯해 많은 남자는 본능적으로 문제를 해결하고자 하는데, 네 문제는 해결이 불가능해 보였어. 그래서 나는 그 문제가 아예 존재하지 않는 척하려고 애썼지.」그러나 이따금씩 그는 대화로 내 불안을 덜어 주려고 애썼다. 날뛰는 내 편도체를 논리로 잠재우고자 한 것이다. 오레오 사건이 좋은 예다.

쿨레브라에서 휴가를 보내던 중의 일이다. 우리는 해변의 작은 나무 방갈로에 묵고 있었다. 나는 부엌에서 어렸을 때부터 좋아하던 과자 오레오를 먹고 있었다. 두세 개를 먹고 다시 봉지에 손을 집어넣었을 때였다.

나는 그것을 보고 말았다.

개미 떼. 수십 마리, 아니 수백 마리의 개미 떼! 봉지 속에 개미 떼가 우글거리고 있었다. 쿠키의 하얀 크림을 배경으로 까만 몸이 두드러졌다. 대담한 몇몇은 그새 내 손을 타고 오르기 시작했다.

나는 비명을 지르며 봉지를 떨어뜨렸다. 종이 타올을 뽑아서 입 안에 남은 쿠키를 뱉어 냈다. 그러나 너무 늦었다. 이미 몇 마리를 먹은 게 분명했다. 개미들이 내 식도를 타고 내려가고 있었다. 곧 내 혈관에 다다를 것이다.

「세상에, 여기 개미가 있어! 개미를 먹었다고!」나는 앨런을 향해 소리쳤다.「토해야겠어.」

앨런이 봉지 안을 들여다보았다.「좋아, 개미 몇 마리를 먹었다고 치자. 하지만 큰 문제는 아니야. 개미는 그냥 단백질이라고.」

「아니야, 개미를 뱉어 내야 해. 병에 걸릴지도 몰라. 끔찍한 병에 옮으면 어떡해.」 나는 화장실로 향하며 말했다.

「봐, 내 말을 증명해 볼게. 나도 똑같은 위험에 처하면 되겠지?」 앨런은 봉지에 손을 넣고 개미 떼로 뒤덮인 쿠키를 꺼내서 입 안에 넣었다. 「음, 맛있는걸.」 그가 쿠키를 씹으며 말했다. 그는 입 안에 든 걸 삼키고 다시 봉지에서 쿠키를 꺼내 먹었다. 「좋은 단백질이었어.」 개미가 득시글대는 오레오를 두 개째 삼키며 그가 말했다.

「진짜 맛있다.」 앨런이 세 번째 오레오를 삼키며 말했다.

나는 웃었다. 「정말 미쳤구나.」

앨런의 익살은 내 불안을 누그러뜨리기에 충분하지 않았다. 나는 화장실에 가서 목구멍에 손가락을 집어넣고 토했다.

내가 뉴욕에, 앨런이 멕시코에 살면서 떨어져 보낸 시기는 껄끄러웠다. 우리는 날이 선 내용의 이메일을 쏘아 보냈고 다른 사람과 가볍게 바람을 피웠으며 짧은 재회는 분노한 침묵으로 채워지기 일쑤였다. 우리의 감정적 유대는 올이 해어졌다. 그러던 중 마침내 나는 『월 스트리트 저널』에서 6개월 동안 멕시코시티에서 일해도 된다는 허가를 받았다. 나는 옷가지와 책으로 가득한 180센티미터 길이의 커다란 파란색 더플백을 들고, 프리다 칼로와 디에고 리베라가 한때 살던 곳에서 멀지 않은 아름다운 동네 코요아칸에 위치한 앨런의 집으로 들어갔다. 스물아홉, 남자 친구와 같이 사는 건 처음이었다.

나는 멕시코시티와 사랑에 빠졌다. 새벽같이 〈타말레, 타말레 있어요〉 하는 타말레 카트 소리에 잠을 깨는 것. 빨간불이 켜지면 도로 한복판에서 벌어지는 곡예와 불꽃이 난무하는 서커스. 망자의 날 축제에 광장을 가득 채운 선명한 색깔들. 제일 좋아하는 커피숍으로 가는 길에 듣는 추파마저도 ― 〈그런가, 그런가, 루비아, 루비아〉* ― 좋았다. 스페인어의 억양은 언제나 좋았고.

빈곤과 부패를 보지 못한 건 아니다. 피부색이 더 짙은 사람들은 유모나 가정부가 입는 저렴한 파란색 유니폼 차림이고, 피부색이 더 밝은 사람들은 부촌 폴란코의 구찌나 자라에서 쇼핑한다는 것도 알았다. 대기 오염 때문에 달리기를 그만둬야 했다. 멕시코시티의 대기가 나빠서 천식이 다시 심해졌고, 필터에 거른 공기를 내보내는 고급 헬스클럽에 가입할 돈은 없었다.

앨런과 나는 멕시코시티에서 평범한 생활을 했다. 비디오를 빌려 보고, 함께 장을 보고, 나란히 붙은 사무실에서 일을 했다. 목욕 가운 차림으로 바로 옆방을 찾아가 그가 쓴 기사를 읽는 게 참 좋았다. 우리는 여행도 계속했다. 파나마, 쿠바, 테오티우아칸 팔렌케의 마야 유적으로. 광적인 여행은 얼마간 불안에서 기인한 것이었다. 나는 1월이면 『월 스트리트 저널』에 돌아가겠다고 약속한 터였기에 언젠가 떠나야 한다는 생각을 품고 있었다. 앨런과 나는 내가 뉴욕에 돌아가면 우리 관계가 어떻게 될지에 관해선 깊이 대화하지 않았다. 돌이켜 보면 『론리 플래닛』에서 다음 여행지를 고르는 것보다 멕시코시티에 뿌리내

* 외국인 여성과 금발 여성을 속되게 지칭하는 스페인어.

리고, 나만의 친구를 사귀고, 그곳에서 일상을 잘 꾸려 나가는데 집중했더라면 더 좋았으리라는 후회가 든다.

그러는 사이 팍실의 부작용이 점차 축적된 탓에, 나는 대가를 치러야 했다. 성욕이 급감한 것이다. 앨런은 거부당하는 기분이라면서 심란해했다. 나는 약을 끊었다.

내가 뉴욕에 돌아갈 때, 우리는 내가 『월 스트리트 저널』에서 몇 달 더 근무하는 것으로 의무를 다한 다음 퇴사하여 멕시코시티로 아예 이사할 거라고 모호한 합의를 보고 있었다. 나는 프리랜서로 일할 것이다. 우리는 약혼할 것이다. 그러나 몇 주 뒤, 앨런은 전화로 이별을 통보했다. 아직 한 사람에게만 전념할 준비가 되지 않았고, 다른 사람과도 만나 보고 싶다는 것이었다.

몇 년 뒤 그는 내게 이별을 고한 큰 이유 중 하나가 나의 불안이었다고 털어놓았다. 「나는 모험가의 삶을 살고 싶었어. 네 문제가 우리 발목을 잡을까 봐, 우리 인생이 네 공포와 불안에 지배될까 봐 걱정했지.」 앨런은 내가 고속 도로 운전을 무서워하기 때문에 거주지가 제한되거나, 내가 그에게 지나치게 의존할 거라고 생각했다. 또한 내가 어머니가 된다는 압박감을 견디지 못해서 〈아이를 혼자 돌보아야 할 때면 겁을 먹을 거라고〉 생각했다.

이별 후 나는 비탄에 빠졌다. 감정적 충격은 금세 로맨틱 코미디에서나 나올 법한 슬픔의 행동들로 전환되었다. 나는 앨런에게 애걸하는 편지를 썼고, 그에게 전화를 걸었다가 바로 끊기도 했다. 친구들 앞에서 울었고, 과음을 했다. 처음 만나는 잘생긴 사람들에게 키스했다. 몸무게가 빠졌다(그때 깨달은 건데, 절망 다이어트도 불안 다이어트만큼 효과적이다).

단, 불안 장애가 재발하는 일만은 없었다.

어떤 면에서 비통은 불안의 정반대의 개념이다. 불안은 미래를, 모퉁이를 돌면 나올 비극을 향한다. 비통은 이미 일어난 끔찍한 일을 향한다. 나는 엉망진창이 된 현재에 깊이 침잠했다(몇 년 뒤 나는 데이트 사이트에서 앨런을 사이버 스토킹하다가 그가 〈지난 연애에서 배운 것은?〉이라는 질문에 〈공황 장애를 진단하는 법〉이라고 답한 것을 보았다).

나는 과거에서 쉽게 빠져나오지 못했다. 내가 여자 친구로서 실패한 지점들에 대해 숙고했다. 다음번 연애엔 더 애정 넘치고, 인내심을 발휘하고, 아낌없이 주는 여자 친구가 되겠다고 결심했다. 그 결심이 브래드에게서 끝없이 감지되는 빨간 깃발을 무시한 이유였을 것이다.

앨런과 사귀던 중 브래드를 몇 차례 만난 적이 있었지만, 우리가 처음 제대로 된 대화를 나눈 건 내가 뉴욕으로 돌아오고 한두 달 뒤 공통의 친구가 연 파티에서였다. 우리는 서로를 가볍게 놀렸고, 물 흐르듯 대화를 이어 나갔다. 그는 서른다섯 살로 엷은 갈색 머리에 장난기 어린 푸른 눈과 눈가 잔주름이 섹시한 남자였다. 프리랜서 사진가이자 암벽 등반 애호가였던 그는 재미있고 비딱하고 똑똑했으며 조용한 자신감을 내비쳤다. 그러나 때로 감정적으로 불투명한 사람으로 느껴지기도 했다.

그의 표정과 어조는 해석하기 어려웠다. 그럼에도 불구하고 (혹은 바로 그 때문에) 나는 곧장 그에게 강렬히 끌렸다.

파티 다음 날, 나는 브래드의 룸메이트인 친구 앤에게 이메일을 보내 지난 저녁에 대한 보고를 들었다. 〈네 룸메이트 브래드를 다시 만나서 아주 기뻤어. 그건 그렇고, 그 사람 참 귀엽더라.〉 내가 적었다. 앤은 재미있게도 브래드 역시 나더러 귀엽다 했다고 답장했다. 〈사실 그가 쓴 단어는《사랑스럽다》였어.〉 앤은 적었다. 그날 오후, 직장에서 전화를 받았다. 브래드가 데이트 신청을 한 것이었다.

첫 번째 데이트에서 나는 긴장했다. 누군가와 첫 데이트를 한 지 3년도 더 되었고, 앨런과의 이별 후유증에서 벗어나지 못한 터였다. 나는 술을 너무 많이 마셨고 말을 너무 많이 했고 〈신을 믿으세요?〉 따위 질문들을 던졌다. 우리는 굿 나이트 키스를 하고 헤어졌지만 브래드는 다시 연락하지 않았다.

다음 몇 달 동안 우리는 파티에서 종종 마주쳤고 몇 번인가 이메일을 주고받았다. 그러던 어느 날, 브래드가 디저트를 먹으러 가기로 약속하지 않았느냐며 말을 걸었다. 우리는 다시 데이트 약속을 잡았다.

가벼운 교제가 시작되었다. 우리는 자전거를 타러 가거나, 야외 영화 상영에 가거나, 술을 마셨다. 데이트는 재미있었지만 브래드는 개인적인 질문을 회피했다. 칭찬에 인색했고, 자신이 나를 얼마나 좋아하는지에 관한 단서를 거의 주지 않았다. 헤어질 때마다 그에게서 다시 연락이 올지 확신할 수 없을 정도였다.

그러던 중 9.11이 일어났다.

브래드는 테러 소식을 듣자마자 카메라를 들고 자전거를 타고 월드 트레이드 센터 빌딩으로 향했다. 그날 그가 찍은 ─ 건물 잔해와 소방관과 온몸에 검댕을 묻힌 생존자들 ─ 사진들은 잡지와 신문에 실렸다. 한편 나는 『월 스트리트 저널』에 9.11 후속 기사를 쓰고 있었다. 우리는 하루 종일 미친 듯이 일하고 밤에 만났다. 우리를 둘러싼 비극과 공동의 목표, 산산이 부서진 일상이 모든 저항을 무너뜨렸다. 우리는 전쟁터의 로맨스에 빠져들었다.

브래드네 집, 우리는 욕조에 함께 들어가 있었다. 그가 나를 보며 말했다. 「나, 당신의 눈을 사랑해.」 그는 잠시 뜸을 들이고 말했다. 「당신을 사랑해.」 나는 마냥 행복해져서 답했다. 「나도 사랑해.」

그러나 연애가 시작되고 몇 달이 지나도 괴로움을 떨칠 수 없었다. 브래드는 사소한 일로 트집을 잡고, 나를 비판하기 일쑤였다. 내가 시리얼을 먹을 때 그릇에 숟가락을 부딪쳐 덜그럭 소리를 낸다고, 스스로 던진 농담에 웃는다고, 일 애기를 너무 많이 한다고 비난했다. 내가 먹는 방식과 내가 키스하는 방식을 비판했다. 디너파티에 다녀온 어느 밤 나는 그에게 대들었다. 「내가 문제 많은 사람인 건 알아. 하지만 내가 시리얼을 먹는 방식은 문제가 아니지.」

그는 사과했다. 「내가 문제라는 거, 나도 알아.」

나는 그의 곁에 머물렀다.

그러나 비난은 계속되었다. 브래드는 웃고 떠들면서 좋은 시간을 보내다가도 갑자기 입을 꾹 다물곤 했다.「뭐가 문제야?」내가 물었다.

문제는 내가 〈기본적으로〉라는 단어를 너무 많이 썼다거나, 내가 그의 정강이를 찼다거나, 내 목소리가 너무 크다는 것이었다. 브래드는 항상 조용한 분노를 속으로 끓이고 있는 사람이었다.「그렇게 작은 것들에 일일이 짜증 내기도 참 힘들겠다.」내가 말했다. 브래드가 나를 비꼴 때마다 불안은 한결 심해졌고 그 결과 나는 더 서투르고 부자연스러워졌으며, 짐작건대 연애 상대로서 매력도 떨어졌다. 나는 분노와 낙담 사이를 오갔다. 브래드의 불합리함에 화가 나는 한편 나 자신의 결점이 수치스러웠다.

그러다가 나는 브래드네 집으로 아예 이사했다.

미친 소리처럼 들리겠지만 바탕엔 기묘한 논리가 깔려 있었다. 나는 우리의 관계가 내게 불리하며, 끝을 내야 한다고 강하게 예감하고 있었다. 그러나 헤어지기는 아직 일렀다. 나는 그에게 육체적으로 대단히 끌리고 있었고, 내가 더 노력하고 그에게 사랑을 퍼주면 그도 내게 비판을 삼갈 거라는 잘못된 믿음을 고수했다. 나의 일부는 누군가가 정말로 그렇게 터무니없고 하찮은 것에 발끈한다는 사실을 믿을 수 없었다. 다른 무언가, 좀 더 핵심에 가까운 불만이 있으리라 생각했다. 내가 그 불만의 원인을 밝혀낼 수만 있다면 브래드도 변할 것이다.

그래서 나는 매사가 나아질 거라는 가냘픈 희망에 매달렸다. 동거가 상황을 심하게 악화시킬 것도 다 예상하고 있었다. 정확히 말해, 내가 그를 떠나야 할 만큼 악화될 수 있다는 것도 알았다. 이 경우 그와 함께 사는 것은 시간을 크게 절약해 줄 터였다. 인생의 몇 년을 허비하는 대신 몇 달만 희생하는 게 낫지 않은가.

그래머시 파크에 위치한 브래드의 아파트에 들어가면서 나는 가구는 거의 다 창고에 맡기고 옷가지 몇 벌과 책, 책장 두 개만 가지고 갔다. 브래드의 집에서 보낸 첫 주, 그는 내게 거의 말을 걸지 않았다. 자기 집에 들어오라고 제안한 것을 후회한 걸까? 내 물건에 침입당한 기분이 든 걸까(나는 같이 살자고 한 것이 그였다고 상기시켰다)? 그는 답하지 않았다. 대신 누이에게 불평했다. 내가 짝이 맞지 않는 수건을 쓴다고. 내 책장이 싸구려라고.

이어진 몇 달 동안 좋은 날들도 있었다. 이스트빌리지의 허름한 바에서 춤을 췄고, 저녁 식사에 친구들을 초대했고, 아름다운 캐츠킬산맥에서 오래 하이킹을 했다. 그러나 브래드는 대부분 냉담했고, 내게서 거리를 뒀다. 나는 돌아갈 아파트가 없었으므로 그의 성깔머리에서 잠깐이나마 벗어날 길도 없었다. 초조함이 엄습했다. 자고 일어나면 몇 시간 동안 심장이 두근거렸다. 체중이 줄었다. 연애 문제가 머릿속을 가득 메워 친구들과의 대화에서도 그 얘기만 했다. 공황 발작이 마치 내게 앙갚음을 하려는 듯 줄을 지어 일어났다.

한번은 캐츠킬산맥에서 하이킹을 하던 중, 빌린 집 주방에서 공황 발작이 일어났다. 심장 박동 수가 급상승하고 팔의 감각이 없어지고 숨이 헐떡이기 시작했다. 나는 죽을 위기라고 확신하고, 브래드에게 911에 전화해 달라고 부탁했다(그는 내 말을 따랐다. 나는 구급차에 실려 작은 시골 병원으로 이송되었다). 한번은 안구 편두통이 왔을 때 공황 발작이 일어났다. 브래드와 함께 하루 종일 암벽 등반을 하고 난 뒤 집에 돌아가는 차 안에서 시야 일부가 갑자기 사라진 것이다. 전에도 겪은 일이었지만, 그런데도 나는 공황에 빠졌다. 이번엔 정말로 뇌졸중일지도 몰랐다. 소방서를 지나가던 중, 나는 브래드에게 차를 세워 달라고 부탁했다. 의료적 도움을 받을 수 있는 곳에서 증상이 사라지기를 기다리고 싶었던 것이다. 젊은 소방관 둘이 친절하게도 금속 접이의자를 꺼내 주었고, 나는 그들과 대화를 하면서 시야가 회복되기를 기다렸다.

발작은 점점 잦아졌다. 나는 뉴욕 대학교 병원 응급실의 단골이 되었다. 실제로 안에 들어가 의사를 만난 일은 많지 않지만, 단지 그 앞 보도에 서 있는 것만으로도 안전한 기분이 들었다. 공황 발작이 최고조에 달한 채로 응급실 입구 주위를 서성이는 내 모습을 자주 볼 수 있었다. 나는 1번가를 걸으며 심호흡을 시도했고, 내가 상상하고 있는 위급한 병에 걸린 게 아니라고 스스로를 설득했다.

브래드는 내가 공황 발작을 겪을 때마다 조금씩 더 멀어졌다. 우리 사이의 따뜻한 순간은 드물어만 갔다. 내가 반했던 재미있고 매력적인 남자는 친구들과 함께 있을 때만 나타났다. 「이제 거의 웃지도 않네.」 어느 날 아침 내가 브래드에게 말했다. 브래드는 굳은 얼굴로 나를 보더니, 공격적이고 과장된 미소를 지어 보였다. 「이러니까 좀 나아?」 그가 으르듯 말했다.

9월의 어느 날, 나는 뉴햄프셔주의 산 정상에 올라 있다. 아름다운 초저녁이다. 넓게 펼쳐진 초록의 풍경 위로 춤추는 구름들의 그림자가 드리운다. 나는 돌투성이인 산길에 핀 가녀린 하얀 들꽃들을 피해 낡은 가죽 부츠를 신은 발을 내딛는다. 나는 브래드와 함께 사흘간 화이트산맥으로 하이킹 여행을 와 있고, 그날 하루 종일 가파른 산을 오른 참이다.

지난 몇 주 동안 이 여행 생각에 불안했다. 이제 오지 배낭여행은 제법 즐겁다. 그 고요함, 아름다움, 몸을 쓰는 즐거움을 좋아하게 되었다. 그러나 아직도 겁이 난다. 뼈가 부러지거나 뱀에 물리거나 천식 발작이 일어날 위험성이 있는데, 병원이나 도움의 손길은 수 킬로미터나 떨어져 있으니까. 게다가 최근 불안 증세가 심상치 않았다.

우리는 그날 밤 묵을 오두막에 짐을 풀고 경치를 구경하러 산을 더 오른다. 그때 머리가 조금 어찔하다. 발밑의 바위들이 일어서고 구불구불한 산맥이 납작해진다. 나는 걸음을 멈춘다. 「기다려. 몸이 안 좋아.」 브래드에게 말하자 그도 걸음을 멈춘다. 「물을 좀 마셔 봐.」 그는 날진* 물병 뚜껑을 열어 내게 건네준다. 나는 오두막에 돌아가고 싶다고 말한다.

* Nalgene. 생활 및 아웃도어 용기 브랜드.

그 순간 공황 발작이 닥친다. 심장이 쿵쿵 뛰기 시작하고 호흡이 가빠진다. 〈괜찮아, 괜찮아, 괜찮아.〉 나는 주문처럼 속으로 되뇐다.

오두막에 돌아가니 저녁 시간이다. 양털 옷을 입은 가족 손님들이 기다란 나무 식탁에 앉아 있고, 젊은 직원들이 갓 구운 빵을 활기차게 나눠 준다. 배고픈 등산객들이 음식을 먹는 동안 직원들은 캠프 노래를 부르고 우스운 만담을 한다. 브래드와 나는 마주보고 앉아 말이 없다. 그는 화가 머리끝까지 치밀어 있다. 내 심장은 여전히 제멋대로 쿵쿵 뛴다.

우리는 다른 몇 사람과 함께 2층 침대가 놓인 방에서 잔다. 나는 밤새 2층 침대에서 몸을 공처럼 둥글게 말고 몇 시간 간격으로 클로노핀을 복용한다. 그러나 효험이 없다. 마구 내달리는 심장을 가라앉힐 수가 없다. 브래드가 방을 나서더니, 몇 시간 동안 코빼기도 보이지 않는다.

다음 날 아침 나는 그에게 다음 오두막을 향해 하이킹할 수 없다고, 계획을 취소하자고 말한다. 우리는 산을 내려간다. 하산하는 동안 불안이 차츰 가라앉는다. 등산로 초입에 다다르자 몸이 거의 멀쩡해진다.

며칠이 지난 어느 밤 브래드와 나는 아파트 소파에 앉아 있다. 그가 말한다. 「너는 그 산 위에서 나를 잃은 거야.」

몇 주 뒤 나는 혼자 살 아파트를 찾아 나섰다. 임대 계약서에 서명을 하고, 브래드에게 이사하겠다고 말했다.

이사 날까지의 며칠은 따분한 동시에 초현실적이었다. 우리는 싸우지 않았다. 무슨 일이 벌어지고 있는지에 대해서도 대화하지 않았다. 마침내 내가 브래드에게 물었다. 「나랑 이 얘기를 아예 안 할 작정이야?」 그가 말했다. 「네가 떠나는 게 슬퍼.」

브루클린 포트그린의 오래된 브라운스톤 아파트에 다시 보금자리를 마련한 뒤 나는 한시름 놓았지만 감정적으로는 기진맥진해 있었다. 나는 나만의 연애 디톡스를 시작했다. 토요일 밤에 일찍 잠들었다. 「섹스 앤 더 시티」 여섯 시즌을 몰아서 봤다. 침실 벽을 화사한 연노랑으로 칠했다. 새로운 치료사를 찾아 나서, 지금까지도 이따금 찾아가는 훌륭한 치료사 L 박사를 처음 만났다. 팍실 복용을 재개했다. 그리고 내가 연애에서 원하는 것이 무엇인지 곰곰 생각해 보았다. 보통 내 기준은 똑똑하고 재미있고 귀여운 남자였지만, 이제 몇 가지 조건이 추가되었다. 착하고, 감정적으로 느긋하며 일관적이고, 내 불안을 감당할 줄 알아야 한다.

그때부터 나는 데이트하는 모든 남자에게 늦어도 두 번째 만남에서는 불안에 대해 얘기하는 것을 규칙으로 했다. 불안이 성병이라도 되는 양.

실제로 불안이 상대에게 영향을 미치기 때문이다. 아내가 불안 장애를 가진 부부 서른세 쌍을 조사한 연구에서, 아내가 높은 불안 증세를 보인 날 남성은 관계의 질이 떨어졌고(이는 〈상대방이 내 일에 관심을 보였다〉와 〈상대방이 믿음직스러웠다〉 등의 척도로 측정되었다) 불안, 분노, 우울을 더 많이 느꼈다고 보고했다.[225] 남편은 아내의 불안을 수용할수록 더 화가 났다. 아내가 극도로 불안한 날에는 관계의 질에 대해서도 더 부정적으로 평가했다(이는 〈상대방이 많은 걸 요구했다〉와 〈상대방이 비판적이었다〉 등의 척도로 측정되었다).

숀을 만난 건 너브닷컴이라는 웹 사이트에서였다. 때는 2005년, 오케이큐피드가 아직 인기를 얻기 전이었고 틴더 어플이 생기려면 영겁은 더 지나야 했다. 2000년대 중반에는 매치닷컴과 너브닷컴이 온라인 데이트 사이트의 양대 산맥이었다. 매치닷컴이 더 주류였지만, 섹스와 연애를 주로 다루는 선정적인 온라인 잡지로 시작한 너브닷컴에서는 뮤지션, 영화 편집자, 그래픽 디자이너를 만날 수 있었다. 대부분은 멋들어진 안경 애호가들이었다.

숀과 나는 내가 그의 모자에 반했다고 우스갯소리를 한다. 프로필에 올린 사진에서 그는 검은 털실로 된, 거대한 모히칸 스타일로 펼쳐지는 티벳 털모자를 쓰고 있었다(허위 광고는 아니었다. 대머리를 완전히 드러낸 사진도 올렸으니까). 숀이 내게 보낸 쪽지는 다정하고 세련되었으며 나를 우쭐하게 만들었다. 그러나 내가 그 쪽지에 대답하고 데이트 약속을 잡게 만든 결정적인 요소는, 살짝 엉뚱한 그 모자 사진이었다.

첫 만남은 놀리타의 카페였다. 그는 사랑스러운 푸른 눈에 뚜렷한 이목구비를 가진 사람으로서, 꾸준히 운동을 하는 듯 날씬한 체격이었다.(블랙 진, 초록색 가죽 재킷, 검은 모직 비니까지) 브루클린의 힙스터 예술가나 교수다운 겉모습을 하고 있었지만 따뜻하고 재미있고 진솔한 사람이었다. 그는 평생 팬

이었던 비틀즈에 대해 신나게 떠들었고, 내가 비틀즈와 롤링
스톤즈가 동급이 아니냐고 묻자 나를 꾸짖었다.

　두 번째 데이트, 윌리엄스버그의 와인 바에서 나는 그에게
공황 발작과 대학 시절 무너졌던 경험을 털어놓았다. 굳이 장
밋빛으로 덧칠할 생각은 없었기에 내 불안이 만성적이며 재발
할 가능성이 높다고도 밝혔다. 숀은 내 얘기를 공감하며 들어
주었고, 조금도 우리의 관계에서 물러서려는 기색이 없었다.
그날 밤 그는 자신의 비밀도 들려주었다. 프로필에는 〈미혼〉으
로 소개했지만 사실은 결혼한 적이 있다는 것이었다. 6년 전
그의 첫 아내가 거식증과 폭식증으로 오랫동안 분투하던 끝에,
급성 부정맥으로 쓰러졌다. 그녀는 숀의 품에 안겨 죽었다. 두
사람은 서른세 살이었다.

　그해 봄과 여름, 박물관과 갤러리, 콘서트에서 데이트를 하
면서 숀은 거의 매번 내게 장미를 주었다. 진짜 장미가 아니라
그가 그린 장미 그림이나 스크린 프린트였다. 그 안에는 〈아름
다운 앤드리아를 위해〉라고 적혀 있었다. 그는 전화를 하겠다
고 하면 하는 사람이었다. 시간 약속을 어기는 법이 없었다. 그
는 나를 얼마나 좋아하는지 알려 주었고, 조금 더 지나자 나를
얼마나 사랑하는지 알려 주었다. 내가 책장을 사고 싶다고 하
면 차를 타고 함께 이케아에 갔고 나를 위해 책장을 조립했다.
우리 아버지가 암 진단을 받고 예후가 좋지 않았을 때, 그는 치
료법을 열심히 조사해 주었다. 자의식을 버리고 바보같이 굴
수도 있는 사람이라, 곁에 있으면 나도 덩달아 마음이 상쾌해

졌다. 영화 「이것이 스파이널 탭이다」를 틀어 놓고 속옷 차림으로 커다란 그릇에 담긴 포도를 먹어 치우면서 껄껄 웃는 그를 보다가, 나는 문득 그를 사랑한다는 사실을 깨달았다. 나는 그의 확신과 굳건함, 명쾌함을 사랑했다. 겁이 날 때도 있었지만.

가을, 숀과 나는 뉴햄프셔주의 모나드노크산을 등산하고 있다(맞다, 내 연애에서 중요한 순간들은 죄다 산 위에서 일어난다). 정상에 거의 다다랐을 무렵 내가 나무뿌리에 걸려 넘어진다. 나는 왼손으로 내 몸을 감싸고 구른다. 땅에 떨어질 때 손목이 위험할 정도로 뒤로 꺾이고, 이마는 바위에 부딪힌다. 숀이 손을 뻗어 나를 부축한다. 팔과 머리가 욱신거린다. 몇 분만에 손목과 손이 빨갛게 부푼다. 이마에는 커다란 혹이 난다.

숀은 침착하다. 「차로 돌아가자.」 그가 말한다.

우리는 빠른 걸음으로 산을 내려간다. 하산 중 나는 공황에 빠진다. 손목에 대해선 별반 걱정이 되지 않지만 이마의 혹이 너무 아프다. 어지럼증이 엄습한다. 머리 부상을 당했는지도 모른다. 뇌출혈이 일어나고 있는지도 모른다. 나는 돌부리와 떨어진 나뭇가지를 피해 발걸음을 옮기는 데 집중하려 한다. 차가 너무나 멀게 느껴진다.

등산로가 차츰 평지가 되어 간다. 호흡이 가쁘다. 팔이 얼얼하다. 「팔에 감각이 없어. 머리에 큰 문제가 생긴 것 같아.」 내가 말한다.

숀은 차에 도착해서 911에 전화한다. 구급차가 우리를 태우고 작은 병원으로 향한다. 숀은 구급차 안에서 내내 내 곁에 앉아 머리를 쓰다듬어 준다. 검사실 복도에는 목발과 깁스를 한 사람들이 진을 치고 있다(간호사의 말에 따르면 모나드노크 산에서 벌어지는 등산 사고가 병원을 먹여 살린다고 한다). 머리는 괜찮다. 하지만 손목이 부러졌다. 나는 손에 플라스틱 부목을 대고, 뉴욕에 돌아가면 손 전문의를 만나라는 권고를 받고 병원을 나선다.

집에 돌아가는 길, 숀은 차를 대고 내게 아이스크림을 사다 준다. 내 아파트에 도착하자 그는 식료품점에 가서 우유와 다른 생필품을 사 오고, 나를 침대에 눕힌 다음 아픈 손목 아래에 베개를 대주고 손 닿는 거리에 타이레놀 한 병과 책 한 권을 둔다.

1년 뒤 숀은 그가 뉴욕에서 가장 좋아하는 장소, 메트로폴리탄 미술관의 반 고흐 그림 앞에서 내게 청혼했다. 흰 장미를 그린 그림이었다. 6개월 뒤 우리는 결혼했다.

8
딸에 대한 걱정
불안한 부모의 육아

식을 올리고 두 달이 지나 숀과 나는 임신을 시도하기 시작했다.

나는 오래전부터 아이를 원했다. 작은 인간이 성장하는 과정을 지척에서 지켜보는 건 무척이나 매혹적일 것 같았다. 무조건적으로 헌신하는 사랑을 느껴 보고 싶기도 했다. 다른 관계는 무엇이든 버릴 수 있을 것 같다. 친구, 남자 친구, 배우자, 심지어는 형제자매나 부모도. 그러나 아이는 다르다. 아이와의 관계는 영원하다. 생각만 해도 경이로운 일이었다.

그러나 나는 진짜로 엄마가 될 수 있을 거라고는 생각하지 않았다. 임신이란 기본적으로 열 달 동안 불확실성에 몸을 내던지는 것이다. 무서운 검사들, 이상한 증상들, 첫 출산의 미지는 불안 장애가 없는 여성들조차도 동요시키기에 충분하다. 더 큰 문제도 있었다. 불안 장애에 취약한 유전자를 후세대에 물려주고, 불안과 우울을 느낄 게 분명한 아이를 낳는다는 게 옳은 일인가?

지금 나는 한 아이의 어머니다. 일곱 살이 된 내 딸 피오나와 놀이터에서 장난을 치면서, 나는 내가 가진 유전 질환에 대해 종종 생각한다. 피오나는 사랑스러운 아이다. 재미있고, 밝고, 친절하다. 그 애는 그림을 그리고 책 읽는 걸 좋아하고(제일 좋아하는 책은 『내 이름은 삐삐 롱스타킹』이다) 친구들과 정교한 역할 놀이를 한다. 때로 아이는 수줍고 예민한 모습을 보인다. 많은 아동 영화를 무서워하고, 친구와 놀던 중 기분이 상해서 갑자기 울먹거리면서 놀이를 끝내기도 한다. 나는 아이의 모든 별난 성격을 『정신 질환의 진단 및 통계 편람』의 색안경을 통해 보지 않으려고, 정신 질환의 기미로 보지 않으려고 노력하지만 항상 성공하지는 못한다. 이미 연구 결과를 알고 있기 때문이다. 유치원생을 대상으로 한 여러 연구에 의하면 부모에게서 잘 떨어지려 들지 않고 주위를 탐험하지 않는 — 즉, 행동이 억제된 — 아동은 사춘기에 이르러 불안 장애가 발병할 가능성이 보통보다 세 배 더 높다고 한다.

불안은 의심의 병이고, 임신과 육아는 불확실과 불안으로 정의된다 해도 과언이 아니다. 내겐 쉬운 일이 아니었다. 임신 사실을 알자마자 불안이 솟구쳤다. 나는 양수 천자에서 자폐까지 모든 것을 걱정했다. 새벽 3~4시에 별안간 잠에서 깨어 온갖 재난을 상상하기 시작했다. 〈신경관 결손이 일어나는 주야. 지금 내 아기가 잘못되어 가고 있는 건 아닐까?〉 유산에 대한 망상이 나를 괴롭혔다. 자주 화장실에 달려가 속옷에 피가 묻어 있지 않은지 확인해야 했다. 심장 박동 수가 꾸준히 높았고 호흡은 빠르고 얕았다. 나는 지치고 초조해졌다. 마치 며칠 밤을 연달아 새고선 커피를 한 사발 들이켜서 겨우 정신을 유지하고 있는 것 같았다. 몸무게가 늘어야 하는데 오히려 줄었다.

여전히 가방에 클로노핀 병을 넣고 다녔지만 약을 먹을 수는 없었다. 정신과 의사가 임신 중 벤조디아제핀 복용은 태아에게 선천적 장애를 초래할 수 있어 너무 위험하다고 만류했다. 그 래서 나는 포트그린 공원에서 산책을 했다. 인지 행동 치료에서 배운 호흡 운동을 시도했다. 나는 내가 우려하는 것들에 대한 반례를 찾고, 아기들 대부분은 건강하며 산모들 대부분이 죽거나 미치지 않고 임신 기간을 버틴다고 스스로를 다독였다.

소용없었다. 나는 정신과 의사에게 전화를 걸어 흐느끼며 말했다. 「이렇게 아홉 달을 어떻게 살죠?」

어느 시점에 보다 못한 남편이 말했다. 「계속하지 않아도 돼.」

그리고 우리는 계속하지 않았다.

임신 10주차, 정밀 초음파 검사의 일종인 목 투명대 검사를 받으러 갔을 때였다. 나를 담당한 중년 여성은 검사를 진행하고 스크린을 보는 내내 시종일관 미소를 짓고, 수다를 떨었다. 나는 심지어 아기의 심장이 〈후, 후, 후〉 하고 뛰는 소리도 들었다. 그런데 갑자기 담당자가 미간을 좁히더니 말이 없어졌다. 그녀는 지시봉을 흔들며 스크린을 뚫어져라 쳐다보았다.

「무슨 문제라도 있나요?」 내가 물었다.

「의사를 불러야겠어요.」 그녀가 고무장갑을 벗으며 말했다.

「제발요. 말해 주시면 안 돼요? 뭐가 잘못됐나요?」내가 다시
간청했다.

「의사와 먼저 얘기해야 해요.」그녀는 물러설 생각이 없었다.

나도 고집을 부렸다.「나쁜 일인지만 알려 주시면 안 돼요?
저 여기 혼자 왔어요. 남편은 다른 주로 출장을 갔고요. 친구에
게 절 데리러 오라고 해야 할까요? 나쁜 소식이라면 혼자 듣고
싶지 않아요.」

「미안해요. 결과는 알려줄 수 없어요. 금방 의사를 만날 수
있을 겁니다. 그건 약속할게요.」그녀가 말했다.

나쁜 소식이었다. 나는 확신했다. 의학 드라마와 영화를 웬
만큼 봤다면 이어질 일을 뻔히 알 수 있다. 침묵, 염려스러운
표정, 의사를 기다리고 끔찍한 소식을 듣는 것. 나는 대기실에
앉아 남편과 친구 아이앤시에게 문자 메시지를 보냈다.〈아기
에게 문제가 있어.〉

나는 창문이 없는 작은 진료실로 안내받았다. 의사가 건조한
어조로 말했다.「태아에게 낭포성 히그로마가 있어요. 유전 장
애나 다른 장애를 뜻할 수 있습니다.」나는 격하게 흐느끼기 시
작했다. 소매로 눈물과 콧물을 닦으며 나는 화가 나서 생각했
다.〈어떻게 된 게 방에 티슈 하나 없지?〉

그날 오후 조금 더 상냥하고 친절한 다른 의사가 내게 설명
해 주기를, 낭포성 히그로마란 림프계가 막혀 물혹이 생긴 것
인데, 우리 아기의 경우는 정도가 심했다. 목과 척추를 따라 물
혹이 여러 개 관찰되었다는 것이다. 의사가 내게 표를 그려 주

었다. 낭포성 히그로마가 있는 태아의 50퍼센트가 염색체 이상을 갖고 있다. 나머지 50퍼센트의 3분의 1은 심장 이상과 같은 심각한 선천적 장애를 갖고 있다. 임신이 유산이나 사산으로 끝나는 경우도 있다. 아기가 살아서 태어난다 해도 뇌성 마비나 발달 지체가 있을 수 있다. 표 오른쪽 끝에 의사는 작은 글씨로 〈17퍼센트〉라고 적었다. 건강한 아기를 낳을 확률이었다. 어떤 의사를 찾아가서 어떤 검사를 하더라도 확답은 얻을 수 없었다. 아기의 염색체, 장기, 팔다리가 정상이더라도 숨겨진 증후군이 있을 수 있었다. 만약의 경우가 끝도 없었다. 불확실성 그 자체였다.

우리는 임신을 중단시켰다.

몇 주 뒤 나는 유산을 주제로 한 온라인 포럼에서 만난 여자와 메시지를 교환하기 시작했다. 그녀의 배 속 아기는 최근에 중증 낭포성 히그로마를 진단받았다고 했다. 아기는 태어나기 전에 죽을 가능성이 높았지만 신앙이 깊었던 그녀는 임신을 유지하기로 결정했다. 나는 그녀가 임신 생활에 대해 쓴 블로그를 꾸준히 읽었다. 배 속에서 발을 차고 있는 아들의 장례식을 어떻게 계획하고 있는지, 아들에겐 어떤 옷을 입힐 것인지. 아기는 태어나 한 시간도 안 돼 죽었다고 한다.

나는 온 마음으로 아이를 원했지만 임신에서 벗어난 것에는 안도했다. 그 안도감은 내게 죄책감을 안겨 주었다. 내 불안이 낭포성 히그로마를 일으킨 건 아닐까? 혹시 프로작 때문은 아니었을까? 그때 나는 프로작을 매일 10밀리그램씩 복용하고 있었다.

연구에 따르면 미국의 임신 여성 10퍼센트가 SSRI 처방을 받는다고 한다.[226] 나는 정신과 의사의 조언에 따라 임신 전 팍실에서 프로작으로 약을 바꿨다. 2000년대 중반에 임신 중 팍실 복용과 아기의 심장 결손을 관련짓는 연구가 나왔다.[227] 당시 많은 의사가 프로작을 임신 중 복용하기에 가장 안전한 SSRI로 간주했다. 역사가 제일 오래되었고, 수천 명의 아기들이 이미 프로작에 노출된 터였다.

그러나 내 짧은 임신 기간 동안 프로작은 통 힘을 쓰지 못했다. 나는 불안 장애가 있는 임산부와 그들의 태아를 전문으로 진료하는, 점점 늘어나고 있는 〈임산부 정신과〉 의사를 만나러 갔다. 의사는 다음 임신 기간에 프로작을 복용해도 안전하다고 나를 안심시켰다. 불안이 심해지면 클로노핀도 복용해야 한다고 했다. 아기에게 미치는 위험이 미미하며 오히려 약을 끊는 게 위험하다는 것이었다. 의사의 보고서에는 이렇게 적혀 있었다. 〈임신과 수유 기간 중 질환 재발의 위험성을 최소화하기 위해 장기적으로 SSRI 투약을 통한 예방에 더 큰 가치를 둔다. 많은 환자의 경우 임신 중 상태 악화를 막기 위해 용량 증가가 필요하다.〉

나는 프로작을 계속 복용하며 최선의 결과가 따르기를 기도했다.

그 후의 연구에서 임신의 첫 삼분기 동안 프로작에 노출된 태아가 심장 결함과 두개골 기형을 타고날 위험성이 약 두 배

가량 높다고 밝혀졌다.[228] 다른 SSRI를 복용한 산모의 아기들에게서도 선천적 장애가 보고되었지만, 가장 최근의 연구에서 졸로프트와 렉사프로는 면죄되었다. 셀렉사는 신경관 결손의 위험성을 약간 높인다. 몇몇 연구에서는 태내에서 SSRI에 노출된 아기들이 미숙아나 저체중으로 태어날 가능성이 높음을 밝혀냈다.[229] 폐성 고혈압이라는 심각한 상태에 처할 위험성도 더 컸다.[230]

그러나 이런 결과를 맞이할 확률은 아주 적다. 여성들 대부분은 문제없는 아기를 낳는다. 연구 결과가 전부 일치하는 것도 아니다. 임신 기간 중 SSRI를 복용한 여성 2,700명 이상을 대상으로 한 2016년 분석에서는 SSRI를 복용하지 않은 여성에 비해 심장 결손이 있는 아기를 낳을 가능성이 높지 않음이 밝혀졌다.[231]

임신 중단 후, 의사가 태아 세포 일부를 검사해서 낭포성 히그로마가 유전적으로 생긴 것인지 확인했다. 염색체는 정상이었다. 나는 의사에게 아기의 성별을 듣고 싶지 않았지만 연구 보고서에 XY라고 적혀 있었다. 아기는 아들이었다.

다시 임신으로 향하는 길은 순탄하지 않았다. 유산 후에 혹은 낙태를 위해 일반적으로 행해지는 수술인 자궁 소파술을 받았을 때 나는 37세였다. 의사는 임신을 시도하려면 월경이 돌아올 때까지 기다리라고 말했다. 나는 기진맥진했고, 감정적으로 고갈되었고, 또 한 번 임신해야 한다는 사실에 겁을 먹고 있었으나 낭비할 시간이 없었다. 여전히 아이를 낳고 싶었다. 자궁 소파술을 받고 대략 한 달 뒤 월경이 다시 시작되었다. 가볍고 짧았다. 의사에게 전화해 보니 그게 일반적이라고, 몸이 아물고 월경 주기가 정상으로 복귀하려면 시간이 조금 걸린다고 말했다. 또 한 달이 갔다. 다음 월경도 하는 듯 마는 듯 지나갔다. 다만 이번엔 통증이 대단히 심했다. 다시 의사에게 전화했다. 의사는 다시 나를 안심시켰다. 나는 다른 산부인과 의사를 찾아갔다. 또 다른 산부인과 의사를 만났다. 그들도 내게 인내심을 가지라는 말만 되풀이했다. 몸이 원래대로 돌아오려면 길게는 몇 달이 걸린다는 얘기였다.

그러나 나는 안심할 수 없었다. 나는 온라인의 유산 경험자 모임 게시판에 질문을 올렸고, 구글에서 〈자궁 소파술 이후 가벼운 월경〉을 검색하다가 국제 아셔만 증후군 협회 사이트까지 흘러들어갔다. 아셔만 증후군은 자궁에 흉터 조직이 남아 생기는 것이었다. 증상은? 가벼운 월경 또는 무월경, 그리고 월경통. 원인은? 자궁 소파술이나 다른 자궁 수술. 나는 자궁에 상처가 나서 불임이 된 여성들의 절박한 글을 읽었다. 핏빛 생생하게 내 월경을 묘사하는 질문을 올렸다. 친절한 여성들이 정확한 진단을 받기 위해 어떤 검사를 요청해야 하는지 조언해 주었다. 나는 내가 만나 본 의사 중 한 명에게 전화해서 자궁에 조영제를 주입하고 찍는 엑스레이의 일종인 자궁 조영술을 요청했다.

아니나 다를까, 검사 결과 흉터 조직이 자궁 경관을 거의 막고 있다는 것이 드러났다. 아이러니하게도 아셔먼 증후군을 일으키는 원인인 자궁 수술은 곧 아셔먼 증후군의 해결책이기도 하다. 숀과 나는 아셔먼 증후군 협회의 여자들이 추천한 보스턴 교외의 전문가를 찾아갔다. 세 번의 수술을 마치고 한 달 동안 에스트로겐 약을 복용한 뒤, 나는 다시 임신할 수 있는 몸이 되었다. 6월 초였다.

7월에 임신 테스트 결과가 양성으로 나왔다.

나는 다시 머리를 쳐들 불안에 대비해 준비 태세를 했지만 불안은 찾아오지 않았다. 제1삼분기 동안 속이 메스껍고 무척 피로했다. 제3삼분기 동안은 몸이 욱신거렸고 불면에 시달렸다. 그러나 불안이 특별히 심해지지는 않았다. 저번 임신과 이번 임신이 다른 이유는 알 수 없었다. 내 생각엔 아셔먼 증후군으로 한바탕 법석을 치르고 나서 일전의 공포가 조금 누그러진 것 같았다. 몇 달 동안 다시는 임신하지 못할까 봐 절망에 빠져 있었고, 대리모와 입양에 대해 검색을 시작한 터였다. 그래서 이번엔 임신 테스트기의 양성이 그렇게 반가울 수 없었다. 한편으로는, 내 몸이 첫 번째 임신이 좋게 끝나지 않으리라는 것을 본능적으로 직감한 게 아닌가 하는 생각도 든다.

예정일이 다가오면서 나는 출산에 대해 겁을 먹었다. 우리 부부는 출산 도우미인 둘라*를 고용했다. 자연주의 출산을 원하는 많은 부부가 둘라의 도움을 받는다. 내 여동생도 집에서 약물 없이 두 차례 출산했다. 그러나 내 목표는 그보다 훨씬 겸

* doula. 임신부에게 조언을 해주는 출산 경험이 있는 여성.

허했다. 나는 단지 정신을 놓지 않고 역경을 버텨 내기만을 원했다.

예정일이 사흘 지났을 때 진통이 시작되었다. 따뜻한 3월의 어느 날, 나는 숀과 함께 우리가 사는 브루클린 동네를 산책하고 있었다. 진통이 오면 걸음을 멈추고 숀에게 기댔다. 진통은 차츰 간격이 줄었지만 아주 심하지는 않았다. 둘라가 집으로 오자 우리 셋은 함께 차를 타고 병원으로 향했다. 나는 몇 시간 동안 분만 대기실과 분만실 복도를 걷고, 샤워실을 들락거리고, 고통을 잊으려 남편의 손을 잡고 내 이마를 쿵쿵 치기도 했다.

무통 주사를 놓자마자 고통이 사라졌다. 불행히도 이는 불안이 밀고 들어올 여지를 열어 주었다. 집중할 고통이 사라지자 걱정이 시작되었다. 아기가 괜찮을까? 나는 괜찮은 걸까? 출산후 뇌출혈을 일으킨 여성들 이야기를 들은 적이 있었다. 내게도 그런 일이 일어나진 않을까? 마취제 때문에 다리가 무겁고 무감각했다. 이러다 영영 마비되는 건 아닐까? 〈삐, 삐, 삐〉 소리가 들렸다. 간호사들에게 심장 박동 수가 현저히 높다고 알리는 소리였다. 나는 병원 침대에 잠자코 누워 시계를 보았다. 걱정하고, 또 걱정하면서. 남편과 둘라는 일자 등받이 의자에 앉아 졸고 있었다.

진통이 멈췄다. 의사가 다시 진통을 촉발시키려 피토신을 주사했다. 두 시간, 네 시간이 지났다. 아무 일도 일어나지 않았다. 의사는 제왕 절개술을 결정했다.

많은 여성이 제왕 절개술을 받는다는 것을 알고 있었지만 수술을 한다고 생각하니 덜컥 겁이 났다. 마취제가 너무 잘 들어서 숨을 쉬기가 어려웠다. 내 두 팔은 양옆의 푹신한 지지대에 묶였다. 몸 앞쪽이 파란 비닐 시트로 가려졌고, 파란 캡과 가운을 착용한 의사와 간호사 한 팀이 내 주위를 오갔다. 빠르게 돌아가는 정신과 마비된 신체가 삐걱거리는 부조화를 이루었다. 살면서 가장 통제력을 잃었다고 느낀 순간이었다.

「못 할 것 같아.」 남편에게 말했다.

「도와주세요.」 의사들에게 말했다.

마취과 의사가 몸을 숙였다. 「안정제를 놓아 줄게요. 하지만 우선 아기를 꺼내야 해요.」

푸른 시트 위로 쭈글쭈글하고 피에 젖은 딸을 본 순간 애정과 경이에 사로잡혔다고 말할 수 있으면 좋겠다. 「4킬로그램이에요!」 누군가 감탄하여 외치는 소리가 들렸다. 그러나 내가 느낀 건 오로지 절망뿐이었다. 마취과 의사를 보았다. 그는 내 정맥에 주사기를 꽂아 넣고 있었다. 뭉친 목 근육이 약간 풀어지는 것을 느꼈다. 진정제가 들어간 것이다.

피오나는 건강하고 아름다웠다. 돌보기 어려운 아기이기도 했다. 처음 몇 달은 수유가 큰 문제였다. 아기가 젖을 물려 하지 않은 것이다. 모유를 주려고 하면 손을 주먹으로 말아 쥐고 얼굴을 가렸다. 나는 어머니, 시어머니, 남편에게 〈손!〉이라고 소리 지르는 버릇이 생겼다. 아기가 입으로 젖꼭지를 물 수 있도록 와서 손을 떼내 달라는 신호였다. 유관이 막혀서 여러 차례 고통에 시달렸다. 아기가 아구창에 걸리면서 입안 곰팡이증이 내 가슴에 전염되기도 했다. 나는 수유 상담사를 방문해서 라즈베리잎 차를 마시고(모유 생산에 좋다고 한다) 유제품을 끊고 딸과 다양한 입 운동을 하라는 조언을 들었다(그중 하나는 아기의 양 볼을 눌러 물고기 입을 만드는 것이었다).

수유 문제가 해결되었나 싶더니, 이번엔 아기가 심하게 울기 시작했다. 피오나는 영아 산통이 심했다. 풀어 말하면 그냥 쉼 없이 소리를 질러 댔다는 뜻이다. 우리는 아기를 어르고 달래고, 아기를 안은 채 짐 볼 위에서 몸을 통통 튕겼다. 그런데도 아기는 하루에 다섯 시간, 여섯 시간, 일곱 시간씩 울었다. 마빈 게이의 「왓츠 고잉 온」을 무한 반복하는 것 외에는 별수가 없었다. 이 노래가 피오나의 청각적 고무젖꼭지였다.

나는 아기 엄마 모임에 가입해서 아기를 데리고 이웃 카페나 바에서 동료 엄마들을 만나곤 했다. 바에서 만난 어느 초저녁은 기저귀 찬 아기들이 전부 잠들어 어머니들끼리 필스너 맥주를 홀짝이며 보냈다. 〈내피 아워〉*였다. 다른 어머니들은 아기가 자거나 젖을 먹거나 포대기 안에서 얌전히 누워 있는 동안 수다를 떨었지만, 나는 항상 구석에서 피오나를 흔들며 어르고 있었다. 소리 지르는 걸 막으려는 노력은, 그러나 헛수고였다.

모유 수유 중이었기 때문에 피오나는 한동안 매일 일정량의 프로작을 섭취했다. 그러나 오랫동안은 아니었다. 아기가 3개월쯤 되었을 때, 플로리다주의 부모님 댁에 머물던 중 프로작

* 낮잠을 뜻하는 nap과 happy hour를 합성한 말.

이 떨어져서 내 담당 의사가 근처 월그린 드러그스토어로 처방전을 발행해 주었다. 그곳에서 프로작을 받은 나는 약병에 내가 일찍이 보지 못한 주황색 경고 라벨이 붙어 있는 것을 발견했다. 〈모유 수유 중에는 복용하지 말 것.〉 나는 그날부로 프로작을 끊었다.

당시 SSRI가 심장 결손을 낳는다는 증거가 속출하고 있었지만, 모유 수유 중 안전성이 약물에 따라 상이하다는 연구 결과도 쌓여 갔다. 프로작은 같은 분류의 다른 약물에 비해 모유 내 검출량이 훨씬 많았다.[232] 어머니가 프로작을 복용하며 모유 수유하는 아기가 과도한 울음, 짜증, 수유 문제를 보인다는 보고가 있었다. 다른 연구에서는 프로작이 아기의 체중 증가를 늦춘다는 연관성이 발견되었다.[233] 영아의 혈중에서 거의 검출되지 않는 팍실과 졸로프트가 더 안전한 선택지로 권고되었다.

그러나 더 우려스러운 것은 태내에서 항우울제에 노출된 아기들이 받는 장기적인 영향이다. 이에 관한 연구 결과는 크게 엇갈린다. 몇몇 연구에서는 항우울제에 노출된 아기가 자폐와 ADHD에 걸릴 위험성이 더 높다고 밝혔다.[234] 가령 2016년의 한 연구에서는 임신의 제2, 제3삼분기에 SSRI를 복용한 여성들의 자녀가 항우울제에 노출되지 않은 아기에 비해 자폐를 앓을 확률이 두 배 높았다.[235] 그러나 다른 연구에서는 항우울제와 자폐의 관련성을 발견하지 못했다.[236]

또 다른 연구들은 SSRI에 노출된 아동이 행동 문제와 운동 기능 및 언어 발달에서 미세한 결함을 보일 수 있음을 발견했다. 유치원생을 대상으로 한 2016년 연구에서 어머니가 임신 중 SSRI를 복용한 아동들이 행동 문제를 더 많이 보였고, 표현적 언어 평가 점수는 상대적으로 낮았다.[237] 그러나 이러한 장기적 영향을 발견하지 못한 연구도 있다.[238] 2015년의 한 연구에서는 형제자매를 피험자로 모집해 태내에서 SSRI에 노출된 경우와 노출되지 않은 경우를 비교했다. 지능과 행동의 특정 척도에서 둘 사이에는 차이가 없었다.[239]

임신 중 SSRI를 복용하는 여성들이 이렇듯 엇갈리는 연구 결과에 안심해도 좋다고 말하는 의사들도 있다. 「확실한 문제가 있다면 일관적으로 드러났을 겁니다.」 매사추세츠 종합 병원에서 출산 전후·임산부 정신과 프로그램의 부책임자를 맡고 있는 마를린 P. 프리먼의 말이다.

하지만 최근 연구에서는 새로운 우려가 제기되고 있다. 2016년에 발표된 대규모 연구에서 어머니가 임신 중 SSRI를 복용한 청소년들이 어머니가 정신 질환이 있더라도 SSRI를 복용하지 않은 청소년들에 비해 15세에 이르러 우울증을 앓을 가능성이 네 배 높다는 사실이 밝혀졌다.[240] 이는 6세 이후 아동들을 추적한 희귀한 연구 가운데 하나이자, 태내 SSRI 노출을 훗날 우울증의 위험성과 연결 지은 최초의 연구다.

헬싱키 대학 병원의 산부인과 의사이자 위 연구의 주저자인 헬리 맘은 결과가 〈다소 우려스럽다〉라고 말한다. 그녀는 이 연구에서 가장 나이 많은 아동이 기분 장애가 막 발병하기 시작하는 나이에 들어서고 있었기 때문에, 우울증을 앓는 아동의 숫자가 후에 늘어날 수도 있다고 말한다. 그녀는 이 연구 결과가 초기 결과일 뿐이라고 강조한다.

이 연구의 원동력이 된 것은 컬럼비아 대학교에서 행한 쥐 실험이었다. 출생 1~2주에 프로작을 투여받은 쥐는 성체가 되어 불안하고 우울한 행동을 보였다(설치류의 출생 후 1~2주는 인간 태아의 대략 제2·제3삼분기에 해당된다). 예를 들어, 정상적인 쥐는 발에 가벼운 충격을 가하면 달아난다. 그러나 프로작에 노출된 쥐는 충격을 가해도 아주 천천히 움직이거나, 아예 달아나지 않았다. 이 연구를 이끈 컬럼비아 대학교 의료 센터의 정신과 교수 제이 A. 깅리치는 쥐들이 〈청소년기에 해당하는 나이가 되기 전까지는 완벽히 정상적으로 보였다〉라고 말한다.

생애 초기의 프로작 노출은 전전두 피질의 세로토닌에 반응하는 뉴런 발화 속도를 늦춘다. 쥐 실험에서 행동에 가장 큰 영향을 미친 것은 제2·제3삼분기에 해당하는 시기에 프로작 용량과 노출을 높이는 조치였다. 깅리치는 SSRI 이외의 항우울제도 같은 문제를 유발하는지 연구 중이다. 깅리치의 연구 결과에서 밝혀진 가장 괴로운 사실은 성체가 된 쥐에게 항우울제를 투여해도 불안하거나 우울한 행동에 변화가 없었다는 것이었다. 「그 생각을 하면 잠이 안 옵니다.」그는 말한다.

깅리치와 통화를 마친 뒤 나는 『월 스트리트 저널』 보도국의 조용한 구석으로 가서 울었다. 내가 내 불안을 다스리려다가 내 딸에게 우울증 선고를 내린 것일까? 죄책감과 회한이 파도처럼 밀려왔다. 나는 스스로를 안심시키려 노력했다. 피오나는 쥐가 아니다. 나는 임신 중 프로작을 10밀리그램이라는 적은 용량으로 복용했다(쥐에게는 40밀리그램이 투여되었다). 그러나, 임신하면 항우울제를 아예 끊는 게 논리적으로 올바르지 않았을까?

그렇게 간단한 문제는 아니다. 임신 중 어머니의 불안과 우울 역시 아기에게 지속적인 영향을 미친다는 보고가 있다. 그 결과는 태내 SSRI 노출이 낳는 결과와 거의 동일하다. 몇몇 연구에서는 임신 중 우울증이 자폐 확률을 높이며 조산과 저체중 출생과도 유관하다는 사실을 밝혀냈다. 임신 중 심한 불안 증세는 아동의 ADHD 증상과도 상관관계가 있다. 여기서 질환의 영향과 약물의 영향을 분간하는 건 어려울 수 있다.

임신 여성들의 일부는 치료하고 일부는 치료하지 않는 무작위 통제 임상 실험은 윤리에 어긋난다. 다시 말해, 앞서 살펴본 연구들이 전부 〈관찰 연구〉라는 뜻이다. 여기서 결과에 영향을 미치는 모든 요소를 통제하는 건 불가능하다. 예를 들어 임신 중 SSRI를 복용하는 여성들이 복용하지 않는 여성들보다 질환이 더 중하고 만성적이라서 출산 후까지 지속되었을 수도 있다. 또, 유년기에 부모의 우울증에 노출된 아동은 기분 장애와 불안 장애에 걸릴 가능성이 높다는 사실도 감안해야 한다.[241]

벨기에의 연구자 베아 판 덴 베르크는 1980년대 후반부터 임신 중 불안의 장기적 영향을 연구해 왔다. 그녀는 최초에 임신 여성 86명을 모집했고, 지금까지 여성들과 그 자녀들을 추적하고 있다. 피험자 여성들 중 불안 장애로 치료를 받은 이는 한 명도 없지만, 일부는 불안 증세가 심했다. 일련의 연구를 통해 판 덴 베르크와 동료들은 임신 중 심한 불안 증세를 보인 여성들의 자녀가 더 심하게 보채고 수면 및 수유 문제가 있으며 까다로울 가능성이 높다는 사실을 밝혔다. 자녀들은 8~9세에 이르면 또래에 비해 큰 불안과 공격적 행동, 초조함, 주의력 집중 문제를 보였다.[242]

10대에 이르자 어머니가 임신 중 심한 불안 증세를 보였던 아동들은 스트레스 호르몬인 코르티솔 수치에서 이상 패턴을 보였다.[243] 여아의 경우 이는 높은 정도의 우울로 이어졌다. 17세에 이르자 어머니가 임신 중 심한 불안 증세를 보였던 아동들은 남녀를 막론하고 특정한 인지적 문제를 보였다. 외부적 단서 없이 변화하는 목표에 행동을 적응시키는 정보 처리 방식인 내인성 인지 통제 능력을 측정하는 과제를 남들보다 어려워한 것이다.[244]

판 덴 베르크는 태아가 특히 임신 12~22주를 일컫는 제2삼분기에 어머니의 불안 증세에 취약하다는 사실을 발견했다. 제3삼분기에는 높은 수준의 불안이 태아에게 큰 영향을 주지 않는 것으로 보인다. 캘리포니아 대학교 어바인 캠퍼스 연구자들은 정확히 임신 19주에 어머니가 높은 불안을 느낄 경우 태아의 작업 기억과 언어 처리에 관련된 뇌의 부피가 실제로 줄어들 수 있다는 사실을 밝혔다.[245] 이 연구에 참여한 여성들이 정신 질환 치료를 받고 있지 않았던 것을 감안하면, 실제로 불안 장애를 진단받은 여성들의 자녀에게는 부정적 영향이 더 클 수 있다.

독일 드레스덴에서는 300명 이상의 여성과 그 자녀들을 추적하여 여성의 불안 장애와 우울증이 본인과 자녀에게 어떤 영향을 미치는지 알아보는 연구가 진행 중이다. 연구자들은 생애 한 번 이상 불안 장애가 발병했던 여성의 자녀가 심하게 울 가능성이 높다는 사실을 발견했다(여기서 〈심하게〉 운다는 것은 하루 세 시간, 일주일에 사흘 이상, 3주 넘게 우는 것을 뜻한다).[246] 또한 어머니의 불안 장애 병력과 아기의 수유 문제 사이에 연결 고리가 있다는 사실도 밝혀졌다.[247]

이 연구는 소위 태아 프로그래밍 가설을 뒷받침한다. 자궁 내 환경이 태아의 발달에 변화를 줄 수 있으며 특히 민감한 시기가 있다는 증거가 점차 드러나고 있다. 이는 불안한 어머니의 자식이 유전적으로 불안을 타고날 뿐 아니라 태내에서 불안을 전이 받을 수도 있다는 뜻이다.[248]

드레스덴 연구의 공저자인 한스울리히 비트헨에 따르면, 임신 중 〈태아는 일반적으로 상당히 보호받으나 발달이 이루어지는 후반 달에는 환경적 요소가 더 강하다. 태아는 학습에 매우 민감하다〉라고 한다.

불안의 전이는 어떻게 일어나는가? 연구자들은 불안하거나 스트레스를 받은 산모의 높은 코르티솔 수치가 태반을 거쳐 발달 중인 태아의 뇌에 영향을 미친다고 생각한다.[249] 불안이 태아에게 향하는 혈액 공급을 제한한다는 증거도 있다. 2016년 발표된 컬럼비아 대학교의 한 훌륭한 연구에서 산모가 임신 중 스트레스를 받으면 코르티솔이 태아에 도달하기 전에 비활성화시키는 데 일조하는 태반 내 유전자가 차단된다는 사실이 밝혀졌다.[250] 태반 내에서 일어나는 이러한 유전적 변화는 태아에 영향을 미친다. 그 결과 태아는 (태아 연결이라고 불리는) 움직임과 심장 박동 수 사이의 동기성이 떨어지는데, 높은 태아 연결은 건강한 뇌 발달의 지표다.

이상적으로는 태내의 아기가 SSRI에도, 어머니의 불안이나 우울에도 노출되지 않는 것이 바람직하다. 그러나 이건 현실성이 떨어지는 목표다. 한 연구에서는 임신 직전이나 임신 초기에 약을 끊은 우울증 병력이 있는 여성의 3분의 2에게서 우울증이 재발했다고 밝혔다.[251] 여성들에겐 더 많은 치료 선택지가 필요하고, 의사들은 여성들에게 비약물 치료를 권장해야 한다 (내가 만났던 임산부 정신과 의사는 내게 다른 대안을 언급하지 않았다). 이를테면 임신을 시도하기 전 약물 복용량을 줄여나갈 때 인지 행동 치료를 받고, 임신 중에 증상을 막고 재발을 방지하기 위해 치료를 계속할 수 있다.

피오나가 태어나고 몇 달 동안, 나는 일반적인 부모에 비해 특별히 불안한 축이 아니었다. 물론 일상적인 걱정을 달고 살긴 했다. 아기가 충분히 먹고 있는 걸까? 너무 춥지는 않을까? 너무 덥지는 않을까? 이 젖병에서 비스페놀 A가 검출되지 않은 게 맞겠지? 질식사의 위험이 있는 건 아닐까? 〈메이드 인 차이나〉라고 적힌 저 장난감을 씹게 놔둬도 괜찮을까? 마침내 내가 처한 환경이 내 머리의 작동 방식을 따라잡은 듯했다. 신생아의 부모에게는 걱정이 사회적으로 승인되고 심지어는 권고되기도 한다. 내가 방문한 신생아 어머니 게시판은 불안과 안심을 주고받는 장터와 같은 풍경이었다.

피오나가 돌이 되기까지 나는 응급실을 단 한 번 방문했다. 화장실이 급해서, 퀸 사이즈 침대 한가운데에 잠든 아기를 놔두고 방을 나섰다. 1분 뒤, 쿵 소리와 울음소리가 들렸다. 피오나가 대략 30센티미터 높이에서 바닥에 떨어진 것이었다. 머리 부상과 뇌출혈이라는 단어가 즉각 떠올랐다. 나는 당장 아기를 안아 들고 카 시트를 낚아챈 다음, 잠옷 바람으로 뛰쳐나가 택시를 잡고 컬럼비아 대학교 의료 센터 응급실로 향했다. 그곳이 소아 뇌 수술로는 뉴욕 최고라고 들었다. 아기는 멀쩡했다.

피오나는 잠자는 걸 끔찍이 싫어하는 듯 보였다. 7개월까지 누군가의 몸 위가 아니면 낮잠을 자지 않았는데, 그 누군가는 대개 나였다. 나는 아기를 무릎에 눕히거나 아기 띠로 업어 재웠다. 뭘 먹어야 할 때는 아기의 머리 위에 냅킨을 덮었지만, 그런데도 머리칼에서 빵가루며 블루베리가 나오곤 했다. 밤에는 적어도 몇 시간은 요람에서 재울 수 있었다. 아기가 내게 안겨 잠들면 나는 아주 천천히, 부드럽게 아기를 침대에 눕혔다. 눈을 뜨지 않길 바라며 숨까지 참았다. 그러나 아기는 자주 잠에서 깨서 몸이 매트리스에 닿자마자 울기 시작했다. 신생아 시절의 칭얼거림이 줄어든 뒤에도 피오나는 만성적으로 짜증이 나 있는 것 같았다. 첫돌을 지내기 직전까지 피오나는 항시 언짢은 노인 같은 분위기였다.

숀과 나는 완전히 기진맥진했다. 주위에 도움을 청할 가족도 없었고, 내가 무급 육아 휴가 중이라 베이비시터를 고용할 돈도 빠듯했다. 우리는 자주 다퉜다. 상대방이 세탁실이나 화장실에서 너무 오래 있다가 나오면 〈대체 어디 갔던 거야?〉라는 잔소리부터 튀어나왔다.

최근 불면증과 만성적 수면 부족 같은 수면 문제가 아동들에게 미치는 악영향에 대해 여러 연구가 이루어졌다. 수면 부족은 공격적 행동, 학습 및 기억 문제, 비만과 관련이 있다. 또한 훗날 불안과 우울증을 비롯한 정신 질환을 유발할 위험성이 있다. 수면 부족이 편도체와 전전두엽 피질의 관계를 약화시킨다는 증거도 있다.

나는 다른 부모들처럼 아기 수면 지침을 읽었고, 이따금 피오나에게 〈수면 교육〉을 시키려고 했다. 이는 어김없이 (아기가) 몇 시간씩 소리를 지르고 (내가) 나가 떨어져서 와인을 마시는 것으로 끝났다. 두 살 때 피오나는 유아차가 아닌 곳에선 낮잠을 자려 들지 않아서, 나는 피오나를 유아차에 태우고 아파트 복도를 배회하다가 아기가 잠들면 유아차를 아기 침실에 세우곤 했다.

피오나는 두 살이 넘어 유아기에 접어들자 해맑고 애정 넘치고 재미있는 아이가 되었다. 웃음과 포옹과 우스꽝스러운 즉석

춤이 함께하는 육아는 훨씬 덜 고되었다.

유치원에 들어갈 즈음 피오나는 활달하고 명랑한 아이로 자라 있었다. 메리 포핀스와 핫 핑크 스쿠터에 푹 빠져 있던 그 애는 또한 내성적이고 신중하기도 했다. 생일 파티와 음악 수업에서 가장자리를 맴돌았고 놀이터에 나갔을 때 정글짐에 사람이 많으면 내 곁을 떠나려 들지 않았다. 피오나는 학교에서 실수를 할 때마다 괴로워했다. 알파벳 쓰기를 연습하던 중 그 애는 울며불며 말했다. 「G가 너무 어려워.」 타인에게 거부당하는 것도 받아들이기 어려워했다. 네 살 생일 파티에서 그 애는 자리에 주저앉아 흐느꼈다. 「레일라가 나보고 쳐다보지 말래.」 피오나는 초콜릿 프로스팅을 잔뜩 묻힌 입으로 울면서 말했다.

나는 초조해져서 두 손을 모으고 생각했다. 내가 불안 장애 환자의 탄생을 목격하고 있는 걸까? 불안한 아이들의 미래는 장밋빛과는 거리가 멀다. 2007년의 한 연구에서 사회 불안 장애가 있는 14~24세의 젊은이들을 관찰해 보니, 그들은 사회 불안 장애가 없는 사람보다 후에 우울증이 발병할 확률이 거의 세 배나 높았다.[252] 2004년에 발표된 다른 연구에서 불안 장애 치료를 받은 9~13세 아동들을 추적해 보니 치료 후 7년 뒤에도 불안 장애를 갖고 있던 피험자들은 불안 장애가 치료된 피험자보다 술을 더 자주 마셨고 대마초를 피울 가능성도 더 높았다.[253]

한 최신 연구에서 불안 장애를 초기에 발견하고 치료하면 중증으로 발전하는 걸 막을 수 있다는 사실이 밝혀졌다. 아동들에게 불안 장애에 맞서는 방법을 가르침으로써 자가 치료를 한답시고 약물과 알코올에 빠져들거나 대학과 커리어 계획을 망치는 일을 막을 수 있는 것이다.

우리 딸처럼 당장은 건강하더라도 유전적으로 불안 장애 체질을 타고난 아동들을 위해 특별히 고안된 치료 프로그램도 있다. 코네티컷 보건 센터와 존스홉킨스 의대의 연구자들은 적어도 한 명의 부모가 불안 장애를 갖고 있는 6~13세의 건강한 아동 136명을 대상으로 8주짜리 치료 프로그램을 시범 운영했다. 이듬해 치료를 받지 않은 아동의 31퍼센트가 불안 장애를 발병한 반면 치료를 받은 아동의 발병률은 5퍼센트에 그쳤다.[254]

이런 증거가 널려 있는데도 내가 당장 조치를 취하지 않는다면, 그리고 내 딸이 10대에 문제가 생기기 시작한다면, 내가 어떤 기분이 들겠는가?

심리학 교수인 로널드 라피는 10년 이상 행동 억제형 유치원생들의 불안 장애 발병을 막기 위한 치료를 해왔다. 정확히 말해 그는 행동 억제형 아동의 〈부모〉를 치료해 왔다. 수줍고 조심성 많은 아동의 부모는 감정적으로 연약한 자녀를 과잉보호하는 덫에 빠지기 쉽다. 충분히 이해 가능한 일이지만, 이는 이미 스스로를 약하고 부족한 존재로 생각하는 아동에게 더 큰 불안을 불어넣을 뿐이다. 라피는 쿨 리틀 키즈라는 이름의 여섯 세션으로 구성된 프로그램에서 부모들에게 자녀들의 〈용기〉를 키우는 방법을 가르침으로써 이런 패턴을 뒤집고자 한다. 라피는 부모에게 아이들이 스트레스 받는 상황을 피하도록

하게 하거나, 무서워할 때 구해 주려는 욕구에 저항해야 한다고 가르친다. 부모가 자녀에게 본보기가 되게끔 자신의 불안을 다스리는 법도 가르친다(이 프로그램에 참여하는 건 부모뿐이고, 아이들은 직접 치료받지 않는다).

이 프로그램은 매쿼리 대학에서 시작되었다. 나는 이곳 감정 건강 센터의 설립자이기도 한 라피를 만나러 호주 시드니로 갔다. 널따란 녹지에 갖가지 건축 양식의 건물들이 드문드문 서 있는 매쿼리 대학 캠퍼스는 고요했다. 학생 3만 명 가운데 대부분은 여름 방학을 맞아 캠퍼스를 떠나고 없었다. 내가 마주친 건 어른들을 꽁무니에 달고 다니는, 약간 겁먹은 듯 보이는 청소년 몇 명이 다였다. 아마 대학 지원을 원하는 학생들인 것 같았다.

55세의 라피는 말투가 부드럽고, 세계적으로 명성을 떨치는 과학자들에게서 종종 보이는 거드름이 거의 없는 사람이었다. 그의 사무실에는 이제 10대인 딸들의 유년에 바쳐진 전당이 있다. 벽의 게시판에 딸들이 유치원 시절 그린 그림들이 빼곡히 걸려 있다. 무지개, 나비, 아버지의 초상화. 〈아빠 사랑해요〉라고 적힌 쪽지도 있다.

우리는 쿨 리틀 키즈 프로그램의 효과에 대해 허심탄회하게 대화한다. 이 프로그램이 불안 장애 발병을 실제로 예방하며 특히 여아에게 효과가 있다는 증거가 있다. 행동 억제형 유치원생 146명을 추적한 연구에서 부모의 절반에게만 90분짜리 쿨 리틀 키즈 세션에 6회 참여하도록 했다. 11년 뒤, 평균 15세의 나이에 아동들을 다시 진단해 보니 여자아이들의 불안 장애 발병률은 부모가 쿨 리틀 키즈 프로그램에 참여한 경우 39퍼센트, 참여하지 않은 경우 61퍼센트였다.[255] 그러나 남자아이들에게선 두드러지는 차이가 없었다.

엄밀히 말해 라피의 작업은 예방 조치가 아니다. 쿨 리틀 프로그램에 참여한 아동들 대부분은, 세 살짜리조차도 이미 임상적으로 불안하다는 진단을 받은 상태였다. 「기질과 진단의 경계는 커다랗게 번진 얼룩과 같아요.」 그가 내게 말한다.

라피와 대화하면서 나는 이따금 길을 잃은 느낌이다. 그는 말을 바꾼다. 육아가 자녀의 불안에 영향을 미친다. 아니, 미치지 않는다. 나는 마치 과학적 불확실성을 ─ 혹은 과학적 숙고를 ─ 밀착해서 관찰하고 있는 기분이 든다. 라피가 가장 최근 내린 결론은 이렇게 요약할 수 있다. 육아 방식 때문에 아동이 불안해지지는 않는다. 그러나 아동이 이미 불안 증상을 보인다면, 통제적이고 과잉보호하는 육아가 아동의 불안을 부추기거나 유지시킬 수 있다.

세월이 흐르며 라피는 얼마나 많은 것이 유전자에 달렸는지에 더 집중하게 되었다. 나로서는 무서운 생각이다. 내 유전자, 내 할머니의 유전자가 내 딸이 그릴 궤적을 결정한다니. 설상가상으로, 여기서 내가 할 수 있는 일은 얼마 없다.

유치원생 여섯 명이 알록달록한 폼 매트 위에 아빠 다리를 하고 동그랗게 모여 앉는다. 행동 억제형 유치원생들을 위한 개입 프로그램, 터틀 프로그램의 마지막 모임이다. 벽에는 반짝이는 금빛 글씨로 〈졸업 축하!〉라고 적힌 표지판이 걸려 있다.

「이 시간에 새로 뭘 배웠는지 얘기해 볼 사람?」 프로그램 지도자인 대니얼 노빅이 묻는다.

갈색 곱슬머리에 은색 운동화를 신은 소녀 마리가 수줍게 손을 들고 말한다. 「용감해지는 거요.」 노빅이 답한다. 「잘했어요, 고마워요.」 노빅은 몸을 굽혀 마리의 무릎에 발표를 칭찬하는 의미로 스티커를 붙인다. 그리고 다시 질문을 던진다. 「눈에 대해서도 뭔가 배웠죠. 눈에 대해 뭘 배웠죠?」

이번엔 꿀색 금발머리에 파란 치마를 입은 소녀가 답한다. 「눈 맞춤이요.」

「맞아요. 대화하는 사람과 눈을 맞추는 게 좋아요. 그러면 대화 상대의 말을 경청하고 있다는 걸 알려줄 수 있고, 친근함을 표시할 수 있어요.」

나는 옆방에서 편면경을 통해 이 대화를 보고 있다. 터틀 프로그램은 행동 억제형 유치원생들의 불안 장애 발병을 막기 위해 고안된 8주짜리 치료 프로그램으로, 메릴랜드 대학교에서 그 효과를 연구 중이다. 참가자로 모집한 대상은 행동 억제 진단에서 상위 15퍼센트 안에 든 아이들이었다. 프로그램 참가자 중 여럿이 친구를 사귀거나 생일 파티에 가거나 유치원에서 발표하는 걸 벌써 어려워한다.

모임에서 아이들은 사교 기술을 배운다. 자기소개 하는 법,

다른 아이에게 놀자고 하는 법, 질문을 던지고 대답하는 법, 감정을 표현하고 갈등을 조정하는 법. 처음엔 스트레스를 덜 받도록 인형을 사용한다. 이 프로그램에서는 〈풍선 호흡〉이라고 부르는 심호흡도 불안에 맞서는 방법의 일환으로 가르친다. 연구자 켄 루빈은 행동 억제형 아동들이 이르게는 4세부터 사교 기술 부족을 보이고, 또래들에게 거부당하고, 스스로에 대한 부정적 감정을 내면화한다고 말한다. 「우리는 그 모든 과정을 막으려고 노력하고 있어요.」 또 다른 주 연구자 앤드리아 크로니스투스카노가 말한다.

아이들이 원형으로 모여 앉아 있는 동안 부모들은 복도 너머 방에서 기다린다. 그들은 자녀의 불안하고 회피적인 행동은 무시하고, 용감한 행동을 칭찬하라는 지령을 받았다. 터틀 프로그램은 본래 행동 문제를 보이는 아동들을 위해 고안된 부모-자녀 상호 작용 치료에 기반하고 있다. 부모들은 우선 아동이 부모를 이끄는 놀이 방식인 아동 주도 상호 작용을 익힌다. 이는 부모-자녀 관계를 강화시키고, 아동의 자존감을 높이고, 행동 억제형 자녀의 상황을 통제하고자 하는 부모들의 충동을 물리친다.

부모들은 또한 자녀를 위해 공포 위계라는 것을 만들도록 지도받는데, 이는 차근차근 단계를 밟아 결국 최종 목표를 이루도록 하는 것이다(라피의 쿨 리틀 키즈 프로그램에서도 이런 방법을 가르친다). 예를 들어 만약 최종 목표가 다른 아이에게 놀이를 제안하는 것이라면, 첫 단계는 다른 아이에게 인사를 하는 것일 테다. 공포 위계의 핵심 개념은 아동들이 수행 가능한 단계를 차근차근 밟음으로써 성취감을 맛보고 자신감을 얻게 만드는 것이다. 부모들은 또한 자녀에게 (기본적으로는 노출 치료의 일종이라 할 수 있는) 용기 연습을 시키는 방법도 배운다. 자녀가 선생님에게 말을 하거나, 다른 아이들 앞에서 무언가를 보여 주며 설명하는 것을 연습하도록 돕는 것이다. 이때 치료사들이 실시간으로 이어폰을 통해 부모들을 지도한다. 일종의 비밀 서비스다.

부모 아홉 명과 프로그램 지도자 두 명이 오늘의 용기 연습인 보물찾기를 준비하고 있다. 각 가족에게 동물 하나가 배정된다. 그룹 지도자 크리스티나 단코가 동물 여섯 마리가 그려진 종이를 나눠준다. 목표는 종이에 그려진 모든 동물을 찾는 것이다. 그러려면 아동들은 다른 가족에게 다가가 배정받은 동물이 무엇인지 물어야 한다. 아이들에게 이 과제는 어려울 수 있다. 부모와 자녀들이 다 같이 모이는 건 처음이라서, 아이들은 열 명의 낯선 어른에게 노출된다.

부모들은 ─ 단코의 도움을 받아 ─ 자녀의 목표를 세운다. 한 어머니는 아들이 〈안녕하세요〉라고 인사하고, 자신에게 배정된 동물이 무엇인지 질문을 받으면 〈원숭이〉라고 대답할 수 있을 거라고 생각한다. 하지만 단코의 판단에 의하면 아이는 아직 다른 가족에게 질문을 던질 준비가 되지 않았으므로, 질문을 하는 건 어머니 몫이 될 것이다. 다른 사람의 질문에 말로 대답할 준비가 되지 않은 아동들은 동물 이름을 말하는 대신

종이의 그림을 가리켜도 된다.

복도에서 아이들 방까지 쭉 늘어선 부모들이 아이들에게 오늘의 목표와 역할극 대화에 대해 설명한다. 이윽고 단코가 보물찾기 시작을 알린다. 방 안이 시끌벅적해진다. 아이들은 금세 온몸이 스티커로 뒤덮인다. 〈일급〉, 〈멋쟁이〉, 〈최고〉라고 적힌 스티커다. 마리는 머리칼에 스티커를 붙이고 있고, 한 소년은 이마에 스티커를 붙이고 있다.

왁자지껄한 방 안에 즐거운 분위기가 감돈다.

그러다가 울음소리가 들린다.

한 남자아이가 눈물을 흘리고 있다. 아이는 어머니 뒤에 숨어서 다리에 매달린 채 소리를 질러 댄다. 「엄마아아, 집에 갈래요오오오!」 어머니는 공황에 빠져서, 당장 이 자리를 뜨고 싶은 생각만 간절해 보인다. 「아이에게 옆에 서라고 하세요.」 단코가 말한다. 「엄마 옆에 서볼래?」 어머니가 말한다. 단코는 어머니 말을 따른 아이에게 칭찬을 해주라고 상기시킨다.

미니 도넛을 상으로 주자 울고 있던 남자아이는 차츰 진정한다. 단코는 어머니에게 자리를 뜨지 않았다고 칭찬한다. 어머니는 자리를 지킴으로써 아이에게 자신이 물러서지 않을 것임을, 그리고 아이가 불편한 상황을 이겨 낼 수 있음을 가르쳤다.

메릴랜드 대학교의 이 연구에는 최종적으로 150명의 아동이 참여하게 된다. 절반은 터틀 프로그램에 참여하고, 나머지 절반은 비교적 강도가 약한 라피의 쿨 리틀 키즈 프로그램에 참여할 것이다. 연구자들은 아동의 심장 박동 수 변화와 같은 생리학적 자료를 수집하고, 부모와 자녀를 함께 관찰하며 부모가 과잉 통제를 하는지, 태도가 따뜻한지 부정적인지, 독립심을 키워 주는 교육을 하는지 등을 평가한다. 아동에 대한 관찰은 학교에서도 이어진다. 연구의 목표는 어떤 아동들이 프로그램에서 가장 이득을 보는지 알아내고, 부모의 불안, 양육 방식, 아동 자신의 생리 작용이 아동의 차도에 얼마나 영향을 미치는지 확인하는 것이다.

연구자들은 아이들의 성격을 바꾸려 하는 게 아니라고, 수줍고 내성적인 아이를 외향적인 아이로 바꾸려 하는 게 아니라고 공들여 강조한다. 크로니스투스카노는 말한다. 「핵심은 장애입니다. 우리 모두 사회적 관계가 인생의 행복과 성공에 얼마나 중요한지 잘 압니다. 우리는 아이들이 행동 억제 때문에 어떤 일을 하지 못하는 걸 막고 싶습니다.」 앞서 이루어진 소규모 시범 연구에서 터틀 프로그램은 행동 억제형 아동들의 불안 증세를 경감시키는 데 성공했다. 치료 전에 아동의 거의 4분의 3이 사회 불안 장애 기준을 충족했는데, 치료 후에는 비율이 3분의 1 이하로 줄었다.[256]

마리의 부모 낸시와 브랜든은 딸과 함께 다른 아이 생일 파티에 참석했다가 도움이 필요하다는 걸 깨달았다고 말한다. 당시 세 살이었던 마리는 파티에 가서 친구들과 놀 생각에 아주 신이 나 있었다. 그러나 정작 파티에 가서는 내내 어머니 다리에 매달려 있었다. 「마리는 친구들을 사랑해요. 하지만 친구들을 만나면 몸이 굳고 아주 겁을 내죠. 공포와 불안 때문에 자기

답게 행동하지 못하고, 인생을 즐기지 못하게 되는 거예요.」 낸시가 말한다.

마리가 보인 행동은 전형적이다. 마리는 집에서 춤추고 노래하고 쉼 없이 수다를 떨었지만 다른 사람들 곁에서는 수줍어하다 못해 괴로워할 정도였고, 거의 침묵을 지켰다. 한번은 낸시가 친구를 집에 데려왔는데, 마리는 낯선 사람이 아닌데도 식탁 아래 숨어서 울었다고 한다. 낸시와 브랜든은 미래에 대해서도 우려한다. 부부 둘 다 사회 불안 장애가 있기 때문이다. 낸시는 30대에 사회 불안 장애 진단을 받았고, 파티에서 남들과 어울리는 걸 힘겨워하며, 불안으로 인해 친구 관계에 제약을 받았다고 말한다. 약물과 치료가 그녀에게 큰 도움이 되었다. 「마리가 우리처럼 수십 년 동안 불안과 싸우길 원치 않아요.」 낸시가 말한다.

낸시와 브랜든이 설정한 공포 위계에서 최상단은 — 즉, 그들이 마리를 위해 세운 최종 목표는 — 친구의 생일 파티에 참석해서 다른 아이들과 노는 것이다. 낸시와 브랜든은 이 목표를 작은 단계들로 쪼갰다. 처음 보는 아이와 눈 맞추기, 인사하기, 친구 이름을 부르기. 매주 방문하는 농산물 시장에서 낸시와 브랜든은 마리에게 다른 아이 세 명에게 손을 흔들어 주면 막대 아이스크림을 사주겠다고 말했다. 「그랬더니 아무한테나 손을 흔들기 시작하더군요.」 낸시가 말한다.

낸시와 브랜든 본인들도 행동에 변화를 주었다. 과거에는 마리가 원래 말이 없다고 사과하거나, 아이 대신 대답하곤 했다.

마리를 불편한 상황에서 꺼내 준 것이다. 마리가 발레 학원 앞에서 부모님과 헤어지는 걸 힘겨워하자 발레 학원을 그만두게 해주기도 했다. 이제 그들은 마리가 용기를 발휘하도록 격려하고, 아이 앞에서 〈수줍다〉라는 단어를 아예 사용하지 않는다. 최근 마리는 스스로를 〈용감한 마리〉라고 부르는 습관이 생겼다. 부부는 이 프로그램이 큰 변화를 이끌어 냈다고 말한다. 과연 마리는 바로 지난주에 다른 아이의 생일 파티에 의기양양하게 참석했다. 이제 네 살이 된 마리는 처음엔 어머니에게 매달렸지만, 곧 다른 아이들과 공작 놀이를 하고 생일을 맞은 친구와 놀기 시작했다. 모르는 아이들과는 여전히 어울리지 않았지만 낸시와 브랜든이 보기엔 대단한 발전이다.

다시 터틀 프로그램 졸업식으로 돌아가 보자. 노빅이 아이들을 한 명 한 명 불러서 졸업장을 수여한다. 〈용기 증서〉라고 적혀 있다. 한 소년이 방 안을 껑충껑충 뛰어다니더니, 어머니에게 졸업장을 내밀며 환한 미소를 짓는다. 그리고 나를 — 모르는 어른인 나를 쳐다본다. 내가 축하해 주기를 기다리는 거다.

요즘 나는 피오나에 대한 걱정이 훨씬 덜하다. 지난 2년 동안 아이는 부쩍 자신감이 붙었다. 아직도 쉽게 창피를 느끼고 거부당하는 것에 민감하지만, 자기주장을 제법 할 줄 알게 되었다. 유치원 졸업 학예회에서 무대 공포증에 사로잡힌 다른 친구를 위해 대사를 대신 읊기까지 했다. 1학년 학예회에서 반 친구들과 뮤지컬 「찰리 브라운」의 「행복」이라는 곡을 부르기로 결정했을 때, 아이는 찰리 브라운 역을 자원했다.

우습게도 우리 부부 중 걱정 많은 부모 역할은 내가 아니라 숀이 주로 한다. 피오나가 열이 나면 공황에 빠지는 사람도, 놀이터에서 조심하라고 꾸짖는 사람도 숀이다. 내가 걱정하는 건 단 하나, 피오나가 아동 영화를 보면서 과도하게 두려움을 느낀다는 것이다. 혹시 그게 내가 유년에 겪은 광대 공포증에 해당하는 것, 즉 훗날 겪게 될 더 심각한 불안 장애의 전조는 아닐까? (불안 장애뿐 아니라 우울증과 정신증을 비롯한) 다양한 정신 질환에 대해 예방 프로그램이 나와 있으며 정신 질환이 적어도 일부는 유전된다는 걸 알고 있는 지금, 내가 피오나를 한 살이라도 어릴 때 예방 프로그램에 등록시키지 않는 게 부모로서 태만은 아닐까?

시드니를 방문했을 때 나는 무료 자문을 구했다. 라피에게 내 딸의 두려움에 대해 상담한 것이다. 피오나는 영화 속 괴물과 악당을 두려워하지만, 그뿐 아니라 못되고 비열한 사람들도 싫어한다. 「오즈의 마법사」는 처음 몇 분밖에 보지 못했다. 토토를 괴롭히며 나중에 나쁜 마녀로 변신하는 걸치 양이 등장하자 영화를 끄라고 졸랐다. 나는 마멀레이드를 사랑하는 말하는 곰이 주인공인 영화 「패딩턴」을 피오나와 보러 가고 싶었다. 예고편을 틀자 난장판이 펼쳐졌다. 패딩턴은 화장실을 물바다로 만들고, 욕조를 타고 계단을 내려간다. 피오나가 말했다. 「나는 이 영화 안 볼래. 너무 무서워.」 라피에게 피오나가 억지로라도 그 영화를 보게 해야 할지 조언을 구했더니, 아이가 영화 「패딩턴」을 피하는 게 단발성 사례가 아니라면 노력해 보는 게 좋겠다는 대답이 돌아왔다. 「아이에게 상처가 되진 않을까요?」 내가 묻자 그는 영화의 유일한 단점은 아이가 악몽을 꾸게 될지도 모른다는 것이라고 말했다.

그래서 브루클린으로 돌아가고 2주 뒤 피오나가 학교를 쉬는 대통령의 날 주간에 우리는 혹한을 뚫고 동네 영화관에 갔다. 스크린이 대형 텔레비전보다 별로 크지 않은, 낡고 오래된 영화관이었다. 피오나에게 목적지를 말하자 아이는 가고 싶지 않다고 말했다. 「너무 무서우면 나가도 돼.」 나는 아이에게 약속했다.

영화가 시작되고 처음 몇 장면 동안 피오나가 공포에 대비하고 있다는 걸 느낄 수 있었다. 지진으로 〈가장 어두운 페루〉에 있던 패딩턴의 집이 폭삭 무너지고 삼촌이 죽자, 피오나는 좌석에서 일어나 내 무릎으로 기어올라 왔다. 얼음처럼 차가운 외모의 니콜 키드먼이 분한 악당 박제사가 패딩턴을 잡아서 검은 봉고차에 던져 넣자 피오나는 걷잡을 수 없이 흐느끼기 시작했다. 「가도 돼.」 내가 나갈 채비를 하는데 피오나가 눈물과 콧물로 범벅이 된 얼굴로 말했다. 「아니야.」

우리는 영화관에 머물렀다. 그러나 탈출을 향한 패딩턴의 여정은 길었고 많은 위험으로 채워져 있었다. 패딩턴은 불구덩이에 빠질 뻔했다. 총알을 가까스로 피했다. 피오나의 울음소리가 커졌다 작아지길 반복했다. 나는 다시 아이에게 나가고 싶으냐고 물었다. 단호하게 아니라는 대답이 돌아왔다. 「패딩턴은 괜찮을 거야.」내가 아이에게 속삭였다. 정말로 그랬다.

불이 켜지자 다른 어머니의 말소리가 들렸다. 「쟤 겁먹은 것 좀 봐, 딱하기도 하지.」형편없는 부모가 된 기분에 수치심이 차올랐다. 나는 피오나에게 아주 자랑스럽다고 말해 주었다.

그날 밤, 그리고 다음 날까지 피오나는 영화에 대해 쉴 새 없이 떠들었다. 무서운 부분은 빼고 좋아하는 부분에 대해서만 얘기했다. 아이는 마멀레이드를 만드는 패딩턴을, 그리고 무엇보다도 권선징악의 원칙에 따라 악당이 혼쭐나는 장면을 좋아했다. 키드먼이 연기한 박제사는 체포되어 체험 동물원에서 사회봉사를 명령받는데, 그곳에서 그녀가 박제하려고 계획했던 원숭이에게 복수를 당한다. 원숭이가 버튼을 누르자 키드먼의 머리 위로 건초와 거름이 떨어진다. 피오나는 그 장면에 관해 몇 번이고 되풀이해 이야기한다.

하지만 영화가 좋았느냐는 아빠의 질문에 피오나는 고개를 젓는다. 「너무 무서웠어.」

나는 여전히 내가 무엇을 해냈는지, 아니 뭘 해내긴 했는지 확신할 수 없다. 그때그때 대처할 뿐이다. 육아라는 게 원래 그렇지 않던가.

9
외출 금지로 살기
불안과 함께 사는 법을 배우다

불안 장애를 안고 25년 넘게 산 지금, 불안 장애를 완치시키겠다는 헛된 희망은 버렸다. 한결 쉬운 해와 한결 까다로운 해가 있다. 힘든 일들이 닥치고 불안이 내 인생을 탈선시키려고 들 때, 나를 가족과 일에서 떼놓으려고 들 때, 나는 약물에(렉사프로와 내가 언제나 신뢰해 마지않는 클로노핀에) 의지한다. 오랫동안 알아 온 정신과 의사를 만난다. 새로운 치료법을 시도해 본다. 인생이 순조로울 때조차도 나는 조심스럽다. 하루에 여덟 시간씩(때로는 아홉 시간씩) 잘 수 있도록 스케줄을 조정한다. 술은 거의 마시지 않는다. 요가를 하고 공원에서 산책을 한다. 현실에서 아주 끔찍한 사건이 일어난다면(충분히 오래 살면 피할 수 없는 일이다) 내가 그에 대처하지 못할 거라고, 완전히 사고가 마비되고 말 거라고 항상 걱정해 왔다. 그러나 그렇지 않았다.

10년 전 아버지로부터 당신의 몸이 썩 좋지 않다는 전화를 받았다. 여기저기 쑤시고 피로하다는 것이었다. 아버지는 몸살이라고 여기고 있었다. 어머니가 여동생을 방문 중이었고 아버지는 혼자 지낼 때면 약간 의기소침한 모습을 보이곤 했기 때문에, 나는 그다지 걱정하지 않았다. 그러나 몇 주 뒤 어머니가 전화해서 아버지가 신부전으로 입원했다고 알렸다. 나는 비행기를 타고 부모님이 몇 해 전 이사한 플로리다주로 향했다.

며칠 동안 검사를 받은 끝에 우리는 아버지가 다발 골수종에 걸렸다는 사실을 알게 되었다. 치명적인 불치성 혈액암이었다.

아버지는 중환자실에 입원해서 곧장 고강도 화학 치료를 받기 시작했다. 병원에서는 지속 투석이라는 실험적인 치료도 시도했다. 파리한 얼굴로 병원 침상에 반듯이 누운 아버지를 보고 있자니 기분이 끔찍했다. 현실감이 들지 않았다. 당시 57세였던 아버지는 몇 주 전만 해도 자전거와 롤러블레이드를 타곤 했다.

뉴욕에 돌아온 나는 기자다운 자세로 아버지의 상태와 치료법에 관해 하루 몇 시간씩 조사했다. 어느 날 저녁 나는 직장에서 신부전이 나타난 다발 골수종 환자의 기대 수명에 대한 연구를 찾아냈다. 거기 적힌 기대 수명은 3개월이었다. 나는 그대로 무너져서 숀에게 전화를 했다. 숀이 곧장 나를 데리러 와서 흐느끼는 나를 안아 주었다.

그 뒤로 나는 다시 마음을 추슬렀다. 아버지를 설득해서 리틀락 소재 아칸소 대학교 의대의 다른 의사에게도 한번 진단을 받아 보자고 했다. 내가 찾은 자료에 따르면, 그들의 — 두 번

의 줄기세포 이식을 포함한 ─ 공격적인 접근법이 환자를 가
장 오래 살렸다.

아버지의 치료를 리틀락으로 옮겨서 뭔가 달라졌는지 우리
는 알 수 없다. 그러나 여러 달 동안 고통스러운 치료를 받고,
한번은 염증으로 한바탕 죽을 고비를 넘긴 다음 아버지는 지금
까지 차도를 보여 왔다.

4년 전, 내가 암에 걸렸을까 봐 겁낸 적이 있었다. 뺨에 조금
이상하게 생긴 사마귀가 있다는 걸 발견한 때였다. 납작한 갈
색 점이 붉은빛으로 부풀어 있었다. 피부과 의사에게 보이니
별것 아니라고 했지만, 무언가 잘못되었다는 예감을 떨칠 수가
없었다. 나는 강박적으로 거울을 들여다보며 사마귀를 확인했
다. 피부과 의사에게 다시 가보니 그녀는 또 한 번 괜찮다고 말
했다. 그 말에도 안도하지 못한 나는 더 연륜 있는 의사를 찾아
갔다. 그녀는 사마귀에 대한 생체 검사를 해보자고 하고선, 며
칠 뒤 내게 전화했다. 다급한 목소리였다. 「흑색종이에요. 당장
제거해야 합니다.」

다행히 암이 번지지는 않은 것 같다고 했다. 그런데도 나는
또 다른 의사에게 소견을 들어 보았다. 세 번째, 네 번째 의사
를 찾아갔다. 치료법에 대한 의사들의 말이 엇갈리는 게 문제
였다. 어떤 의사들은 그 부위만 잘라 내면 된다고 생각했고, 어
떤 의사들은 피부를 더 넓게 도려내는 공격적인 접근법을 권했
다. 나는 신중을 기하기로 결정했고, 성형외과의가 내 얼굴에
5센티미터짜리 구멍을 뚫었다. 그가 얼마나 멋져 보였는지 모

른다.

암의 드라마는 나를 압도시키고 신경을 긁었지만 나를 부서 뜨리지는 않았다. 진짜 공포는 내게 충격 치료를 가한다. 나는 결정을 내리고 일을 처리한다. 날 무너뜨리는 건 공포지, 위험이 아니다.

나는 나이가 들면 불안이 점차 약해진다는 사실에서 위안을 얻는다. 과연 불안 장애 발병률은 50대 이상에서 현저히 낮아진다. 인생의 지혜를 쌓았기 때문일까, 아니면 우리가 어차피 죽을 운명이라는 사실을 점점 인식하면서 마음이 편해지는 것일까? 「불안 장애는 차츰 소진되는 경향이 있습니다. 평생 불안할 수는 없다는 거죠.」하버드 대학교의 론 케슬러가 말한다.

그러나 조사를 하고 과학자들과 인터뷰를 하는 내내 나를 괴롭히는 하나의 중요한 질문이 있었다. 어째서 젊은이들 사이에서 불안 장애 발병률이 높아지고 있는 걸까? 나는 특히 대학생들의 불안 장애 발병률에 마음이 쓰인다. 2008년부터 2016년까지 불안 장애를 진단받거나 불안 문제로 치료받은 대학생의 비율은 10퍼센트에서 17퍼센트로 증가했다.[257] 한 세대의 젊은이들이 정신 건강의 대재난을 맞고 있는 걸까?

질문의 답을 찾기 위해 나는 내 불안 장애가 발병했던 바로 그곳, 모교인 미시간 대학교로 돌아갔다. 내가 앤아버에 다시 발을 들인 것은 기말고사가 한창인 4월 말로서 불안에 대한 질문을 던지기에 적절한 시기였다. 도서관과 카페는 노트북 위로 몸을 수그리거나 공책에 무언가를 끼적이고 있는 학생들로 만석이었다.

나는 근처 스타벅스에서 학생 정신 건강 운동가들과 만났다. 그랜트 리버스와 셸비 스티버슨은 19세로 1학년에 재학 중이고, 애나 첸은 23세로 졸업반이다. 세 사람 모두 자기 의견이 뚜렷하고, 열정적이며, 커피를 사겠다는 내 제의를 물리친 데서 드러나듯 약간 예의를 차린다.

청년 세대가 불안에 취약한 이유가 뭐라고 생각하는지 묻자 그들은 학업에서 성공해야 한다는 끝없는 압박을 이야기했다. 학창 시절 내내 불황에 대해, 더 이상 학사 학위가 취직을 보장해 주지 않는다는 것에 대해 들었고 여러 친구들이 대학원이나 경쟁이 치열한 인턴십에 지원하고 있다는 것이다. 매 강의, 매 시험, 매 리포트에 많은 것이 걸려 있다. 대학 농구 응원 팀 이름인 〈메이즈 레이지〉가 적힌 노란 티셔츠 차림을 한 리버스는 학부의 공공 정책과에 지원할 계획이라고 말했다. 「개강 첫날부터 반드시 1등이 되어야 해요. A 마이너스 대신 B 플러스를 받아서 생긴 작은 평점 차이조차 중요할 수 있거든요.」 학부 경영대에 지원하려는 그의 친구는 경제학 학점 때문에 너무 스트레스를 받은 나머지 공황 발작이 와서 병원 신세를 졌다고 한다. 리버스는 향정신성 약물을 복용하는 친구를 열 명도 넘게 알고 있다.

불안 장애와 우울증과 ADHD에 시달리는 스티버슨은 일리노이주 크리스털레이크에서 중학교를 다니면서 처음 압박을 느끼기 시작했다. 거기서 학생들은 학업의 경주선에 서게 된다. 중학교를 우수한 성적으로 졸업하지 못하면 고등학교에서 우등반에 들지 못하고, 그러면 AP 시험을 볼 준비를 할 수 없다. 경쟁력 있는 대학들은 AP 점수를 요구한다. 「명문대에 입학하고 싶으면 중학교 때부터 준비를 해야지, 그러지 않으면 지원서를 쓸 기회가 날아가는 거예요. 그래서 6학년 때부터 애들이 안달복달했죠.」 스티븐슨이 말했다.

학생들은 소셜 미디어도 스트레스를 증폭시킨다고 말했다. 페이스북과 인스타그램은 인생의 하이라이트만 담고 있음을, 파티 장면과 뽐내는 사진들은 현실 인생의 단면일 뿐임을 안다. 그러나 외롭거나 우울할 때는 〈오늘 자신이 보낸 끔찍한 하루와 사진 속에서 미소 짓고 있는 사람들을 비교하기가 너무나 쉽다〉라고 첸은 말한다. 첸은 전미 학생 정신 건강 운동 단체인 액티브 마인즈의 미시간 대학교 지부장이다. 「페이스북에서 학력을 편집하면 사람들 뉴스 피드에 뜨는 것 아시죠? 그러면 사람들이 〈좋아요〉를 누르거나 축하한다는 댓글을 달잖아요.」 첸이 학생들에게 묻는다.

「아무개 대학에 진학하는구나.」 스티버슨이 장단을 맞췄다.

「마이크로소프트에서 인턴을 한다니.」 첸이 말했다.

「그러면 〈좋아요〉가 100개씩 눌리고요.」 스티버슨이 말했다.

「스스로가 자랑스러워서 어쩔 줄 모르죠.」 첸이 대화를 마무리했다.

물론, 고향에 남아 여름 내내 아이스크림이나 푸고 있는 사람은 본인뿐이다.

리버스는 소셜 미디어의 자기 홍보 문화가 현실에서의 상호 작용에까지 전염되었다고 주장했다. 「모든 걸 잘해 내고 있는 것처럼 보여야 한다는 강한 압박이 있어요.」 그가 말했다. 소셜 미디어 사용과 심리적 행복의 관계를 조망한 연구들은 엇갈리는 결론에 도달했지만, 일부는 소셜 미디어와 불안과 우울의 연결 고리를 밝혀냈다.[258] 그리고 어떤 행동은 — 가령 자신의 상태에 대해선 함구한 채 페이스북 뉴스 피드를 수동적으로 스크롤하는 행동은 — 사람을 외롭게 만들 게 분명하다.[259]

이 학생들이 묘사하는 미시간 대학교는 성적에 집착하는 학생들이 밥 먹듯이 밤을 새는 적자생존의 압력솥이다. 내가 기억하는 미시간 대학교는 다르다. 내가 다니던 때는 입학이 훨씬 쉬웠고 등록금도 저렴했다. 내가 재학 중이던 1990년 미시간 대학교는 주내 학생들에게 연간 등록금으로 3,502달러를 거두었다.[260] 지금은 3, 4학년 학생들의 경우 1만 6,218달러를 내야 한다. 인플레이션을 감안하더라도 등록금이 2.5배 가까이 오른 것이다. 기숙사비와 식비와 교재비를 합치면 주 내 학생들도 1년에 거의 3만 달러를 쓰게 되며 미시간주에 거주하지 않는 학생들의 경우 그 두 배 이상의 비용을 지출한다. 미국에서 학자금 대출을 받은 대학 졸업반 학생은 평균적으로 2만 9,000달러의 융자를 안고 졸업한다.[261] 10년 사이 오십 배가 넘게 뛴 수치다.

「스트레스를 받고 불안한 학생들, 완벽하려고 고투하는 학생들을 전보다 훨씬 많이 봅니다.」미시간 대학교의 상담 및 심리 서비스CAPS 소장이자 심리학자인 토드 세비그가 말했다. 학생들은 중고등학교 때 받은 압력으로 인해 〈대학에 입학했을 때 이미 진이 빠져서, 절대 실패해선 안 된다고 믿는다〉는 것이다.

나는 세비그와 CAPS의 공동체 참여 및 교육 봉사 부문 부책임자인 크리스틴 아시다오를 만났다. CAPS에서는 미시간 대학교 학생들에게 개인/집단 치료를 제공한다. 나는 앤아버 캠퍼스 학생들에게 치료사를 만나기까지 대기 시간이 너무 길고 완전히 준비가 되기 전에 치료를 끝내라는 압력이 가해진다는 불만을 들은바 있었으나, 세비그에 대해서는 다들 그가 헌신적이고 접근하기 쉬운 사람이라며 호평하는 분위기였다. 회색 수염을 기르고 안경을 쓴 부드러운 말투의 남자 세비그는 내가 처음 발작을 일으킨 1989년부터 CAPS에서 일해 왔다.

나는 세비그와 아시다오에게도 학생들에게 던진 질문을 똑같이 던졌다. 왜 요즘 청년들이 더 불안해진 걸까요?

「제가 대학생일 때는 B학점을 받는다고 해서 세상이 끝나는 건 아니었어요.」내가 말했다.

「하지만 지금은 그래요.」아시다오가 말했다.

세비그와 아시다오는 좋은 성적을 받아야 한다는 압박감이 가중된 데다가, 요즘 부모들은 자녀들에게 실패하거나 허우적댈 기회를 한 번도 허가하지 않기 때문에 학생들의 불안이 더 커졌을 거라고 말한다. 즉, 어떤 학생들은 대학에 와서야 처음으로 진정한 실패를 겪는다. 그러나 두 사람은 또한 불안 문제가 심화되는 것처럼 보이는 현상의 큰 부분이 허상이라고도 말한다. 정신 건강 문제를 둘러싼 낙인이 줄어들면서 도움을 구하는 사람이 늘고 있고, 적극적으로 도움의 손길을 뻗은 CAPS의 전략이 성공해서 차츰 더 많은 학생이 원조를 구하고 있다는 것이다.

2008년경 CAPS는 예방 프로그램을 획기적으로 늘렸다. 정신 건강 문제가 있던 버지니아 공대 졸업반 학생 조승희의 총기 난사로 서른두 명이 사망하고 열일곱 명이 부상하는 사건이 벌어지고 1년 뒤였다. 2008년 2월에는 일리노이 대학교 대학원생이 총기 난사로 노던일리노이 대학교 강당에서 다섯 명을 죽이고 스물한 명을 다치게 하는 사건이 있었다. 이 사건의 가해자도 이전에 정신 문제로 치료받은 이력이 있었다. 미디어에서 별안간 대학생의 정신 건강과 그에 대한 대학의 책임을 심층 보도하기 시작했다.

CAPS는 캠퍼스 내에서 떠들썩하고 존재감 있는 단체가 되었다. 이제 CAPS는 학내 모임과 축제에 수십 개 〈테이블〉을 내서 학생들과 대화하고, 불안, 우울, 스트레스에 대한 소책자를 배부한다. 웹 사이트를 근사하게 꾸며서 방문자들이 범불안장애, 우울증, PTSD를 비롯한 여러 정신 질환에 대해 간단 자가 진단을 할 수 있게 하고, 자신의 정신 건강 문제에 대해 이야기하는 학생들의 동영상을 올렸다. 유튜브 채널과 페이스북 및 인스타그램 계정을 만들었으며 영감을 주는 문구와 긴장 이완 운동법을 담은 어플 〈스트레스버스터스〉를 출시했다. 반년에 한 번 열리는 플레이데이 행사에서는 풍선으로 만든 동물 인형, 안마 의자, 레고를 제공하여 학생들이 학업에서 한숨 돌리고 쉴 수 있게 돕는다.

CAPS 직원들은 또한 학생들에게 일을 망쳐도 괜찮고, 장애물이 나타나는 건 당연한 일이며, 장애물에 대처하는 방법을 배우면 된다고 가르치면서 학생들의 회복력을 키우려고 노력하고 있다. 이를 위해 CAPS에서는 2011년에 〈건강 구역〉이라는 이름으로 안마 의자 세 개, 광선 치료 기계, 명상 쿠션을 놓은 어두운 방을 열었다. 매년 3,000~4,000명의 학생들이 이곳을 이용한다.

캠퍼스 곳곳 나무에 작은 목재 명판이 달려 있다. 명판에는 〈학생 자살을 멈춥시다〉라고 적혀 있고, 그 아래에 학생들이 기운을 북돋는 간절한 메시지들을 적어 놓았다. 한 명판엔 이렇게 적혀 있었다. 〈나는 자살로 누군가를 잃었다. 나도 자살을 하고 싶었다. 둘 다 끔찍한 일이다. 우리 자살하지 말자.〉 이 역시 CAPS의 작품이다.

미시간 대학교에 다니던 시절 내 주변에 CAPS를 방문한 사람은 없었다. 나는 CAPS의 존재조차 몰랐다. 「당신이 재학 중이었을 때 우리는 사무실에서 개인 치료에 집중했고, 외부 활동은 연구 조교나 학생 단체와 이따금 워크숍을 여는 정도가 전부였습니다.」 세비그가 말했다. 그때 CAPS에는 훈련 프로그램이 하나뿐이었고, 정신과 의사도 일주일에 몇 시간만 출근했다. 지금 CAPS는 여덟 개의 훈련 프로그램을 가동하며 정신과 의사 세 명이 전일 근무한다. 직원 확충은 필수였다. 2015년 가을, CAPS를 방문한 학생 수가 전해에 비해 40퍼센트 증가라는 전례 없는 기록을 세웠다. 2009년부터 2016년까지 CAPS에 대한 수요는 36퍼센트 증가했다.

「전(前) 세대는 치료사 문 앞에도 가지 않으려 했죠. 그게 세상에서 최악의 일이라고 생각했으니까요. 지금은 완전히 달라요. 아름다운 현상입니다.」세비그가 말한다.

CAPS에는 중고등학생 때 이미 정신 건강 문제로 치료받은 경험이 있는 학생들도 여럿 찾아온다. 2009년에는 입학생의 22퍼센트가 상담을 받은 경험이 있었다.[262] 개별화 교육IEP으로 각종 서비스를 받는 데 익숙한 일부 학생들은 대학에서 유사한 도움을 구하는 걸 어려워하지 않는다. 실로 미시간 대학교에서는 다른 많은 대학에서처럼 정신 질환을 이유로 학업적 편의를 — 여분의 시험 시간과 더 작은 개별 공간에서 시험을 보게 해달라는 허가를 — 요구하는 학생의 수가 치솟았다. 물론 CAPS에 도움을 요청하는 학생 전부가 정신 질환을 진단받은 건 아니다. 남자 친구나 여자 친구와 싸우고 의지할 곳을 찾아 CAPS를 방문하는 학생들도 많다. 그러나 2008년 이래, 학생들이 CAPS를 방문하는 가장 흔한 이유는 〈불안〉이었다.

더 많은 학생에게 서비스를 제공하기 위해 CAPS에서는 집단 치료를 확충하고 있다. 학기 중에는 사회 불안 장애에서 섭식 장애까지 여러 주제로 30개 집단 치료를 실시하고, 유색 인종 여성이나 LGBT 등 특정 공동체를 위한 치료도 진행한다.

CAPS에서는 퇴근 후 전화 상담도 실시하고 있어서 학생들은 누군가와 대화하고 싶으면 새벽 3시에라도 전화를 걸 수 있다. 이런 조치들과 발맞추어 지난해 미시간 대학교 내에서는 정신 건강을 위한 학생 운동 단체의 숫자도 두 개에서 열 개로 훌쩍 뛰었다. 지난 몇 대의 학생회장들이 정신 건강을 공약의 핵심 으로 삼았다. 미시간 대학교의 경우가 일반적이라고 말할 수 있으면 좋겠지만, 사실 미시간 대학교는 미국 최고 수준의 정 신 건강 자원을 보유하고 있다. 대학의 거의 30퍼센트가 학생 들에게 정신과 서비스를 제공하지 않고, 외부 의사에게 의뢰만 해준다.[263]

내가 만난 학생 정신 건강 운동가들은 캠퍼스 내 사교 클럽, 외국인 학생, 일부 유색 인종 공동체 등 일각에 아직도 정신 건 강에 대한 낙인이 존재한다고 말했다. 그러나 대부분은 자신이 친구들, 가족, 더 넓은 대학 공동체에서 든든하게 지지를 받는 다고 느꼈다.[264]

실제로 2015년 연구에서 20대 초반 응답자의 60퍼센트가 정신 건강 전문가를 찾아가는 것이 강인함의 증표라고 말했다. 반면 25세 이상 성인의 경우 그렇게 답한 사람은 35퍼센트에 그쳤다.

솔직히 말해, 나는 이 청년들이 걱정된다. 그들이 아늑한 고 치를 떠나 사회에 나서면 어떤 일이 일어날지 궁금하다. 정신 질환에 대한 개방적인 태도가 그들의 향후 커리어에 제약을 가하진 않을까?

나는 주근깨가 흩뿌려진 미소 짓는 얼굴의 22세 졸업반, 샤이엔 스톤에게 같은 질문을 던졌다. 미시간 대학교 대학원에 진학 예정인 그녀는 또래 지원 모임을 운영하는 학생 조직 울버린 지원 네트워크의 대표로서(학생들은 이 조직에서 사회 불안 장애부터 시험을 망치는 것에 대한 걱정까지 모든 사안에 대해 얘기한다) 우울증, 강박 장애, 물질 남용을 겪어 보았고 블로그에 자신의 경험에 대해 쓴다.

「정신 건강은 저라는 사람의 큰 부분을 차지합니다. 그걸 이해하는 고용주가 필요해요. 고용주가 제가 옹호하는 가치에 문제를 느낀다면, 저도 거기서 일하고 싶지 않습니다.」 샤이엔은 말했다.

18세의 신입생인 애나 리어리스도 똑같이 당당한 태도다. 그녀는 자신의 공황 장애에 대해 사람들 앞에서 얘기하기로 결정했을 때 어머니가 만류했다고 말한다. 「〈나중에 네가 들어가려는 회사 사람들이 구글에 네 이름을 검색했다가 그걸 보고 널 채용하지 않기로 하면 어쩌니〉 하는 거예요. 저는 말했어요. 〈엄마, 제가 하려는 일이 바로 그거예요. 정신 건강에 찍힌 낙인을 없애서 사람들이 그런 짓을 하지 않도록 하는 거요.〉」 리어리스가 말했다.

다섯 살 즈음부터 불안을 느끼기 시작했다는 리어리스는 미시간 대학교에서 연 1회 개최하는 〈정신 건강 독백〉 행사에서 다른 열 명 가량의 학생들과 정신 건강에 대해 이야기했다. 리어리스가 꺼낸 주제 가운데는 그녀의 불안 장애가 남자 친구에게 미치는 영향도 있었다. 그녀는 공황 발작을 일으킬 때마다 남자 친구에게 와달라고 부르고, 몇 달 전에는 남자 친구가 리어리스를 정신과 입원실에 데려다주었다고 한다. 리어리스는 공황 발작을 일으키면 피가 날 때까지 팔을 긁는다. 「피부가 근질거려요. 손에서 피가 나는 걸 보고서야 긁고 있다는 걸 자각하죠.」그녀는 말한다. 흑백 줄무늬 원피스의 긴팔 소매 아래로 드러난 손목에 삐죽삐죽한 자줏빛 상처가 엿보인다.

공학을 전공하는 리어리스는 장학금을 받고 있는데, 이는 평점 3.0을 유지해야 한다는 뜻이다. 스트레스가 그녀의 불안에 박차를 가한다. 「시험을 잘 보지 못하면 낙제할 수도 있어요. 그럼 장학금을 못 받게 되겠죠. 학자금 낼 돈을 벌어야 할 거예요. 학교를 옮기거나요. 단지 시험 하나 때문에요.」그녀는 학교 측에 더 작고 조용한 강의실에서 시험을 보게 해달라고 요청한 상태다. 그녀의 친구 한 명이 팔이 부러져서 더 작은 방에서 시험을 봤다고 한다(좌석도 보통보다 더 넓었다). 리어리스는 자신의 불안이 팔 부상과 다르게 대우받아야 할 까닭을 모르겠다고 말한다.

내가 CAPS에 대해 알았더라면, 울버린 지원 네트워크 모임에 나갔다면, 〈정신 건강 독백〉에 참여할 수 있었더라면 대학 생활이 어떻게 달라졌을지 — 솔직히 말하자면 부러운 마음으로 — 생각하지 않을 수 없다. 이 청년들은 에너지가 넘치고, 열정적이고, 겁이 없다. 그들은 성인 지도자들의 지지하에 캠퍼스를 정신 건강이 우선시되고, 정신 질환이 창피하지 않은 공간으로 변모시켰다. 나는 몇 년 뒤에 그들이 우리 일터에도 혁명을 불러오리라는 사실에 아무런 의심이 없다.

나는 대학 시절을 졸업한 뒤 행동 치료를 두 차례 더 받았다. 제일 최근이 2년 전, 몸 왼쪽에서 느껴지는 기묘한 따끔거림을 해결하려고 몇 달을 고생한 뒤였다. 허벅지에서 무릎까지, 어깨에서 손목까지 따끔거렸고 가끔은 뺨과 이마 사이도 따끔거렸다. 나는 뇌졸중과 희귀한 암을 걱정했다. 신경과 전문의를 방문해서 뇌와 목 MRI를 찍었고, 구글을 오랜 시간 검색했다.

이상한 신경적 증상은 이전에도 겪은 적이 있었지만, 내가 처음 찾아간 신경과 전문의 S 박사는 새로운 진단 두 개를 내렸다. 전환 장애와 신체 증상 장애였다. 『정신 질환의 진단 및 통계 편람』에 따르면 전환 장애는 의학적으로 설명 불가능한 신경학적 증상이 동반되는 〈심각한 고통, 혹은 장애〉로 정의된다(프로이트라면 히스테리아라고 불렀을 것이다).[265] 이는 공황 장애와 우울증과 함께 발병하기도 한다. 신체 증상 장애에는 괴로운 신체적 증상과 그에 관한 심각한 우려가 수반된다.[266] 『정신 질환의 진단 및 통계 편람』에는 신체 증상 장애가 있는 사람들이 〈자신의 신체 증상을 턱없이 위협적이거나 유해하거나 불편하게 여기며, 자신의 건강에 대해 최악을 상상하곤 한다〉라고 적혀 있다.

의학적으로 설명 불가능한 증상은 놀랄 만큼 흔하다. 독일에서 이루어진 1차 진료 환자들에 대한 연구에서 전체 증상의 3분의 2가 수수께끼 증상으로 밝혀졌다.[267] 그러나 사람 대부분은 의사에게서 안심 되는 말을 듣거나 검사 결과가 음성으로 나오면 걱정을 내려놓는다.

2년 전 내가 받은 인지 행동 치료의 목표는 기묘한 증상을 없애는 것이 아니라 그것들을 끌어안고 사는 방법을 배우는 것, 그것들을 양성으로 받아들이고 무시하는 방법을 배우는 것이었다. 나는 내가 품은 비이성적 공포를 종이에 적었다. 내가 뇌졸중이나 루게릭병에 걸렸을 거라는 두려움이었다. 그리고 그 두려움이 사실이 아닌 증거들을 적었다(모든 검사 결과가 정상이었다). 나는 이완 운동을 익혔고, 명상을 권장 받았다(S 박사님, 고백하건대 명상 한 번도 안 했습니다). 나를 행복하게 하는 것의 목록을 작성해서 — 딸에게 책 읽어 주기, 친구에게 전화하기 등 — 증상이 나타나면 그중 하나를 실천했다.

인지 행동 치료는 효과가 있었다. 몇 달 뒤, 걱정이 줄었다. 이따금 다리나 팔이 따끔거리는 걸 제외하면 증상도 거의 사라졌다.

불안 장애를 극복하기 위해 어떤 치료를 선택해야 할지 물어보는 사람들에게 나는 항상 인지 행동 치료를 추천한다. 하지만 나는 불안이 과거 관계들의 경험에서 비롯된다는 논지의 정신 역동 학파 치료사에게도 들락거렸다. 20대에는 치료를 많이 받지 않았다. 30대 초반에 만난, 정신 역동 치료와 인지 행동 치료를 혼합한 치료를 하는 L 박사가 내가 가장 마지막으로 만난 치료사다. 우리는 내가 어렸을 적 규칙과 지도를 열망했다는 것에 대해, 내가 나 자신과 남의 분노를 편히 받아들이기 위해 고군분투했다는 것에 대해 이야기를 나눴다. 그녀는 내가 친구들과 가족과의 관계를 탐험해 나가도록 도왔다.

정신 역동 치료는 지나치게 내면에 골몰하는 치료처럼 보일 수 있으나, 불안 장애에 실제로 도움이 된다는 증거가 있다.[268] 2014년의 한 메타 분석에서는 정신 역동 치료를 받은 환자의 거의 절반이 불안 장애를 가라앉혔음을 발견했다. 정신 역동 치료는 내게도 상당한 영향을 미쳤다. 나는 내 감정과 그 근원을 직시하는 데 한결 능해졌다. 내 감정적 지뢰밭을 알게 되었고, 타인과의 관계에서 더 용감하게, 진심이 이끄는 대로 행동하게 되었다. 정신 역동 치료는 내가 성장하도록 도왔다. 그리고 이제 불안이 들이닥쳐도 나는 예전만큼 흔들리지 않는다. 내게는 감정적 본거지가 있으니까.

현재에 몰두하는 것도 불안을 누그러뜨리는 데 도움이 된다. 먼지를 떨거나 변기를 청소하면 불안을 잠재울 수 있다(그래, 나는 나날이 엄마를 닮아 간다). 이처럼 마음을 안정시키는 활동 중 내가 특히 좋아하는 건 베이킹이다. 밀가루를 버터와 반죽할 때의 촉각적 즐거움. 집중해서, 그러나 다소 무심하게 레시피를 따르는 감각. 일련의 재료를 파이나 케이크로 변신시키는 것은 근사한 연금술과 같다. 물론 가족과 친구들에게서 쏟아지는 찬사도 빼놓을 수 없다. 살면서 유명 인사에 가까운 기분을 느낀 적이 딱 한 번 있는데, 오븐 장갑을 끼고 무릎에 아직도 김이 폴폴 나는 따끈한 블루베리 파이를 얹은 채 뉴욕 지하철에 앉아 있을 때였다. 「저 한 조각만 주시면 안 돼요?」 승객들이 부끄러움을 무릅쓰고 물었다.

잠을 충분히 자고 잘 먹고 스트레스를 줄이고 규칙적으로 운동을 하는 건전한 습관들은 참신하기는커녕 따분하기 짝이 없다. 그러나 불안을 억누르는 데에는 필수다. 내겐 이를 태만히 할 자유가 거의 없다시피 하다.

불안 장애 환자들에겐 불면증을 비롯한 수면 문제가 흔하다. 정상보다 적은 수면 시간은 10대에게서 불안을 일으킬 수 있다.[269] 늦게 잠들고, 충분히 자지 못하고, 낮에 졸면 아이들은 불안해진다.[270] 우울하거나 불안한 사람이 잠을 너무 많이 자거나 (10시간 이상) 너무 적게 자면 (6시간 이하) 질환이 만성화될 위험성이 높아진다.[271]

어떤 연구에서는 수면 장애가 한바탕 불안이나 우울이 들이닥칠 전조임을 발견했다.[272] 수면 문제가 트라우마 후 PTSD가 발병할 위험성을 높인다는 증거도 있다.[273] 질 낮은 수면은 인지 행동 치료의 효과를 약화시키기도 한다. 연구에 따르면 소거 학습에서 기억을 강화시키는 데에는 질 좋은 수면이 필수라고 한다.[274]

수면과 불안 사이의 관계를 설명하고자 하는 이론은 많다. 과학자들은 정신 질환이 없는 사람들도 수면을 박탈당하면 부정적 자극에 대한 편도체 활동이 증가하고, 편도체와 내측 전전두 피질의 연결이 약해진다는 사실을 발견했다.[275] 이미 편도체가 활성화되어 있는 불안한 사람의 경우 수면 문제가 편도체 활동을 더욱 증폭시킬 수 있다.

그래서 나는 8시간을 채워 잘 수 있도록 일찍 침대에 든다. 하지만 그렇다고 해서 반드시 잠을 푹 잔다는 얘기는 아니다. 나는 쉽게 잠들지 못하고 새벽 2시나 3시, 홀로 불안에 떨기 딱 좋은 어둡고 고독한 시간에 자주 깨어 있다. 낮과 달리 정해진 일과가 없는 밤에 내 정신은 사방으로 널을 뛴다. 조카에게 생일 축하 전화를 꼭 해야 되는데. 다음 마감일 전에 일을 끝내는 게 가능할까? 딸과 보내는 시간이 부족한 건 아닐까? 에이미가 아직도 내 이메일에 답장하지 않았어. 혹시 에이미가 내 행동에 짜증이 났나? 내일 저녁은 생선이 좋을까, 닭고기가 좋을까? 아이 대학 학자금은 어떻게 대지? 배가 조이는 기분인데 암이 아닐까?

남편과 딸은 곤히 잠들어 있다. 나는 침대에서 소파로, 다시 화장실로, 살금살금 아파트 안을 돌아다닌다.

운동은 더 쉬운 해법이었다. 다만 내가 어떤 운동을 즐기는지, 그리고 운동을 내 삶의 일부로 받아들이기 위해 어떻게 해야 할지 알아내는 데 상당한 시간이 걸렸다. 달리기나 역기를 드는 건 영 끌리지 않았다. 요가는 무척 좋아하지만 수업을 받으려고 스튜디오까지 갈 여유가 거의 없다. 90분, 아니 60분 수업도 벅차다. 온라인 요가에 대해 알게 된 게 그때였다. 나는 이제 어디서나 아침에 딸아이가 깨기 전에 15분에서 30분 동안 요가를 한다. 그러면 더욱 강해진 기분이 든다. 나는 요가 습관을 들이고 나서 클로노핀을 찾는 횟수가 뚝 떨어졌다는 걸 깨달았다. 우연은 아닐 거다.

내겐 심장 운동도 중요하다. 건강에 좋기도 하지만, 내 불안의 많은 부분이 심장에 대한 걱정으로부터 생겨났기 때문이기도 하다. 나는 엘리베이터 대신 계단을 이용하고, 7분짜리 휴대전화 어플로 운동을 한다. 이는 짧은 노출 치료와 같다. 내수용성 노출, 즉 두려움의 대상인 신체 감각에 대한 노출은 공황 장애에 대한 인지 행동 치료의 핵심 요소다. 운동이 불안 증상을 경감시키는 데 다소 효과가 있다는 연구 결과도 있다.[276] 특히 불안으로 야기된 신체 감각에 대한 두려움인 불안 민감성을 경감시키는 데 가장 효과가 좋다고 한다. 운동이 뇌 유래 신경 성장 인자BDNF를 북돋는다는 것에 집중한 연구도 있다.[277] 뇌 유래 신경 성장 인자는 기분을 유지하는 데 중요한 단백질로서 불안 장애 환자의 체내에서 보통보다 적은 수치를 보이는 물질이다. 규칙적인 유산소 운동은 HPA 축 활동을 감소시킨다.[278]

유산소 운동을 공원에서 할 수 있다면 더할 나위 없이 좋다. 자연에서 시간을 보내면 스트레스가 감소하고, 인지 능력이 개선된다고 한다.[279] 심지어 불안도 잠잠해진다. 스탠퍼드 대학교와 샌프란시스코 대학교에서 사람들에게 50분 동안 산책을 시키는 실험을 했다. 한 집단은 초록이 무성한 공원에서, 다른 집단은 붐비는 대로에서 산책을 했다. 산책이 끝난 뒤 공원에서 시간을 보낸 사람들은 대로에서 시간을 보낸 사람들에 비해 불

안이 줄어든 것으로 나타났다.[280]

한 메타 분석에서는 불안 장애 발병률이 시골보다 도시 지역에서 21퍼센트 높음을 밝히기도 했다.[281]

나는 아직 시골로 이사할 생각이 없다. 또한 불안을 다루는 최고의 방법이 하나로 정해져 있지 않다고 믿는다. 사람마다 특효약이 다르다. 범불안 장애를 앓는 한 이웃은 음악과 명상 어플에서 위안을 찾는다. 샤이엔 스톤은 하루에 8시간씩 자고 지지가 되는 친구들을 가까이에 둔다. 애너 리어리스는 아침에 30분 동안 화장을 하는 의식으로 마음을 차분히 가라앉힌다.

내게는 불안이 종종 기묘한 신체 증상으로 드러나기 때문에, 나는 MRI 촬영이 필요한 때와 클로노핀 복용이 필요한 때를 분간할 방법을 찾아야만 했다. 이전에 전문가들의 개미지옥에도 빠져 보았고 비싼 검사도 여럿 받아 보았다. 그러나 내겐 시끄러운 내 몸을 해석해 줄 안내자가 필요했다. 내가 1차 진료를 위해 찾는 의사 G 박사가 그런 안내자다. 그녀는 따뜻하고, 사려 깊고, 대단히 똑똑하다. 그녀는 내 염려를 단번에 묵살하거나 무릎 반사처럼 어찌할 겨를 없이 튀어나오는 불안을 힐난하지 않지만, 쓸데없는 걱정을 주입시키지도 않는다. 다른 사람에게 문제 해결을 미루기 위해 나를 바로 전문가에게 보내는 일도 없다. 가장 중요한 건 내가 그녀를 믿는다는 것이다. G 박사는 내가 건강 염려증을 다스릴 수 있게 돕는다. 특정 증상에 대해 내가 가장 두려워하는 병이 무엇인지 묻고, 대답을 들으면 내가 그 병에 걸리지 않았을 이유를 설명한다.

몇 달 전 나는 폐에서 꾸준히 타는 듯한 감각을 느꼈다. 증상은 몇 주나 계속되었다. G 박사는 우선 천식 흡입기를 사용해 보라고 했다. 소용이 없었다. 다음으로 G 박사는 며칠 동안 클로노핀을 복용해서 불안의 수준을 낮추면 증상이 경감되는지 확인해 보자고 했다. 그것도 효과가 없자, 그제야 그녀는 나를 폐 전문의에게 보냈다. 폐 전문의가 뭐라고 했느냐고? 몇 주 후에 사라질 바이러스 감염 후유증일 가능성이 높다고 했다. 실제로 몇 주 뒤 증상은 사라졌다.

한 번은 내가 G 박사에게 전화해서 미친 사람처럼 질문을 쏟아 냈다. 「연수막 암종증이 있는 것 같아요. 가끔 어지럽고 몸 왼쪽이 따끔거려요.」 내가 다급히 말했다.

「그건 아주 드문 암이에요. 병명을 어디서 들었죠?」 그녀가 물었다.

나는 얼굴이 화끈거려서 말을 더듬기 시작했다. 「피플닷컴에 들어갔다가 배우 발레리 하퍼가 이 병을 앓는다는 기사를 읽었어요. 증상을 찾아보니까 제가 가진 증상이랑 비슷하더라고요.」

「지난번에 진찰했을 때 신경 검사 결과가 정상이었어요. 이런 암에 걸렸다면 이상을 발견했을 겁니다.」 그녀가 말했다.

의사와 이런 식으로 손을 잡는 데에는 시간이 걸린다. 돈도 많이 든다. G 박사의 진료는 의료 보험이 되지 않는다. 나는 일단 돈을 내고 보험 처리가 되길 바란다. 불행히도 이런 수준의 진료가 모든 사람에게 주어지는 건 아니라는 걸 안다.

이 책을 쓰려고 조사하는 내내, 내 머릿속엔 하나의 질문이 맴돌았다. 만약 불안을 없앨 수 있다면, 내가 그걸 택할까?

단언컨대 나는 불안을 선물로 보지 않는다. 모든 일에 이유가 있다는 진부한 말도 믿지 않는다. 불안은 최악으로 치달으면 내게 깊은 고통을 주고, 사랑과 인생을 지워 버린다. 불안은 상대적으로 가벼울 때조차 대단한 에너지와 시간을 앗아 간다.

그럼에도 불구하고, 나는 이 질문에 쉽게 대답할 수 없다. 불안이 내게 안겨 준 경험들을 지우면 — 불안이 내게서 빼앗아 간 경험들 역시 지우면 — 그 인생을 사는 나는 더 이상 내가 아닐 테다. 이제 불안과 나는 떼놓기엔 너무 단단히 얽혀 있다. 불안에 맞선 고군분투가 없다면, 나는 다른 사람일 테다.

불안이 내게 순전히 나쁘기만 한 건 아니었다. 불안이 없었더라면 뺨의 점이 아무것도 아니라는 첫 번째 의사의 말을 믿었을 것이다.

불안은 훌륭한 헛소리 탐지기다. 지금껏 여러 연구에서 정신과 신체 사이의 관계를 조망했다. 불안한 사람들에게서 정신과 신체의 연결은 더 끈끈한 듯하다. 결혼 생활이 어긋나고 있을 때, 피해선 안 되는 갈등을 회피하고 있을 때, 너무 많은 불필요한 의무를 떠맡고 있을 때, 과활성화된 편도체가 내게 그 사실을 알려 준다. 기묘하게도 불안은 내가 더 진정한 삶을 살게 해준다. 그 삶은 남들에게 한결 공감할 수 있는 삶이기도 하다. 불안 덕분에 나는 도움을 구하고, 약한 모습을 보이고, 그 결과 깊은 우정을 쌓을 수 있었다.

내 삶의 배경음으로 깔린 불안의 윙윙거리는 소음 때문에 나는 더 열심히 일하고, 더 멀리 여행하고, 더 솔직히 말하고, 재미있게도 더 많은 위험에 도전할 수 있었다. 죽음의 문턱에 서 본 사람들은 종종 그 경험으로 인해 진짜 중요한 것이 무엇인지 알게 되었다고 말한다. 매 순간 재난에 대한 공포를 느끼고, 끊임없이 나쁜 일을 대비하는 사람들 역시 그럴 것이다. 주어진 시간이 더 급박하게 느껴지니까.

내가 불안하다는 것은, 매사를 당연하게 받아들이는 무른 사람이 아니라는 뜻이다. 그래서 내 인생은 더욱 풍요로워졌다.

주

1. 예상되는 고통

1 Ronald C. Kessler et al., "Twelve-Month and Lifetime Prevalence and Lifetime Morbid Risk of Anxiety and Mood Disorders in the United States," *International Journal of Methods in Psychiatric Research* 21, no. 3 (2012): 169–84.

2 "Facts and Statistics," Anxiety and Depression Association of America, https://www.adaa.org/about-adaa/press-room/facts-statistics.

3 Paul E. Greenberg et al., "The Economic Burden of Anxiety Disorders in the 1990s," *Journal of Clinical Psychiatry* 60, no. 7 (1999): 427–35.

4 American College Health Association National College Health Assessment, *Spring 2016 Reference Group Executive Summary* (American College Health Association, 2016).

5 American College Health Association National College Health Assessment, *Fall 2008 Reference Group Executive Summary* (American College Health Association, 2008).

6 2015년에 국립 보건원에서는 불안 장애 연구에 1억 5600만 달러, 우울증 연구에 3억 9000만 달러를 썼다. *Estimates of Funding for Various Research, Condition, and Disease Categories*, National Institutes of Health, https://report.nih.

gov/categorical_spending.aspx.

7 Ronald C. Kessler, "The Global Burden of Anxiety and Mood Disorders: Putting ESEMeD Findings into Perspective," *Journal of Clinical Psychiatry* 68, suppl. 2 (2007): 10–19.

8 Matthew K. Nock et al., "Mental Disorders, Comorbidity and Suicidal Behavior: Results from the National Comorbidity Survey Replication," *Molecular Psychiatry* 15, no. 8 (2010): 868–76.

9 Ronald C. Kessler, Harvard Medical School, interview by author.

10 Søren Kierkegaard, *The Concept of Anxiety* (Princeton, NJ: Princeton University Press, 1980), 61.

11 American Psychiatric Association, *Diagnostic and Statistical Manual of Mental Disorders,* 5th ed. (Washington, DC: American Psychiatric Publishing, 2013), 216. Cited hereinafter as *DSM*-5.

12 Ronald C. Kessler et al., "The Global Burden of Mental Disorders: An Update from the WHO World Mental Health (WMH) Surveys," *Epidemiologia e psichiatria sociale* 18, no. 1 (2009): 23–33.

13 Allan V. Horwitz, *Anxiety: A Short History* (Baltimore: Johns Hopkins University Press, 2013), 27.

14 〈범공포증〉이라는 단어를 보면 나는 어김없이 「찰리 브라운 크리스마스」의 한 장면을 떠올리고 만다. 찰리 브라운은 루시가 연 〈5센트 정신과 상담〉 부스에 찾아간다. 루시는 찰리 브라운이 괴로워하는 이유를 알아내고자 이런저런 공포증을 앓고 있느냐고 묻는다. 다리를 건너는 것에 대한 공포증(도교 공포증)과 바다에 대한 공포증(해양 공포증)까지 들먹이던 루시는 마침내 찰리 브라운에게 〈범공포증이 있는지〉 묻는다. 「범공포증이 뭔데?」 찰리 브라운이 말한다. 「모든 것에 대한 공포증.」 루시가 대답한다. 「바로 그거야!」 찰리 브라운이 소리를 지르자 루시가 눈밭을 향해 뒤로 공중제비를 넘는다.

15 Andrea Tone, *The Age of Anxiety: A History of America's Turbulent Affair with Tranquilizers* (New York: Basic Books, 2009), 6–7.

16 Quoted in Horwitz, *Anxiety*, 37.

17 같은 책, 48–49.

18 같은 책, 64–66.

19 Cecilia Tasca et al., "Women and Hysteria in the History of Mental Health," *Clinical Practice and Epidemiology in Mental Health* 8 (2012): 110–19.

20 Andrea Tone, "Listening to the Past: History, Psychiatry and Anxiety," *Canadian Journal of Psychiatry* 50, no. 7 (2005): 373–80.

21 Sigmund Freud, *Collected Papers* (London: Hogarth Press, 1953), 1:76–106.

22 Horwitz, *Anxiety*, 85–91.

23 하버드 의대에서 스트레스 반응과 HPA 축에 대해 훌륭히 기록한 자료가 있다. "Understanding the Stress Response," Harvard Medical School, http://www.health.harvard.edu/staying-healthy/understanding-the-stress-response.

24 1980년대에 이루어진 르두의 병소 확인 연구는 다음 두 논문에 잘 소개되어 있다. Joseph E. LeDoux et al., "Subcortical Efferent Projections of the Medial Geniculate Nucleus Mediate Emotional Responses Conditioned to Acoustic Stimuli," *Journal of Neuroscience* 4, no. 3 (1983): 683–98; and Jiro Iwata et al., "Intrinsic Neurons in the Amygdaloid Field Projected to by the Medial Geniculate Body Mediate Emotional Responses Conditioned to Acoustic Stimuli," *Brain Research* 383 (1986): 195–214.

25 Joseph LeDoux, *The Emotional Brain: The Mysterious Underpinnings of Emotional Life* (New York: Simon & Schuster, 1996). 또한 르두의 최신 저서, *Anxious: Using the Brain to Understand and Treat Fear and Anxiety* (New York: Viking, 2015)를 참고하라.

26 같은 책, 11.

27 Shmuel Lissek et al., "Classic Fear Conditioning in the Anxiety Disorders: A Meta-Analysis," *Behaviour Research and Therapy* 43, no. 11 (2005): 1391–424.

28 주의 편향 연구의 좋은 요약본이 있다. Yair Bar-Haim et al., "Threat-Related Attentional Bias in Anxious and Nonanxious Individuals: A Meta-Analytic

Study," *Psychological Bulletin* 133, no. 1 (2007): 1–24.

29 Dan W. Grupe and Jack B. Nitschke, "Uncertainty and Anticipations in Anxiety: An Integrated Neurobiological and Psychological Perspective," *Nature Reviews Neuroscience* 14 (2013): 488–501.

30 Alan Simmons et al., "Intolerance of Uncertainty Correlates with Insula Activation During Affective Ambiguity," *Neuroscience Letters* 430, no. 2 (2008): 92–97.

31 Michael Davis et al., "Phasic vs Sustained Fear in Rats and Humans: Role of the Extended Amygdala in Fear vs Anxiety," *Neuropsychopharmacology* 35, no. 1 (2010): 105–35.

32 Christian Grillon, "Models and Mechanisms of Anxiety: Evidence from Startle Studies," *Psychopharmacology* 199, no. 3 (2008): 421–37.

33 Christian Grillon and Michael Davis, "Fear-Potentiated Startle Conditioning in Humans: Explicit and Contextual Cue Conditioning Following Paired Versus Unpaired Training," *Pschophysiology* 34 (1997): 451–58.

34 Salvatore Torrisi et al., "Resting State Connectivity of the Bed Nucleus of the Stria Terminalis at Ultra-High Field," *Human Brain Mapping* 36 (2015): 4076–88.

35 Dan W. Grupe and Jack B. Nitschke, "Uncertainty and Anticipations in Anxiety."

2. 광대 공포증과 세상의 종말

36 Renee Goodwin et al., "Panic Attack as a Risk Factor for Severe Psychopathology," *American Journal of Psychiatry* 161, no. 12 (2004): 2207–14.

37 *DSM-5*, 208.

38 Eva Asselmann et al., "Associations of Fearful Spells and Panic Attacks with Incident Anxiety, Depressive and Substance Use Disorders: A 10-Year Prospective Longitudinal Community Study of Adolescents and Young Adults,"

Journal of Psychiatric Research 55 (2014): 8–14.

39 *"Sesame Street*: A Clown's Face," https://www.youtube.com/watch?v=Vs5VYOnpMrw.

40 유년기와 청소년기의 정상적 공포를 상세히 설명한 차트는 다음을 참고하라. Katja Beesdo et al., "Anxiety and Anxiety Disorders in Children and Adolescents: Developmental Issues and Implications for DSM-V," *Psychiatric Clinics* 32, no. 3 (2009): 483–524.

41 Ronald C. Kessler et al., "Age of Onset of Mental Disorders: A Review of Recent Literature," *Current Opinion in Psychiatry* 20, no. 4 (2007): 359–64.

42 Lissette M. Saavedra and Wendy K. Silverman, "Case Study: Disgust and a Specific Phobia of Buttons," *Journal of the American Academy of Child and Adolescent Psychiatry* 41, no. 11 (2002): 1376–79.

43 National Alliance on Mental Illness, *Specific Phobias*, fact sheet.

44 Randolph M. Nesse and George C. Williams, *Why We Get Sick: The New Science of Darwinian Medicine* (New York: Vintage, 1994), 210.

45 Julia Trumpf et al., "Specific Phobia Predicts Psychopathology in Young Women," *Social Psychiatry and Psychiatric Epidemiology* 45, no. 12 (2010): 1161–66.

46 John R. Gribbin and Stephen H. Plagemann, *The Jupiter Effect* (New York: Walker & Co., 1974).

47 Carlo Faravelli et al., "Childhood Stressful Events, HPA Axis and Anxiety Disorders," *World Journal of Psychiatry* 2, no. 1 (2012): 13–25.

48 Ryan J. Herringa et al., "Childhood Maltreatment Is Associated with Altered Fear Circuitry and Increased Internalizing Symptoms by Late Adolescence," *Proceedings of the National Academy of Sciences* 110, no. 47 (2013): 19119–24.

49 Jennifer Greif Green et al., "Childhood Adversities and Adult Psychopathology in the National Comorbidity Survey Replication (NCS-R) 1: Associations with First Onset of DSM-IV Disorders," *Archives of General Psy-*

chiatry 67, no. 2 (2010): 113.

50 Nicholas B. Allen et al., "Prenatal and Perinatal Influences on Risk for Psychopathology in Childhood and Adolescence," *Development and Psychopathology* 10 (1998): 513–29.

51 Michelle G. Craske et al., "Paths to Panic Disorder/Agoraphobia: An Exploratory Analysis from Age 3 to 21 in an Unselected Birth Cohort," *Journal of the American Academy of Child and Adolescent Psychiatry* 40, no. 5 (2001): 556–63.

52 R. D. Goodwin et al., "A 10-Year Prospective Study of Respiratory Disease and Depression and Anxiety in Adulthood," *Annals of Allergy, Asthma and Immunology* 113, no. 5 (2014): 565–70.

53 Renee D. Goodwin et al., "Childhood Respiratory Disease and the Risk of Anxiety Disorder and Major Depression in Adulthood," *Archives of Pediatrics and Adolescent Medicine* 162, no. 8 (2008): 774–80.

54 Jordan W. Smoller et al., "The Human Ortholog of Acid-Sensing Ion Channel Gene ASIC1a Is Associated with Panic Disorder and Amygdala Structure and Function," *Biological Psychiatry* 76, no. 11 (2014): 902–10.

55 Craske et al., "Paths to Panic Disorder/Agoraphobia."

56 Jennifer L. Hudson and Ronald M. Rapee, "Parent-Child Interactions and Anxiety Disorders: An Observational Study," *Behaviour Research and Therapy* 39 (2001): 1411–27.

57 Bryce D. McLeod et al., "Examining the Association Between Parenting and Childhood Anxiety: A Meta-Analysis," *Clinical Psychology Review* 27 (2007): 155–72.

58 Jennifer Lau et al., "Fear Conditioning in Adolescents with Anxiety Disorders: Results from a Novel Experimental Paradigm," *Journal of the American Academy of Child and Adolescent Psychiatry* 47, no. 1 (2008): 94–102.

59 Jennifer C. Britton et al., "Response to Learned Threat: An fMRI Study in Adolescent and Adult Anxiety," *American Journal of Psychiatry* 170, no. 10

(2013): 1195–1204.

3. 할머니의 광기

60 John M. Hettema et al., "A Review and Meta-Analysis of the Genetic Epidemiology of Anxiety Disorders," *American Journal of Psychiatry* 158, no. 10 (2001): 1568–78. 쌍둥이 연구에서는 한 특성(가령 불안 장애와 같은 질환)에 대해 일란성 쌍둥이와 이란성 쌍둥이를 비교했다. 쌍둥이가 일란성이든 이란성이든 성장 환경이 유사함을 감안하면, 일란성 쌍둥이가 더욱 유사한 특성을 나타낸다는 사실은 유전자의 탓으로 돌릴 수 있다. Jordan Smoller's *The Other Side of Normal* (New York: HarperCollins, 2012)에 쌍둥이 연구가 잘 설명되어 있다.

61 Ming T. Tsuang et al., "Genes, Environment and Schizophrenia," *British Journal of Psychiatry* 40, Suppl. (April 2001): s18–s24.

62 Jordan W. Smoller et al., "The Genetics of Anxiety Disorders," in *Primer on Anxiety Disorders: Translational Perspectives on Diagnosis and Treatment*, ed. Kerry J. Ressler et al. (Oxford: Oxford University Press, 2015), 61.

63 Cross-Disorder Group of the Psychiatric Genomics Consortium, "Genetic Relationship Between Five Psychiatric Disorders Estimated from Genome-Wide SNPs," *Nature Genetics* 45, no. 9 (2013): 984–94.

64 조현병으로 ICT 치료를 받은 수학자 존 내시를 다룬 다큐멘터리「탁월한 광기A Brilliant Madness」의 웹 사이트에 뉴욕 정신 병원 전 ICT 과장이었던 맥스 핑크가 적은, ICT에 대한 훌륭한 설명이 올라와 있다. http://www.pbs.org/wgbh/amex/nash/filmmore/ps_ict.html. 다음도 참고하라. Edward Shorter and David Healy, *Shock Therapy: A History of Electroconvulsive Treatment in Mental Illness* (New Brunswick, NJ: Rutgers University Press, 2007).

65 Mendota State Hospital, *Report to State Board of Public Welfare*, March 23, 1955.

66 Mendota State Hospital, *Report to State Board of Public Welfare*, June 14, 1961.

67 Mendota State Hospital, *Report to the State Board of Public Welfare*, May 14, 1958, and May 27, 1959.

68 Mendota State Hospital, *Report to the State Board of Public Welfare*, May 23, 1956.

69 Mendota State Hospital, *Report to State Board of Public Welfare*, May 25, 1960.

70 Edward Shorter, *A History of Psychiatry* (Hoboken, NJ: John Wiley & Sons, 1997), 218–24.

71 1963년 대통령 존 F. 케네디가 지역 사회 정신 보건법에 서명했다. 이 법안의 목표는 지역 사회에 정신 보건 센터 망을 구축하여 사람들이 학대와 방치가 만연하고 지나치게 붐비는 정신과 시설에서 몇 년을 보내는 대신 집에서 통원 치료를 받을 수 있도록 하는 것이었다. 그러나 목표한 정신 보건 센터의 절반만이 실제로 지어졌고, 대부분은 자금을 충분히 지원받지 못했다. 다음을 보라. "Kennedy's Vision for Mental Health Never Realized," Associated Press, October 20, 2013.

72 "Mental Health Reporting," fact sheet, University of Washington School of Social Work, http://depts.washington.edu/mhreport/facts_violence.php.

73 Smoller, *Other Side of Normal*, 68–70에 세로토닌 수송체 연구가 명쾌하게 설명되어 있다.

74 Carmen P. McLean et al., "Gender Differences in Anxiety Disorders: Prevalence, Course of Illness, Comorbidity and Burden of Illness," *Journal of Psychiatric Research* 45, no. 8 (2011): 1027–35.

75 Michelle G. Craske, *Origins of Phobias and Anxiety Disorders: Why More Women Than Men?* (Oxford: Elsevier, 2003), 176–203.

76 Friederike C. Gerull and Ronald M. Rapee, "Mother Knows Best: Effects of Maternal Modelling on the Acquisition of Fear and Avoidance Behaviour in Toddlers," *Behaviour Research and Therapy* 40, no. 3 (2002): 279–87.

77 Patricia K. Kerig et al., "Marital Quality and Gender Differences in Parent-Child Interaction," *Developmental Psychology* 29, no. 6 (1993): 931–39.

78 Barbara A. Morrongiello and Tess Dawber, "Mothers' Responses to Sons and Daughters Engaging in Injury-Risk Behaviors on a Playground: Implications for Sex Differences in Injury Rates," *Journal of Experimental Child Psychology*

76 (2000): 89–103.

79 Barbara A. Morrongiello and Theresa Dawber, "Parental Influences on Toddlers' Injury-Risk Behaviors: Are Sons and Daughters Socialized Differently?" *Journal of Applied Developmental Psychology* 20, no. 2 (1999): 227–51.

80 Barbara A. Morrongiello and Heather Rennie, "Why Do Boys Engage in More Risk Taking Than Girls? The Role of Attributions, Beliefs, and Risk Appraisals," *Journal of Pediatric Psychology* 23, no. 1 (1998): 33–43.

81 Barbara A. Morrongiello et al., "Understanding Gender Differences in Children's Risk Taking and Injury: A Comparison of Mothers' and Fathers' Reactions to Sons and Daughters Misbehaving in Ways That Lead to Injury," *Journal of Applied Developmental Psychology* 31 (2010): 322–29.

82 Craske, *Origins of Phobias and Anxiety Disorders*, 185.

83 같은 책, 194–95.

84 Mohamed A. Zeidan et al., "Estradiol Modulates Medial Prefrontal Cortex and Amygdala Activity During Fear Extinction in Women and Female Rats," *Biological Psychiatry* 70, no. 10 (2011): 920–27.

85 Naomi Breslau et al., "Trauma Exposure and Posttraumatic Stress Disorder: A Study of Youths in Urban America," *Journal of Urban Health: Bulletin of the New York Academy of Medicine* 81, no. 4 (2004): 530–44.

86 Craske, *Origins of Phobias and Anxiety Disorders*, 179–80.

87 K. A. Degnan and N. A. Fox, "Behavioral Inhibition and Anxiety Disorders: Multiple Levels of a Resilience Process," *Development and Psychopathology* 19 (2007): 729–46, 재인용 출처는 Lauren M. McGrath et al., "Bringing a Developmental Perspective to Anxiety Genetics," *Development and Psychopathology* 24, no. 4 (2012): 1179–93.

88 Jordan W. Smoller et al., "Genetics of Anxiety Disorders: The Complex Road from DSM to DNA," *Depression and Anxiety* 26 (2009): 965–75.

89 케이건은 다음 두 권의 책에서 자신의 연구를 상세히 설명한다. Jerome

Kagan, *Galen's Prophecy: Temperament in Human Nature* (New York: Basic Books, 1994); Jerome Kagan and Nancy Snidman, *The Long Shadow of Temperament* (Cambridge, MA: Belknap Press of Harvard University Press, 2004). 또한 Robin Marantz Henig, "Understanding the Anxious Mind," *New York Times*, September 29, 2009를 참고하라.

90 Erin Lewis-Morrarty et al., "Maternal Over-Control Moderates the Association Between Early Childhood Behavioral Inhibition and Adolescent Social Anxiety Symptoms," *Journal of Abnormal Child Psychology* 40, no. 8 (2012): 1363–73.

91 Nathan Fox, 저자와의 인터뷰.

92 Koraly Perez-Edgar et al., "Attention Biases to Threat Link Behavioral Inhibition to Social Withdrawal over Time in Very Young Children, *Journal of Abnormal Child Psychology* 39, no. 6 (2011): 885–95; Koraly Perez-Edgar et al., "Attention Biases to Threat and Behavioral Inhibition in Early Childhood Shape Adolescent Social Withdrawal," *Emotion* 10, no. 3 (2010): 349–57.

93 Lauren K. White et al., "Behavioral Inhibition and Anxiety: The Moderating Roles of Inhibitory Control and Attention Shifting," *Journal of Abnormal Child Psychology* 39, no. 5 (2011): 735–47.

4. 인지 행동 치료에서 노래방까지

94 David H. Barlow and Michelle G. Craske, *Mastery of Your Anxiety and Panic* (New York: Oxford University Press, 2007).

95 Amanda G. Loerinc et al., "Response Rates for CBT for Anxiety Disorders: Need for Standardized Criteria," *Clinical Psychology Review* 42 (2015): 72–82.

96 효과 크기는 0.73이었다. 효과 크기란 통계에서 과학자들이 여러 상이한 연구 결과를 비교하는 데 사용된다. 일반적으로 효과 크기가 0.2면 작다고, 0.5면 보통이라고, 0.8 이상이면 크다고 한다. 해당 메타 분석에 포함된 연구에서 위약 투여 집단은 치료사들과의 접촉과 불안에 대한 교육 등 그 자체만으로도 환자들에게 도움이 되고 결과를 왜곡시킬 수 있는 조치를 받았지만, 과학자들이 효과가 있으리라 판단한 다른 치료는 받지 못했다. 다음을 보라. Stefan G. Hofmann and

Jasper A. J. Smits, "Cognitive-Behavioral Therapy for Adult Anxiety Disorders: A Meta-analysis of Randomized Placebo-Controlled Trials," *Journal of Clinical Psychiatry* 69, no. 4 (2008): 621–32.

97 K.N.T. Mansson et al., "Neuroplasticity in Response to Cognitive Behavior Therapy for Social Anxiety Disorder," *Translational Psychiatry* 6 (2016): e727.

98 Edward Shorter, *A History of Psychiatry* (Hoboken, NJ: John Wiley & Sons, 1997), 119–36.

99 Edward Shorter, *A Historical Dictionary of Psychiatry* (Oxford: Oxford University Press, 2005), 57, 102–3.

100 같은 책, 113.

101 Kate Stone Lombardi, "Phobia Clinic, 1st in U.S., Offers Road to Recovery for 25 Years," *New York Times*, November 24, 1996.

102 "Arthur B. Hardy, 78, Psychiatrist Who Treated a Fear of Going Out," *New York Times*, October 31, 1991.

103 Dr. Martin Seif, 저자와의 인터뷰.

104 Philip S. Wang et al., "Failure and Delay in Initial Treatment Contact After First Onset of Mental Disorders in the National Comorbidity Survey Replication," *Archives of General Psychiatry* 62 (2005): 603–13.

105 예를 들면, 다음을 보라. Joshua Breslau et al., "Lifetime Risk and Persistence of Psychiatric Disorders Across Ethnic Groups in the United States," *Psychological Medicine* 35, no. 3 (2005): 317–27; Joseph A. Himle et al., "Anxiety Disorders Among African Americans, Blacks of Caribbean Descent, and Non-Hispanic Whites in the United States," *Journal of Anxiety Disorders* 23, no. 5 (2009): 578–90.

106 T. A. Brown and D. H. Barlow, "Long-term Outcome in Cognitive-Behavioral Treatment of Panic Disorder: Clinical Predictors and Alternative Strategies for Assessment," *Journal of Consulting and Clinical Psychology* 63, no. 5 (1995): 754–65.

107 Alicia E. Meuret et al., "Timing Matters: Endogenous Cortisol Mediates

Benefits from Early-Day Psychotherapy," *Psychoneuroendocrinology* 74 (2016): 197–202.

108 B. Kleim et al., "Sleep Enhances Exposure Therapy," *Psychological Medicine* 44 (2014): 1511–19.

109 Henny A. Westra et al., "Integrating Motivational Interviewing with Cognitive-Behavioral Therapy for Severe Generalized Anxiety Disorder: An Allegiance-Controlled Randomized Clinical Trial," *Journal of Consulting and Clinical Psychology* 84, no. 9 (2016): 768–82.

110 David H. Barlow and Katherine Ann Kennedy, "New Approaches to Diagnosis and Treatment in Anxiety and Related Emotional Disorders: A Focus on Temperament," *Canadian Psychology* 57, no. 1 (2016): 8–20.

111 Tomislav D. Zbozinek et al., "The Effect of Positive Mood Induction on Reducing Reinstatement Fear: Relevance for Long Term Outcomes of Exposure Therapy," *Behaviour Research and Therapy* 71 (2015): 65–75.

112 Michelle G. Craske et al., "Maximizing Exposure Therapy: An Inhibitory Learning Approach," *Behaviour Research and Therapy* 58 (2014): 10–23.

113 Steven C. Hayes, *Get Out of Your Mind & Into Your Life* (Oakland, CA: New Harbinger, 2005).

114 Joanna J. Arch et al., "Randomized Clinical Trial of Cognitive Behavioral Therapy Versus Acceptance and Commitment Therapy for Mixed Anxiety Disorders," *Journal of Consulting and Clinical Psychology* 80, no. 5 (2012): 750–65.

115 Kate B. Wolitzky-Taylor et al., "Moderators and Non-Specific Predictors of Treatment Outcome for Anxiety Disorders: A Comparison of Cognitive Behavioral Therapy to Acceptance and Commitment Therapy," *Journal of Consulting and Clinical Psychology* 80, no. 5 (2012): 786–99.

116 불안 장애 환자들의 경우 효과 크기는 0.97이었다. 다음을 보라. Stefan G. Hofmann, "The Effect of Mindfulness-Based Therapy on Anxiety and Depression: A Meta-Analytic Review," *Journal of Consulting and Clinical Psychology* 78, no. 2 (2010): 169–83.

117 James Jacobson, *How to Meditate with Your Dog* (Kihei, HI: Maui Media, 2010).

118 예를 들면, 다음을 보라. Nick Errington-Evans, "Randomised Controlled Trial on the Use of Acupuncture in Adults with Chronic, Non-Responding Anxiety Symptoms," *Acupuncture in Medicine* 33, no. 2 (2015): 98–102; Hyojeong Bae et al., "Efficacy of Acupuncture in Reducing Preoperative Anxiety: A Meta-Analysis," *Evidence-Based Complementary and Alternative Medicine* (2014); Karen Pilkington et al., "Acupuncture for Anxiety and Anxiety Disorders: A Systematic Literature Review," *Acupuncture in Medicine* 25 (2007): 1–10.

119 Frederick J. Heide and T. D. Borkovec, "Relaxation-Induced Anxiety: Mechanisms and Theoretical Implications," *Behaviour Research and Therapy* 22, no. 1 (1984): 1–12.

120 G. R. Norton et al., "Characteristics of Subjects Experiencing Relaxation and Relaxation-Induced Anxiety," *Journal of Behavior Therapy and Experimental Psychiatry* 16, no. 3 (1985): 211–16.

121 Stefan Hofmann et al., "Effect of Hatha Yoga on Anxiety: A Meta-Analysis," *Journal of Evidence-Based Medicine* 9, no. 3 (2016): 116–24.

122 통제 집단의 경우 표지가 사라진 자리에 절반은 위협적인 단어가, 절반은 중립적인 단어가 나타나서 주의 편향 수정 훈련이 이루어지지 않았다. 다음을 보라. Nader Amir et al., "Attention Modification Program in Individuals with Generalized Anxiety Disorder," *Journal of Abnormal Psychology* 118, no. 1 (2009): 28–33.

123 Nader Amir et al., "Attention Training in Individuals with Generalized Social Phobia: A Randomized Controlled Trial," *Journal of Consulting and Clinical Psychology* 77, no. 5 (2009): 961–73.

124 T. Shechner et al., "Attention Bias Modification Treatment Augmenting Effects on Cognitive Behavioral Therapy in Children with Anxiety: Randomized Controlled Trial," *Journal of the American Academy of Child and Adolescent Psychiatry* 53, no. 1 (2014): 61–71.

125 효과 크기는 0.42였다. 다음을 보라. Marian Linetzsky et al., "Quantitative Evaluation of the Clinical Efficacy of Attention Bias Modification Treatment for Anxiety Disorders," *Depression and Anxiety* 32, no. 6 (2015): 383–91.

126 Anna Zilverstand et al., "fMRI Neurofeedback Facilitates Anxiety Regulation in Females with Spider Phobia," *Frontiers in Behavioral Neuroscience* (June 8, 2015).

127 D. Scheinost et al., "Orbitofrontal Cortex Neurofeedback Produces Lasting Changes in Con-tamination Anxiety and Resting-State Connectivity," *Translational Psychiatry* 3, no. 4 (2013): e250.

5. 현기증을 유발할 수 있음

128 Robert B. Pohl et al., "Sertraline in the Treatment of Panic Disorder: A Double-Blind Multicenter Trial," *American Journal of Psychiatry* 155, no. 9 (1998): 1189–95.

129 Jonathan R. T. Davidson et al., "Escitalopram in the Treatment of Generalized Anxiety Disorder: Double-Blind, Placebo Controlled, Flexible-Dose Study," *Depression and Anxiety* 19 (2004): 234–40.

130 Annelieke M. Roest et al., "Reporting Bias in Clinical Trials Investigating the Efficacy of Second-Generation Antidepressants in the Treatment of Anxiety Disorders: A Report of 2 Meta-Analyses," *JAMA Psychiatry* 72, no. 5 (2015): 500–10.

131 S. Borges et al., "Review of Maintenance Trials for Major Depressive Disorder: A 25-Year Perspective from the US Food and Drug Administration," *Journal of Clinical Psychiatry* 75, no. 3 (2014): 205–14.

132 "Zoloft," Pfizer, October 2016, http://labeling.pfizer.com/ShowLabeling.aspx?id=517#page=1.

133 Eduard Maron and David Nutt, "Biological Predictors of Pharmacological Therapy in Anxiety Disorders," *Dialogues in Clinical Neuroscience* 17, no. 3 (2015): 305–17.

134 Jack B. Nitschke et al., "Anticipatory Activation in the Amygdala and

Anterior Cingulate in Generalized Anxiety Disorder and Prediction of Treatment Response," *American Journal of Psychiatry* 166, no. 3 (2009): 302–10.

135 Andrea Reinecke et al., "Predicting Rapid Response to Cognitive-Behavioural Treatment for Panic Disorder: The Role of Hippocampus, Insula, and Dorsolateral Prefrontal Cortex," *Behaviour Research and Therapy* 62 (2014): 120–28. 불안 장애 환자의 생체 지표에 관한 연구가 현재 얼마나 이루어졌는지에 관한 훌륭한 요약본은 다음을 보라. Maron and Nutt, "Biological Predictors of Pharma-cological Therapy."

136 "Klonopin Tablets," Genentech, 2013, www.gene.com/download/pdf/klnopin_prescribing.pdf.

137 Michael W. Otto et al., *Stopping Anxiety Medication: Panic Control Therapy for Benzodiazepine Discontinuation* (Psychological Corp., 2000).

138 Marcus A. Bachhuber et al., "Increasing Benzodiazepine Prescriptions and Overdose Mortality in the United States, 1996–2013," *American Journal of Public Health* 106, no. 4 (2016): 686–88.

139 M. J. Garvey and G. D. Tollefson, "Prevalence of Misuse of Prescribed Benzodiazepines in Patients with Primary Anxiety Disorder or Major Depression," *American Journal of Psychiatry* 143, no. 12 (1986): 1601–3.

140 Sophie Billioti de Gage et al., "Benzodiazepine Use and Risk of Alzheimer's Disease: Case-Control Study," *BMJ* 349 (2014).

141 Shelly L. Gray et al., "Benzodiazepine Use and Risk of Incident Dementia or Cognitive Decline: Prospective Population Based Study," *BMJ* 352 (2016).

142 Andrea Tone, *The Age of Anxiety: A History of America's Turbulent Affair with Tranquilizers* (New York: Basic Books, 2009), 21–24.

143 같은 책, 35.

144 같은 책, 43.

145 같은 책, 48–52.

146 같은 책, xvi.

147 같은 책, 55–63.

148 같은 책, 114.

149 같은 책, 75–76.

150 같은 책, 120–30.

151 같은 책, 137.

152 Donald F. Klein and Max Fink, "Psychiatric Reaction Patterns to Imipramine," *American Journal of Psychiatry* 119, no. 5 (1962): 432–38.

153 *Diagnostic and Statistical Manual of Mental Disorders* (American Psychiatric Association Mental Hospital Service, 1952), 31–34.

154 *Diagnostic and Statistical Manual of Mental Disorders*, 2nd ed. (American Psychiatric Association, 1968).

155 Hannah S. Decker, *The Making of DSM-III: A Diagnostic Manual's Conquest of American Psychiatry* (Oxford: Oxford University Press, 2013).

156 같은 책, 278.

157 Tone, *Age of Anxiety*, 90.

158 같은 책, 153.

159 같은 책, 179.

160 같은 책의 재판, 157.

161 Donnie Radcliffe, "Betty Ford Dies at 93: Former First Lady Founded Iconic Clinic," *Washington Post*, July 8, 2011.

162 Tone, *Age of Anxiety*, 204–5.

163 American Psychiatric Association, "Practice Guideline for the Treatment of Patients with Panic Disorder," *American Journal of Psychiatry* 155 (1998).

164 Tone, *Age of Anxiety*, 217– 18.

165 Paxil social anxiety ad, https://www.youtube.com/watch?v=rR8rBEFulw4.

166 Greg Miller, "Is Pharma Running Out of Brainy Ideas?" *Science* 329 (2010): 502–4. 제약 회사들이 최근 향정신성 약물 개발에서 발을 뺀 일은 다음 논문에 잘 요약되어 있다. Steven E. Hyman, "Revolution Stalled," *Science Translational Medicine* 4, no. 155 (2012): 155cm11.

167 Vladimir Coric et al., "Multicenter, Randomized, Double-Blind, Active Comparator and Placebo-Controlled Trial of a Corticotropin-Releasing Factor Receptor-1 Antagonist in Generalized Anxiety Disorder," *Depression and Anxiety* 27 (2010): 417–25.

168 "Neurocrine Announces Top-Line Results of Corticotropin Releasing Factor Antagonist GSK561679 for Treatment of Major Depressive Disorder," press release, Nuerocrine Biosciences, September 14, 2010, http://phx.corporate-ir.net/phoenix.zhtml?c=68817&p=irol-newsArticle&highlight=&ID=1471129.

169 George F. Koob and Eric P. Zorilla, "Update on Corticotropin-Releasing Factor Pharmacotherapy for Psychiatric Disorders: A Revisionist View," *Neuropsychopharmacology Reviews* 37 (2012): 308–9.

170 "FAST: Fast-Fail Trials," fact sheet, National Institute of Mental Health, http://www.nimh.nih.gov/research-priorities/research-initiatives/fast-fast-fail-trials.shtml.

171 William A. Falls et al., "Extinction of Fear-Potentiated Startle: Blockade by Infusion of an NMDA Antagonist into the Amygdala," *Journal of Neuroscience* 12, no. 3 (1992): 854–63.

172 "Facilitation of Conditioned Fear Extinction by Systemic Administration or Intra-Amygdala Infusions of D-Cycloserine as Assessed with Fear-Potentiated Startle in Rats," *Journal of Neuroscience* 22, no. 6 (2002): 2343–51.

173 Kerry J. Ressler et al., "Cognitive Enhancers as Adjuncts to Psychotherapy: Use of D-Cycloserine in Phobic Individuals to Facilitate Extinction of Fear," *Archives of General Psychiatry* 61, no. 11 (2004): 1136–44.

174 Eric A. Storch et al., "D-cycloserine Does Not Enhance Exposure-Response Prevention Therapy in Obsessive-Compulsive Disorder," *International Clinical Psychopharmacology* 22, no. 4 (2007): 230–37.

175 Stefan G. Hofmann et al., "D-cycloserine as an Augmentation Strategy with Cognitive-Behavioral Therapy for Social Anxiety Disorder," *American Journal of Psychiatry* 170, no. 7 (2013): 751–58.

176 Brett T. Litz et al., "A Randomized Placebo-Controlled Trial of D-cycloserine and Exposure Therapy for Posttraumatic Stress Disorder," *Journal of Psychiatric Research* 46 (2012): 1184–90.

177 Stefan G. Hofmann, interview by author; and S. G. Hofmann, "D-cycloserine for Treating Anxiety Disorders: Making Good Exposures Better and Bad Exposures Worse," *Depression and Anxiety* 31 (2014): 175–77.

178 불안 장애에 사용되는 합성물에 대한 심층 조사는 다음을 참고하라. Boadie W. Dunlop et al., "Pharmacological Mechanisms of Modulating Fear and Extinction," in *Primer on Anxiety Disorders: Translational Perspectives on Diagnosis and Treatment*, ed. Kerry J. Ressler et al. (New York: Oxford University Press, 2015), 367–431.

6. 일방적인 연락, 비행기, 우유부단함

179 Geoff Waghorn et al., "Disability, Employment and Work Performance Among People with ICD-10 Anxiety Disorders," *Australian and New Zealand Journal of Psychiatry* 39 (2005): 55–66.

180 Inger Plaisier et al., "Depressive and Anxiety Disorders On-the-Job: The Importance of Job Characteristics for Good Work Functioning in Persons with Depressive and Anxiety Disorders," *Psychiatry Research* 200 (2012): 382–88.

181 *Annual Statistical Report on the Social Security Disability Insurance Program*, 2015, Social Security Administration, 2015, table 6, http://www.socialsecurity.gov/policy/docs/statcomps/di_asr/2015/sect01b.html#table6.

182 Martin M. Antony et al., "Dimensions of Perfectionism Across the Anxiety Disorders," *Behaviour Research and Therapy* 36 (1998): 1143–54.

183 Joachim Stober and Jutta Joormann, "Worry, Procrastination, and Perfectionism: Differentiating Amount of Worry, Pathological Worry, Anxiety and Depression," *Cognitive Therapy and Research* 25, no. 1 (2001): 49–60.

184 Piers Steel, "The Nature of Procrastination: A Meta-Analytic and Theoretical Review of Quintessential Self-Regulatory Failure," *Psychological Bulletin* 133, no. 1 (2007): 65–94.

185 여키스와 도슨이 벌인 이 유명한 실험에서는 쥐에게 검은색과 흰색 두 개의 상자를 주고, 쥐가 검은색 상자에 들어가려 할 때마다 충격을 줌으로써 흰색 상자 에만 들어가도록 훈련시켰다. 과제가 어려울 경우, 쥐는 충격이 중간 정도일 때 가 장 학습이 빨랐다. 충격이 그보다 약하거나 강하면 학습 속도가 느려지고 실수를 자주 범했다. 과제가 아주 쉬울 경우에만 충격의 강도와 학습 속도가 정비례했다. 연구자들은 상자가 받는 빛의 양을 줄여 쥐가 색깔을 구분하기 어렵게 함으로써 과제의 난이도를 조절했다. 다음을 보라. Robert M. Yerkes and John D. Dodson, "The Relation of Strength of Stimulus to Rapidity of Habit-Formation," *Journal of Comparative Neurology and Psychology* 18, no. 5 (1908): 459–82.

186 S. J. Lupien et al., "The Effects of Stress and Stress Hormones on Human Cognition: Implications for the Field of Brain and Cognition," *Brain and Cognition* 65, no. 3 (2007): 209–37.

187 L. McEwan and D. Goldenberg, "Achievement Motivation, Anxiety and Academic Success in the First Year Master of Nursing Students," *Nurse Education Today* 19, no. 5 (1999): 419–30.

188 Alexander M. Penney et al., "Intelligence and Emotional Disorders: Is the Worrying and Ruminating Mind a More Intelligent Mind?" *Personality and Individual Differences* 74 (2015): 90–93.

189 Jeremy D. Coplan et al., "The Relationship Between Intelligence and Anxiety: An Association with Subcortical White Matter Metabolism," *Frontiers in Evolutionary Neuroscience* 3, no. 8 (2012): 1–7.

190 Tsachi Ein-Dor and Orgad Tal, "Scared Saviors: Evidence That People High in Attachment Anxiety Are More Effective in Alerting Others to Threat," *European Journal of Social Psychology* 42, no. 6 (2012): 667–71.

191 Michael W. Eysenck et al., "Anxiety and Cognitive Performance: Attentional Control Theory," *Emotion* 7, no. 2 (2007): 336–53. 또한 다음을 참 고하라. Oliver J. Robinson et al., "The Impact of Anxiety upon Cognition: Perspectives from Human Threat of Shock Studies," *Frontiers in Human Neu-*

roscience 7 (2013).

192 Michael W. Eysenck, "Anxiety, Learning, and Memory: A Reconceptualization," *Journal of Research in Personality* 13, no. 4 (1979): 363–85.

193 Katherin E. Vytal et al., "Induced-Anxiety Differentially Disrupts Working Memory in Generalized Anxiety Disorder," *BMC Psychiatry* 16 (2016): 1–9.

194 Nicholas L. Balderston et al., "Anxiety Patients Show Reduced Working Memory Related DLPFC Activation During Safety and Threat," *Depression and Anxiety* (2016): 1–12.

195 Alison Wood Brooks, "Get Excited: Reappraising Pre-Performance Anxiety as Excitement," *Journal of Experimental Psychology: General* 143, no. 3 (2014): 1144– 58.

196 "Workplace Stress and Anxiety Disorders Survey," Anxiety and Depression Association of America, http://www.adaa.org/workplace-stress-anxiety-disorders-survey.

197 D. A. Koser et al., "Comparison of a Physical and Mental Disability in Employee Selection: An Experimental Examination of Direct and Moderated Effects," *North American Journal of Psychology* 1 (1999): 213–22,재인용 출처는 Kay Wheat et al., "Mental Illness in the Workplace: Conceal or Reveal?" *Journal of the Royal Society of Medicine* 103, no. 3 (2010): 83–86.

198 Jim Read and Sue Baker, "Not Just Sticks and Stones: A Survey of the Stigma, Taboos and Discrimination Experienced by People with Mental Health Problems," *Mind* (1996).

199 C. Giorgetta et al., "Reduced Risk-Taking Behavior as a Trait Feature of Anxiety," *Emotion* 12, no. 6 (2012): 1373–83. 이 주제에 관한 개략적 소개는 다음을 보라. Catherine A. Hartley and Elizabeth A. Phelps, "Anxiety and Decision-Making," *Biological Psychiatry* 72, no. 2 (2012).

200 Andrei C. Miu et al., "Anxiety Impairs Decision-Making: Psychophysiological Evidence from an Iowa Gambling Task," *Biological Psychology* 77 (2008): 353–58.

201 Junchol Park et al., "Anxiety Evokes Hypofrontality and Disrupts Rule-Relevant Encoding by Dorsomedial Prefrontal Cortex Neurons," *Journal of Neuroscience* 36, no. 11 (2016): 3322–35.

7. 고독의 밤

202 Y. Tibi-Elhanany and S. G. Shamay-Tsoory, "Social Cognition in Social Anxiety: First Evidence for Increased Empathic Abilities," *Israel Journal of Psychiatry* 48, no. 2 (2011): 98–106.

203 트라우마 후 성장에 관한 입문용 자료는 다음 웹 사이트에 있다. Posttraumatic Growth Research Group, Department of Psychology, University of North Carolina at Charlotte, https://ptgi.uncc.edu.

204 Jacob A. Priest, "Anxiety Disorders and the Quality of Relationships with Friends, Relatives, and Romantic Partners," *Journal of Clinical Psychology* 69, no. 1 (2013): 78–88.

205 S. Cuming and R. M. Rapee, "Social Anxiety and Self-Protective Communication Style in Close Relationships," *Behaviour Research and Therapy* 48, no. 2 (2010): 87–96.

206 Julie Newman Kingery et al., "Peer Experiences of Anxious and Socially Withdrawn Youth: An Integrative Review of the Developmental and Clinical Literature," *Clinical Child and Family Psychological Review* 13 (2010): 91–128.

207 A. M. La Greca and H. M. Harrison, "Adolescent Peer Relations, Friendships, and Romantic Relationships: Do They Predict Social Anxiety and Depression?" *Journal of Clinical and Child Adolescent Psychology* 34, no. 1 (2005): 49–61.

208 N. C. Jacobson and M. G. Newman, "Perceptions of Close and Group Relationships Mediate the Relationship Between Anxiety and Depression over a Decade Later," *Depression and Anxiety* 33, no. 1 (2016): 66–74.

209 J. R. Baker and J. L. Hudson, "Friendship Quality Predicts Treatment Outcome in Children with Anxiety Disorders," *Behaviour Research and Thera-*

py 51, no. 1 (2013): 31–36.

210 Julie Newman Kingery et al., "Peer Experiences."

211 Timothy L. Verduin and Philip C. Kendall, "Peer Perceptions and Liking of Children with Anxiety Disorders," *Journal of Abnormal Child Psychology* 36, no. 4 (2008): 459–69.

212 D. C. Beidel et al., "Psychopathology of Childhood Social Phobia," *Journal of American Academy of Child and Adolescent Psychiatry* 38, no. 6 (1999): 643–50.

213 A. M. Crawford and K. Manassis, "Anxiety, Social Skills, Friendship Quality, and Peer Victimization: An Integrated Model," *Journal of Anxiety Disorders* 25, no. 7 (2011): 924–31.

214 Randi E. McCabe et al., "Preliminary Examination of the Relationship Between Anxiety Disorders in Adults and Self-Reported History of Teasing or Bullying Experiences," *Cognitive Behaviour Therapy* 32, no. 4 (2003): 187–93.

215 Kingery, "Peer Experiences."

216 R. R. Landoll et al., "Cyber Victimization by Peers: Prospective Associations with Adolescent Social Anxiety and Depressive Symptoms," *Journal of Adolescence* 42 (2015): 77–86.

217 Lexine A. Stapinski et al., "Peer Victimization During Adolescence and Risk for Anxiety Disorders in Adulthood: A Prospective Cohort Study," *Depression and Anxiety* 31, no. 7 (2014): 575–82.

218 Elaine Hatfield et al., "Emotional Contagion," *Current Directions in Psychological Science* 2, no. 3 (1993): 96–100.

219 Veronika Engert et al., "Cortisol Increase in Empathic Stress Is Modulated by Emotional Closeness and Observation Modality," *Psychoneuroendocrinology* 45 (2014): 192–201.

220 Priest, "Anxiety Disorders and the Quality of Relationships."

221 Piotr Pankiewicz et al., "Anxiety Disorders in Intimate Partners and the Quality of Their Relationship," *Journal of Affective Disorders* 140 (2012): 176–

80.

222 Jane D. McLeod, "Anxiety Disorders and Marital Quality," *Journal of Abnormal Psychology* 103, no. 4 (1994): 767–76.

223 W. Monteiro et al., "Marital Adjustment and Treatment Outcome in Agoraphobia," *British Journal of Psychiatry* 146 (1985): 383–90.

224 E. Porter and D. L. Chambless, "Shying Away from a Good Thing: Social Anxiety in Romantic Relationships," *Journal of Clinical Psychology* 70, no. 6 (2014): 546–61.

225 Talia I. Zaider et al., "Anxiety Disorders and Intimate Relationships: A Study of Daily Processes in Couples," *Journal of Abnormal Psychology* 119, no. 1 (2010): 163–73.

8. 딸에 대한 걱정

226 William O. Cooper et al., "Increasing Use of Antidepressants in Pregnancy," *American Journal of Obstetrics & Gynecology* 196, no. 6 (2007).

227 예를 들어, 다음 두 논문을 보라. G. M. Thormahlen, "Paroxetine Use During Pregnancy: Is It Safe?," *Annals of Pharmacotherapy* 40, no. 10 (2006): 1834–37; B. Bar-Oz et al., "Paroxetine and Congenital Malformations: Meta-Analysis and Consideration of Potential Confounding Factors," *Clinical Therapeutics* 29, no. 5 (2007): 918–26.

228 Jennifer Reefhuis et al., "Specific SSRIs and Birth Defects: Bayesian Analysis to Interpret New Data in the Context of Previous Reports," *BMJ* 351 (2015).

229 Rita Suri et al., "Effects of Antenatal Depression and Antidepressant Treatment on Gestational Age at Birth and Risk of Preterm Birth," *American Journal of Psychiatry* 164, no. 8 (2007): 1206–13; T. F. Oberlander et al., "Neonatal Outcomes After Prenatal Exposure to Selective Serotonin Reuptake Inhibitor Antidepressants and Maternal Depression Using Population-Based Linked Health Data," *Archives of General Psychiatry* 63, no. 8 (2006): 898–906.

230 Sophie Grigoriadis et al., "Prenatal Exposure to Antidepressants and

Persistent Pulmonary Hypertension of the Newborn: Systematic Review and Meta-Analysis," *BMJ* 348 (2014).

231 Irene Petersen et al., "Selective Serotonin Reuptake Inhibitors and Congenital Heart Anomalies: Comparative Cohort Studies of Women Treated Before and During Pregnancy and Their Children," *Journal of Clinical Psychiatry* 77, no. 1 (2016): e36–e42.

232 Tiffany Field, "Breastfeeding and Antidepressants," *Infant Behavior and Development* 31, no. 3 (2008): 481–87; Jan Oystein Berle and Olav Spigset, "Antidepressant Use During Breastfeeding," *Current Women's Health Review* 7 (2011): 28–34.

233 C. D. Chambers et al., "Weight Gain in Infants Breastfed by Mothers Who Take Fluoxetine," *Pediatrics* 104, no. 5 (1999).

234 C. C. Clements et al., "Prenatal Antidepressant Exposure Is Associated with Risk for Attention-Deficit Hyperactivity Disorder but Not Autism Spectrum Disorder in a Large Health System," *Molecular Psychiatry* 20, no. 6 (2015): 727–34.

235 T. Boukhris et al., "Antidepressant Use During Pregnancy and the Risk of Autism Spectrum Disorder in Children," *JAMA Pediatrics* 170, no. 2 (2016): 117–24.

236 Merete Juul Sørensen et al., "Antidepressant Exposure in Pregnancy and Risk of Autism Spectrum Disorders," *Clinical Epidemiology* 5 (2013): 449–59.

237 Katrina C. Johnson et al., "Preschool Outcomes Following Prenatal Serotonin Reuptake Inhibitor Exposure: Differences in Language and Behavior, but Not Cognitive Function," *Journal of Clinical Psychiatry* 77, no. 2 (2016): e176–e182.

238 See for example, Rita Suri et al., "Acute and Long-Term Behavioral Outcome of Infants and Children Exposed in Utero to Either Maternal Depression or Antidepressants: A Review of the Literature," *Journal of Clinical Psychiatry* 75, no. 10 (2014): e1142–e1152.

239 Irena Nulman et al., "Neurodevelopment of Children Prenatally Exposed

to Selective Reuptake Inhibitor Antidepressants: Toronto Sibling Study," *Journal of Clinical Psychiatry* 76, no. 7 (2015): e842–e847.

240 Heli Malm et al., "Gestational Exposure to Selective Serotonin Reuptake Inhibitors and Offspring Psychiatric Disorders: A National Register-Based Study," *Journal of the American Academy of Child and Adolescent Psychiatry* 55, no. 5 (2016): 359–66.

241 Myrna M. Weissman et al., "Offspring of Depressed Parents: 20 Years Later," *American Journal of Psychiatry* 163 (2006): 1001–08.

242 Bea R. Van den Bergh and Alfons Marcoen, "High Antenatal Maternal Anxiety Is Related to ADHD Symptoms, Externalizing Problems, and Anxiety in 8-and 9-Year-Olds," *Child Development* 75, no. 4 (2004): 1085–97.

243 Bea R. H. Van den Bergh et al., "Antenatal Maternal Anxiety Is Related to HPA-Axis Dysregulation and Self-Reported Depressive Symptoms in Adolescence: A Prospective Study on the Fetal Origins of Depressed Mood," *Neuropsychopharmacology* 33, no. 3 (2008): 536–45.

244 Maarten Mennes et al., "Long-Term Cognitive Sequelae of Antenatal Maternal Anxiety: Involvement of the Orbitofrontal Cortex," *Neuroscience and Biobehavioral Review* 30 (2006): 1078–86; Maarten Mennes et al., "Developmental Brain Alternations in 17 Year Old Boys Are Related to Antenatal Maternal Anxiety," *Clinical Neurophysiology* 120 (2009): 1116–22.

245 Claudia Buss et al., "High Pregnancy Anxiety During Mid-Gestation Is Associated with Decreased Gray Matter Density in 6–9 Year-Old Children," *Psychoneuroendocrinology* 35, no. 1 (2010): 141–53.

246 Johanna Petzoldt et al., "Maternal Anxiety Disorders Predict Excessive Infant Crying: A Prospective Longitudinal Study," *Archives of Disease in Childhood* 99, no. 9 (2014): 800–806.

247 J. Petzoldt et al., "Maternal Anxiety Versus Depressive Disorders: Specific Relations to Infants' Crying, Feeding and Sleeping Problems," *Child: Care, Health and Development* 42, no. 2 (2015): 231–45.

248 Bea R. H. Van den Bergh et al., "Antenatal Maternal Anxiety and Stress

and the Neurobehavioural Development of the Fetus and Child: Links and Possible Mechanisms. A Review," *Neuroscience and Biobehavioral Reviews* 29 (2005): 237–58.

249 Michael T. Kinsella and Catherine Monk, "Impact of Maternal Stress, Depression and Anxiety on Fetal Neurobehavioral Development," *Clinical Obstetrics and Gynecology* 52, no. 3 (2009): 425–40.

250 Catherine Monk et al., "Distress During Pregnancy: Epigenetic Regulation of Placenta Glucocorticoid-Related Genes and Fetal Neurobehavior," *American Journal of Psychiatry* 173, no. 7 (2016): 705–13.

251 L. S. Cohen et al., "Relapse of Major Depression During Pregnancy in Women Who Maintain or Discontinue Antidepressant Treatment," *Journal of the American Medical Association* 295, no. 5 (2006): 499–507.

252 Katja Beesdo et al., "Incidence of Social Anxiety Disorder and the Consistent Risk for Secondary Depression in the First Three Decades of Life," *Archives of General Psychiatry* 64, no. 8 (2007): 903–12.

253 Philip C. Kendall et al., "Child Anxiety Treatment: Outcomes in Adolescence and Impact on Substance Use and Depression at 7.4 Year Follow-Up," *Journal of Consulting and Clinical Psychology* 72, no. 2 (2004): 276–87.

254 Golda S. Ginsburg et al., "Preventing Onset of Anxiety Disorders in Offspring of Anxious Parents: A Randomized Controlled Trial of a Family-Based Intervention," *American Journal of Psychiatry* 172, no. 12 (2015): 1207–14.

255 Ronald M. Rapee, "The Preventative Effects of a Brief, Early Intervention for Preschool-Aged Children at Risk for Internalizing: Follow-Up into Middle Adolescence," *Journal of Child Psychology and Psychiatry* 54, no. 7 (2013): 780–88.

256 Andrea Chronis-Tuscano et al., "Preliminary Evaluation of a Multimodal Early Intervention Program for Behaviorally Inhibited Preschoolers," *Journal of Consulting and Clinical Psychology* 83, no. 3 (2015): 534–40.

9. 외출 금지로 살기

257 American College Health Association National College Health Assessment, *Spring 2016 Reference Group Executive Summary* (American College Health Association, 2016); American College Health Association National College Health Assessment, *Fall 2008 Reference Group Executive Summary* (American College Health Association, 2008).

258 예를 들어, 다음을 보라. H. C. Woods and H. Scott, "#Sleepyteens: Social Media Use in Adolescence Is Associated with Poor Sleep Quality, Anxiety, Depression and Low Self-Esteem," *Journal of Adolescence* 51 (2016): 41–49.

259 Moira Burke et al., "Social Network Activity and Social Well-Being," *CHI '10 Proceedings of the SIGCHI Conference on Human Factors in Computing Systems* (2010): 1909–12.

260 "Cost of Attendance," Office of Financial Aid, University of Michigan, https://finaid.umich.edu/cost-of-attendance/.

261 *Student Debt and the Class of 2014,* Institute for College Access and Success, October 2015, http://ticas.org/sites/default/files/pub_files/classof2014.pdf.

262 *College Student Mental Health Survey,* Phase III, Counseling and Psychological Services, https://caps.umich.edu/files/caps/CSMHSfinal.pdf.

263 *Annual Survey 2015,* Association for University and College Counseling Center Directors. http://www.aucccd.org/assets/documents/aucccd%202015%20monograph%20-%20public%20version.pdf.

264 "A Survey About Mental Health and Suicide in the United States," by Harris Poll on behalf of the Anxiety and Depression Association of America, the American Foundation for Suicide Prevention and the National Action Alliance for Suicide Prevention, 2015, https://www.adaa.org/sites/default/files/College-Aged_Adults_Survey_Summary-1.14.16.pdf.

265 *DSM*-5, 318–21.

266 같은 책, 311–15.

267 Natalie Steinbrecher et al., "The Prevalence of Medically Unexplained Symptoms in Primary Care," *Psychosomatics* 52, no. 3 (2011): 263–71.

268 John R. Keefe et al., "A Meta-Analytic Review of Psychodynamic Therapies for Anxiety Disorders," *Clinical Psychology Review* 34, no. 4 (2014): 309–23.

269 M. Sarchiapone et al., "Hours of Sleep in Adolescents and Its Association with Anxiety, Emotional Concerns, and Suicidal Ideation," *Sleep Medicine* 15, no. 2 (2014): 248–54.

270 F. E. Fletcher et al., "The Association between Anxiety Symptoms and Sleep in School-Aged Children: A Combined Insight from the Children's Sleep Habits Questionnaire and Actigraphy," *Behavioral Sleep Medicine* (2016): 1–16.

271 Josine G. van Mill et al., "Sleep Duration, but Not Insomnia, Predicts the 2-Year Course of Depressive and Anxiety Disorders," *Journal of Clinical Psychiatry* 75, no. 2 (2014): 119–26.

272 M. L. Jackson et al., "Sleep Difficulties and the Development of Depression and Anxiety: A Longitudinal Study of Young Australian Women," *Archives of Women's Mental Health* 17, no. 3 (2014): 189–98.

273 Rebecca C. Cox and Bunmi O. Olatunji, "A Systematic Review of Sleep Disturbance in Anxiety and Related Disorders," *Journal of Anxiety Disorders* 37 (2016): 104–29.

274 A. K. Zalta et al., "Sleep Quality Predicts Treatment Outcome in CBT for Social Anxiety Disorder," *Depression and Anxiety* 30, no. 11 (2013): 1114–20.

275 Cox and Oltunji, "A Systematic Review of Sleep Disturbance in Anxiety and Related Disorders."

276 K. Jayakody et al., "Exercise for Anxiety Disorders: Systematic Review," *British Journal of Sports Medicine* 48, no. 3 (2014): 187–96.

277 Lindsey B. DeBoer et al., "Exploring Exercise as an Avenue for the Treatment of Anxiety Disorders," *Expert Review of Neurotherapuetics* 12, no. 8 (2012): 1011–22.

278 Elizabeth Anderson and Geetha Shivakumar, "Effects of Exercise and Physical Activity on Anxiety," *Frontiers in Psychiatry* 4 (2013).

279 David G. Pearson and Tony Craig, "The Great Outdoors? Exploring the Mental Health Benefits of Natural Environments," *Frontiers in Psychology* 5 (2014).

280 Gregory N. Bratman et al., "The Benefits of Nature Experience: Improved Affect and Cognition," *Landscape and Urban Planning* 138 (2015): 41–50.

281 J. Peen et al., "The Current Status of Urban-Rural Differences in Psychiatric Disorders," *Acta Psychiatrica Scandinavica* 121 (2010): 84–93.

감사의 말

『불안은 날마다 나를 찾아온다』는 한 사람이 아닌 한 팀의 노력으로 탄생했다. 너무나 많은 친구, 가족과 동료들의 격려와 지지와 지도가 없었더라면 결코 이 책을 쓰지 못했을 것이다. 데이비드 블랙 에이전시의 내 에이전트 개리 모리스는 내가 급히 갈겨쓴 몇 문단을 이메일로 받아 본 이후 쭉 이 책을 믿어 주었다. 취재하고 책을 쓰는 데 걸린 몇 년 동안 개리는 나의 열렬한 옹호자이자 믿음직스러운 시범 독자이자 진정 좋은 사람이었다.

크라운 출판사와 연이 닿아 업계 최고의 팀을 이끄는 능력자 몰리 스턴을 만난 것도 무척 행운이었다. 대단히 재능 있고 예리한 레이첼 클레이먼은 문체를 부드럽게 연마해 주었고, 내 엉킨 논리를 풀어 주었고, 언제나 내가 더 나은 책을 쓸 수 있도록 독려했다. 새러 브라이보겔과 알레이나 와그너는 창의적으로, 끈질기게, 열정적으로『불안은 날마다 나를 찾아온다』에 대한 소문을 퍼뜨렸다. 클레어 포터는 이 프로젝트에 큰 열정을 불어넣었으며 대단한 노력을 퍼부었다. 존 다르가는 일이 순조롭게 돌아가도록 애썼고 내가 던지는 많은 질문에 사람 좋게 답해 주었다. 랜스 피츠제럴드, 로버트, 시크, 커트니 스나이더와 『불안은 날마나 나를 찾아온다』 팀의 모두에게 감사한다.

『월 스트리트 저널』의 편집자 마이크 밀러와 에밀리 넬슨은 내가 심리학, 건강, 여행의 가장 재미있고도 보람찬 혼종을 취재하도록 허가해 주었고, 이 책을 집필하는 데 꼭 필요했던 휴가를 내주었다. 애덤 톰슨은 능숙한 편집으로 내 기사를 그럴듯하게 만들어 준다. 초고를 읽고 논평해 준 엘리자베스 번스타인, 엘리자베스 홈스, 수마티 레디에게 감사한다. 그들과 레이첼 바크만, 엘렌 바이런, 레이 스미스를 비롯한 개인 일지 팀전원 덕분에 매일 출근이 즐거웠다. 편집자로 일했던 존 블랜튼과 힐러리 스타우트는 이 책의 초창기에 나를 응원해 주었고, 내게 집필과 편집에 대해 너무나 많은 것을 가르쳐주었으며, 항상 믿을 수 없이 관대하고 유머러스하고 우아한 태도를 보여 주었다. 나를 처음 『월 스트리트 저널』에 채용한 딕 토플과 나를 기자의 길로 인도한 짐 펜시에로에게도 감사한다. 레베카 블루먼스타인, 신시아 크라슨, 캐시 데브니, 로리 헤이스, 댄 헤르츠버그, 데니스 닐, 폴 스타이거는 기자 생활 초기에 내게 소중한 멘토가 되어 주었다. 웬디 바운즈, 샘 워커, 제프 재슬로는 내가 처음 이 책에 대한 제안서를 숙고 중일 때 도움을 주었다.

불안에 대해 연구하는 학자와 임상의들은 세상에서 가장 관대하고 참을성 있는 사람들이다. 대니 파인은 나를 최고의 연구들로 안내했고, 중요한 인물들에게 소개해 주었고, 몇 가지 실수를 할 위험을 막아 주었다. 그를 멘토이자 친구로서 의지할 수 있어 행운이다. 조던 스몰러는 뛰어난 과학자일 뿐 아니라 훌륭한 작가이기도 하다. 그는 이 책의 초기 원고를 읽고 중요한 피드백을 해주었다. 앤 마리 알바노, 크리스틴 아시다오, 예이르 바하임, 데이비드 발로, 카트야 베스도바움, 앤드리아 크로니스투스카노, 미셸 크래스크, 크리스티나 단코, 마이클 데이비스, 네이선 폭스, 제이 깅리치, 크리스천 그릴런, 미셸 햄슨, 스티븐 헤이어스, 스테판 호프만, 제리 케이건, 네드 캘린, 론 케슬러, 돈 클라인, 조 르두, 헬리 맘, 카르멘 매클린, 프랜시스 맥마흔, 바버라 모론지엘로, 대니얼 노빅, 론 라피, 케리 레슬러, 제프 로스먼, 켄 루빈, 토드 세비그, 로버트 템플, 베아 판 덴 베르크, 그레그 판 리브뢰크, 울리 비트헨, 애나 질버스탠드에게도 감사하다.

또한 미국 불안·우울증 협회의 고(故) 앨리어스 머스킨과 직원들에게도 깊은 감사를 표한다.

내가 만난 대학 정신 건강 운동가들의 열정, 헌신, 개방적인 태도는 경이로울 정도였다. 내게 이야기를 들려줘서, 서로를 지지해 줘서, 매일 정신 건강을 위해 싸워 줘서 고맙다. 새러 애빌슨, 앨리슨 맬먼, 팸 맥키타, 그 밖에 액티브 마인즈의 전원에게 감사하다. 빅터 슈바르츠와 제드 기금 직원들에게도 감사하다. 미시간 대학교의 애너 첸, 애너 리어리스, 그랜트 리버스, 셸비 스티버슨, 샤이엔 스톤에게 큰 소리로 감사 인사를 전한다. 고 블루!

정신 건강 저널리즘을 위한 로잘린 카터 기금을 수여받은 덕분에 나는 이 프로젝트에 제대로 착수할 수 있었다. 애틀랜타에서 열린 최초의 회의에서 나는 처음으로 직업적이고 공적인 환경에서 내 불안에 대해 털어놓았다. 카터 부인, 레베카 팰펀트 심켓츠, 카터 센터의 직원들과 멘토들과 동료들에게 힘써 저널리즘을 지원하고 낙인에 맞서 싸워 온 것에 감사한다.

아주 많은 친구가 이 책을 쓰는 동안 나를 격려하고, 응원해 주었다. 로 단젤로와 아이앤시 더건은 초고를 읽어 주었고, 곤두선 내 신경을 누그러뜨려 주었고, 최고의 치어리더가 되어 주었다. 에이미 베넷, 사비나 브로드헤드, 마이크 크로닌, 엘리자베스 이브스, 첼시 에머리, 프랜시스 프라이싱어, 수지 하산, 가브리엘 칸, 론 리버, 애너 뢴가드, 제프 옵다이크, 애니 머피 폴, 조시 프레이저, 리처드 롭, 데이비드 로쉬, 조엘 스메르노프, 데이비드 스톤, 요하네스 바이덴뮐러와 카린 바이덴뮐러, 루비나 예, 레슬리 라이트, 앨런 자렘보에게도 깊이 감사하다. 인비저블 인스티튜트 회원들은 내게 끊이지 않고 지혜와 영감을 불어넣어 주었다.

나는 이 책 대부분을 브루클린 디트머스 공원의 디트머스 워크 스페이스에서 집필했다. 벤 스미스와 리나 자가르가 이웃

작가들을 위해 만든 이 아름다운 집에서는 지나, 톰, 에리카 앤더슨이 지칠 줄 모르는 열정으로 공동체를 일구고 있다. 조용한 하우스메이트 게이브 헬러, 데이브 로저스, 애덤 스턴버그에게 동료애와 대화에 대해 감사를 보낸다. 걸어서 얼마 안 되는 거리에 밀크 앤 허니 카페가 있어서 우리는 행운이었다. 맥스와 바리스타들의 디카페인 커피가 좋은 연료가 되었다.

내가 건강히 지낼 수 있게 도와준 치료사와 의사들에게, 특히 G 박사와 L 박사에게 감사한다. 나의 부모님 애니타 피터슨과 개리 피터슨은 기억할 수도 없을 만큼 여러 번 나를 부축해 다시 일어나게 해주었다. 굉장히 재능 있는 내 여동생 다나 피터슨 머피는 내게 자신의 불안에 대해 이야기해 주었다. 내가 위스콘신주로 취재 여행을 갔을 때 밥을 먹이고 잠을 재워 준 것에 대해 다나와 숀 머피 부부에게 감사한다. 고모 수전 쾨펄은 할머니의 질환에 대해 중요한 세부 사항들을 들려주었고, 인생에서 무척 고통스러웠던 시기에 대해 솔직하게 얘기해 주었다. 사촌 르네 얀케는 멘도타 병원에서 우리 할머니의 기록을 얻어 냈다. 비벌리 갤러거와 밥 갤러거는 세상에서 가장 관대하고 애정 넘치는 시부모님이다. 멋진 시누이들과 그 남편들, 제니퍼와 숀 브라이어디 부부, 로즈와 패트릭 갤러거 부부들도 마찬가지다.

세일럼을 비롯해 곳곳에 흩어져 사는 비젤 일가는 이 책의 비공식 마케팅 팀 역할을 톡톡히 해주었다. 데니스 폴은 피오나를 아기 시절부터 너무나 잘 돌봐 주어서, 덕분에 내가 평화로운 마음으로 일할 수 있었다.

　이 책에 MVP가 있다면 남편 숀 갤러거를 뽑고 싶다. 그는 내가 힘들 때마다 다정한 말로 다독였고, 음악을 틀었고, 피자를 만들었고, 내가 취재하고 집필할 시간을 벌 수 있도록 자신의 스케줄을 조각냈다. 또한 그는 내게 피오나를 주었다. 피오나, 내 심장, 내 기쁨. 이 책을 집필하는 몇 년 동안 나는 많은 모험을 놓쳤다. 하지만 그래, 이제 엄마도 놀 수 있어.

찾아보기

지은이 **앤드리아 피터슨**Andrea Petersen 미국의 저널리스트이자 논픽션 작가. 미시간 대학교를 졸업했다. 『월 스트리트 저널』에 심리학, 건강, 신경 과학, 여행 등에 대한 글을 기고하고 있다. 18년 동안 기자와 편집자로 일하며 통신, 제약, 인지 과학, 노화 등 다양한 주제의 기사를 다루었다. 2007~2008년 정신 건강 저널리즘을 위한 로절린 카터 펠로십 수여자로 선정되었다. 현재 남편과 딸 피오나와 함께 뉴욕 브루클린에 살고 있다. 『불안은 날마다 나를 찾아온다』는 피터슨의 첫 번째 책이다. 저자는 이 책에서 불안을 안고 사는 삶의 적나라한 모습을 가감 없이 보여 준다. 가족이 잠든 집에 방화를 시도한 친할머니, 여러 번의 연애에서 깨달은 상대방의 헌신과 현실적인 어려움, 자신을 꼭 닮은 어린 딸에게서 발견한 불안의 전조 등 개인의 내밀한 부분까지 독자들과 공유함으로써 저자는 불안의 생물학적 기제와 불안 장애의 위험하면서도 흥미로운 모습을 묘사한다. 이전 시대의 불안에 대한 기괴한 치료법, 과도한 육아 방식과 아동기 트라우마의 문제점, 항정신성 약물과 비약물 치료법의 비교, 정신 질환에 대한 유전자의 영향, 길거리 마약 〈스페셜 K〉로 잘 알려진 케타민의 사용 등 불안 장애를 치료하기 위한 수많은 노력과 연구 현황도 자세히 다룬다. 일상을 담담하게 써 내려가는 이 책은 어딘가 뒤틀린 듯한, 하지만 상쾌하리만큼 솔직한, 그리고 현대인이라면 누구에게나 있을 법한, 불안과 함께하는 삶의 이야기이다.

옮긴이 **박다솜** 번역가. 사전 속 발음 기호에 매료되어 수집하듯 여러 외국어를 공부했고, 서울대학교 언어학과에 진학해서 문장을 도해하고 단어의 품사를 정확히 판정하는 기술을 배웠다. 번역을 시작한 이래 매일 영어와 한국어 사이에서 외줄 타기를 하는 스릴을 즐기고 있다. 옮긴 책으로는 『관찰의 인문학』, 『죽은 숙녀들의 사회』, 『여자다운 게 어딨어』, 『원더우먼 허스토리』, 『독립 수업』, 『나는 뚱뚱하게 살기로 했다』, 『나는 스스로를 페미니스트라 부른다』, 『매일, 단어를 만들고 있습니다』, 『단지 흑인이라서, 다른 이유는 없다』, 『요즘 애들』 등이 있다.

불안은 날마다 나를 찾아온다

지은이 앤드리아 피터슨 **옮긴이** 박다솜 **발행인** 홍예빈·홍유진
발행처 사람의집(열린책들) **주소** 경기도 파주시 문발로 253 파주출판도시
대표전화 031-955-4000 **팩스** 031-955-4004
홈페이지 www.openbooks.co.kr **email** webmaster@openbooks.co.kr
Copyright (C) 주식회사 열린책들, 2014, *Printed in Korea*.
ISBN 978-89-329-2253-9 03180 **발행일** 2018년 7월 5일 초판 1쇄 2022년 5월 10일 신판 1쇄